KB054586

인문학적 지혜의 샘〔泉〕

다산 정약용의 목민리더십(Ⅰ)

〈다산의 생애와 목민정신〉

김종두 지음

明文堂

프롤로그

　지금 우리사회는 인문학 열풍이 불고 있다. 인문학을 연구하고 가르치는 대학에서는 '인문학의 위기'를 말하는데, 기업과 시민들 사이에서는 '인문학의 열풍'이라는 아이러니한 현상이 나타나고 있는 것이다. 인문학人文學은 '인간[人]의 문화적 흐름[文]을 알게 해주는 학문[學]'으로 해석된다. 인문학[studia humanitatis] 용어를 최초로 사용한 키케로Marcus Tullius Cicero는 '인간의 정신을 가장 존귀하고 완전하게 해주는 학문'이라 했고, 혹자는 '앎과 실천의 간격을 좁혀주는 학문', '생生과 사死의 경계점에서 인간이 지향해야 할 본연의 가치를 추구하는 학문' 등으로 정의定義했다. 이는 문화의 시대인 21세기의 정신과도 맥을 같이하고 있는데, 인문학은 한마디로 "나는 누구이며 어떻게 살아갈 것인가?"에 대해 스스로 질문하고 답을 구하는 학문이라 할 수 있다. 이런 시점에 "학문은 인간의 삶에 이로움을 주어야 한다."면서 실사구시實事求是적 학문을 주장했던 다산茶山 정약용丁若鏞(1762~1836)의 가르침에서 인문학적 지혜를 찾아보고자 한다.

　이 책은 필자가 국방대학교 안보과정에서 강의했던 '다산 정약용의 공직자 리더십'을 보완하는 형태로 저술하였다. 다산은 폐족을 당하고 유배형에 처해진 상태라 언제 사약賜藥이 내려질지 모르는 처절한 상황에서도 "리더는 공정한 마음으로 듣고 모두를 살펴서 오직 옳은 것만을 추구해야 한다."는 '공청병관公聽並觀 유시시구唯是是求'[1] 정신으로 『목민심서』를 비롯한 500여 권의 저술과 2,500여 수의 시를 통해 나라와 백성을 걱정하는 참 지식인의 모습을 보여주었다. 비록 200여 년 전에 남긴 것들이지만, 그가 보여준 위국위민爲國爲民의 충정衷情과 실용지학實用之學의 정신은 오늘날 리더십 정신으로 승화되어야 한다는 생각이다.

다산은 조선시대 실학을 집대성한 개혁사상가이자 역사·지리·문학·법학·과학·건축·공학·의학·음악·천문학 등을 발전시킨 한국의 레오나르도 다빈치로 불린다. 반계 유형원柳馨遠과 성호 이익李瀷의 중농주의重農主義 학풍을 계승하고 박지원朴趾源, 박제가朴齊家 등 북학파의 중상주의重商主義를 받아들임으로써 경세치용經世致用과 이용후생利用厚生을 종합하여 실학實學을 집대성했다. 그리고 중국의 성리학性理學과 양명학陽明學을 비판적으로 수용하고 서양의 학문과 기술을 받아들이는 등 변화의 흐름을 수용함으로써 '사유체계思惟體系의 변화'·'제도개혁'·'기술개발' 등을 기반으로 '신아지구방新我之舊邦'의 개혁안을 제시했다.

리더십은 리더와 팔로어가 주어진 상황과 여건 속에서 목표를 효과적으로 달성해 나가도록 하는 영향력influencing power이자 상하동욕上下同欲의

••••
1 『상례사전』「서문」: "…使後之君子 公聽並觀而 唯是是求 亦余志也."
  * 후세에 군자〔리더〕로 하여금 공정한 마음으로 듣고 모두를 살펴 〔나라와 백성을 위해〕 오직 옳은 것만 추구하도록 하자는 것이 또한 나의 뜻이었다.

과정Process이다. 그러나 리더십은 수많은 정의가 존재하고 범주가 워낙 넓어서 한마디로 표현하기는 쉽지 않다. 리더십의 책 제목에 등장하는 '가버넌스'·'가치'·'감성'·'경청'·'관계'·'균형'·'변화관리'·'배려'·'비전'·'사랑'·'서번트'·'소통'·'슈퍼'·'신뢰'·'오센틱'·'원칙'·'위기관리'·'윤리'·'임파워먼트'·'전략'·'정직'·'혁신' 등의 키워드만 봐도 그렇다. 그런데 이러한 용어用語들을 포괄할 수 있는 단어가 '목민牧民'이다.

현대리더십에서는 문화文化가 중요하다. 문화의 시대인 21세기는 더욱 그렇다. 그러나 한국은 『리더는 있으나 리더십은 없다』는 책의 제목처럼, 정치계를 비롯한 기업·종교·군대·교육계 등의 리더십은 시대적 요구를 따르지 못하고 있는 것이 현실이다. 예컨대 최고 리더인 대통령들의 말로末路, 재벌 2·3세들의 상속재산 법정다툼과 인성결핍 현상, 일부 종교지도자와 군軍 리더들의 일탈逸脫 현상 등은 한국적 리더십 철학의 부재와 무관치 않다.

이런 현상에 대해 이규태李圭泰는 『리더십의 한국학』에서 "남쪽의 귤나무를 강북에 옮겨 심으면 귤이 아니라 탱자가 열린다."는 '남귤북지南橘北枳'를 인용하면서 "서양문화의 윤리에 기초한 기업경영 중심의 리더십을 한국의 정치·경제·행정·교육·종교 등의 분야에 여과 없이 적용하면 부작용이 일어날 수 있다."고 경고한 바 있다. 서양세계에서 이윤창출을 목적으로 발전시킨 리더십이론을 우리가 그대로 적용해서는 안 된다는 것이다. 다산이 천주교 문제로 유배형에 처해지고 여러 인재들이 희생된 옥사獄事는 문화·윤리적 충돌에서 비롯된 리더십의 문제였다. 이런 면에서 우리 실정에 맞는 리더십이 필요할 것인데, 한국적 철학에 기초한 리더십을 '목민리더십'으로 명명命名하고, 다음과 같은 점에 주안을 두고 집필하였다.

첫째, 정약용 선생을 이해하는데 도움이 되고자 했다. 공자는 "알면 좋아하게 되고, 좋아하게 되면 즐기게 된다."[2]고 하여 '지호락知好樂'을 추구했다. 마찬가지로 다산의 목민정신을 리더십에 접목하려면 다산을 이해해야 한다. 이런 점에서 75년의 생애와 삶을 '숫자 18'과 연관시켜 설명했다. 유년시절에 이어 4세 때부터 22세까지 '수학修學 18년', 이후 39세까지 '정조의 지우知遇 18년', 이후 40세에서 57세까지 '유배 및 저술 18년', 이후 75세까지 '만년晩年 18년'을 보냈다. 이외에도 숫자 18과 연관되는 내용이 많은데, '숫자 18'과 연계하면 다산을 이해하기가 쉽다.

둘째, 다산의 목민정신을 10가지로 정리해서 제시하였다. 목민리더십은 목민정신에 기초하면서 『목민심서』 내용을 절차와 방법으로 하는 한국적 리더십 모델이다. 이는 마치 목동이 양떼를 푸른 초원으로 인도하며 보살피듯 '牧[리더]'이 '民[팔로어]'을 이끌어가는 리더십이다. 다산은 방대한 저술과 수많은 시詩를 통해 정책을 제안하고 수령의 폭정을 고발하면서 백성을 위로했다. 저술한 책은 「자찬묘지명」에는 도합 499권으로, 『여유당집』에는 503권으로, 『열수전서총목록』에는 542권으로 명시되어 있는데, 이를 토대로 목민정신을 10가지로 정리해서 제시하였다.

----

2 『논어』 「옹야」: "知之者 不如好之者 好之者 不如樂之者."
　＊아는 자는 좋아하는 자만 같지 못하고, 좋아하는 자는 즐거워하는 자만 같지 못하다.

셋째, 『목민심서』는 목민리더십의 기본서基本書이자 교과서임을 제시하였다. 『목민심서』는 『경세유표』와 『흠흠신서』의 내용을 서로 연관지어 저술한 책이다. 그리고 국가개혁을 주문한 『경세유표』는 유배된 신분이라 실현이 어렵다고 판단하고, 지방수령〔牧〕을 통해 백성〔民〕의 삶을 개선시켜야 한다는 염원에서 『목민심서』를 저술했다. 이는 목민관이 '부임赴任' 해서 '해관解官' 할 때까지의 과정을 목민관이던 아버지와 정조에게 배운 내용, 그리고 자신이 '암행어사'와 '곡산부사谷山府使' 등에서 경험한 내용을 기초로 12편 72개 조항으로 구성했다.

넷째, 시대성을 감안하여, 현대리더십의 흐름과 목민리더십을 연계하고자 하였다. 리더십은 1900년대 초에 이론 연구가 시작된 이래 1980년대에 거래적去來的, transcational 리더십에서 변혁적變革的, transformational 리더십으로의 전환이 요구되어 왔다. 그러면서 '서번트 리더십'을 비롯한, '셀프리더십', '가치중심 리더십', '윤리적 리더십', '오센틱 리더십', '가버넌스 리더십' 등 다양한 리더십이 등장했다. 이런 과정에서 한국의 리더십은 1950년 6.25한국전쟁 당시 미국의 군軍리더십을 접한 이래, 1970년대 경영학에 도입하면서 기업리더십을 중심으로 발전되오고 있는 것이 현실이다. 이런 관계로 공공의 행정 분야 리더십이 여타의 리더십을 선도先導해야 한다는 필요성에 따라 목민리더십을 현대리더십의 흐름과 연계하였다.

다섯째, 다산의 가치 지향적 삶을 목민리더십과 인성교육으로 승화시키고자 하였다. 인성교육은 인성함양을 목표로 가정과 학교, 사회에서 통합적으로 이루어지는 교육의 과정process이다. 이는 교육자가 피교육자를 대상으로 상황을 감안해서 인성이 함양되도록 영향력을 행사하는 과정으로 본다면, 그 과정은 리더십 행위에 해당되므로 리더십은 인성교육의 수단이 될 수 있다. 그리고 인간은 가치에 따라 판단하고 행동방향을 선택하는 속성이 있다는 점에서 인성교육은 가치교육과 연관이 깊다. 다산은 '효孝'와 '공렴公廉', '3호三好', '4의四宜', '오교五教', '6렴六廉', '여유與猶 7덕목德目', '8대옥당玉堂' 등의 가치를 지향하는 삶을 살았다는 점에서, 다산이 지향했던 가치들을 목민리더십과 인성교육으로 연계하였다.

이 책은 다산의 목민정신이 한국적 리더십으로 적용되어야 한다는 취지에서 집필되었다. 따라서 리더십 분야에 이어 철학·역사·법학·지리·과학·건축·공학·의학·음악·차茶 등에 이르기까지 다산정신을 이 시대의 실용지학實用之學으로 승화시킨 저술이 나왔으면 하는 바램이다.

끝으로 『다산의 목민리더십』에 공감하며 흔쾌히 본서의 출판을 맡아주신 명문당明文堂 김동구金東求 사장님과 본서를 집필하는 동안 가르침을 주신 박석무朴錫武 다산연구소 이사장님, 김남기金南基 정약용문화교육원 이사장님께 감사드린다. 그리고 다산 관련 저술과 강연을 통해 깨침을 주신 금장태琴章泰, 김상홍金相洪, 김시업金時業, 김용옥金容沃, 송재소宋載卲, 임형택林熒澤 교수님께 감사드리며, 다산을 공부할 수 있는 저서를 출판해 주신 정민鄭珉 교수님과 정해렴丁海廉 선생님께 감사드린다. 또한 정성으로 교정을 맡아주신 최영숙崔英淑 선생님과 김동건金東鍵 박사님, 안미옥安美玉 회장님께도 감사드린다.

2021년 5월에
茶山연구소에서 저자 씀.

| 사진 목차 |

| 표 목차 |

순서	내　용	쪽
1	압해정씨 가승	28
2	봉곡사 학술대회 참석자	69
3	유배생활 중 도움 준 사람들	133
4	다산의 형제자매: 5남 4녀	169
5	다산의 자녀: 6남 3녀	170
6	다산의 후손	186
7	'수학 18년' 동안의 저술 현황	221
8	'정조의 지우 18년' 동안의 저술 현황	222
9	유배지 '장기'에서의 저술 현황	231
10	유배지 '사의재'에서의 저술 현황	233
11	유배지 '보은산방'에서의 저술 현황	234
12	유배지 '이청〔이학래〕의 집'에서의 저술 현황	239
13	유배지 '다산초당'에서의 저술 현황	239
14	'만년 18년' 동안의 저술 현황	255
15	「자찬묘지명」과 「열수전서」에 나타난 저술 목록	219
16	『정본 여유당전서』 저술 목록	262
17	목민정신 10가지	265
18	효와 리더십의 관계를 나타낸 문장	274

| 시詩 목차 |

| '글' 목차 |

인문학적 지혜의 샘〔泉〕

다산 정약용의 목민리더십(Ⅰ)

〈다산의 생애와 목민정신〉

1장 다산茶山 정약용丁若鏞의 생애와 삶

"사람은 죽어서 이름을 남기고 호랑이는 죽어서 가죽을 남긴다〔人死留名 인사유명 虎死留皮호사유피〕."고 한다. 다산은 75년의 삶을 살면서 당쟁과 유 배생활 등으로 견디기 어려운 험난한 삶을 살았지만 조선 최고의 실학자, 개혁사상가, 조선의 레오나르도 다빈치 등의 별호를 가진 위인偉人으로 우 뚝 서 있다. 그리고 여러 업적을 평가받으면서 2012년도에는 한국인 최초 로 유네스코 세계기념인물로 선정되고, 2019년도에는 경기도역사대표인물 1위에 선정된 바 있다.

다산은 75년의 생애를 통해 많은 업적을 남겼다. 어린 시절 아버지의 관 직생활에 따라 이동하면서 공부하던 중, 아홉 살에 어머니를 여의는 아픔을 겪었다. 15세에 결혼하고 22세에 초시합격으로 성균관에 입교하여 28세에 대과급제 후 38세에 형조참의를 사직하기까지 11년간의 벼슬생활을 했고, 그 후 유배생활과 고향에서 만년을 보냈다. 다산의 삶을 살펴볼 수 있는 유 적은 남양주시와 강진군에 남아 있다. 1957년에 강진군에서 다산초당을 복 원하기 시작했고, 1985년에 남양주시에서 1925년 대홍수 때 유실된 마재 생가를 복원하기 시작했다. 그러나 그곳에 있어야 할 '임청정臨淸亭'을 비 롯한 '수오재守吾齋'와 '매심재每心齋', '채화정菜花亭'과 '품석정品石亭', '망하루望荷樓' 등은 아직 복원되지 않았으며, 다산의 묘와 인접한 큰형 약 현若鉉의 묘와 그 아들 학수學樹의 묘도 관리되지 않은 채 남아 있다.

다산은 9남매 중 5번째로 태어나 슬하에 9남매를 두었지만 4남 2녀를 천 연두와 홍역 등으로 잃고 2남 1녀만 성장시키는 아픔을 겪었다. 다산은 명 문가 집안에서 태어나고 성장했는데, 친가는 '8대 옥당'으로 상징되는 압해정씨이고, 외가는 고산 윤선도尹善道와 공재 윤두서尹斗緖로 대표되는 해남윤씨이며, 처가는 당시 풍홍달서豊洪達徐로 통하던 풍산홍씨이다. 이런 가운데 다산은 결혼을 계기로 서울지방의 인사들과 교유를 넓히고, 성호 이익의 문하門下와 교유하면서 천주교를 접하게 되었다. 천주교를 믿는 것이 빌미가 되어 결국 유배형에 처해지면서 숱한 고난을 겪었다. 그러함에도 자신의 처지를 비관하거나 원망하기보다는 '이제야 겨를을 얻었다〔今得暇矣 금득가의〕.', '슬픔은 짧고 기쁨은 길었다〔戚短歡長척단환장〕.'는 긍정적인 생각으로 위국위민爲國爲民의 삶을 살았다.

다산에게 가르침을 준 스승은 아버지 정재원과 16세부터 사숙私淑한 성호 이익李瀷, 성균관 시절부터 지우知遇해 준 호학군주 정조正祖를 들 수 있다. 그리고 그 시대는 임진왜란〔1592년〕과 병자호란〔1636년〕, 거듭되는 예송논쟁禮訟論爭과 당쟁의 격화로 야기된 삼정문란三政紊亂으로 매우 어려운 시기였다. 이런 상황 속에서 다산은 "오직 나라와 백성을 위해 옳은 것을 추구해야 한다."는 '유시시구唯是是求'와 오래된 "나의 나라를 새롭게 개혁한다."는 '신아지구방新我之舊邦'을 내세워 변화와 혁신을 추구했다.

따라서 본 장章에서는 다산의 75년 생애와 삶을 이해하고 기억하기 쉽도록 '숫자 18'과 연계하여 살펴보고, 형제자매와 후손, 스승과 제자들에 대하여 알아본다.

다산의 출생과 명문 집안

1) 출생과 유년시절

다산은 임오화변壬午禍變이 일어난 1762년〔영조 38〕 음력 6월 16일
〔양력 8월 5일〕 사시巳時〔09~11시〕, 아버지 정재원丁載遠〔1730~1792〕과
어머니 해남윤씨海南尹氏 윤소온尹小溫〔1730~1770〕 사이에서 3남 1녀 중
막내로 태어났으며, 회혼일回婚日인 1836년〔헌종 2〕 2월 22일〔양력 4월
7일〕 진시辰時〔07~09시〕에 타계했다. 태어난 곳은 한강 강변 마재〔馬峴마
현〕 마을로 지금의 행정구역으로는 경기도 남양주시 조안면 능내리 마재
이고, 당시로는 경기도 광주군 초부면 마재리이다. 다산은 자신이 출생한
곳에 대해 '마재〔馬峴〕', '능안能安', '릉내陵內', '소내〔苕川〕', '소천苕川',
'열수洌水', '열초洌樵', '두릉斗陵', '두강斗江' 등 여러 호칭을 사용했다.[3]

••••
3 박석무,『다산평전』, 민음사, 2015. 78쪽.

아명은 귀농歸農이다. 이는 아버지 재원 공이 "돌아가서 농사일이나 하면서 살아가거라."는 뜻으로, 임금인 아버지〔英祖영조〕가 세자인 아들〔思悼世子사도세자〕을 뒤주에 가둬 죽게 하는 사건〔임오화변〕을 보고 나서 지어준 이름이다. 2살 때 완두창豌豆瘡을 앓았고 3살〔1764년, 영조 40〕 때 아버지가 희릉참봉禧陵參奉으로 임명〔3월 29일〕되자 아버지의 임소에서 지냈다.

다산이 유년시절을 보냈던 마재 마을의 풍경과 유년시절의 모습을 그려 보는 일은 쉽지 않다. 다산이 유년시절에 대해 기록해 놓은 것이 많지 않을 뿐 아니라 두 차례의 큰 홍수로 지형이 일부 바뀌었고, 또한 팔당댐이 들어서면서 주변이 물에 잠긴 탓이다. 1973년도부터 팔당댐에 물을 채우기 시작하면서 '소내〔苕川〕'의 지형이 대부분 바뀌어서 옛 모습을 볼 수 없게 된 것이다. 그나마 다산이 쓴 '큰 형수의 묘지명'과 '서모庶母 김씨의 묘지명', 그리고 '유산酉山에서'라는 시를 통해 짐작할 수 있을 뿐이다.

큰형수의 묘지명 「구수공인이씨묘지명丘嫂恭人李氏墓誌銘」에 "어머니를 잃은 그때 겨우 아홉 살이었다. 머리에 이와 서캐가 득실거리고 때가 얼굴에 더덕 붙어 있었다. 형수가 날마다 힘들게 씻기고 빗겨주었다. 그러나 귀농은 늘 흔들어 대며 벗어나려고만 하면서 형수에게로 가려 하지 않았다. 형수는 빗과 세숫대야를 들고 따라나서 어루만져주며 씻으라고 사정하곤 했다. 꾸짖고 놀려대는 소리가 뒤섞여 떠들썩하니 온 집안이 한바탕 웃고 식구들 모두가 약용을 밉살스럽게 여겼다."[4]라고 했고, 「서모김씨묘지명庶母金氏墓誌銘」에 "서모가 처음 우리 집에 왔을 때 약용의

••••
4 박석무, 『다산평전』, 민음사, 2015. 87쪽.

나이는 겨우 12살로, 머리에 이가 많고 부스럼이 잘 생겼다. 서모는 손수 빗질을 해 주고 그 고름과 피를 닦아 주었다. 속옷이나 바지, 적삼이나 버선도 빨고 꿰매며 바느질하는 수고로움도 서모가 도맡아 하다가 약용이 장가를 든 뒤에야 그만두었다. 그렇기 때문에 우리 형제자매 중에서 특별히 나와는 정이 더 돈독하였다."고 기록했다.

그리고 다산이 40세 때 장기長鬐에 유배 가서 고향을 그리워하며 지은 '유산에서' 라는 시에 다음과 같은 내용이 나온다.

〈시 1〉: 유산酉山에서

유산酉山 기슭에는 나의 집 있었네	酉山之下 爰有我盧유산지하 원유아로
한강물 넘쳐흘러 고기들 가득하고	洌之洋洋 有牣其魚렬지양양 유인기어
정원있고, 밭 있고 거문고와 책도 있었네	有園有圃 有琴有書유원유포 유금유서
여산에 올라서 나물 삼아 제비쑥 캐네	登彼黎山 言采共蔚등피여산 언채공울
강 건너가 주흘산主屹山 너머에 있는	涉彼潢矣 蹟彼屹矣섭피황의 유피흘의
저 한강을 생각하고 울분을 쏟아보네	至彼洌矣 抒我鬱矣지피렬의 서아울의
나는 새매 바라보니 빠르기도 하구나	瞻彼鷙鳥 有迅其翼첨피지조 유신기익
새매 빨리 날아가서 서북으로 닿는구나	歘其逝矣 至于西北율기서의 지우서북
높이 높이 나래침은 주살이 겁나서네	將翶將翔 畏此矰弋장고장상 외차증익
펼쳐 놓은 그물 속에 토끼가 걸렸구나	有羅其張 有兎其離유라기장 유토기리
앞뒤 다리 허덕이며 암놈을 돌아보네	撲朔其股 爰顧其雌박삭기고 원고기자
곁눈질 하여보니 내 마음 쓰라리네	盼其顧矣 我心傷悲반기고의 아심상비

* 출처: 『다산의 시문』, 김지용〔명문당〕

이런 내용으로 보면 다산의 어린 시절은 보통 사람의 어린 시절 모습과 별 차이가 없어 보인다. 실제로 마재 마을에서 태어나 어린 시절을 보낸 한호식韓好植(1946년생), 김상호金商鎬(1953년생), 조광식趙光植(1955년생)씨 등도 "다산의 어린 시절은 저희들이 보냈던 어린 시절 모습과 같았을 거라 생각합니다. 봄이 오면 산에서 꿩알을 줍고 개구리를 잡는 개구리 소년으로, 여름에는 두물머리에서 미역 감고 물고기 잡으며 익어가는 보리 모개를 따다 불에 구워 먹고, 가을이 되면 산에서 머루와 밤을 따고 예쁜 낙엽을 줍고, 겨울이면 눈썰매를 타고 형들이 하는 토끼사냥을 구경하며 즐거워했을 것으로 생각합니다."라는 설명이다. 이들은 마재 마을에서 태어나고 자랐기 때문에 팔당댐이 들어서기 전과 후를 생생하게 기억하고 있고, 다산의 어린 시절 또한 보통의 아이들처럼 개구쟁이였을 것으로 보고 있었다.

〈사진 1〉 여유당 전경

다산이 태어난 마재 마을에는 여유당與猶堂 생가生家와 묘소墓所가 위치하고 있다. 그러나 다산의 5대조이자 입향조入鄕祖인 시윤時潤 공이 세운 '임청정臨淸亭'과 장형〔약현〕이 살았던 집〔守吾齋수오재〕, 둘째 형〔약전〕이 살았던 집〔每心齋매심재〕, 그리고 효심을 담아 부모님 산소가 있는 하담荷潭을 바라보던 '망하루望荷樓', 또한 '채화정菜花亭'과 '품석정品石亭' 등은 기록만 있고 유적은 남아 있지 않다. 1925년〔을축년乙丑年〕과 1972년〔임자년壬子年〕에 있었던 대홍수로 인해 유적이 유실流失된 탓이다. 지금의 유적지가 복원될 수 있었던 데에는 마재 마을 김상호金商鎬씨 가家에서 질이 좋은 밭 흙을 기증해서, 복토한 덕분으로 알려져 있다.

2) 명문 집안

(1) 친가親家: 압해정씨 가문

다산의 관향은 압해押海이다. 압해는 전라남도 신안군 압해면을 말한다. 다산이 저술한 『압해정씨가승押海丁氏家乘』에 따르면, 압해정씨의 시조始祖는 고려시대 검교대장을 지낸 정윤종丁允宗이다. 이때부터 정공일丁公逸〔6세〕 대代까지는 압해도에 거주했고, 정원보丁元甫〔7세〕 대代부터는 황해도 덕수德水로 이거移去하여 지내다가 정시윤丁時潤〔18세, 1699년〕 대代부터 경기도 남양주 마재에 터를 잡아 거주하였다. 시윤時

潤 공은 다산의 5대조로 압해정씨 가문에서 8번째로 옥당玉堂에 오른 선대先代이다.

다산은 회갑을 맞아 자서전 격으로 기록한 「자찬묘지명」에서, 선조들이 8대를 걸쳐 옥당玉堂 벼슬을 했다는 점을 자랑으로 여기고, 자신도 옥당 반열에 오르기 위해 노력했음을 곳곳에 밝히고 있다. 여기서 말하는 옥당玉堂은 조선 시대 홍문관弘文館을 달리 이르는 말인데, 궁중의 경서經書와 사적史籍 관리, 문한文翰 처리 및 왕의 자문에 응하는 일을 맡아보던 관청으로, 사헌부司憲府·사간원司諫院과 더불어 학문적, 문화적으로 주도적 역할을 하던 기관이다. 조선시대의 정승·판서 등 고위 관리들은 거의 예외 없이 홍문관을 거쳐야 했다.

압해정씨 가문에서 홍문관에 처음으로 오른 선조先祖는 〈표 1〉에서 보듯이 홍문관 교리를 지낸 정자급丁子伋[1423~1487, 11세]이다. 이로부터 병조참의兵曹參議를 지낸 정시윤丁時潤[1646~1713, 18세]에 이르기까지 연달아 8대[11세~18세]가 옥당에 올랐다. 정시윤의 둘째 아들 정도복丁道復도 옥당에 들었기 때문에, 이를 포함하면 '9대 옥당'이 되지만 장손으로 따져, 계보로 볼 때는 8대 옥당이다.

정시윤은 정도태丁道泰·정도복·정도제丁道濟 3형제를 두었는데, 다산은 정도태의 후손이다. 하지만 이후 정도태[1664~1713, 19세]·정항신丁恒愼[1691~1733, 20세]·정지해丁志諧[1712년~1756년, 21세] 등 3대에 이르러서는 벼슬길에 오르지 못했다. 이는 숙종 이후 극심해진 당쟁의 소용돌이 속에서 권력을 잃은 남인이 겪어야 했던 상황과 연관된다. 비로소 아버지 정재원丁載遠[1730~1792, 22세] 공이 진사시험에 합격하면서 관직에 나가 음직蔭職으로 연천현감, 화순현감, 울산부사, 진주목사 등을 역임했다. 결과적으로 정시윤의 5대 후손인 정약용이 100여 년이 지나서 문과 급제와 '8대옥당'의 전통을 계승한 것이다.

다산의 5대조 시윤 공은 다산이 '효제자孝弟慈'를 기초로 다산학茶山學을 세우는데 영향을 준 선대先代이다. 시윤 공이 7세 때 아버지가 세상을 떠나고 어머니도 하종下從을 했던 탓에 7살 때부터 고아孤兒로, 부모를 그리워하며 살았다. 부모 없는 설움을 달래기 위해 '유회有懷'라는 두 글자를 대접에 써서 벽에 걸어놓고 아침저녁으로 절하며 열심히 공부한 끝에 문과에 급제하여 홍문관 벼슬에 올랐던 입지전적立志傳的 인물이다. 다산이 「곡산향교권효문谷山鄕校勸孝文」과 「열부론烈婦論」 등에서 "남편이 아랫목에서 병들어 죽었는데 부모 봉양과 자녀 부양을 마다하고 뒤따라 목숨을 끊은 아내를 '열녀烈女'라 칭하며 '정려문旌閭門'을 세워주는 일은 잘못된 것이다."라면서 하종下從 제도를 비판했는데, 이는 5대조 시윤 공이 어린 시절에 어머니의 하종 때문에 겪어야 했던 고통에 대해 기록해 놓은 것을 보고, 다산이 훗날 교훈으로 삼은 것으로 보인다.

<표 1>: 압해정씨 가승

세		성명	출생~사망	벼슬	비고〔묘소 위치〕
고려시대		1세) 정윤종丁允宗, 2세) 정혁재丁弈材, 3세) 정량丁良, 4세) 정신丁信, 5세) 정준丁俊, 6세) 정공일丁公逸, 7세) 정원보丁元甫, 8세) 정세丁世 9세) 정안경丁安景, 10세) 정연丁衍			
조선시대	11	정자급丁子伋	1423~1487	홍문관(1)	*8대옥당의 시초, 홍문관 교리
	12	정수강丁壽崗	1454~1527	홍문관(2)	부제학
	13	정옥형丁玉亨	1486~1549	홍문관(3)	병조판서
	14	정응두丁應斗	1508~1572	홍문관(4)	좌찬성
	15	정윤복丁胤福	1544~1592	홍문관(5)	대사헌
	16	정호선丁好善	1571~1633	홍문관(6)	관찰사
	17	정언벽丁彦璧	1612~1652	홍문관(7)	홍문관 교리
	18	정시윤丁時潤	1646~1713	홍문관(8)	〔안산 석곡〕 1699년 광주입향조
	19	정도태丁道泰	1664~1713		〔안산 석곡〕
	20	정항신丁恒愼	1691~1733	진사	〔광주 초부면〕
	21	정지해丁志諧	1712~1756		〔경기 천진암〕
	22	정재원丁載遠	1730~1792	진주목사	〔경기 천진암〕
	23	정약용丁若鏞	1762~1836	홍문관	〔경기 도마재〕

다음 내용은 5대조 정시윤丁時潤 공이 반고盤皐의 소내〔苕川〕에 터를 잡고 살았던 내용에 대해 다산이 「임청정기」에 기록한 것이다.

〈글 1〉 임청정기臨淸亭記

100년 전에는 춘천에서 흘러나오는 소양강昭陽江이 고랑皐狼 아래에 이르러 동쪽으로 흘러 남주藍洲 북쪽을 거쳐 남강南江으로 들어갔다. 이 때문에 남강의 물살이 빠르고 급해져서 곧장 서쪽으로 흘러 반고盤皐 밑에 있는 땅을 침식시켰다. 그래서 강물이 불어 넘칠 때마다 반고가 수해를 입으니, 백성들이 이 때문에 이곳에 살지 않게 되었다.

그 뒤에 소양강이 부암凫巖 남쪽까지 흘러가 비로소 남강과 합류하게 되어 남강의 물살을 밀어내자, 물이 귀음龜陰의 강안江岸을 지나 석호石湖 동쪽에서 비로소 꺾이면서 서쪽으로 향하게 되었다. 이 때문에 반고의 지대가 우뚝 높아지면서 마을이 이루어졌는데, 이것이 바로 소내[苕川]가 생기게 된 고사古事이다.

숙종 말기에, 병조 참의였던 우리 할아버지[정시윤]께서 상소를 올려 양곡 방출을 애원한 일을 논했다가 임금의 노여움을 사서 벼슬에서 물러나게 되었다. 이에 한강 물가를 따라 올라가서 노년을 보낼 만한 곳을 찾다가 소내 부근에 이르러 반고를 만나게 되었다. 주인이 있는지 물으니, 없다고 하였다. 그리하여 산 밑에 사는 백성들에게 가서 말씀하셨다.

"이 언덕은 하늘이 나에게 준 것이지만 그렇다고 해서 거저 취할 수는 없다. 너희가 먼저 살고 있었으니 너희가 주인이다."

그러고는 말다래[장니障泥]를 벗겨 그들에게 주고 그 땅을 얻었다. 그 땅의 형세를 자세히 살펴보니, 동쪽으로는 두 물이 막 합류하여 여울져서 물살이 고르지 않고, 서쪽으로는 골짜기의 초입初入

이 처음부터 갈라져 있어 바람이 모이지 않았다. 반고를 셋으로 나누었는데, 그중 3분의 2는 서쪽에 있다. 이곳에 정자를 세우고 '임청臨淸'이라고 편액을 써서 걸었으니, 이는 도원량陶元亮의 사辭에서 따온 것인 듯하다. 정자 앞에는 괴이한 모습의 소나무를 많이 심었는데 수령이 오래되어 용이 도사린 듯, 범이 꿇어앉아 있는 듯, 거북이 움츠린 듯, 학이 목을 빼고 있는 듯 몹시 기이하였다.

공께서는 세 아들이 있었는데, 동쪽에는 큰아들〔도태道泰〕을 살게 하고, 서쪽에는 둘째 아들〔도복道復〕을 살게 하고, 셋째〔도제道濟〕에게는 이 정자를 주셨다. 그리고 유산酉山 아래에 작은 집을 지어 측실側室에게서 낳은 자식〔도길道吉〕을 살게 하셨다. 공께서 세상을 떠난 지 60여 년 뒤에 박 판서〔박문수朴文秀〕가 배로 소내를 지나다가 이 정자를 보고 기뻐하여 값을 후하게 쳐주면서 팔기를 청하여 정자가 마침내 박씨의 소유가 되었다. 얼마 후에 임청이라는 이름을 버리고 송정松亭이라고 이름하였다. 뒤에 태어난 아이들은 이 정자를 송정이라고만 알고 '임청정'이었다는 사실은 모른다. 내가 이 때문에 마음에 느끼는 바가 있어 기記를 지어 보여 주는 것이다.

* 출처: 네이버 지식백과〔김창효, 박석무, 송재소, 임형택, 성백효〕

(2) 외가外家: 해남윤씨 가문

외가의 본은 해남윤씨海南尹氏로, 고산孤山 윤선도尹善道〔1587~1671〕와 공재恭齋 윤두서尹斗緖〔1668~1715〕를 배출한 남인계 명문 집안이다. 고산

孤山은 윤선도가 살던 곳의 지명으로, 서울의 동쪽 남양주시 수석동에 위치한 구릉丘陵 이름이다. 한양에서 벼슬할 때 자신이 거주했던 지명을 아호로 사용한 것이다. 고산은 조선시대 대표적 시조시인이고, 윤두서는 '시詩·서書·화畫'에 두루 능했다.

공재 윤두서는 슬하에 아들 11형제를 두었는데 그중에서 9형제가 성장했다. 큰 아들이 윤덕희이고, 둘째 아들이 윤덕렬이다. 윤덕렬尹德烈은 진산珍山으로 이주해서 살았으며, 아들 윤경尹憬과 딸 해남윤씨海南尹氏 윤소온尹小溫〔1730~1770〕을 두었는데, 윤소온이 다산의 어머니다.

윤소온은 고산의 6세 손이자 공재의 손녀다. 그러니 고산은 다산의 6대조이고 공재는 다산의 외증조부가 된다. 윤씨는 26세 때 정재원 공에게 시집와서 딸〔이승훈의 처〕과 약전, 약종, 약용 등 3남 1녀를 낳았다. 어머니는 다산이 9살 되던 해에 43세를 일기로 작고했다. 전남 해남에는 해남윤씨의 역사와 문화예술이 담긴 녹우당綠雨堂이 위치하고 있다.

〈사진 2〉 녹우당 전경

다산은 어린 시절부터 외가 쪽 인사〔해남윤씨〕들과 가깝게 지냈다. 외가로 4촌 형인 윤지충尹持忠〔1759~1791〕, 6촌 형인 윤지범尹持範〔1752~1821〕과 동갑인 윤지눌尹持訥〔1762~1815〕 등은 평생의 지기知己였다. 문과에 급제하여 같이 벼슬하던 윤지눌은 시동인詩同人 모임인 죽란시사竹欄詩社의 일원으로도 같이 지냈다. 또한 어려서부터 함께 공부하며 지냈던 윤지충은 어머니의 오빠 윤경尹憬의 아들이므로 외사촌 형이 된다. 1791년 신해옥사辛亥獄事 때 진산사건珍山事件으로 순교했다. 이외에도 윤종하尹鍾河·윤종직尹鍾直 등 외척 문사文士들과 시문을 주고받았으며 유배생활 중에는 많은 위로를 받았다

해남윤씨의 도움 중에서 무엇보다 큰 것은 강진 유배생활 중에 천여 권의 장서가 있는 녹우당綠雨堂을 활용할 수 있었던 점인데, 특히 윤단이 제공한 다산초당에서 학문을 연구하면서 제자를 양성할 수 있었던 일이다. 다산초당에서 공부하며 저술활동에 도움을 준 제자가 18명인데, 이중 10명이 해남윤씨들이다. 이들은 다산이 해배解配된 뒤에도 제자로서의 도리를 다하면서 스승의 학문을 계승하는 일에 주력했다. 그리고 다산이 즐겨마시던 차를 보내주는 등 연緣을 이어갔다. 다산은 평소 "나의 성품〔情分정분〕은 대부분 외가에서 받았다."라는 말을 했을 정도로 외가에 대한 자랑과 깊은 감정을 가지고 있었다.

평소 다산이 외가에 대해 느꼈던 점을, 다산 연구가 박석무 선생의 글을 통해서 알아볼 수 있다.

〈글 2〉 다산의 외가外家 자랑

다산의 어머니는 해남 윤씨尹氏이다. 해남윤씨는 국國 중에서 알아주는 명문의 집안이다. 그러나 윤씨의 인물 중 가장 유명한 분은 누가 뭐라 해도 고산 윤선도尹善道를 들 수 있고, 그 다음으로는 공재 윤두서尹斗緒를 꼽지 않을 수 없다. 고산孤山이야 '오우가'나 '어부사시사' 등의 국민 시조작가로 천하에 이름을 떨쳤고, 공재恭齋야 조선의 '3재 화가[겸재, 현재, 공재]'로 온 세상에 널리 알려진 분이다.

고산의 증손曾孫이 공재요, 공재의 손녀孫女가 바로 다산의 어머니 윤씨이다. 그렇다면 고산은 다산의 외가 6대조요, 공재는 다산의 외증조부가 된다. 그뿐인가. 고산은 시조시인일 뿐 아니라 당대의 예학禮學의 대가로 남인을 대표해서 노론이던 송시열宋時烈 등과 예론禮論으로 맞섰던 큰 학자였으며, 40대 후반에 일찍 세상을 떠난 공재는 화가보다는 당대의 학자로 큰 명성이 있었으니 다산이 자랑하기에 넉넉한 분이었다. 다산은 글을 지을 때마다 우리 고산 선생님, 우리 공재 선생님이라 호칭하면서 외가 선조들의 자랑에 여념이 없었다.

그런데 다산 외조부의 형님인 낙서 윤덕희尹德熙는 아버지인 공재를 이은 당대의 화가였고, 그 아들인 청고 윤용尹溶 또한 할아버지, 아버지를 계승하여 화가로서의 큰 명성을 얻었다. 이른바 3대 화가의 집안이 바로 다산의 외가였다. "윤용은 일찍이 호랑나비와 잠자리 등을 잡아다가 그 수염과 분가루 같은 미세한 것까지도 세밀히 관찰하여 그 형태를 묘사해서 기어이 실물에 핍진逼盡하도록 하고야 말았다."라는 다산의 표현처럼 다산 외가의 화가들은 그림을 그려도 실학적인 사실화를 그렸음을 짐작할 수 있다.

"예술은 갑작스럽게 이루어질 수 없다. 3대 정도 이어져야 제대로 그림이 나온다."라는 다산의 주장은 역시 설득력이 있다. 친가인 나주 정丁씨 가문의 학문적 전통과 외가의 높은 학문과 예술이 합해져서 다산 같은 희대의 학자가 나왔으리니, 역시 전통은 무시할 수 없는 일임에 분명하다.

* 출처: 풀어쓰는 다산이야기 84호(박석무, 2004. 11. 5)

(3) 처가妻家: 풍산홍씨 가문

다산은 15세에 한 살 위 홍혜완洪惠婉(1761~1838)과의 혼인을 계기로 서울에서 처가살이를 하게 되면서, 서울 사람들과 교유交遊를 넓힐 수 있었다. 다산의 처가는 홍봉한洪鳳漢과 혜경궁惠慶宮 홍씨(정조의 생모), 홍국영洪國榮 등을 배출한 경상북도 안동 풍산을 본관으로 하는 풍산홍씨豊山洪氏이다. 당시는 풍홍달서豊洪達徐, 즉 풍산홍씨와 달성서씨達城徐氏 가가家에서 고관대작들이 많이 배출될 때라 홍씨 집안과의 혼인은 다산의 앞길을 밝혀주는 계기가 되었다.

장인의 이름은 홍화보洪和輔(1726~1791)이고, 자字는 경협景協이며, 대사헌을 지낸 홍이상洪履祥의 5세손이다. 장인의 아버지 홍중후洪重厚는 동지돈령부사同知敦寧府事이고, 할아버지 홍만기洪萬紀는 좌부승지左副承旨이다. 장인의 어머니는 성씨成氏인데, 사서司書를 지낸 성준成儁의 딸이다.

장인은 슬하에 2남 2녀를 두었는데, 첫째 부인 최崔 씨가 딸 하나를 낳고 사망하자 둘째 부인 이李 씨를 맞아 2남 1녀를 두었다. 아들은 홍원호洪元浩와 홍윤한洪允漢이고 딸은 홍혜완洪惠婉으로 다산에게 시집왔다.

장인은 승지를 역임하고 몇 곳의 병마절도사를 지낸 무인이다. 특히 진사시에 합격하고도 무과에 다시 응시하여 합격함으로써 문무를 겸비한 인물로 평가받고 있다. 여러 곳의 수령과 지방 수군절도사, 병마절도사를 역임했으며 곧은 성품을 지녔다. 당시 권세를 부리던 홍국영에게 한 번도 뇌물이나 아부를 하지 않았던 탓에 홍국영의 눈 밖에 나게 되었고, 운산雲山으로 귀양을 가게 되었다. 그러나 훗날 홍국영은 비리로 매장되고 홍화보는 벼슬에 복귀했다.

큰아버지 홍수보洪秀輔〔양자로 족보상 당숙〕는 판서를 지낸 당대의 명사이고, 처 육촌 처남이 되는 홍인호洪仁浩·홍의호洪義浩 등도 모두 판서를 지낸 대단한 집안이다. 장인에 대하여 「함경북도 병마절도사 홍공의 묘갈명咸鏡北道兵馬節度使洪公墓碣銘」을 남겼다.

〈글 3〉 홍화보〔장인〕 묘갈명墓碣銘

공公의 이름은 화보和輔, 자字는 경협景協이다. 풍산 홍씨豐山洪氏는 대사헌大司憲을 지낸 홍이상洪履祥에 이르러 크게 알려졌는데, 공은 이분의 5세손이다. 아버지 홍중후洪重厚는 동지돈령부사同知敦寧府事이고〈중략〉, 어머니는 성씨成氏인데, 사서司書를 지낸 성준成儁의 따님이다.

자라서는 문장과 역사를 공부하고 시를 잘 지었으며, 변려문騈儷文에는 더욱 솜씨가 있었다. 그러나 여러 번 과거에 실패하여 뜻을 이루지 못하였다.〈중략〉

영조英祖 신사년(1761, 영조 37)에 임금께서 대장과 정승들에게 문무를 겸비하여 장수가 될 만한 사람을 천거하라고 명하자, 모두가 공을 추천하였다.〈중략〉 며칠 뒤 성균관成均館에서 실시하는 과거가 있었다. 공이 몰래 시험장에 들어가 답안을 냈는데, 1등에 뽑혔으며 붉은 비점批點이 찬란하였다.〈중략〉 마침내 무과에 급제하였다.

임금께서 이르셨다. "벼슬하여 임금을 섬기는 것에는 문신, 무신의 구별이 없으니, 너는 마음을 편안히 가져라."〈중략〉 임오년(1762, 영조 38) 여름에 왕세자가 몸이 편치 않을 때 태의太醫 방태여方泰興가 사사로이 청심환清心丸을 지어 올렸다. 임금께서 공을 돌아보며 이르기를 "빨리 태여의 머리를 베어 오너라."라고 하였다. 공이 칼을 뽑아들고 달려가 그의 상투를 잘라다 바치니, 임금께서 매우 기특하게 여겨 더욱 총애하였다.〈중략〉

을미년(1775, 영조 51)에 특별히 동부승지同副承旨에 임명되었는데 경연참찬관經筵參贊官을 겸하였으니, 문관의 자리이다. 거기서 외직으로 나가 전라좌도 수군절도사全羅左道水軍節度使가 되었다. 병신년(1776, 영조 52)에 영조께서 승하하셨는데, 당시는 홍국영洪國榮이 권세를 안팎으로 휘두르고 있었다. 그러나 공은 평소에 그 사람을 대수롭지 않게 보았으므로, 여러번 지방의 고을 원을 역임하면서도 그에게 뇌물을 바친 적이 없었다. 홍국영이 앙심을 품고 있다가, 이때에 몰래 관찰사 이보행李普行을 시켜 "탐욕스럽고 방종하여 법을 지키지 않는다."라고 공을 모함하게 하였다. 이 때문에 바로

운산雲山으로 귀양을 가게 되었다.〈중략〉

 몇 년 뒤 사면되어 돌아와 다시 승지에 임명되었다. 관찰사로 나가는 신하가 있을 때마다 임금께서 특별히 공에게 교서敎書를 짓도록 명하였으니, 이는 본래 학사學士들이 맡는 직책이다. 임금께서 자주 부르시어 병법을 논하고 어떤 때는 운자를 지정하여 시를 짓게 하였는데, 모두 임금의 뜻에 들어맞아 여러 번 칭찬과 장려를 받았다. 장차 공을 크게 쓰려고 했으나, 홍국영이 매우 꺼렸다.〈중략〉 홍국영이 실각한 뒤에, 임금께서 공을 돌이켜 생각하여 경상우도병마절도사慶尙右道兵馬節度使에 임명하였으나, 또 어사에게 모함을 당해 숙천肅川으로 귀양 갔다. 오래지 않아 사면되어 돌아와 다시 승지에 임명되었다.〈중략〉

 신해년(1791, 정조 15)에 황해도 병마절도사가 되었다가, 4월 29일 황주黃州에서 돌아가셨다. 66세였다. 공은 몸이 약하여 옷도 이기지 못할 것 같았고, 활을 쏘면 종이도 꿰뚫지 못하였다. 그러나 병법에는 밝아 재주와 지략이 많았지만, 나라가 태평하고 사방에 일이 없어 공명功名을 드러낼 방법이 없었다.

 최씨 부인崔氏夫人에게서 딸 하나를 두었는데, 사헌부 감찰司憲府監察인 최양우崔陽羽에게 시집갔다. 뒤에 시집온 이씨李氏에게서 2남 1녀를 두었는데, 아들은 홍원호洪元浩와 홍윤한洪允漢이며, 딸은 나의 처가 되었다. 서출 자녀는 모두 어리다. 일찍부터 공이 나를 알아주어 나에 대한 기대와 인정이 매우 컸다. 이제 공이 갔으니 무엇으로 보답하겠는가. 고양高陽의 대장리大莊里 언덕은 곧 공의 묘이다.〈중략〉

* 출처: 네이버 지식백과(허권수, 박석무, 송재소, 임형택, 성백효)

다산의 생애 75년의 삶과 '숫자 18'

다산의 생애 75년[75=3+18×4]과 그 삶은 '숫자 18'과 연관이 깊다. 출생 직후 3년은 부모슬하에서 자랐지만, 4살 때 『천자문千字文』 공부를 시작으로 수학修學 18년, 정조의 지우知愚 18년, 유배생활 18년, 만년晩年 18년으로 이어지는 삶을 살았기 때문이다.

수학 18년은 4세 때 천자문 공부를 시작으로 22세 4월 6일 경의과經義科 진사시험에 합격할 때까지의 수학 기간이 햇수로 18년이다.

정조에게 지우 받은 18년은 22세 4월 11일 성균관에 입교하여 정조를 알현하고, 28세에 대과급제 후 벼슬생활을 하다가 38세에 형조참의刑曹參議를 사직辭職하고 고향마을 마재로 돌아와 생활하던 중 정조에게서 한서선漢書選을 받은 39세 6월 12일까지 햇수로 18년이다. 지우知愚란 알아주고 대우해 준다는 뜻이다.

유배생활 18년은 40세[1801년] 2월 27일, 천주교인을 탄압하는 신유옥사辛酉獄事가 일어나면서 포항 장기로 귀양갔다가 그해 11월 5일 강진으로 전배되어 유배생활하다가 해배된 57세(1818년) 9월 2일까지 햇수로 18년이다.

만년 18년은 57세 9월 14일 마재에 도착하여 75세 2월 22일 생을 마감할 때까지 햇수로 18년이다.

이처럼 다산은 18년을 주기로 큰 변화를 겪었음을 알 수 있다. 이밖에도 '숫자 18'과 관련된 것이 많은데, 승보시陞補試에 합격한 때가 18세이고, 암행어사 임무를 수행한 것이 정조 18년이며, 신유옥사辛酉獄事로 장기長鬐에 유배되기 전까지 국청을 받은 기간이 18일[1801. 2. 10~2. 27]이다. 또한 황사영黃嗣永백서 사건으로 재 국청을 받고 강진으로 전배되어 이동한 기간이 18일[1801. 11. 5~23]이고, '다신계茶信契' 이름으로 등록된 제자가 18명이며, 해배된 시기가 순조 18년[1818년]이다. 이렇듯 다산의 삶을 숫자 18과 연관시키면 이해와 기억하는데 도움이 된다.

따라서 다산의 삶을 '수학修學 18년', '정조의 지우知遇 18년', '유배流配 및 저술 18년', '고향에서 만년晩年 18년' 등으로 구분해서 살펴본다. 저술과 관련된 내용은 별도로 2장에서 다루기로 한다.

1) 수학修學 18년: 4~22세[1765~1783. 4. 6]

다산이 수학한 기간은 『천자문』 공부를 시작한 4세 때부터 22세, 경의과經義科 초시에 합격한 날[4월 6일]까지 햇수로 18년이다. 다산은 「자찬묘지명」에서 자신을 '유이영오 장이호학幼而穎悟 長而好學', 즉 "어려

서는 영특하였고 어른이 되어서는 학문을 좋아했다.”고 적었다. 영오穎
悟는 남보다 뛰어나게 영리怜悧·伶俐하다는 뜻이다. 다산은 영특했을 뿐
아니라 학문하는데 부지런히 힘썼다 하여 후손들은 다산을 ‘영오근면穎
悟勤勉’했다고 칭송하고 있다.

　다산은 어려서부터 아버지에게 글을 배우면서 세 가지를 좋아하게 되
었는데, 이를 ‘3호好’라 한다. ‘3호三好’는 우리나라의 역사와 고경古經
등 옛것을 좋아하는 ‘호고好古’, 학문과 독서를 좋아하는 ‘호독好讀’, 우
리의 문화와 전통을 좋아하는 ‘호아好我’를 뜻한다.[5]

　다산은 풍산홍씨와 혼인한 것을 계기로 서울의 회현방〔지금의 회현
동〕에서 처가생활을 하게 되었고, 이를 통해 서울에 사는 지인들과의 교
유를 넓히면서 공부할 수 있었다. 그래서 다산의 수학기간은 결혼 전과
결혼 후로 나눌 수 있다. 결혼 전에는 마재와 아버지의 임지를 따라다니
면서 수학했고, 결혼 후에는 서울의 처가와 마련한 집에 살면서 서울의
지인들과 교유를 통해, 그리고 아버지와 장인의 임지任地에서도 학문을
연마하면서 교유관계를 넓혀나갔다.

(1) 결혼 전

　다산이 4살〔1765년, 영조 41〕이던 해에 아버지는 내섬시봉사內贍寺奉
事〔종8품〕[6]직에 있었다. 다산은 이때부터 『천자문』 공부를 시작하였으며,

----

5 박석무, 『풀어쓰는 다산이야기〔1098회〕』, “호아好我, 내 것 우리 것을 좋아해야〔1〕”,
http://www.edasan.org(2020. 2. 3)

7세〔1768년, 영조 44〕 때 '산山'이라는 오언시五言詩 "작은 산이 큰 산을 가렸으니 멀고 가까움이 다르기 때문이네."[7]를 지으면서 글재주가 뛰어나다는 평가를 받았다.

9세〔1770년, 영조 46〕 때 어머니 해남윤씨가 43세를 일기로 별세하여 12세까지는 큰 형수〔약현의 처, 경주이씨〕의 도움으로 성장했고, 12세부터 15세 결혼 전까지는 서모 잠성김씨의 보살핌을 받았다.

10세〔1771년, 영조 47〕 때부터 16세까지, 즉 화순현감으로 부임하기 전까지 6년 동안 아버지로부터 경전經典과 사서史書, 고문古文을 집중적으로 지도받았으며, 시율詩律을 잘 짓는다는 칭찬을 듣기도 하였다. 또한 10세 이전에 지은 시문을 모은 책「삼미집三眉集」이 있으나 현재는 전하지 않는다.

12세까지는 큰형수의 도움으로, 15세까지는 서모 잠성김씨의 보살핌으로 성장한 다산은 두 분에 대한 고마움을 「구수공인이씨묘지명丘嫂恭人李氏墓誌銘」과 「서모김씨묘지명庶母金氏 墓誌銘」을 남겼다.

15세〔1776년〕 2월 15일에 관례冠禮를 올리고 16일에 막내 숙부〔정재진〕를 모시고 장가丈家들기 위해 서울로 가면서 지은 시詩를 통해 당시 15세 신랑의 부푼 마음을 엿볼 수 있다.

• • • •
6 조선 시대에 각 궁宮에 올리던 토산물, 2품 이상 벼슬아치에게 주던 술, 일본인·여진인 女眞人에게 주던 음식과 필목疋木 따위를 맡아보던 관아로 호조戶曹에 속했음.
7 "小山蔽大山 遠近地不同."

<시 2>: 배를 타고 서울로 가다〔春日陪季父乘舟赴漢陽〕

아침 햇살에 산은 맑아 더욱 멀고	旭日山晴遠욱일산청원
봄바람은 물 위에 불어 살랑살랑 흔드네	春風水動搖춘풍수동요
뱃머리를 돌려 키를 잡아 강 언덕을 떠나니	岸廻初轉柁안회초전타
흐르는 여울물 소리에 노젓는 소리 안 들린다	湍駛不鳴橈단사불명요
강가에는 벌써 푸른 잎이 물위에 떠돌고	淺碧浮莎葉천벽부사엽
강변에는 실버들이 노랗게 피어났어라	微黃著柳條미황저유조
점점 서울 궁궐이 가까워 졌나보다	漸看京闕近점간경궐근
삼각산의 우중충한 바위가 높이 솟았으니	三角鬱岧嶤삼각울초요

* 출처:『다산의 시문』, 김지용〔명문당〕

(2) 결혼 후

다산은 15세〔1776년, 영조 52〕 2월 22일 한 살 연상인 홍혜완洪惠婉과 서울 회현방 처가에서 결혼했다. 결혼하면서 아명이던 '귀농歸農'을 관명冠名인 '약용若鏞'으로 바뀌었다. 이 해 3월 5일 영조가 83세로 승하하고 정조가 즉위하였으며, 아버지 재원 공은 6월 20일 인의引儀[8]로 승진하여 제용판관濟用判官[9]에 임명되었다.

16세〔1777년, 정조 1〕에 성호星湖 이익李瀷의 유고遺稿를 접하면서 사

••••

8 조선 시대에, 통례원에 속하여 의식에서 식순에 따라 구령을 외치는 일을 맡아보던 종육품 문관벼슬.

9 조선 시대에 중국에 바치는 옷감 · 인삼과 신하에게 하사하는 의복 · 비단 종류 · 포화布貨 · 염색 · 직조 등의 일을 담당하던 국가 기관.

숙私淑하였다. 사숙은 직접 스승을 모시고 배우는 공부가 아니라 옛 어른을 사모하여 마음속의 스승으로 모시고 저서를 통해 공부하는 것을 말한다. 다산은 "이때 서울에는 이가환李家煥〔1742~1801〕 공이 문학으로 일세에 이름을 떨치고 있었고, 자형인 이승훈李承薰〔1756~1801〕도 모두가 성호 이익의 학문을 이어받아 펼쳐나가고 있었다. 그래서 나도 성호 선생이 남기신 글들을 얻어 보게 되었고, 흔연히 학문을 해야겠다고 마음을 먹었다."고 「자찬묘지명」에 기록했다. 그 당시 경기도 광주지방의 수재秀才에 불과했던 다산이 서울 생활을 하게 되면서 세상을 보는 눈이 넓어졌고, 또한 성호의 유고를 통하여 학문의 방향을 잡았을 뿐 아니라 성호 문하생들과 교유를 넓히게 된 것이다. 9월 27일 아버지가 화순현감和順縣監으로 부임하자 따라가서 공부했다. 그곳에서 생활하던 중 근처 만연사萬淵寺에 머물던 연담蓮潭 유일有一〔1720~1799〕 스님이 찾아왔다. 연담은 화순 출신의 승려로 당시 불교계에서 명망이 높은 분이었다. 각종 불경에 대한 강학으로도 명성이 높았고 시승으로도 이름이 있었다. 아버지 정재원의 문집 「하석유고荷石遺稿」에 연담과 주고받은 시가 여러 편 실려 있을 정도다. 아버지의 주선으로 화순에 사는 조익현趙翊鉉이라는 선비를 만나 『맹자』를 읽으면서 가르침을 받았다. 26세 연상인 조익현은 문장이 뛰어났으며, 백성을 사랑하는 정신과 성호 이익의 사상에 대한 식견이 높아 그의 설명을 들으며 깊은 감동을 받았다. 겨울에 동림사東林寺에서 약전 형과 함께 토론하며 공부했다. 다산이 화순 생활에서 가장 뜻깊었던 일은 화순읍에서 북쪽으로 5리쯤 떨어져 있는 사찰 동림사〔지금은 동림사터 비석이 남아있음〕에서 둘째 형과 함께 공부하던 일이다.

그때 다산은 『맹자』를 읽고 중형은 『시경』을 읽으며 40일 동안 학문에 몰두하였다.[10]

17세〔1778년, 정조 2〕에 다산은 연담 스님과의 만남을 기념하는 '유일 스님에게 주다〔贈有一上人〕' 란 시를 지었다. 연담은 혜장의 스승이다.

18세〔1779년, 정조 3〕 2월에, 약전 형과 함께 고향에 돌아와 공부했으며 겨울에 성균관에서 시행하는 승보시陞補試에 선발되었다.

19세〔1780년, 정조 4〕 2월 22일, 아버지가 예천군수醴泉郡守로 영전하게 되자 아내와 함께 장인이 병마절도사兵馬節度使로 있는 진주에 방문했다가 예천으로 가서 쓰러져 가는 관청집을 수리해서 '반학정伴鶴亭' 이라 이름 짓고, 그곳에서 과거공부를 하며 「반학정기伴鶴亭記」를 지었다. 당시 이 집은 귀신이 나온다고 하여 사람이 살지 않던 곳인데, "귀신이란 오직 사람만이 불러들이는 것이다. 내 마음이 귀신을 무시하면 귀신이 어디에서 오겠는가?' 하면서 청소한 후 거처하며 공부했다. 이 해 겨울에 부친과 장인이 어사 이시수李時秀〔1745~1821〕의 탄핵을 받아 관직을 잃게 되었는데, 이는 홍국영에게 뇌물을 주지 않은 것과 아전의 농간, 그리고 삼정문란三政紊亂 등 혼란스러웠던 시국과 연관된다.

20세〔1781년, 정조 5〕 되던 해 2월, 부친과 장인에 대해 이시수李時秀〔1745~1821〕가 탄핵했던 감사결과가 나옴에 따라 부친은 예천군수를 퇴임하게 되어 마재로 귀향했고, 장인은 숙천으로 귀양 갔다. 이렇듯 다산은 10대代 말에 호남湖南과 영남嶺南의 강산을 유람하는 기회를 가졌고 충청도를 오가며 여러 곳을 들렀던 관계로 시야를 넓힐 수 있었다. 서울

••••
10 박석무, 『다산평전』, 민음사, 2015. 102쪽.

에 와서 과거시험 준비에 집중하던 중 7월에 큰 딸이 태어났으나 4일 만에 요절했다.

21세〔1782년, 정조 6〕 되던 해, 서울 창동倉洞에 처음으로 집을 장만하고 "내 의지를 밝히다〔述志술지〕."라는 시를 지었다. 내용은 앞으로 삶의 의지와 공맹孔孟의 원시유학原始儒學에 충실하겠다는 다짐을 밝힌 대선언大宣言적 내용을 담은 시이다.

〈시 3〉: 술지述志: 내 뜻을 밝히다.

〈술지 1〉

소년 시절 서울에서 노닐 때	弱歲游王京약세유왕경
교제하는 수준이 낮지 않았네	結交不自卑결교부자비
속기 벗은 운치가 있기만 하면	但有拔俗韻단유발속운
충분히 속마음을 통했네	斯足通心期단유발속운
힘껏 공자 맹자의 학문으로 돌아와	戮力返洙泗륙력반수사
두 번 다시 시속에 맞음 묻지 않았네	不復問時宜불복문시의
예의는 잠시나마 새로워졌으나	禮義雖暫新예의수잠신
탓 듣고 후회할 일 이로부터 나왔네	尤悔亦由玆우회역유자
지닌 뜻 확고하지 않다면	秉志不堅確병지불견확
가는 이 길 그 어찌 순탄하리오	此路寧坦夷차로영탄이
중도에 가는 길 바뀌어 버려	常恐中途改상공중도개
길이 뭇사람의 비웃음 받을까 걱정이네	永爲衆所嗤영위중소치

〈술지 2〉

| 슬프다 우리나라 사람들 | 嗟哉我邦人차재아방인 |

주머니 속에 갇혀 사는 듯	辟如處囊中벽여처낭중
삼면은 바다로 에워싸였고	三方繞圓海삼방요원해
북방은 높고 큰 산이 굽이쳐 있네	北方綢高崧북방추고숭
사지 삭신 언제나 움츠러서	四體常拳曲사체상권곡
기상과 큰 뜻을 어떻게 채워 보리	氣志何由充기지하유충
성현〔공자와 맹자〕은 만 리 밖에 있는데	聖賢在萬里성현재만리
누가 이 몽매함 열어 줄까	誰能豁此蒙수능활차몽
머리 들어 인간 세상을 바라보아도	擧頭望人間거두망인간
보이는 사람 없고 정신은 흐리멍텅	見鮮情瞳曨견선정동롱
남의 것 모방하기 급급해	汲汲爲慕倣급급위모효
정밀하게 숙달함을 가릴 겨를 없구나	未暇揀精工미가간정공
뭇 바보들 바보 같은 한 사람 받들면서	衆愚捧一癡중우봉일치
와자지껄 모두 함께 받들게 하네	裾哈숭共崇거함령공숭
순박한 옛 풍속을 지녔던	未若檀君世미약단군세
단군 세상만도 못한 것 같네	質朴有古風질박유고풍

* 출처: 『다산평전』, 박석무〔민음사〕

'술지' 시詩에 대해 위당 정인보는 "학풍學風은 살기殺氣였노라."고 평하였다. 이 당시 다산은 약전 형과 함께 초시에 낙방하고 자신의 심지를 굳건히 할 목적으로 쓴 시로 보인다. 공자와 맹자의 본원적 학문에 충실하면서, '3호好' 정신을 기초로 주자학의 관념적인 면을 탈피하겠다는 대선언적 의미를 담고 있다. 이 해에 본가와 처가의 도움으로 서울 창동에 집을 사서 '체천정사棣泉精舍'라 이름 지었다. 여기서 '체棣'는 '산앵두 나무', '통하다'의 의미로 형제의 우애를 상징하는 내용이다. 가을에 장인이 석방되어 영남우도병마절도사嶺南右道兵馬節度使에 임명되었다.

22세〔1783년, 정조 7〕 되던 해 2월 21일에 혜경궁홍씨 존호를 올리고 문효세자文孝世子의 돌잔치를 기념하는 증광감시增廣監試와 식년시式年試가 열렸다. 약현·약전·약용 3형제가 응시했는데, 2월 26일 감시監試 발표에서 3형제 모두가 합격하는 경사가 있었다.

당시에는 '1000 초시', '200 진사', '33 대과급제'라 하여 초시에 합격하는 것은 진사시험과 대과에 응시하기 위한 발판이었다. 조선시대에는 일반적으로 초시初試에서 1,000명을 뽑고, 진사시進士試에서 200명 안에 들면 성균관에 입학해서 문과시험 공부를 하고, 문과文科시험을 통해 33인을 뽑아 벼슬에 진출시키는 과정이었다. 3월에 '체천정사' 집을 팔고 처갓집 근처 '루산정사樓山精舍'로 이사했는데, 4월 2일 증광감시增廣監試 복시가 치러졌다. 혜경궁홍씨에게 대왕대비 존호를 올리는 날에 맞춰 초시합격자 240명과 직부회시直赴會試된 유생을 포함하여 300명이 응시하여 4월 6일에 발표된 시험 결과에서 두 형은 낙방하고 다산 혼자서 경의과經義科에 합격하여 성균관에 입학하였다. 이때 불합격한 큰형〔약현〕은 12년 뒤〔1795년, 45세〕에, 둘째 형〔약전〕은 다산과 같은 해 5개월 뒤〔9. 21〕 진사시에 합격했다.

다산은 합격하고 나서 형의 친구인 좌랑 목만중睦萬中과 승지 오대익吳大益, 장령 윤필병尹弼秉, 교리 이정운李鼎運 등과 함께 배를 타고 금의환향했다. 이때 광주부윤이 악사樂士를 보내 축하해 주었고, 집에 도착하여 3일 동안 잔치가 계속되었다. 이때 어린 시절부터 공부하곤 했던 수종사에 올라 미래의 꿈을 구상하는 「숙수종사宿水鍾寺」를 지었다.

〈시 4〉: 수종사에 묵다〔宿水鐘寺〕

산은 감벽색으로 뾰족하고	嶽色尖紺碧악색첨감벽
누각은 청록 산허리에 붙어 있다.	樓容寄翠微누용기취미
문을 밀치면 강물이 눈에 들어오고	排門江正入배문강정입
연이은 절집은 바위를 의지하고 있구나.	連廡石相依연무석상의
지난날 불교가 번성하던 때	禪敎曾全盛선교중전성
신선 구역이 드디어 빛이 났으니,	仙區遂發揮선구수발휘
신라 때는 태자의 수레가 다녀가고	新羅回鶴駕신라회학가
세조는 군주의 용 깃발로 왕림했다.	世祖屈龍旂세조굴용기
흥기와 쇠폐는 시대에 따라 다른 법	起廢從時異기폐종시이
구경하는 유람객이 근년에는 드물구나	游觀近歲稀유관근세희
푸른 덩굴 나그네 길을 뒤덮고	蒼藤迷客逕창등미객경
메마른 전나무 절간 사립에 적막하며,	枯檜寂禪扉고회적선비
텅 빈 누각에 북틀이 퇴락하고	虛閣頹鍾簴허각퇴종거
긴 행랑에 신발장이 쓰러져 있네.	長廊臥屨機장랑와구기
벽의 그림 빗물로 얼룩덜룩	壁圖渝雨暗벽도투우암
솥에는 짙은 이끼 무늬.	釜篆潑苔肥부전발태비
맑은 물 수액처럼 하늘에서 내리고	淨水流天液정수유천액
짙은 꽃 저녁 부슬비에 반들반들.	濃花潤夕霏농화윤석비
아련히 먼 곳까지 정신을 노닐다가	遊神連漭杳유신연망묘
시선 돌려 어여쁜 초목 바라볼 때,	回矚注芳菲회촉주방비
벼랑과 골짝은 어스름에 하나가 되고	厓谷昏相合애곡혼상합
구름과 노을은 멀리 날아가누나.	雲霞遠稍飛운하원초비
마음으로 즐기며 홀로 서서는	怡怡猶獨立이이유독립
가지 말고 하루 더 묵고 싶어라.	信宿欲無歸신숙욕무귀

* 출처: 네이버 지식백과〔심경호, 박석무, 송재소, 임형택, 성백효〕

〈사진 3〉 수종사 종각

3일 동안의 축하연을 마친 다산은 충주 하담에 있는 모친 선영과 경기 안산〔시윤 등 윗 선대〕 선영에 참배했다. 9세 때 돌아가신 어머니를 생각하면서 하늘나라에 계신 어머니께 인사올리고, 효심을 담아 시를 지었다.

〈시 5〉 : 하담에 도착하여〔到荷潭〕

슬프고 애처로운 하담의 나무들이여	悽愴荷潭樹처창하담수
봄바람에 저절로 꽃이 피었구나.	春風自放花춘풍자방화
땅은 외져도 길은 나 있어	地偏猶有路지편유유로
발길이 닿으니 집에 온 듯하여라.	人到每如家인도매여가
전에는 죽마 타고 놀던 이곳에	竹馬他年戲죽마타년희
남포 입은 오늘은 화려하답니다.	藍袍此日華남포차일화
묘 둘레 방황하나 누가 나 반겨주리	彷徨竟誰愛방황경수애
우뚝 서서 눈물만 뺨으로 흐르네.	佇立涕橫斜저립체횡사

* 출처: 『다산평전』, 박석무, 〔민음사〕

성묘를 마친 다산은 모처럼 큰 소원 하나를 이루게 되는데, 학문의 큰 스승으로 모시고 사숙私淑한 성호 이익 선생의 옛집을 들르고 묘소를 참배한 일이다. 그때의 마음을 시로 적었다.

〈시 6〉 : 성호 선생의 옛집을 지나며〔過剡村李先生舊宅〕

도맥道脈이 뒤 늦게 우리나라에서 시작되니	道脈晚始東도맥만시동
설총이 맨 먼저 그 길을 열었다.	薛聰啓其先설총계기선
면면이 이어져 포은, 목은에 이르러서	傳流逮圃牧전류체포목
충의忠義의 정신까지 부족함 없이 발휘했네.	忠義濟孤偏충의제고편
퇴계 나오셔서 주자의 오묘함까지 펴 보이고	退翁發閫奧퇴옹발민오
천 년 만에 그 도통 크게 이었네.	千載得宗傳천재득종전
육경에도 다른 해석 없게 되자	六經無異訓육경무이훈
모두가 다함께 어진이로 받들었다네.	百家共推賢백가공추현
맑은 기운이 모두 동관潼關으로 모여들어	淑氣聚潼關숙기취동관
활짝 핀 문운文運이 섬천剡川에 빛났네.	昭文耀剡川소문요섬천
지향하는 뜻 공맹에 가깝고	指趣近郰阜지취근추부
주내고 해석함은 마융과 정현이었어라.	箋釋接融玄전석접융현
어리석고 가리운 것들 한가닥 활짝 벗겨	蒙瞀豁一線몽부활일선
깊이 잠긴 자물쇠를 열어젖혔네.	扃鑰抽深堅경약추심견
어리석은 우리네 지극한 뜻 헤아리지 못하나	至意愚莫測지의우막측
미묘하고 깊게 도체道體는 움직인다네.	運動微且淵운동미차연

* 출처: 『다산평전』, 박석무〔민음사〕

다산은 조선의 도학이 내려온 계통에 대해 신라의 설총薛聰에서 고려

말의 이색李穡과 정몽주鄭夢周로, 조선의 퇴계 이황李滉으로 이어졌고, 그 맥이 성호 이익李瀷으로 승계되어 왔다고 보았다.

2) 정조의 지우知遇 18년: 22~39세〔1783. 4. 11~1800. 6. 12〕

다산과 정조의 만남을 '풍운지회風雲之會', 두 사람의 관계를 '어수지계魚水之係'로 표현한다. 마치 바람과 구름의 만남, 고기와 물의 관계로 보는 것이다. 정조가 바람이면 다산은 구름이고, 정조가 물이면 다산은 물고기인 것이니, 두 사람의 관계가 어떠했는지 짐작할 수 있다. 그래서 혹자는 "정조가 없이는 다산이 없고, 다산 없이는 정조도 없다."고 표현하기도 한다.

(1) 소과~대과 합격

22세〔1783년, 정조 7〕 4월 6일에 진사시험에 합격하고, 4월 11일에 선정전宣政殿에서 정조를 처음으로 배알했다. 다산의 진사시험 답안이 빼어났음을 기억하고 있던 정조가 특별히 "얼굴을 들라. 나이가 몇이냐?"고 물었고, "임오壬午생입니다."라고 답했다. 임오년壬午年은 바로 정조가 11살 때 아버지〔사도세자〕가 9일〔5. 13~21〕 동안 뒤주에 갇혀 고생하다가 비참하게 돌아가신 해이다. 다산의 빼어난 답안과 임오생, 이것이

성군聖君과 현신賢臣의 '풍운지회'의 만남으로 이어지게 한 것이다. 그해 4월 13일에 치룬 대과시험에 낙방하면서 이때부터 성균관 생원으로 6년 동안 정조의 지우知遇를 받았다. 9월 12일 큰아들 학연學淵이 태어나 진사시험 합격과 아들 득남得男이라는 경사가 겹쳤다. 다산 자신도 아버지가 33세에 진사시험에 합격했던 해에 태어났는데, 다산도 진사시험에 합격한 해에 큰 아들 학연을 얻은 것이다.

23세〔1784년, 정조 8〕 3월 24일 이승훈李承薰이 중국에서 그라몽 신부에게서 세례를 받고 귀국해서 이벽李檗에게 세례를 주었다. 4월 15일 큰 형수〔경주이씨〕 4주기 기일忌日이 되어 큰 형수의 동생 이벽이 마재 마을을 찾았다. 이때 이벽의 방문 목적은 누님의 제사도 있었지만, 다산 형제들에게 천주교를 전파할 목적도 있었다. 제사를 마치고 이벽과 약전, 약용 형제 셋이서 배를 타고 두미협을 지나 서울로 돌아가던 중 배 안에서 천주교에 관한 설명을 듣고 관심을 가지게 되었다. 이후에 이벽이 살던 수표교 집에서 『천주실의天主實義』와 『칠극七克』을 받아보고 천주교에 입교하였으며, 겨울에 이벽의 집에서 이승훈에게 세례〔가성식〕를 받고 '요한'이라는 세례명도 받았다. 이때까지는 천주교에서 부모님 제사를 금禁하는 내용이 없었다.

성균관에서 공부에 열중하던 중 여름에 다산은 임금의 지시에 따라 『중용』에 대하여 80여 조항의 질문서에 기초한 강의를 하게 되었다. 그 중에 '사칠이기四七理氣의 변辨'에 대해 퇴계와 율곡이 논한 것의 차이점에 대해 답하라는 내용이었는데, 당시 성균관에는 동재東齋에 남인계, 서재西齋에 서인계 학생들이 거처하고 있었다. 동재의 학생들은 모두 퇴계의 사단이발四端理發의 설을 지지했지만 다산은 기발氣發을 주장한 율곡의 설을 지지하는 답을 지어 올림으로써 논쟁이 벌어졌다. 당연히 동재의 남인 학생들은 율곡의 학설을 지지한 다산에 대한 비방이 빗발쳤다. 그러나 학문이 높고도 깊었던 정조는 생각이 달랐다. "정약용이 진술한 강의는 일반 세속의 흐름에서 벗어나 오직 마음으로만 헤아렸기 때문에 견해가 명확할 뿐만 아니라, 그의 공정한 마음도 귀하게 여길 만하니 마땅히 정약용의 답안을 첫 번째로 삼는다."라면서 크게 칭찬했다. 『사암선생연보』에는 다산이 정조에게 학문으로 인정받은 첫 번째 일이라고 기술했다. 다산의 기록에 의하면, 뒷날 알게 된 사실이지만 "학자 군주 정조는 이미 『사칠속편四七續編』이라는 논문을 썼는데, 다산처럼 율곡의 학설이 옳다고 여기고 있었던 터라, 더욱 다산을 칭찬하게 되었고 격려하게 되었다."[11]라고 기록했다. 이처럼 같은 결론에 이른 학문적 인연으로 두 사람은 군신君臣이면서도 학문적 동지同志가 된 것이다.

24세〔1785년, 정조 9〕 2월 명례방 역관譯官 김범우金範禹 집에 이승훈李承薰, 이벽李檗, 권일신權日身과 권상학權商學 부자, 정약전丁若銓과 정약용丁若鏞 형제 등이 모여 신앙집회를 열었다. 이것이 '을사추조乙巳秋曹' 적발사건이다. 추조秋曹〔형조〕의 금리禁吏들이 명례방明禮坊〔서울 명동〕의 중인 김범우의 집에 사람들이 들락거리는 것을 목격하고 수상하게 여겨 노름판 단속을 위해 급습했는데, 확인해 보니 천주교인들의 모임이었던 것이다. 형조판서 김화진金華鎭은 정조가 천주교에 유화적이라는

••••
11 박석무, 「풀어쓰는 다산이야기〔1134회〕」, "정조와 다산의 학문적 만남"
http://www.edasan.org〔2020. 10. 19〕

사실을 감안해 중인 김범우만 충청도 단양으로 유배 보내고 천주교 서적 소각령을 내리는 선에서 마무리 지었다. 김범우는 충북 단양으로 유배 가서 1년 후 그곳에서 죽었다. 이 사건이 있은 후 이벽의 부친 이부만李 溥萬이 종친회에 불려가 호된 질책을 받았고 집으로 돌아와 이벽에게 배 교를 요구했다. 그러나 아들이 거절하자 이부만은 대들보에 목을 매는 사건이 일어났다. 이런 상황에서 이벽은 배교背敎의 글을 쓰을 쓰지 않을 수 없게 되었는데, 그리고 나서 이벽은 다음 해 33세 나이에 페스트 병에 걸려 죽음을 맞이한 것으로 알려져 있다.

25세〔1786년, 정조 10〕 2월 4일, 별시別試〔나라에 경사가 있을 때 보는 임 시 과거〕의 초시에 합격하고, 봄에 약전 형이 건네준 천주교 서적을 통해 신앙심을 더욱 키웠다. 6월 14일 이벽이 사망했다. 다산보다 8살이 많았 던 이벽은 큰형〔정약현〕의 처남으로 사돈관계였지만 친구이자 학문적 동지로 지낸 사이다. 그랬던 이벽이 급서急逝하자 다산은 큰 충격을 받았 고 한동안 마음을 추스르기 어려웠다. 다산은 이벽을 기리는 마음을 담 아 '우인이덕조만사友人李德操輓詞'를 지었다. '이덕조李德操'는 '이벽李 檗'의 자字이다.

7월 29일 둘째 아들 학유學游가 태어났다. 다산은 마음을 다잡고 열심히 과거준비를 한 결과 11월 3일에 시행된 감제柑製〔제주도 감귤을 유생들에게 하사하고 보던 과거시험〕에서 수석을 했다. 12월 1일 정조가 춘당대에 친히 나와 식당에서 음식을 들었고 거기서 식당명食堂銘을 짓도록 했는데, 다 산이 수석을 차지해 정조가 『대전통편大典通編』 한 질을 하사했다.

<시 7> : 우인이덕조만사友人李德操輓詞

신선 같은 학이 인간에 내려왔나	仙鶴下人間선학하인간
높고 우뚝한 풍채 절로 드러났네.	軒然見風神헌연현풍신
날개깃 하얗기 눈과 같아서	羽翮皎如雪우핵교여설
닭이며 따오기를 꺼리고 성냈겠지.	雞鶩生嫌嗔계목생혐진
울음소리 높은 하늘에 일렁였고	鳴聲動九霄명성동구소
맑고 고와 속세를 벗어났노라.	嘹亮出風塵요량출풍진
가을바람 타고 갑자기 날아가 버리니	乘秋忽飛去승추홀비거
괜스레 바둥거리는 사람들 슬프게 한다.	怊悵空勞人초창공로인

* 출처: 『다산평전』, 박석무〔민음사〕

26세〔1787년, 정조 11〕 3월 14일, 영화당에서 실시한 반제半製〔성균관 유생들에게 보는 시험 일종〕에서 수석을 하여 『국조보감』과 백면지 100장을 하사받았다. 5월에 정미반회丁未伴會 사건이 발생했다. 이 사건은 다산이 이승훈, 강이원姜履元 등과 함께 반촌〔지금의 회화동〕 김석태金錫泰 집에서 천주교 교리를 공부한 사건이다. 이를 이기경李基慶이 소문을 퍼뜨리고 홍낙안洪樂安에게 이야기함으로써 발각되었는데, 이때부터 다산과 이기경의 사이에 우정의 금이 가기 시작했다. 8월에 중희당重熙堂에서 수석을 하여 정조가 상을 주려고 "그동안 받은 상이 무엇이 있느냐?"고 물었고, 다산은 『팔자백선』, 『대전통편』, 『국조보감』 등을 받았다고 답하자, 정조는 다산에게 더 이상 줄 상이 없다고 하면서 계당주桂糖酒 한 사발을 내리고 육촌 처남 홍의호洪義浩를 통해 『병학통』을 하사했다. 이는 문무文武를 겸한 인재가 되라는 당부의 의미에서였다.

27세〔1788년, 정조 12〕 3월 7일, 반제에서 수석합격하고 희정당熙政堂에서 임금을 뵈오니 정조가 초시初試와 회시會試의 횟수를 질문하면서 아직 대과에 급제하지 못함을 민망히 여겼다.

28세〔1789년, 정조 13〕 1월 7일, 인일제人日製〔정월7일에 왕명으로 보는 시험〕에 합격했다. 다산은 20여 일을 집중적으로 공부하여 26일 춘당대春塘臺에서 열린 춘도기春到記 시문 짓기 시험에서 수석을 하자 정조는 "정약용을 직부전시하게 하라."는 지시를 내렸고, 채제공蔡濟恭을 시험관으로 임명하였다. '직부전시直赴殿試'는 조선시대 과거의 최종 시험인 전시殿試에 곧바로 응할 수 있는 자격을 얻는 시험이다. 문과시험에는 초시·복시·전시가 있는데, 전시는 임금이 친히 참석한 자리에서 보는 최종시험이다. 결국 대과에 도전하게 된 것이다.

(2) 대과합격~여유당 귀향

28세 1월 27일, 식년문과式年文科 갑과甲科에 차석으로 급제했다. 1등 장원은 심봉석沈鳳錫〔1739~?〕이었다. 그러나 심봉석이 자신의 아버지의 이름을 쓰지 않았다는 이유로 탈락되면서 다산이 수석으로 급제하게 되었다.[12] 다산보다 23세 더 많았던 심봉석은 그 다음해에 증광문과에서 병과로 급제했다. 다산은 문과에 급제하고 나서 '공정과 청렴, 즉 공렴公廉으로 복무하겠다.'는 다짐과 각오를 담아 다음과 같은 시詩를 지었다.

••••
12 『다산연보』 「28세조」: "及坼名不書父名 沈遂見拔去 公得陞及第."

<시 8> : 문과 급제하고 나서〔正月卄七日賜第 熙政堂上謁 退而有作〕

임금 앞에서 보는 시험 몇 차례 응시했다가	屢應臨軒試루응임헌시
마침내 포의 벗는 영광을 얻었네.	終紆釋褐榮종우석갈영
하늘이 이룩한 조화 깊기도 하여	上天深造化상천심조화
미물의 생성에 후하게 주었네.	微物厚生成미물후생성
둔하고 졸렬해 임무 수행 어렵겠지만	鈍拙難充使둔졸난충사
공정과 청렴으로 정성 바치기 원하노라.	公廉願效誠공렴원효성
격려 아끼지 않으신 임금님 말씀	玉音多激勵옥음다격려
그런대로 어버이 마음 위로 되셨네.	頗慰老親情파위로친정

* 출처: 『다산평전』, 박석무〔민음사〕

"무능해서 임무수행은 어렵겠지만 공정과 청렴으로 충성을 바치겠다〔鈍拙難充使둔졸난충사 公廉願效誠공렴원효성〕."는 내용이다. 이러한 다짐이 훗날 암행어사 임무를 부여받았을 때, 임금의 최측근으로 있다가 수령으로 발령받은 전) 연천현감 김양직, 전) 삭령군수 강명길, 경기관찰사 서용보 등을 공렴의 잣대로 평가하게 만들었다. 여기서의 공렴은 "기회는 공평公平하고 과정은 공정公正하며 결과는 정의正義로워야 한다."는 옛 선현들의 가르침을 따르겠다는 의미를 담고 있다. 3월 10일, 등급을 가리는 전시殿試[13]에서 갑과 1인에 서영보徐榮輔〔서용보와 다른 인물〕, 2

●●●●
13 과거에서 왕이 친림親臨하여 시행하던 3단계의 최종시험. 합격자 중 갑과 1등은 종6품, 2·3등에게는 정7품, 을과 전원에게는 정8품, 병과 전원에게는 정9품의 품계를 주었으나 갑과 3명에게만 실직實職을 주고 나머지는 자리가 나는 것을 기다려 실직을 주었음.

인에 정약용이 합격하여 종7품으로 등용되었다. 4월 1일 아버지가 울산 부사로 발령이 나서 경사가 겹치자, 다산은 휴가를 내어 아버지를 모시고 함께 길을 떠났다. 아버지를 배웅하는 길에 하담 선영에 가서, 문과에 합격한 내용으로 어머니께 인사드리려는 마음에서였다. 이때 지은 시가 '하담에 도착하여〔次荷潭〕'라는 시이다.

〈시 9〉: 하담에 도착하여〔次荷潭〕

말 머리에는 검은 망사 일산 씌우고	馬頭玄縠蓋마두현곡개
머리 위에는 빛나는 꽃 비녀 꽂았네.	頭上綵花簪두상채화잠
어머님 생전에 빌고 염려하던 일	慈母當年祝자모당년축
어린 아들의 이날 바란 마음이었네.	嬰孩此日心영해차일심
세월이 아득해 꿈에도 드문 어머니	邈焉稀夢寐막언희몽매
얼굴이며 목소리 기억하기 어렵네.	無復憶容音무부억용음
꾀꼬리 봄바람 따라	黃鳥春風至황조춘풍지
숲에서 날며 울어 대노라.	飛鳴自繞林비명자요림

* 출처: 『다산평전』, 박석무〔민음사〕

다산의 나이 겨우 아홉 살 때 온 슬픔 속에 돌아가신 어머니의 묘 앞에서, 어머니에 대한 그리움을 담아 쓴 시이다. 5월에 중종中宗의 제1계비인 장경왕후章敬王后의 능을 담당하는 희릉직장禧陵直長에 임명되고 초계문신抄啓文臣[14]이 되었다. 6월에 가주서假注書〔승정원에서 일기 기록〕에

14 이미 과거를 거친 사람 가운데 37세 이하의 젊은 인재를 대상으로 3년 정도 교육시키

제수되었고, 이 무렵 정조 앞에서 『대학大學』을 희정당에서 강의를 하게 되었는데, 이를 기록한 것이 『희정당대학강의熙政堂大學講義』이다. 가을에 휴가를 내서 아버지의 임소인 울산을 방문하고 있던 차에, 임금의 교지가 있어 열흘을 넘기지 못하고 창덕궁昌德宮으로 돌아오니 배다리〔舟橋주교〕를 설계하라는 어명이 내려졌다. 이때 정조는 양주 배봉산拜峯山에 있는 아버지 사도세자의 묘소를 수원화성으로 이장移葬하고, 왕릉王陵으로 품격을 높여 현륭원顯隆園이라 이름 지어 자주 행차를 하고 싶었던 참이었다. 그러나 임금은 하루 100리 밖에 행차할 수 없는 규정이 있던터라, 주교舟橋를 설치해서 직선거리를 줄이려는 심산이었다. 다산은 배 80척을 차출해서 일렬로 세우고 그 위에 판자를 깔아서 배다리를 연결하였으며, 대형선박의 자발적 참여를 유도하기 위해 개인소유의 선박에게는 대동미大同米를 운반할 수 있는 혜택을 주는 등 치밀하게 계획을 세워 추진한 결과 성공적으로 설치할 수 있었다. 일성록日省錄에 '10월 6일에 수원행궁에 도착할 수 있었으며, 10월 7일 사도세자의 시신屍身을 새로 입관入棺하였다.'고 기록되어 있다.

29세〔1790년, 정조 14〕 2월 26일 채제공이 주관하는 한림회권翰林會圈[15]에 뽑혔고, 29일 한림소시翰林召試[16]에 뽑히자 정조는 남인계인 다산을

••••
던 제도. 월2회 평가하는 등 강도 높은 교육으로 정조의 개혁정치 방향을 학습시켰음. 1781년〔정조 5〕부터 1800년까지 10차에 걸쳐 138인이 선발되었고 세도정치하에서 중단되었다가, 1847년〔헌종 13〕과 이듬해 두 차례에 걸쳐 56인을 선발한 바 있으나 후대에서는 이어지지 못했음.

15 회권會圈은 대제학大提學, 직각直閣, 대교待敎, 한림翰林의 벼슬을 시킬만한 적임자를 뽑을 때 전임자들이 한데 모여서 선출될 사람들의 성명 위에 권점圈點을 찍는 일.

노론계인 김이교金履喬와 함께 예문관藝文館 관리로 발탁했다. 그러나 장령 최경학崔慶鶴이 "이는 법식을 어긴 것이다."라고 하여 다산을 탄핵했다. 이는 남인의 한계를 보여주는 사건이기도 했는데, 이 일로 인해 정조는 최경학을 파면하고 다산에게 업무에 임할 것을 명했다. 그러나 다산은 탄핵을 받은 상태에서 집무에 나가는 것은 맞지 않다는 판단에 따라 왕명을 따르지 않았고, 이를 불쾌하게 여긴 정조가 다산을 3월 7일 충청도 해미海美로 유배 보냈다. 이것이 첫 번째 유배 사건인데, 다음과 같은 시를 지었다.

〈시 10〉: 해미 유배지에서 지은 잡시〔海美謫中雜詩〕

외론 성벽으로 에워싸인 곳에 탱자꽃 피고	孤城匼匝枳花開고성암잡지화개
포구에는 조수 빛이 녹의주마냥 파랗다.	浦口潮光綠似杯포구조광녹사배
부서진 난간에는 봄 진흙 흔적 적막하다만	漠漠春泥黏破檻막막춘니점파함
백 년 이래 거친 파도가 침입하지 않아 다행.	百年無復海浪來백년무부해랑래
꽃 지고 꾀꼬리 우는 한 뙈기 옛집	花落鸎啼一畝宮화락앵제일무궁
약천옹의 남긴 자취 물씬하여라.	七分省識藥泉翁칠분성식약천옹
청년의 맑은 논의는 소부를 아꼈고	少年淸議哀蕭傅소년청의애소부
만년의 높은 담론은 기리공을 배웠다네.	晚節高談學綺公만절고담학기공
시내 너머 산 빛이 먼 산과 흡사한 것은	隔溪山色似遙山격계산색사요산

16 회권에 의하여 선발된 후보자들이 왕명으로 시詩, 부賦, 논論, 책策 등의 최종 시험을 보는 것을 말함.

짙은 이내와 안개에 묻혀 있기 때문이라.	只在濃嵐宿靄間지재농람숙애간
집 뒤의 관가 동산은 저녁 경치가 멋있어	屋後官園宜晚眺옥후관원의만조
때때로 압각수 그늘 아래 돌아오노라.	時從鴨脚樹陰還시종압각수음환
소동파만 굴을 별미로 즐긴 건 아니니	非是東坡別嗜蠔비시동파별기호
아침 밥상의 밀직을 게걸스레 먹은 이 누구인가.	朝盤蜜唧有誰饗?조반밀즐유수도?
석화가 이제 금방 성연에서 들어오니	石花新自星淵至석화신자성연지
갯가 보리 누렇게 팰 무렵 그 맛 한결 높아라.	浦麥黃時味更高포맥황시미갱고

* 출처: 네이버 지식백과〔심경호, 박석무, 송재소, 임형택, 성백효〕

3월 19일, 12일 만에 유배에서 풀려난 다산은 해미를 출발하여 온양온천에 들려 사도세자思悼世子가 동궁시절에 방문해서 활을 쏘던 사단射壇을 돌아보았다. 세자가 직접 심은 회화나무 등의 유적을 살펴보고 보수할 것을 지시하였는데, 훗날 이를 알게 된 정조는 그곳에 비碑, '영괴대靈槐臺'를 친필로 써 세우고 사적을 기록하여 충성을 기리게 하였다. 5월 3일에 김이교와 함께 예문관에 복직되었다. 6월 10일 부친 회갑을 맞아 마재에서 성대하게 잔치를 열어드렸다. 9월 15일 약전 형이 문과 병과로 급제하고, 11월 10일 아버지 재원 공이 진주목사晉州牧使로 부임하는 경사가 있었다.

30세〔1791년, 정조 15〕5월에 사간원 정언正言에 다시 임명되었다. 10월에 사헌부 지평持平이 되었고, 겨울에 『시경강의 800여 조』를 지어 올려 임금으로부터 크게 칭찬받았다. 이 무렵 진산지방의 진사進士이면서 다산의 외사촌 형인 윤지충尹持忠과 그의 내외종 사촌 권상연權尙然이 제사를 폐지하고 부모의 위패位牌를 불사르는 사건이 발생했다. 이기경과 홍낙안 등이 이 사건을 천주교도를 공격하는데 빌미로 삼았고, 홍낙안이 10월 23일에 채제공에게 장문의 편지를 보냄으로써 신해옥사辛亥獄事의 발단이 되었다. 이는 11월 8일 정조가 위정학衛正學을 선포하고, 13일에 윤지충과 권상연이 전주 풍남문豐南門 밖 형장에서 참수형에 처해졌다. 이를 진산사건이라고 하며, 이 사건을 통해서 다산은 천주교가 부모 제사를 금한다는 점과 돌아가신 부모님께 절하면 안 된다는 사실을 알게 되었다. 다산은 이러한 천주교 교리는 유교의 근본정신과 맞지 않다고 판단하고, 신해옥사를 계기로 천주교와 절의絕義하게 된다.

31세〔1792년, 정조 16〕 때는 다산이 그토록 원했던 옥당玉堂 벼슬에 오른 해이다. 옥당은 홍문관弘文館의 별칭이다. 조정에서 학문적, 문화적 사업에 주도적인 구실을 하는 기관인데, 다산이 홍문관 수찬修撰에 제수된 것이다. 이런 낭보의 기쁨을 감추지 못하고 있던 때에 진주목사로 재임 중이던 아버지가 임지에서 돌아가셨다는 부음을 듣고 큰 슬픔에 빠졌다. 형제들과 함께 진주로 급히 내려가 아버지 시신을 고향으로 반장返葬하여 장례를 치른 뒤 충주 하담 선영에 모셨다〔지금은 천진암에 묘가 있음〕. 그리고 마재에서 여막생활을 하며 집상執喪하던 중, 정조로부터 "수원화성을 건설할 수 있도록 설계도를 작성하라."는 명을 받고 '성설城說'과 '기중도설起重圖說' 등을 지어 올렸다. 또한 이때 유형거游衡車와 거중기擧重機 등을 만들어 4만 냥의 예산을 절감하고 공사기간을 계획했던 10년에서 2년 9개월로 단축했다. 이렇게 건설된 수원화성이 1997년도에 유네스코 세계문화유산으로 선정됐는데, 유네스코 측이 선정한 이유는 18세기 군사 건축물 중에서 가장 아름답고 건축 과정이 상세히 존안되어 있으며, 위민정신爲民精神이 깃들어 있다는 점에서다.

〈사진 4〉 수원화성의 행궁에 위치한 봉수당〔효의 상징〕

33세〔1794년, 정조 18〕 6월에 아버지의 삼년상을 마치고 마침내 7월 23일자로 성균관 직강 벼슬에 복귀했다. 그러나 다산은 유쾌하고 즐거운 기분은 아니었다. 노론과 공서파가 천주교 문제 등 이런저런 이유로 트집을 잡으려 하고, 벽파僻派와 시파時派의 싸움도 좀처럼 가라앉지 않아 화색禍色이 돌고 있었기 때문이다. 성균관 직강에 부임하면서 지은 시에서 이때의 마음을 읽을 수 있다.

〈시 11〉: 국자직강에 제수되어 부임하다〔除國子直講赴館〕

게으른 천성대로 놀면서 지내렸더니	放棄從吾懶방기종오라
기대 밖의 벼슬에 임명되었네.	甄收異所期견수이소기
갈수록 거미줄에 친친 얽히어	故多蛛布網고다주포망
재갈 물린 말 신세 면치 못하리.	未免馬銜羈미면마함기
친하던 벗들 뒤얽혀 멀어만 가고	錯落親交遠착락친교원
세상살이 구불구불 위험해지네.	迂回世道危우회세도위
힘없는 새처럼 성분대로 따르며 살지	肖翹共順性초교공순성
억지로 힘쓴다고 무엇이 될 것인가?	黽勉竟何爲?민면경하위?

*출처: 『다산평전』, 박석무〔민음사〕

다산이 성균관 직강에 제수된 것은 지성균관사知成均館事 홍양호洪良浩의 특별 채용에 의한 것이었다. 소론의 인물로서 명문 출신인 홍양호가 남인 학자 정약용을 구원하려 했던 것인데, 그러나 다산은 식년시式年試에서 갑과 제2인으로 합격한 이후 한림翰林과 도당都堂에 이름이 올라 관직을 제수 받았지만 피혐避嫌하여 나가지 않고 있었다. 사간원 정언에 제수되었을 때도 체직을 원하였으므로, 이때까지 보직을 받지 못하고 부사과副司果의 군직軍職을 지니고 있었는데, 이때 다산이 예문관의 선발 물망에 오르고 실직實職이 제수되자, 노론측에서 선발 과정이 공정하지 못하다는 이유로 이의를 제기한 것이다. 1791년 신해년辛亥年에 있었던 천주교도 박해 사건 이후로는 더욱 비판하는 자가 많았으므로, 도당록에 이름이 오르고 홍문관 수찬의 관직을 받고도 나아가지 않았던 것이다.

중간에 사간원 정언 직에 임명되기도 했으나 체직을 원한 것은 세간의 물의를 피해 청요직淸要職[청렴해야 하는 중요한 자리]에 나아가는 것을 스스로 포기했기 때문이다. 상중喪中에 벼슬을 떠난 사이 다산의 주위에는 정적政敵이 더 많아진 것이다.

이럴 즈음 정조는 다산에게 10월 말에서 11월 15일까지 경기도 북부 지역의 암행어사 임무를 수행하도록 어명을 내렸다. 다산은 암행어사 임무를 수행하면서 가난하고 핍박받는 백성들의 고통을 목격하게 됐고, 전) 연천현감 김양직金養直과 전) 삭령군수 강명길康命吉의 폭정과 경기 관찰사 서용보徐龍輔의 비행을 고발하였다. 김양직은 배봉산에 있는 사도세자의 묘소를 이장하도록 건의한 지관地官이었고, 강명길은 혜경궁 홍씨 주치의로 있다가 군수郡守로 나간 궁중의 어의御醫였다. 임금의 최측근 인사들이 지방 목민관으로 나가 수행하는 업무태도가 너무도 잘못 됐던 것이다. 이때 다산이 파악한 백성의 피폐한 생활 모습이 훗날『경세유표』와『목민심서』,『흠흠신서』등을 저술하는데 기초가 되었고, 이때 보았던 모습을 담아 지은 시가 '기민시飢民詩'이다.

<시 12>: 기민시飢民詩

1

사람은 풀이나 나무처럼	人生若艸木인생약초목
물과 흙이 사지四肢를 지탱해 주네.	水土延其支수토연기지
힘껏 일하여 땅의 풀 먹고 사나니	俛焉食地毛면언식지모
콩과 조가 바로 식량이라네.	菽粟乃其宜숙속내기의

| 콩과 조 귀하기 보배 같으니 | 菽粟如珠玉숙속여주옥 |
| 몸의 근력 어디서 나오랴. | 榮衛何由滋영위하유자 |

야윈 목 구부러져 따오기 모습	槁項類鵠形고항부곡형
병든 살결 주름져 닭 껍질이네.	病肉縐雞皮병육추계피
우물 있어도 새벽 물 긷지를 않고	有井不晨汲유정불신급
땔감 있어도 저녁밥 짓지 못해.	有薪不夜炊유신불야취
팔다리 그런대로 움직일 때인데	四肢雖得運사지수득운
걸음걸이 마음대로 못하는 구려.	行步不自持행보불자지

2. 〈중략〉

봄바람이 단비를 이끌어 오면	春風引好雨춘풍인호우
온갖 초목 꽃 피고 잎이 돋아나네.	艸木發榮滋초목발영자
생가가 천지를 뒤덮으리니	生意藹天地생의애천지
빈민을 구제하기 좋은 때라오.	賑貸此其時진대차기시
위엄 있고 점잖은 조정의 고관들	肅肅廊廟賢숙숙낭묘현
경제 정책에 나라 안위 달려 있다오.	經濟伏安危경제장안위
도탄에 빠져 있는 백성들은	生靈在塗炭생령재도탄
건져 낼 사람, 그대들 아니고 누구이겠소.	拯拔非公誰증발비공수

3. 〈중략〉

또 다시 술이나 한 병 마시자	且復倒一壺차부도일호
펄럭이는 깃발이 봄바람에 춤추는 구나.	曲旆春迷離곡전춘미리
골짝에는 묻힐 땅 남아 있겠지	溝壑有餘地구학유여지
사람이면 누구나 죽음이 정해졌으니.	一死人所期일사인소기
오매초 있다 한들	雖有烏昧草수유오매초

대궐에 바친다고 무슨 소용 있으랴.	不必獻丹墀불필헌단지
형제간에도 서로를 아낄 줄 모르는데	兄長不相憐형장불상련
부모인들 자애로움 베풀겠는가.	父母安施慈부모안시자

* 출처: 『다산평전』, 박석무〔민음사〕

다산은 백성들이 이처럼 굶주리며 살고 있는데, 임금의 최측근에 있었던 관료들이 목민관으로 나와 탐관오리로 군림하고 있음을 보고 나서 분개하지 않을 수 없었다. 이런 생각으로 암행감찰을 끝낸 다산은 그 결과를 사실대로 보고했던 것이다. 그러나 이것은 뒷날 큰 환난患難의 고리가 되어 서용보와는 앙숙관계로 이어졌다. 다산이 암행어사 직을 충실하게 수행하고 난 11월부터 이듬해 4월까지, 불과 다섯 달 사이에 정치 상황이 크게 바뀌고 있었는데 정조는 남인의 시파時派이자 신서파信西派인 채제공, 이가환, 정약용 등을 각별히 신임하면서 정승政丞, 판서判書, 승지承旨의 요직에 앉히려고 했다. 그러자 반대파들은 다산을 천주교 문제와 연관 지어서 더욱 거세게 공격했던 것이다.

34세〔1795년, 정조 19〕 1월 17일에 동부승지로 발탁되어 드디어 당상관堂上官직에 올랐다. 그러나 그해 4월 중국인 주문모周文謨라는 천주교 신부의 입국 사건이 발생하면서 남인 쪽에 불리하게 상황이 전개되고 있었다. 즉 주문모 신부 사건은 노론측에서 다산이 천주교와 연루되었다는 것을 다시 제기할 수 있게 되었고, 이는 결국 7월 26일 다산이 충남 청양〔당시 홍주목〕에 있는 금정도찰방金井道察訪으로 좌천되게 만들었다. 승지벼슬〔정3품〕에서 말 11필을 관리하는 찰방〔종6품〕으로 강

등된 것인데, 이때 다산에게는 내포지역의 천주교 확산을 차단하라는 과제도 부여된 상태였다. 다산은 찰방으로 있는 기간〔7. 26~12. 23〕동안 충청감사 유강柳𤊾과 충청수사 유심원柳心源 등과 천주교도 색출문제를 논의했고 보령 청라에 사는 진사 신종수申宗洙〔1734~1796〕와 충청수영성忠淸水營城의 영보정永保亭을 답사〔8. 12~14〕한 기록을 남겼다.[17] 또한 10월 24일부터 11월 24일까지는 봉곡사鳳谷寺에서 학자들이 모여 성호 이익의 『가례질서』를 교정하는 학술세미나를 열었다.

　15세에 풍산홍씨와 혼인을 계기로 서울에 살게 되고, 그곳의 성호 문하생들과 교유를 넓혀가던 중에, 16세에 성호의 글을 읽고 사숙私淑하며, 그와 같은 실학자가 되겠다는 결심을 했던 다산이다. 그랬던 다산이 이제 스승의 유저遺著를 간행하기 위한 교정 작업을 하게 된 것이다. 이삼환李森煥과 정약용을 포함해서 도합 13명의 당대 문사들이 모여 학문과 도를 논했던 진지한 학회였다. 그때 좌장이던 이삼환은 67세의 노인이었고, 그 아우 이명환李鳴煥은 23세의 젊은이였다. 하루 이틀도 아닌 장장 열흘 동안 남인의 대표적 학자인 성호 이익의 '성호학'을 주제로 학술 세미나를 개최한 것이다. 이때 참석한 인원은 다음과 같다.

• • • •

17 황의천, "다산 정약용의 보령인연", 『애향22집』, 보령문화원, 2018, 22~49쪽.

<표 2>: 봉곡사 학술대회 참석자[18]

① 목재 이삼환李森煥 [1729생, 67세, 이익의 종손]

② 정약용丁若鏞 [1762생, 34세]　③ 이재위李載威 [1757생, 39세]

④ 이광교李廣敎 [1756생, 40세]　⑤ 박효긍朴孝兢 [1757생, 39세]

⑥ 강이인姜履寅 [1759생, 37세]　⑦ 이유석李儒錫 [1760생, 36세]

⑧ 심로沈潞 [1761생, 35세]　⑨ 오국진吳國鎭 [1763생, 33세]

⑩ 강이중姜履中 [1765생, 31세]　⑪ 권기權夔 [1765생, 31세]

⑫ 강이오姜履五 [1765생, 31세]　⑬ 이명환李鳴煥 [773생, 23세]

35세[1796년, 정조 20] 11월 16일에 규장각의 규영부 교서奎瀛府 校書에 임명되어 1년 반여 만에 정조를 만나게 되었다. 병조참지兵曹參知에 제수되고 우부승지右副承旨, 좌부승지左副承旨로 승진하였다. 이 무렵[1796년 여름]부터 36세[1797년] 윤6월 2일 곡산도호부사谷山都護府使로 임명되기 전까지 대략 1년 3개월 동안이 가장 활발하게 활동한 기간이라 할 수 있다.

36세[1797년, 정조 21] 되던 해 6월 22일, 동부승지同副承旨에 임명되었지만, 그러나 다산은 "이 기회에 천주교와 관련된 전말을 알려서 자유로워져야겠다."는 생각으로 자명소自明疏 격인 '변방사동부승지소辨謗辭同副承旨疏'를 올렸다. 그리고 이를 정조가 받아들임으로써 윤6월 2일, 곡산부사谷山府使로 임명되었다.

••••
18 박석무, 『다산 정약용 평전』, 민음사, 2020. 167쪽.

〈글 4〉 동부승지를 사직하는 소[辨謗辭同副承旨疏]

삼가 아룁니다. 신臣은 전하의 특별한 배려를 받았으니, 하늘처럼 끝이 없는 그 은혜를 어찌 다 말로 형용할 수 있겠습니까. 엄한 스승처럼 가르쳐 신의 기질을 변화시켜 주시고, 자애로운 부친처럼 길러 신의 목숨을 보전해 주셨습니다. 전하께서 남모르게 묵묵히 움직여 도우신 것을 신이 오히려 모르기도 하고, 전하께서는 벌써 잊으신 것을 신만 홀로 가슴에 새겨 두고 있기도 합니다. 조용히 생각해 보니, 그 크신 은혜가 뼛속 깊이 새겨져 말을 하자니 답답하고 목이 메어 소리를 낼 수가 없고, 글로 쓰려니 마음이 벅차서 문장을 지을 수가 없습니다. 신이 돌아보건대, 어느 누가 이와 같이 큰 은혜를 받았겠습니까.〈중략〉

그런데 신臣의 불초함으로 인해 10여 년 동안 여러 곳에서 비방을 받았으니, 그 근거는 바로 음흉하고 간사하며 괴이하고 이치에 어긋난 서양의 사설邪說[천주교]에 있습니다. 교칠분膠漆盆과 같은 서양 사설에 깊숙이 빠져 있다가 칼과 도마 위에 놓인 물고기처럼 위태로운 지경이 닥치고서야 몸을 돌려, 전하께서 곡진히 이루어 주시려는 뜻을 저버리고 전하의 불설지회不屑之誨를 수고롭게 하였으니, 실제 사실이 어떠한가는 논하지 않더라도 신의 죄는 벌써 죽음을 피할 수 없을 정도입니다.〈중략〉

신은 이른바 서양의 사설邪說에 관한 책을 본 적이 있습니다. 그러나 책을 본 것이 어찌 바로 죄가 되겠습니까. 말을 박절하게 하지 못해서 책을 보았다고 했지만 참으로 책만 보고 말았다면 어찌 바로 죄가 되겠습니까. 신은 아마도 일찍이 이 사설을 내심 좋아하여 사모하였고 또 일찍이 이 사설을 거론하면서 남들에게 자랑하였을 것입니다. 또 본원本源인 마음에, 기름이 스며들어 물이 오염되고 뿌리가 내려 가지가 뻗어나가는 것처럼 이 사설이 치성해지는데도 스스로 깨닫지 못했습니다. 일단 이와 같이 되었으니, 이는 맹자 문하의 묵자墨子요, 정자程子 문하의 선파禪派[불교]였습니다. 큰 바탕이 무너지고 근본이 잘못되었으니, 신이 서양 사설에 어느 정도나 미혹되었는지 또 얼마나 빠르게 개과천선했는지는 논할 것이 못됩니다. 그러나 증자가 "내가 바른 도리를 얻고 죽는다면, 그것으로 그만이다."라고 말한 것처럼, 신 또한 바른 도리를 얻고서 죽고자 하니, 한마디 말씀을 올려서 신의 생각을 토로하지 않을 수 있겠습니까.

신이 서양 사설에 관한 책을 본 것은 대개 20대 초반이었습니다. 당시에는 천문天文의 역상가曆象家와 농정農政의 수리기水利器와 측량測量의 추험법推驗法에 대해서 설명을 잘하는 자가 있으면, 세상 사람들이 서로 전하면서 이들을 가리켜 해박하다고 칭찬하는 풍조가 있었습니다. 신은 그때 한창 어린 나이였으므로 혼자서 속으로 이들을 선망하였습니다. 그러나 신은 타고난 성품이 조급하고 경솔해서 심오하여 알기 어렵고 교묘하고 세밀한 글의 경우 본래 세심하게 연구하지 못했습니다. 그러므로 그 사설에 대해서는 끝내 쓸모없는 찌꺼기나 하찮은 부스러기조차도 얻은 바가 전혀 없었는데, 도리어 죽었다가 다시 살아난다는 사생설死生說에 얽매이고, 남을 이기려 하거나 자신의 공을 자랑하지 말라는 극벌克伐의 경계에 귀를 기울이면서, 기괴하고 박학한 글에 현혹되었습니다.

그리하여 그 설을 유문儒門[유학]의 한 파派로 인식하고 문단의 기이한 구경거리로 여겨서, 남들과 이야기할 때 꺼리거나 숨기는 바가 없었고, 남들이 그것을 비난하거나 배척하는 것을 보면 견문이 적고 사리에 어두운 탓에 그렇다고 의심하였습니다. 그러나 신이 그렇게 한 본래 의도를 따져 보면 단지 새로운 견문을 넓히려는 것이었습니다. 그러나 신은 원래부터 출세하여 높고 귀한 지위를 얻는 데만 뜻을 두었기에, 성균관에 들어간 후로는 오로지 과거 시험에 대비하기 위한 공부에 전일하게 매진하여 월과月課와 순시旬試에 치열하게 달려 나갔으니, 여기에는 진실로 저 서양 사설에 대한 뜻이 조금도 없었습니다.

더구나 과거에 급제한 후로는 어찌 다른 공부에 마음을 쓸 수 있었겠습니까. 게다가 세월이 오래되고 해가 깊어 갈수록 마침내 그것이 더 이상 마음속에 떠오르지 않아서 아득하여 마치 아주 먼 옛날 일처럼 느껴졌습니다. 그런데 서양 사설에 한번 발을 들였다는 낙인이 찍히자 사람들이 청탁淸濁과 시비是非를 가리지 않고 고집스럽게 지금까지 거기에서 벗어나지 못하게 하고 있단 말입니까. 그러나 '헛된 명성만 좋아하다가 실제의 화를 당한다.'라는 것은 신을 두고 한 말입니다.

서양 사설에 관한 책 속에는 윤리를 해치고 이치를 거스르는 말이 진실로 이루 헤아릴 수 없이 많으니, 그 말을 다 아뢰어 감히 전하의 귀를 더럽힐 수는 없습니다. 그러나 선조의 제사를 지내지 않는다는 말은 신이 예전의 그 책에서 한 번도 본 적이 없으니, 이는 마치 갈백葛伯이 다시 태어난 것과 같아서 시달豺獺도 놀랄 것입니다. 만일 신에게 조금이라도 사람의 도리가 남아 있다면, 억장이 무너지고 살이 떨려서 어찌 이 사설의 어지러운 싹을 끊어 버리지 않고, 큰물이 언덕을 넘고 뜨거운 불길이 벌판을 태우듯 그 기세가 치성해지게 내버려 두겠습니까.

불행히도 근래에 신해년(1791, 정조 15)의 변고가 발생하였습니다. 신은 이 일 이래로 억장이 무너지고 마음이 서글퍼서 서양 사설을 원수처럼 미워하고 흉악한 적처럼 성토하기로 마음속에 맹세하였습니다. 신이 본래 갖고 있던 양심이 회복되자 이치를 분명하게 알게 되었으니, 지난날 흠모했던 것을 돌이켜 생각해 보니 어느 하나도 허황하고 괴이하며 망령되지 않은 것이 없었습니다. 그 책에서 말한 죽었다가 다시 살아난다는 사생설은 불가에서 만든 지옥불의 공포이고, 그 책에서 말한 남을 이기려 하거나 자신의 공을 자랑하지 말라는 극벌의 경계는 도가道家에서 말하는 욕화慾火를 없애라는 것이고, 그 기괴하고 박학한 글은 바로 패관문학稗官文學의 지류에 불과한 것이었습니다. 이 밖에도 천리天理를 거스르고 귀신을 업신여기는 것들이 있으니, 그 죄를 용서받을 수 없습니다.

〈중략〉

실제로 신은 8, 9년 전에 엄한 처벌을 받기에 마땅한 일을 저질렀는데, 다행히 전하께서 감싸주신 덕분에 형벌을 피할 수 있었습니다. 죄가 있는데도 처벌을 받지 않아서 마치 무거운 짐을 등에 지고 있는 것 같았는데, 재작년 7월에 특별히 성상의 교지敎旨를 받고 외직으로 호서湖西의 우승郵丞에 보직되었습니다. 신을 벌하시는 이 조처는 오히려 때늦은 것이라고 할 수 있는데 또 어찌 그리도 가볍게 처벌하셨습니까. 신은 두 손으로 성상의 은혜로운 교지를 받들고 눈물을 흘리면서 성문을 나섰는데, 걸음걸음 생각해 보니 글자마다 자애롭게 감싸주신 뜻이었습니다. 이 몸이 이 세상에서 어

떻게 이 크나큰 은혜에 보답할 수 있겠습니까.〈중략〉

　신은 금정 찰방으로 부임하고서는, 밤낮으로 청명할 때마다 반드시 심신心身을 점검하였습니다. 지난날의 잘못을 씻고 새로워진 지 오래되었음에도 불구하고 찌꺼기가 아직 남아 있지 않을까 두려워하고, 진실하게 뉘우치고 깨우쳤음에도 불구하고 여전히 잡초가 무성하지는 않을까 두려워하여, 힘써 좋은 마음을 길러 우리 전하께서 길러 주시고 이루어 주시는 지극한 인덕仁德에 부응하기를 바랐습니다. 더구나 신이 부임한 곳은 바로 서양의 사설邪說이 해악을 끼친 지역으로, 어리석은 백성 중에 그 설에 현혹되어 되돌아올 줄 모르는 무리가 매우 많았습니다.

　그러므로 신이 충청도 관찰사에게 가서 의논하여, 그들을 수색해서 체포할 방법을 모색하여 숨은 자를 적발하고, 화복禍福의 이치를 가르치도록 했습니다. 그들이 의심하고 겁내는 것을 분명하게 알려 주고, 서양의 사설을 물리치는 계禊를 만들어서 선조를 제사 지내게 하였습니다. 서양 사설을 받드는 여자들을 붙들어다 가정을 이루어 주고, 이에 더하여 온 고을의 착한 선비를 찾아내서 서로 함께 의심나는 것을 묻고 어려운 것을 의논하여 성현의 글을 강론하게 하였습니다. 그러고 나서 생각해 보니, 신이 한 일에 그래도 진전이 있었던 것 같아 스스로 다행스럽게 여기며 기뻐하였습니다. 이것이 누구의 은혜이겠습니까.〈중략〉

　그러나 신이 예전처럼 득의양양하게 거침없이 벼슬길에 나선다면, 사람들이 반드시 "아무개는 예전에 서양 사설에 빠졌었는데, 저렇게 좋은 벼슬을 하니 정말 가증스럽다."라고 하리니, 이것은 신에게 화禍이고 재앙이고 죽는 길입니다.〈중략〉

서양의 사학邪學은 바로 풍속이 다른 이역만리異域萬里의 법입니다. 그러므로 그 사소한 것 하나하나까지도 모두 죄악 아님이 없어서 해괴하고 놀라우며, 또 우리의 법과 너무나도 달라서 마치 새나 짐승이 사람들 사이에 있는 것처럼 하루도 그럭저럭이나마 함께 지낼 수 없습니다. 그러니 관적官籍에 올라 벼슬하는 집이나 풍속을 따라 교유하는 사람이 저 서양의 사학을 함께 신봉하게 된다면 반드시 이치에 어긋날 수밖에 없습니다. 그러므로 한미하고 미천한 사람은 혹 서양의 사학을 신봉하더라도 별일이 없겠지만, 사대부의 집안 중에 드러나게 이름날 자가 이를 신봉한다면 그 화가 바로 미칠 것이니 어찌 열흘인들 목숨을 부지할 수 있겠습니까.〈중략〉

신의 경우, 당초 서양의 사설에 발을 들인 것은 호기심 많은 아이의 장난과도 같았습니다. 그러나 차츰 식견이 자라면서 사설에 대해 조금 알게 되자 곧바로 원수처럼 여겼고, 분명히 알고 난 뒤에는 더욱 엄하게 배척하였으며, 뒤늦게 깨닫고 나서는 더욱더 심하게 미워하였습니다. 칠규七竅의 심장을 쪼개 보아도 더 이상 감춰둔 것이 없고, 구곡간장을 더듬어 보아도 더 이상 남은 찌꺼기가 없는데, 위로는 전하에게 의심을 받고 아래로는 세상 사람들로부터 비난을 받았습니다. 몸가짐을 한 번 잘못했다가 만사가 산산조각이 났으니, 살아 있다 한들 무엇을 할 수 있으며 죽은들 장차 어디로 돌아가겠습니까.〈중략〉

신이 지금 도모해야 할 계책은 오로지 경전에 몰두하여 만년에 전하의 큰 은혜에 보답할 것을 도모하고, 영화로운 벼슬길에서 멀리 자취를 감추어 자숙自肅하는 의리를 바치는 것일 뿐입니다. 신이 얼굴을 쳐들고 머리를 꼿꼿이 세우고서 대성臺省〔사헌부와 사간원〕

에 출입한다면, 깨끗한 조정의 염치를 거듭 손상하고 온 세상의 공의公議를 다시 불러일으키리니, 신은 감히 나아갈 수 없습니다. 이에 감히 경패庚牌(임금이 부르는 패)를 따라 대궐에 들어가 피땀 어린 정성이 담긴 글을 올려서 높고도 엄숙한 전하의 귀를 번거롭게 하였습니다.

삼가 바라건대, 자애로운 성상께서는 신의 실정과 처지를 헤아리고 신의 슬프고 간절한 마음을 살펴, 신의 직임을 속히 해임하시고 이어서 신을 축출하소서. 그리하여 신으로 하여금 잘못을 속죄하고 타고난 본성을 이루어서 천지처럼 길러 주는 성상의 은택을 온전히 누리게 하신다면, 더 이상 바랄 것이 없겠습니다. 신은 하늘과 같은 성상을 우러러보며, 지극히 절실하고 간곡한 마음을 가눌 길이 없습니다.〈중략〉

* 출처: 네이버 지식백과(윤은숙, 박석무, 송재소, 임형택, 성백효)

다산은 황해도 곡산에서 목민관 임무를 수행하게 되었다. 이때는 곡산 도호부는 전임 수령의 잘못으로 이계심李啓心이란 사람이 주동이 되어 민란民亂이 일어난 시기였다. 이계심이 백성들과 함께 온갖 나쁜 짓을 서슴치 않았던 전前 곡산부사를 고을 밖으로 내쫓는 난을 일으킨 것이다. 그러자 관에서 이계심 수배령을 내리고 검거에 나섰지만, 백성들이 이계심을 서로 서로 숨겨주는 탓에 관원들은 체포하기가 어려웠다. 조정에서는 제대로 된 보고를 받지 못한 터라 이계심을 무조건 민란을 일으킨 죄인으로만 알고 역적으로 규정하고 있던 터였다. 심지어 도주한 이계심을

잡기 위해 훈련도감을 포함한 오군영의 군사들까지 파견했지만, 번번이 실패하고 있던 중이었다. 그랬던 그가 신임 사또인 다산이 곡산부내로 들어서자 길목에 나타나 "아뢸 것이 있습니다."라며 보고를 청했다.

다산은 이계심을 포박하거나 목에 칼을 채우지 않고 관아로 데려오도록 했고 관아에 도착하고 나서 "부임하는 수령 앞에 나타난 연유가 무어냐?"고 물었다. 이때 이계심은 백성들의 고통을 낱낱이 적은 12조목을 다산 앞에 내놓았다. 거기에는 다산이 부임 직전 서리들이 포보포砲保布〔포군에게 내는 군포〕 대금으로 200전을 걷어야 하는데 백성들에게 무려 900전이나 걷어 빼돌린 사실이 적혀 있었다. 이에 백성들의 원성이 커졌고 이계심이 우두머리가 돼 1,000여 명을 모아 관아에 들어가 호소한 것인데, 관아에서는 오히려 죄인으로 몰아 체포하려 했기 때문에 그동안 숨어 지내고 있었던 것이다. 다산은 여러 정황을 파악하고 나서 이계심에게 무죄 방면을 내렸다. 그러면서 "한 고을에 모름지기 너와 같은 사람이 있어 형벌이나 죽음을 두려워하지 않고 만백성의 원통함을 수령에게 고했으니, 천금을 얻을 수 있을지언정 너와 같은 사람에게 죄를 물을 수 없는 일이다. 오늘 너를 무죄로 석방한다."고 판결했다. 이로 인해 백성들은 그동안 당했던 분함과 원통함을 떨쳐버릴 수 있었고, 고을 전체가 화락和樂해졌다. 재판관은 오직 판결로써만 말한다고 했는데, 다산의 이 판결이야말로 역사와 시대를 뛰어넘는 명 판결이었다. 요즘 세상에서도 제대로 보장받지 못하는 '국민저항권'을 확실히 보장해 준 사건이 바로 이계심 사건이었다. 이러한 국민저항권의 논리가 응축된 논문이 「원목」과 「탕론」이다. 다산은 「원목」에서 "목민관〔牧〕이 백성〔民〕을 위해 존재하는가, 아니면 백성〔民〕이 목민관〔牧〕을 위해 생겨났는가〔牧爲民有乎 목위민유호 民爲牧生乎민위목생호〕.”라고 해서 “목민관이란 백성을 위해서 존재하지, 백성들이 목민관을 위해서 태어난 것이 아니다.”라고 했다.

이계심의 무죄 석방 소식이 알려지자 백성들은 반겼지만, 조정에서는 수령의 권위를 추락시켰다면서, 그를 파직해야 한다는 정쟁으로 번지고 있었다. 하지만 정조의 현명한 판단으로 정쟁은 일단락됐다. 정조는 수령으로서 해야 할 올바른 일을 했다고 칭찬하면서 국왕의 권한을 위임받은 지방 고을 수령들의 역할과 그 중요성에 대해 강조했다. 결국, 이 사건은 지방 수령들의 위상제고位相提高와 함께 책임을 통감케하는 계기가 되었다.

곡산부사 시절, 또 하나의 업적이 『마과회통』이라는 의서醫書를 저술하는 등 역병 예방과 치료에 노력한 점이다. 다산은 자녀 9남매〔6남 3녀〕중 6남매〔4남 2녀〕를 홍역과 천연두로 잃고 2남 1녀만 성장시켰다. 그러면서 자녀를 잃은 부모의 심정을 누구보다도 이해하고, 더 이상은 그런 부모들이 없기를 바라는 마음으로 집필한 책이 『마과회통』이다. 그런데 이듬해 조선 전역에 역병이 유행하여 12만 8천 명이 죽는 일이 발생했다. 다산이 목민관으로 있던 곡산도 예외가 아니었다. 당시 곡산에 얼마나 퍼졌는지 기록이 분명치는 않지만 그 이듬해 1월에 청나라 사신이 올 것을 미리 알고 아전에게 준비를 지시했다는 기록으로 보면 곡산 지역은 역병을 성공적으로 막아냈다고 할 수 있다.

38세〔1799년, 정조 23〕 1월 29일, 다산을 이끌어준 정치적 스승인 채제공蔡濟恭이 별세했다. 곡산에서 부사직에 있었기 때문에 조문弔問도

할 수 없는 처지였지만, 뒷날에 다산은 채제공을 위해 제문祭文과 만시輓
詩를 지어 애도의 뜻을 표했다.

〈시 13〉: 번암 채상공의 죽음을 애도함〔樊巖蔡相公輓〕

고금에 유례없는 하늘이 내린 호걸이라　　　天挺人豪曠古今 천정인호광고금
이 나라 사직이 그 도량에 매여 있었소.　　　青邱社稷繋疎襟 청구사직계소금
뭇 백성 바라는 뜻 억지로 막는 일 전혀 없었고　都無天闕群生志 도무요알군생지
만물을 포용하는 도량이 있었다오.　　　　　恰有包含萬物心 흡유포함만물심
하늘로 치솟는 성난 파도 우뚝 선 지주에 놀라고　怒浪蹴空驚砥屹 노랑축공경지흘
땅에 떨어지는 요사로운 꽃 삼엄한 소나무로 여겼소.　妖花墜地見松森 요화추지견송삼
영남 영북 천여 리에　　　　　　　　　　　嶺南嶺北千餘里 영남영북천여리
사람의 터전 다져 굳건히 쌓아 주었다네.　　　堅築根基付士林 견축근기부사림

산도 물도 먼 외진 곳에 몸져 누워 있는데　　　川嶺迢迢病裏情 천령초초병리정
서울서 온 부음에 내 넋이 놀랬다오.　　　　　東來消息使魂驚 동래소식사혼경
교룡이 갑자기 떠나 버리자 구름 번개 고요하고　蛟龍倐逝雲雷寂 교룡숙서운뢰적
산악이 무너지니 우주 또한 가볍구나.　　　　　山岳初崩宇宙輕 산악초붕우주경
백년 가도 이 세상에 그분 기상 없을텐데　　　天下百年無此氣 천하백년무차기
이 나라 만백성들 누구를 기대고 살리오.　　　域中萬姓倚誰生 역중만성의수생
세 조정을 섬기며 머리 허예진 우뚝한 기상　　三朝白髮魁巍象 삼조백발괴외상
옛일을 생각하니 갓끈에 눈물이 흠뻑.　　　　歷歷回思淚滿纓 역력회사누만영

* 출처: 『다산평전』, 박석무〔민음사〕

다산은 곡산부사직을 성공적으로 마치고 황주영위사黃州迎慰使, 병조

참지兵曹參知, 동부승지同副承旨, 형조참의刑曹參議 등의 직을 수행하도록 명을 받았는데, 다산이 형조참의에 제수되자 민명혁閔命爀이 6월 22일에 소를 올려 "자숙하지 못한다."고 비난했다. 그러자, 다음날 바로 사직을 청하는 「형조참의소」를 내면서 아울러 자신의 처지와 심정을 토로하였다. 11년 동안의 벼슬 생활을 내려놓겠다는 마음을 담고 있다.

〈글 5〉 형조 참의를 사직하는 소〔辭刑曹參議疏〕

삼가 아룁니다. 신臣은 오래전에 벼슬을 그만두어야 했으나, 그렇게 하지 못하였습니다. 이 때문에 사람들의 비방이 쌓여 점차 위태로운 지경에 이르렀으며, 조정에서 벼슬한 지 11년 동안 하루도 편안한 날이 없었습니다. 이는 첫째도 신의 탓이고 둘째도 신의 탓이니, 어찌 감히 제 허물을 덮어 두고 남에게 허물을 돌려 스스로 거듭 덫과 함정 속으로 빠져 들어가겠습니까.〈중략〉

신은 어제 사간원 헌납司諫院 獻納 민명혁閔命爀의 소를 보았습니다. 그 소에서 민명혁은, 전 대사간大司諫 신헌조申獻朝가 아뢴 말씀 중에 신의 형의 이름을 끌어다 언급한 부분이 있는데도, 신이 마치 아무 일이 없다는 듯 태연하고 의기양양하게 공무를 행한다고 신을 질책하였습니다. 아, 신이 의리에 맞게 처신했는지는 우선 그만두고라도, 신의 형은 참으로 무슨 죄가 있단 말입니까? 그 죄는 오직 신처럼 못난 사람을 아우로 둔 것뿐입니다.〈중략〉

신의 형의 이름 석 자가 조정에 제대로 알려지지도 않았는데, 신의 형에 대해 무슨 증오가 이처럼 단단하게 쌓였겠습니까. 그러므로 그 뜻은 바로 신을 조정에 서지 못하게 하려는 것일 뿐입니다.

신은 어려서 배우지 못한데다가 자라서는 더욱 경솔하고 천박해져서 서양의 이설異說에 빠져들어 타고난 본성을 거의 잃었었는데, 이에 대하여는 신이 정사년丁巳年에 올린 소疏에서 이미 간곡한 속마음을 모두 아뢰었습니다. 신이 나름 내세울 수 있는 의리는, 본래부터 지난날의 허물을 일부러 숨기고서 무턱대고 영화로운 벼슬길에 나아가려고 하지 않았다는 것입니다. 지금 만일 신을 내쫓고 신의 벼슬길을 막아서 신으로 하여금 조정에 발을 들이지 못하게 한다면, 명분이 바르고 말이 순하며 일은 간단하고 효과는 빠르게 나타날 것입니다. 어찌 굳이 이렇게 저렇게 에둘러 곡절을 만들고 별도로 거듭 사연을 만들어 이토록 수고롭고도 오활하게 할 것이 있겠습니까.〈중략〉

　　신은 구차하게 염치를 무릅쓰고 영화와 녹봉祿俸을 얻으려고 애쓰는 자가 아니고, 그렇다고 세속을 떠나 높이 날아오르고 멀리 숨어서 관직을 헌신짝처럼 하찮게 여기는 자도 아닙니다. 평생의 허물을 당세에 스스로 밝혀서 이 시대의 공론을 들어 보고, 세상이 과연 신을 용납해 주면 구차하게 떠나지 않고, 세상이 용납해 주지 않으면 구차하게 나아가지 않으려고 합니다. 그런데 지금 세상의 추이推移를 살펴보면, 신을 용납해 주지 않을 뿐만 아니라 신의 집안 전체를 아울러 엮어서 죄를 주려 하고 있습니다. 신이 지금 이 형조 참의의 직책을 떠나지 않는다면, 신은 비단 세상에서 버림받은 사람이 될 뿐 아니라 신의 집안에서도 천륜을 저버린 아우가 될 것이니, 신이 어찌 차마 이런 일을 할 수 있겠습니까.

　　신은 지금 나아가도 의지할 곳이 없고 물러가도 돌아갈 곳이 없습니다. 다만 신이 태어나고 자란 마을은 강과 호수, 물고기와 새만으로도 타고난 성정性情을 즐기며 근심을 해소할 수 있으니, 미천한 백성들과 종적을 같이하여 전원에 파묻혀 여생을 편안하게 보내면서 성상의 은택을 노래한다면, 신에게는 남의 비방을 받을 걱정이 사라지고 세상에는 눈엣가시를 뽑아낸 기쁨이 있을 것이니, 이야말로 모두에게 좋은 일이 아니겠습니까.

눈앞의 관직은 다시 논할 것도 없습니다. 삼가 바라건대 밝으신 성상께서는 속히 신의 직함을 삭제하라고 명하시고, 이어서 이조吏曹로 하여금 사적仕籍에 들어 있는 신의 이름도 아울러 삭제하게 하소서. 또 형조刑曹로 하여금 신이 성상께서 길러 주신 큰 은혜를 저버리고 일신의 명예를 욕되게 한 죄를 다스리게 하시어, 공론이 편안해지고 아울러 신의 사사로운 의리도 편안해지게 하소서. 살아서 태평성대를 만났는데도 크나큰 은혜에 보답하지 못하고, 아직 젊은 나이에 도성의 문을 영원히 하직하려 하니, 종이를 마주하자 눈물이 쏟아져서 무어라 아뢰어야 할지 모르겠습니다. 신은……가눌 길이 없습니다.

* 출처: 네이버 지식백과〔윤은숙, 박석무, 송재소, 임형택, 성백효〕

다산은 7월 26일 체직遞職이 허락되어 벼슬에서 물러나 명례방〔지금의 명동 주변〕죽란사로 돌아와서 죽란시사竹欄詩社 모임 등의 일로 소일하였다.

39세〔1800년, 정조 24〕봄에 세로世路가 험난하다 판단하고 고향인 마재에 돌아왔다. 뒤숭숭해진 세상에 다산으로서는 서울생활을 이어갈 아무런 희망이 없다는 생각에서였다. 형제들이 모여 서로를 걱정하며 학문을 토론하며 지냈다. 4월 9일에 고향 소내[苕川]에서 선친 재원載遠 공의 기제사를 지내고, 다시 충주 하담荷潭의 선영으로 참배하러 가기 위해 이른 아침에 소내를 출발하면서 다음과 같은 시를 지었다.

<시 14>: 이른 아침 소내를 떠나며[苕川早發]

야윈 말 가벼운 안장으로 녹음을 지나니	瘦馬輕鞍綠樹陰수마경안녹수음
시름에 찬 마음을 풍광이 짐짓 풀어 주네.	風光聊遣解愁心풍광요견해수심
봄 짙은 강 언덕에 버들 솜 풀풀 날리고	春深水岸多飛絮춘심수안다비서
날 따뜻해 숲 벼랑에 어린 새도 보이네.	日煖林厓見乳禽일난임애견유금
병들었던 몸이 행로 따라 점차 씩씩해지고	病骨漸從行路健병골점종행로건
시는 집에서 읊는 것보다 훨씬 낫구나.	新詩還勝在家吟신시환승재가음
이름난 정원에서 꽃구경 즐길 순 없어라	名園不耐看花住명원불내간화주
하담의 소나무 개오동나무 이미 열 발이니.	潭上松楸已十尋담상송추이십심

* 출처: 네이버 지식백과[심경호, 박석무, 송재소, 임형택, 성백효]

다산은 마음먹은 대로 고향 소내의 집에 머물면서 '여유당與猶堂'이라는 당호를 걸었다. '여유與猶'라는 말은 노자老子의 『도덕경』 15장에 나오는 내용으로 "망설임이여, 겨울 내를 건너는 것이로다![與: 若冬涉川약동섭천], 주저함이여, 사방의 이웃을 두려워하는 듯 행동한다[猶: 若畏四隣약외사린]."는 뜻을 담았다.

당시 다산의 3형제는 각각의 당호를 '수오재守吾齋[약현]', '매심재每心齋[약전]', '여유당與猶堂[약용]'이라 지었다. 그리고 다산은 각각의 의미를 담아 기기를 지었는데 「여유당기與猶堂記」, 「수오재기守吾齋記」, 「매심재기每心齋記」이다.

<글6> 여유당기與猶堂記

자기는 하고 싶지 않지만 어쩔 수 없이 해야 하는 일은 그만둘 수 없는 일이다. 자기는 하고 싶지만 남이 알까 봐 하지 않는 일은 그만두어도 되는 일이다. 그만둘 수 없는 일은 항상 그 일을 하게 되지만 자기가 하고 싶지 않은 일이므로 때로는 그만두기도 한다. 하고 싶은 일은 항상 그 일을 하게 되지만 남이 알지 못하게 하고 싶기 때문에 또한 때로는 그만둔다. 진실로 이렇게 된다면 천하에 전혀 할 만한 일이 없을 것이다.

나의 병은 내가 잘 안다. 용맹하기만 하고 지모智謀가 없으며, 선을 좋아하지만 잘 가릴 줄 모른다. 감정에 따라 곧바로 행동하면서 의심하거나 두려워하지 않는다. 그만두어야 하는 일인데도 마음이 기뻐서 동요하면 그만두지 않는다. 하고 싶지 않은 일인데도 만일 마음에 맺혀서 불쾌함이 있으면 결코 그만두지 않는다. 이 때문에 한창 어렸을 때에는 세속 밖에 치달리면서도 의심하지 않았고, 장성해서는 과거 공부에 빠져서 돌아보지 않았으며, 조정에서 벼슬을 하면서는 지난날의 잘못을 깊이 뉘우치면서도 두려워하지 않았다.

이 때문에 한없이 선을 좋아하였지만 유독 비방을 많이 받았으니, 아!, 이 또한 운명일 것이다. 그러나 이것은 본성이 그러하였기 때문이니, 내가 또 어찌 감히 운명을 말하겠는가. 내가 보건대 노자老子의 말에 "겨울에 찬 시냇물을 건너는 것처럼 머뭇거리고〔與여〕,

사방의 이웃을 두려워하는 것처럼 경계한다〔猶유〕.”라고 하였다. 아, 이 두 마디 문장은 나의 병을 치료할 수 있는 방법이 아니겠는가.

겨울에 냇물을 건너는 자는 찬 기운이 뼈에 사무치기 때문에 매우 부득이한 경우가 아니면 건너지 않고, 사방의 이웃을 두려워하는 자는 남들이 엿보고 관찰하는 시선이 몸에 따갑기 때문에 매우 부득이한 경우라도 하지 않는다.

남에게 편지를 보내서 경례經禮의 차이에 대해 논하려고 하다가 얼마 뒤에 생각해 보니 하지 않아도 무방했다. 이것을 하지 않아도 무방한 일은 부득이한 일이 아니니, 부득이한 일이 아니면 우선 그만둔다. 남을 논책하는 상소를 올려 조정 신하들의 옳고 그름을 말하려다가 잠시 생각해 보니 이는 남모르게 하고 싶은 일이었다. 남모르게 하고 싶은 일은 내 마음에 큰 두려움이 있기 때문이니, 내 마음에 큰 두려움이 있는 일은 우선 그만둔다. 진귀한 보물과 옛 기물을 많이 모으려다가 우선 그만두고, 관직에 있으면서 국고를 횡령하여 이익을 도둑질하려다가 우선 그만둔다.

그리하여 마음에서 일어나고 생각에서 싹트는 것을 매우 부득이한 일이 아니면 우선 그만두고, 매우 부득이한 일이라도 남이 알지 못하게 하고 싶으면 우선 그만둔다. 진실로 이렇게 한다면 천하에 할 일이 있겠는가.

내가 이 이치를 터득한 지 6~7년이 되었다. 이것을 써서 나의 당에 현판을 달려고 하였는데, 이윽고 생각해 보다가 또 그만두었다. 그러다가 소내〔苕川소천〕로 돌아와서야 이것을 써서 문미門楣에 붙이고 아울러 ‘여유당’이라고 이름한 이유를 기록하여 아이들에게 보인다.

* 출처: 네이버 지식백과〔강미희, 박석무, 송재소, 임형택, 성백효〕

'수오재'는 큰형님이 서재에 붙인 이름이다. 내가 처음 그 이름을 보고 의아해하면서 말하였다. "사물 중에 나와 단단하게 연결되어서 서로 떨어질 수 없는 것으로는 나 자신보다 더한 것이 없으니, 비록 지키지 않더라도 내가 어디로 가겠는가. 이상한 이름이다."

그러다가 내가 장기현으로 귀양을 온 뒤 홀로 지내면서 차분하게 생각하였는데, 어느 날 갑자기 이에 대하여 깨닫고는 벌떡 일어나 스스로 말하였다. "대체로 천하 만물 가운데 지킬 것은 하나도 없지만, 오직 나만은 지켜야 한다. 내 밭을 짊어지고 도망갈 자가 있겠는가. 밭은 굳이 지킬 필요가 없다. 내 집을 짊어지고 도망갈 자가 있겠는가. 집은 굳이 지킬 필요가 없다. 나의 동산에 있는 꽃나무며 과일나무 들을 뽑아갈 자가 있겠는가. 그 뿌리가 땅속 깊이 박혀 있다. 나의 책을 훔쳐서 없앨 자가 있겠는가. 성현의 경전이 물과 불처럼 흔하게 세상에 널려 있는데, 누가 이것을 없앨 수 있겠는가. 나의 옷과 식량을 훔쳐서 나를 곤궁하게 할 자가 있겠는가. 지금 천하의 실은 모두 나의 옷이 될 수 있고 천하의 곡식은 다 나의 식량이 될 수 있으니, 저 도둑이 비록 한두 가지를 훔친다 해도 온 세상의 것을 모두 다 훔칠 수 있겠는가. 그렇다면 천하의 모든 물건은 다 지킬 필요가 없다.

그러나 유독 이른바 '나'라는 것은 성품이 달아나기를 잘하여 드나드는 데 일정한 법칙이 없다. 밀착되어 몸에 착 붙어 있어서 서로 저버리지 못할 것 같다가도 잠시 살피지 않으면 가지 못하는 곳이 없다. 이익과 영화榮華가 유혹하면 가 버리고, 위험과 화禍가 두

렵게 하면 가 버리고, 아름다운 음악 소리를 들으면 가 버리고, 눈썹이 까맣고 치아가 하얀 요염한 미인을 보면 가 버린다. 그런데 한번 가면 돌아올 줄 모르고 붙잡아도 말릴 수 없다. 그러니 천하에 '나'보다 더 잃어버리기 쉬운 것은 없다. 어찌 '나'를 묶고 동여매며 빗장을 걸고 자물쇠를 채워서 굳게 지키지 않겠는가."

나는 허술하게 보관하였다가 내 자신을 잃은 자이다. 어렸을 때는 과거급제가 좋게 보여 달려가서 과거 공부에 빠져 헤맨 것이 10년이었다. 그러다가 마침내 방향을 돌려 조정의 반열에 나아가 갑자기 오사모烏紗帽를 쓰고 비단 도포를 입고는 백주 대낮에 큰길 위를 미친 듯이 달렸는데, 그러기를 12년이었다. 그러다가 또다시 방향을 바꾸어 한강을 건너고 조령鳥嶺을 넘어서 친척을 떠나고 선영을 버리고는 곧바로 바닷가의 무성한 대숲 사이로 달려와서야 멈추게 되었다. 이때 나도 땀을 흘리고 숨을 헐떡이면서 허겁지겁 나의 발뒤꿈치를 따라 함께 이곳에 왔다. 내가 나에게 물었다. "그대는 어째서 이곳에 왔는가? 여우와 도깨비에게 홀려서 온 것인가? 아니면 바다의 신神이 불러서 온 것인가? 그대의 집과 고향이 모두 소내〔苕川〕에 있는데, 어째서 본거지로 돌아가지 않는가?"

그러나 이른바 나라는 것은 우두커니 꼼짝 않은 채 돌아갈 줄 몰랐다. 그 얼굴빛을 보면 마치 붙들고 만류하는 자가 있어서 돌아가고 싶어도 돌아갈 수가 없는 듯하였다. 나는 마침내 나를 붙잡아서 함께 머물기로 하였다.

이때 우리 둘째 형님인 좌랑공佐郞公도 그 자신의 '나'를 잃고 뒤따라 남해 지방으로 와서 또한 그의 나를 붙들고 함께 머물렀다. 그런데 유독 우리 큰형님만은 나 자신을 잃지 않고 편안히 수오재에 단정한 모습으로 앉아 계시니, 이는 어찌 그 평소에 자신을 지킴이 있어서 잃지 않았기 때문이 아니겠는가. 이것이 그분이 서재의 이름을 '수오재'라고 지은 이유일 것이다.

큰형님은 종종 "선친께서 나의 자字를 태현太玄이라고 지어 주셨으니, 나는 홀로 나의 태현을 지키려고 한다. 이 때문에 서재의 이름을 수오재라고 했다."라고 말하였는데, 이것은 둘러대는 말이다. 맹자孟子가 "무엇을 지키는 것이 가장 큰가? 몸의 지조를 지킴이 크다."라고 말하였으니, 참으로 옳은 말이다. 마침내 마음속에 스스로 다짐한 것을 써서 큰형님에게 아뢰고, 수오재의 기문으로 삼는다.

* 출처: 네이버 지식백과(강미희, 박석무, 송재소, 임형택, 성백효)

〈글 8〉 매심재기每心齋記

둘째 형님이 소내〔苕川초천〕로 돌아왔을 때, 자신의 서재를 '매심每心'이라 이름하고 나에게 기문을 짓게 하면서 말했다. "매심이란 뉘우침〔悔〕이다. 나는 뉘우침이 많은 사람이다. 내가 항상 마음속에 뉘우침을 잊지 않으려는 마음을 지녀 이러한 이유로 서재에 이름을 붙였으니, 네가 이것을 기록하라."

내가 듣자니, 사람은 형체와 기운을 가지고 있으므로 아무리 뛰어난 사람이라도 허물이 없을 수 없다. 성인과 미치광이의 차이는 오직 뉘우치느냐 뉘우치지 못하느냐에 있을 뿐이다. 그러므로 이윤伊尹의 말에 "미치광이도 능히 생각하면 성인이 되고, 성인도 생각하지 않으면 미치광이가 된다."라고 하였으니, 생각한다는 것은 뉘우침을 말한 것이다. 공자孔子는 "주공周公과 같이 훌륭한 재주를 가지고 있더라도 교만하고 인색하다면 그 나머지는 볼 것이 없다."라고 말하였으니, 인색하다는 것은 잘못을 뉘우치지 않음을 말한 것이다. 공자는 "하늘이 나에게 몇 년의 수명을 연장해 주어서 끝내 『주역』을 배우게 한다면 거의 큰 잘못이 없을 것이다."라고 하였다. 주공과 공자 같은 성인은 뉘우칠 만한 허물이 없을 것 같은데도 그들의 말이 이와 같았으니, 하물며 일반 사람들은 어떠하겠는가.

『주역』은 허물을 뉘우치는 책이다. 성인은 근심이 있을 때 하늘을 원망하거나 사람을 탓하지 않고 오직 스스로 자신의 허물을 뉘우쳤다. 그러므로 문왕文王은 유리羑里 마을에 갇혀 있을 때 진실로 처음으로 『주역』을 부연하였고, 공자는 진陳나라와 채蔡나라에서 곤궁할 때 십익十翼을 지었는데, 64괘卦에는 뉘우침과 인색함으로 상象을 세운 것이 많다. 이것으로 살펴보면 성인은 뉘우침이 없는 자라고 할 수 있겠는가. 만약 성인이면서 뉘우침이 없다면 성인은 우리 인류가 아닐 것이니, 어찌 사모할 것이 있겠는가. 안자顏子가 인仁한 이유는 허물을 두 번 다시 저지르지 않았기 때문이고, 자로子路가 용맹한 이유는 자신의 허물에 대해 듣기 좋아해서였다. 진실로 허물을 뉘우친다면 허물이 과오가 되지 않는다. 둘째 형님이 서재를 이름하신 것은 그 뜻이 어찌 크지 않겠는가.

다만 뉘우침에도 방도가 있다. 만약 한 번 밥을 먹는 사이에 불끈하며 분발하려 애를 쓰다가 얼마 뒤에 뜬구름이 허공을 지나간 것처럼 잊어버린다면 이것이 어떻게 뉘우치는 방도겠는가. 작은 잘못을 저지른 경우에는 고치고 나서 잊어도 괜찮지만 큰 잘못을 저지른 경우에는 비록 고치더라도 단 하루도 그 뉘우침을 잊어서는 안 된다. 뉘우침이 마음을 길러 주는 것은 거름이 벼 싹을 배양하는 것과 같다. 거름은 썩고 더러운 풀로 만들어지지만 배양하면 훌륭한 곡식을 자라게 하고, 뉘우침은 죄와 허물에서 비롯하지만 기르면 덕성德性을 완성하니, 그 이치가 똑같다.

내가 뉘우쳐야 하는 잘못은 둘째 형님에 비하면 만 배가 될 것이니, 이것을 빌려다가 나의 서실에 이름하는 것이 좋겠다. 그러나 이것을 마음에 두고 있으니, 그렇다면 나의 서실에 이 이름을 붙이지 않더라도 괜찮을 것이다.

* 출처: 네이버 지식백과〔강미희, 박석무, 송재소, 임형택, 성백효〕

다산은 스스로 자신의 앞길이 종국에는 학문연구에 생애를 바칠 수밖에 없음을 내다보고, 여유당에 앉아 쉴 틈도 없이 바로 『문헌비고』라는 국가가 간행하게 된 책을 점검하여 많은 오류를 바로잡아 『문헌비고간오』라는 책을 저술해 냈다. 그러던 중 6월 12일 정조가 서리胥吏를 통해 보낸 한서선漢書選 12질과 함께 하교下敎를 받게 되는데, 이것이 정조의 마지막 지우知遇였다. 6월 28일 정조가 갑자기 붕어崩御하면서 다산에게는 굴곡屈曲의 삶이 이어지게 된다.

다산은 자신과 정조와의 관계에 대해서 「자찬묘지명〔광중본〕」 명銘에 다음과 같이 정리하고 있다.

<시 15> : 정조와 다산

임금의 총애 한 몸에 안고서	荷主之寵하주지총
궁궐의 가장 은밀한 곳에서까지 모셨으니.	入居宥密입거유밀
정말로 임금님 심복이 되어	爲之腹心위지복심
아침저녁 참으로 가까이서 섬겼네.	朝夕以昵조석이닐
하늘의 총애로 타고난 바탕은	荷天之寵하천지총
못난 충심衷心을 지니게 해주었네.	牖其愚衷유기우충
정밀하게 육경六經을 연구해 내서	精姸六經정연육경
미묘한 이치도 해석해 놓았노라.	妙解微通묘해미통
간사하고 아첨하는 무리들이 세력을 키웠으니	憸人旣張섬인기장
하늘은 버리지 않고 곱게 키우려고 하셨네.	天用玉汝천용옥여
시체를 잘 거두어 꼭꼭 매장해 둔다면	斂而藏之렴이장지
앞으로 높이높이, 멀리까지 들추리라.	將用矯矯然遐擧장용교교연하거

* 출처: 『다산평전』, 박석무(민음사)

(3) 다산과 천주교의 관계

다산이 밝힌 내용에 따르면, 천주교와 연관된 기간은 횟수로 8년 정도다. 다산이 천주교를 접하게 된 것은 23세 때 큰 형수 4주기 제삿날에 형수의 동생인 이벽李蘗을 만나면서 부터다. 그리고 나서 『천주실의』를 보게 됐고, 그해 겨울 다산이 이벽의 집에서 요한이라는 이름으로 이승훈李承薰에게 가성식 세례를 받았다. 그러다가 30세〔1791년〕 10월, 진산사건으로 조정에서 천주교를 금지시키게 되었고, 이를 계기로 다산은 "부모 제사와 절을 못하게 하는 천주교는 믿을 수 없으므로 천주교와 절의

絶義했다."고 기록했다. 그러니 천주교를 믿은 기간은 23세부터 신해옥사辛亥獄事, 즉 진산珍山사건이 일어난 30세〔1791년, 정조 15〕 10월 23일까지 햇수로 8년 정도 되는 기간임을 「자찬묘지명」에 기술해 놓았다.

다산이 이벽의 천주교 교리 설명을 듣고 쉽게 공감하게 된 것은 성호 이익의 학문을 사숙한 것과 연관이 있다. 성호가 천주교리를 받아들였을 당시는 제사 문제 등으로 유교와의 충돌이 없었고, 다산도 그렇게 이해하고 있었다. 그런 가운데 다산이 성호의 학통을 계승하게 되면서 천주교와 깊은 관계를 맺게 되고, 성호의 문하에 있던 이가환李家煥〔1742~1801〕과 안정복安鼎福〔1712~1791〕, 권철신權哲身〔1736~1801〕, 권일신權日身〔1751~1791〕 형제, 이벽李檗〔1754~1786〕, 이승훈李承薰〔1756~1801〕 등과 교유하면서 천주교에 대한 믿음이 깊어져 갔다. 이 중에서 성호의 종손인 이가환은 조선의 첫 번째 천주교인 세례를 받은 이승훈의 숙부이고, 다산에게 『천주실의』를 보여주는 등 학문적·인간적으로 매우 가까웠던 이벽은 맏형 약현의 처남이면서, 성호를 스승으로 모시는 남인계 학자였다. 이승훈은 다산에게 하나밖에 없는 누이의 남편〔매형〕이었고, 권철신은 정약전의 스승이며, 권일신은 안정복의 사위이다. 이렇듯 성호 학파는 남인들로 구성되어 있으면서 천주교 인맥과 교분이 깊었던 터라 다산도 천주교에 호의적일 수밖에 없었다.

다산은 천주교 교리를 공부하다가 적발된 사건이 두 차례 있었다. 한 번은 24세〔1785년, 정조 9〕 때 2월, 김범우金範禹 집에서 이승훈, 이벽, 권일신, 권상학 부자, 정약전, 정약용 형제 등이 모여 신앙집회를 하다 적발된 '을사추조乙巳秋曹' 사건이고, 또 한 번은 26세〔1787년, 정조 11〕

때 5월. 다산이 이승훈, 강이원姜履元 등과 함께 반촌〔지금의 회화동〕김석태金錫泰 집에서 천주교 교리를 공부한 것이 적발된 '정미반회丁未伴會' 사건이다.

다산은 「자찬묘지명〔광중본〕」에서 "26세 때〔1787, 정조 11〕, 정미년 丁未年 이후로 4~5년 동안 자못 천주교에 관심을 기울였다. 그러나 30세 때〔1791, 정조 15〕 신해옥사 이후로 나라에서 서교를 금지하는 명령이 엄중해지자 마침내 관심을 아주 끊었다."라고 기록했다. 따라서 다산이 천주교를 믿은 기간은 75년 생애로 보면 유교가 67년, 천주교는 넉넉잡아 8년〔23~30세〕인 셈이다. 천주교를 믿었을 때에도 유교를 버린 것이 아니라 평등平等과 박애博愛정신, 과학정신 등 천주교 교리를 학문적으로 수용하려는 뜻에서였던 것이다.

〈이벽의 묘〉

〈이승훈의 묘〉

〈사진 5〉 이벽과 이승훈의 묘

그런데 다산이 천주교와 관련된 내용에 대해서는 다양한 견해가 있다. 심지어 '다산은 평생 동안 천주교 신자였다.'라고 주장하는 사람도 있는데, 이는 「자찬묘지명」등에 다산이 밝혀 놓은 내용을 부정하는 것이 된다. 필자는 다음과 같은 이유에서 다산의 주장을 믿어야 한다고 본다.

첫째, 아버지의 가르침과 효심 때문에 천주교를 종교적으로 받아들이기 어려웠다는 점이다. 효를 중시하는 유교 집안에서 아버지의 뜻에 반하는 일을 하기는 어려웠을 것이기 때문이다. 효제자孝弟慈를 '오교五敎'[19]로 삼아 다산학의 기초로 삼았던 다산으로서는 더욱 아버지의 뜻을 거역하는 불효를 저지를 수 없었을 것이다. 다산은 두 아들에게 보낸 가계에서 "하늘을 속이는 것이 가장 나쁘고, 임금을 속이고 어버이를 속이는 것으로부터 농부가 상대를 속이고 상인이 동무를 속이는 데 이르기까지 모두 죄가 된다."고 했다. 당시 이벽과 이승훈 등이 부모의 뜻에 반하는 행동으로 불효하는 모습, 이른바 천주교와 관련하여 부자간 갈등으로 매우 힘들어 하는 모습을 보아왔던 다산은, 특히 효를 최고의 가치로 여겼던 터라 부모의 뜻에 반하는 선택을 할 수 없었을 것〔大孝尊親대효존친〕은 당연하다. 이런 마음은 삼 형제가 지은 당호堂號의 의미를 통해서도 알 수 있다. 천주교 절교를 선언한 이듬해〔1792년, 정조 16〕에 부친상을 당하고 3형제가 여막생활을 하면서 지었을 것으로 여겨지는 당호는 큰아들

----

19 상서고훈尙書古訓과 「원교原敎」에 나오며, '父·母·兄·弟·子' 각자가 '義·慈·友·恭·孝'의 도리를 다하도록 하는 '5가지의 가르침'을 의미함. 다산은 이를 줄이면 孝弟慈이고, 더 줄이면 孝弟이며, 더 줄이면 孝라 했음. 여기서 弟〔공경, 공손〕는 悌와 같은 의미로 『논어』「학이편」과 다산의 「원교」, 「원덕」 등에서 '弟'로 기록되어 있으며, 본서本書에서도 '弟'를 사용했음.

〔약현〕은 '수오재守吾齋', 둘째 아들〔약전〕은 '매심재每心齋', 막내아들〔다산〕은 '여유당與猶堂'으로, 모두 자신들의 처신에 대해 반성의 뜻이 담겨 있다. 이를테면 '수오재守吾齋'는 "우리 가문을 지키겠다."는 의미, '매심재每心齋'는 "그동안의 불효를 뉘우친다."는 의미, '여유당與猶堂'은 "마치 겨울에 내를 건너듯 머뭇거리고, 사방의 이웃을 경계하는 마음으로 살아가겠다."는 의미이다. 이런 점에서, 양심상 아버지의 뜻을 거역하면서 천주교를 계속 믿을 수는 없었을 것이라는 점이다.

둘째, 정조와의 관계에서 신의信義를 저버릴 수는 없었을 것이라는 점이다. 다산과 천주교의 연관성 문제에 대해 정조는 많이 알고 있었다. 그리고 정조의 입장은 천주교를 학문적〔西學〕으로는 수용하지만 종교적으로는 절대로 용납하지 않겠다는 입장이었다. 이런 점에서 다산을 아끼던 정조는 다산에게 한때나마 천주교를 믿었던 사실을 인정하고 소명할 기회를 주었고, 이에 대한 다산의 입장이 '변방사동부승지소辨謗辭同副承旨疏'에 분명하게 나타나 있다. 유학자로서 서양의 과학사상과 박애정신 등을 개혁정신으로 승화시키려 했지만, 윤지충尹持忠과 권상연權尙然이 조상 제사를 거부하고 부모 위패를 태우는 등 유교儒敎국가에서 있을 수 없는 불효 행위를 한점에 대해서는 받아들일 수 없었던 것이다. 특히 정조가 위정학衛正學을 선포하면서 천주교를 금지시켰기 때문에 임금의 지시를 거역할 마음이 있을 수 없었고, 임금을 속일 마음도 없었다. 다산이 1910년〔순종4, 서세 74〕에 문도文道라는 시호를 받았는데, 만일 유교국가인 조선에서, 다산이 임금과의 신의를 저버리고 천주교를 신봉했었다면 문도공 시호를 내렸을 리가 없다. 이런 점에서 다산은 양심적인 지식인으로서 임금과의 약속을 저버릴 수 없었을 것이라는 점이다.

셋째, 철저한 유학자儒學者로서 불효행위를 받아들일 수는 없었을 것이라는 점이다. 다산이 천주교를 접한 시점은 23세 때이니 초시에 합격하고 성균관에 입교한 이듬해이다. 그리고 진산사건이 난 해〔1791년, 신해년, 정조 15년〕는 다산이 대과에 급제한 2년 후로, 그해 5월에 사간원 정언正言, 10월에 사헌부 지평持平, 겨울에는 「시경강의」 800여 조를 지어 올려 정조에게 크게 칭찬을 받았던 해이다. 또한 다산은 유배 초기부터 상喪과 제祭에 대해서 집중적으로 연구에 몰두했음을 볼 수 있는데, 장기長鬐에 있을 때 『기해방례변己亥邦禮辨』을 저술했고, 강진康津에서는 『단궁잠오檀弓箴誤』, 『조전고弔奠考』, 『예전상의광禮箋喪儀匡』, 『정체전중변正體傳重辨』, 『상례사전喪禮四箋』, 『예전상구정禮箋喪具訂』, 『제례고정祭禮考定』, 『예전상복상禮箋喪服商』, 『상례외편喪禮外編』 등 방대한 저작에서 볼 수 있듯이 철저한 유학자였다는 점이다. 때문에 조상 제사를 부정하고 돌아가신 부모님께 절을 올릴 수도 없는 천주교 교리를 받아들일 수는 없었을 것이다. 이는 다산이 생의 마감을 앞두고 아들에게 지시한 장례葬禮 절차, 즉 자신이 56세 때 저술한 『상의절요喪儀節要』에 따라 장례를 치르라는 유명遺命을 내렸고, 유령遺令과 자녀들의 효심〔繼志述事계지술사〕에 의해 철저한 유교방식으로 장례가 치러진 점을 보더라도 그렇다.

효도〔filial piety〕의 관점에서 볼 때 유교와 천주교의 차이점은, 유교는 "조상님과 부모님의 뜻을 존중하며, 계승해야 한다."는 『중용』의 '계지술사繼志述事'와 『예기』의 '대효존친大孝尊親'에 따라야 하는 입장인 반면, 천주교는 "조상님과 부모님이 원하시는 것보다는 하나님의 말씀에 순종해야 한다."는 쪽이다. 심지어 돌아가신 부모님께 절하는 것은 우상 숭배로 표현하는 사람도 있다. 필자도 7살 때부터 교회를 다녔고, 군생활 하는 기간에도 설교시간에 수없이 들은 내용이다. 따라서 철저한 유학자 였던 다산으로서는 당시에, 조상님 제사도 못 지내고 위패를 태우는 천주 교의 내면을 알고 나서 신앙을 갖기는 어려웠을 것이라는 점이다.

넷째, 다산이 개인적으로 문헌을 통해 입장을 밝힌 천주교 관련 사실 을 인정해야 한다는 점이다. 다산이 자신과 천주교의 관계에 대해 밝힌 문헌은 「자찬묘지명〔광중본〕」과 「변방사동부승지소辨謗辭同副承旨疏」 이다. 「자찬묘지명〔광중본〕」[20]에 "성균관에 들어가 공부하면서 이벽李檗 과 교유하며 서교西敎〔천주교〕에 관한 교리를 듣고 서교에 관한 책을 보 았는데, 26세 때〔1787, 정조 11〕 정미년丁未年 이후로 4~5년 동안 자못 관심을 기울였다. 그러나 30세 때〔1791, 정조 15〕 신해년辛亥年 이후로 나라에서 서교를 금지하는 명령이 엄중해지자 마침내 관심을 아주 끊었 다."라고 기록했다. 또한 다산이 36세〔1797년, 정조 21〕 때, 천주교와 관 련된 비방에 대해 변명하고 동부승지同副承旨를 사직하는 상소[21]에서 "신臣의 불초함으로 인해 10여 년 동안 여러 곳에서 비방을 받았으니, 그 근거는 바로 음흉하고 간사하며 괴이하고 이치에 어긋난 서양의 사설邪 說〔천주교〕에 있습니다.", "신은 이른바 서양의 사설邪說에 관한 책을 본

● ● ● ●
20 네이버 지식백과, 「자찬묘지명自撰墓誌銘〔광중본壙中本〕」. 박석무, 송재소, 임형택, 성 백효.

21 네이버 지식백과, 비방에 대해 변명하고 동부승지를 사직하는 소〔변방사동부승지소 辨謗辭同副承旨疏〕. 윤은숙, 박석무, 송재소, 임형택, 성백효.

적이 있습니다. 그러나 책을 본 것이 어찌 바로 죄가 되겠습니까. 말을 박절하게 하지 못해서 책을 보았다고 했지만 참으로 책만 보고 말았다면 어찌 바로 죄가 되겠습니까. 신은 아마도 일찍이 이 사설을 내심 좋아하여 사모하였고 또 일찍이 이 사설을 거론하면서 남들에게 자랑하였습니다.", "신이 서양 사설에 관한 책을 본 것은 대개 20대 초반이었습니다. 당시에는 천문天文의 역상가曆象家와 농정農政의 수리기水利器와 측량測量의 추험법推驗法에 대해서 설명을 잘하는 자가 있으면, 세상 사람들이 서로 전하면서 이들을 가리켜 해박하다고 칭찬하는 풍조가 있었습니다. 신은 그때 한창 어린 나이였으므로 혼자서 속으로 이들을 선망하였습니다.", "서양 사설에 관한 책 속에는 윤리를 해치고 이치를 거스르는 말이 진실로 이루 헤아릴 수 없이 많으니, 그 말을 다 아뢰어 감히 전하의 귀를 더럽힐 수는 없습니다. 그러나 선조의 제사를 지내지 않는다는 말은 신이 예전의 그 책에서 한 번도 본 적이 없으니, 이는 마치 갈백葛伯[22]이 다시 태어난 것과 같아서 시달豺獺[23]도 놀랄 것입니다. 만일 신에게 조금이라도 사람의 도리가 남아 있다면, 억장이 무너지고 살이 떨려서 어찌 이 사설의 어지러운 싹을 끊어 버리지 않고, 큰물이 언덕을 넘고 뜨거운 불길이 벌판을 태우듯 그 기세가 치성해지게 내버려 두겠습니까. 불행히도 근래에 신해년〔1791, 정조 15〕의 변고가 발생하였습니다. 신은 이 일 이래로 억장이 무너지고 마음이 서글퍼서 서양 사설을 원수처럼 미워하고

• • • •
22 『맹자』 「등문공〔하〕」에 나오며, 갈葛나라 수장인 갈백이 방종하여 제사를 지내지 않아 탕임금에게 죽임을 당한 인물. 생사 기간은 미상임.
23 승냥이와 수달도 정성으로 제사를 지내어 보본報本할 줄 안다는 의미임.

흉악한 적처럼 성토하기로 마음속에 맹세하였습니다. 신이 본래 갖고 있던 양심이 회복되자 이치를 분명하게 알게 되었으니, 지난날 흠모했던 것을 돌이켜 생각해 보니 어느 하나도 허황하고 괴이하며 망령되지 않은 것이 없었습니다.", "그러므로 높은 관직과 훌륭한 지위는 신이 바라는 것이 아니고, 많은 재물과 후한 녹봉도 신이 부러워하는 것이 아닙니다. 오직 이 위태로운 목숨이 다하기 전에 천하에 일찍이 없었던 '서양 사설에 빠진 자' 라는 추악한 오명汚名을 씻어내는 것이 바로 신의 간절한 소원입니다.", "신의 경우, 당초 서양의 사설에 발을 들인 것은 호기심 많은 아이의 장난과도 같았습니다. 그러나 차츰 식견이 자라면서 사설에 대해 조금 알게 되자 곧바로 원수처럼 여겼고, 분명히 알고 난 뒤에는 더욱 엄하게 배척하였으며, 뒤늦게 깨닫고 나서는 더욱더 심하게 미워하였습니다."라고 밝히고 있다는 점이다. 이를 통해서 볼 때 다산은 18세〔1779년, 정조 3〕 때 천진암과 주어사 강학회에도 참석하지 않았고, 또한 시기적으로 보더라도, 다산이 천주교를 접한 것은 23세라는 점에서, 천주교 교리를 다룬 강학회였다는 일부의 견해는 맞지 않은 것이다.

사람에게는 누구나 양심良心이라는 것이 있다. 당사자가 아니라고 부정하는데 자꾸 "당신은 천주교인이다."라고 프레임을 씌우면, 이미 망자亡者된 자로서는 어찌할 도리가 없다. 살아 있는 사람에게 그런 식으로 덮어씌우면, 결국 유서를 써놓고 자살로 결백을 주장하는 세상이다. 물론 다산은 부모 제사 등 유교儒教의 효孝와 배치되는 것 이외의 천주교 교리는 대부분 수용하고 싶었을 것으로 생각된다. 천주교에는 다산이 이루고 싶어 했던 평등사상과 박애사상, 과학사상 등이 들어 있었기 때문이다. 그러나 유교에서 강조하는 효는 "가장 큰 효는 부모의 뜻을 존중하는 것이다〔大孝尊親대효존친〕"는『예기』, "무릇 효라는 것은 선인〔부모〕의 뜻을 잘 계승하여 선인의 사업을 잘 발전시키는 것이다.〔夫孝者 善繼人之志 善述人之事者也〕"라는 '계지술사繼志述事'의『중용』, "부모가 사랑하시는 바를 또한 사랑하며, 부모가 공경하시는 바를 또한 공경해야 한다〔父母之所愛 亦愛之 父母之所敬 亦敬之〕."는『소학』등의 내용을 따를 수밖에 없는, 다산의 효관孝觀으로 볼 때 부모님 제사를 못 모시고 큰 절도 못하게 하는 천주교의 교리는 '부모공경'에 배치되므로 받아들일 수는 없었을 것이라는 점을 믿어야 한다고 본다.

3) 유배 및 저술 18년: 40~57세〔1801. 2. 27~1818. 9. 2〕

다산의 유배생활은 세 차례 있었다. 29세 때 충남 해미海美〔1790. 3. 7~19〕, 40세 때 경상북도 장기長鬐〔1801. 2. 27~10. 20〕와 전라남도 강진康津〔1801. 11. 5~1818. 9. 2〕등이다. 그러나 다산에게 준 유배생활은 '좌절挫折'과 '희망希望'의 기간이기도 했다. 천주교 관련 모함으로 생사生死의 기로에서 폐족을 당하고 귀양길에 들어서 있었지만, "이제야 겨를을 얻었다〔今得暇矣금득가의〕"는 안도安堵의 마음으로 나라와 백성을 위하는 일을 할 수 있다는 '비전vision'을 설정할 수 있었기 때문이다. 따라서 다산의 유배생활 기간은 후손들에게 500여 권의 저술이라는 큰 '선물'일 수 있다는 생각이다.

(1) 경북 장기長鬐: 40세〔1801. 2. 27~10. 20〕

39세〔1800, 정조 24〕 6월 28일, 정조正祖가 갑자기 붕어하고 순조純祖〔1790~1834, 재위 1800~1834〕가 11세의 나이에 즉위하면서 다산은 생애 최대의 위기를 맞았다.

40세〔1801년, 순조 1〕 1월 9일 정조가 없는 세상이 되자, 정순대비는 사학邪學 금지교서를 발표했다. 더더욱 19일 친형인 정약종의 책롱사건이 발각되어 끝내는 2월 8일 신유옥사辛酉獄事라는 천주교 탄압사건이 일어남으로써 도합 300여 명의 아까운 인재들이 희생되었다. 사헌부와 사간원에서 천주교 관련 죄상을 적어 임금께 올렸고, 약전과 약용 두 형제, 이가환과 이승훈 등이 투옥되었다. 2월 10일 새벽에 의금부 도사 한낙유韓樂裕에게 명례방에서 체포된 다산은 국문鞠問을 받는 처지가 되었다. 전 영의정 이병모李秉模가 위관委官[24]이 되고, 영의정 심환지沈煥之, 좌의정 이시수李時秀, 우의정 서용보徐龍輔가 재판관이 되어 이가환, 정약용, 이승훈 순으로 심문을 진행했다. 25일까지 국문鞠問이 진행되어 27일에 확정 판결이 나왔다. 이때 옥사의 위관委官 이병모와 심환지, 지의금知義禁 이서구李書九, 승지承旨 김관주金觀柱와 서미수徐美修 등이 다소의 차이는 있었지만 약종은 천주교인임을 자백했기 때문에 순교를 피할 수 없고, 약전若銓과 약용若鏞 형제는 "죄가 없으니 풀려날 것이다."라는 소문이 돌았다. 그리고 여러 대신들도 무죄로 풀어줄 것을 제안했다. 그러나 유독惟獨 서용보만이 고집을 부리며 반대하여 결국 27일에 다산은 경북의 장기長鬐, 약전은 전라도 신지도薪智島로 유배지가 결정되었다. 28일에 유배 길에 올라 숭례문에서 한강 쪽으로 3리里

24 죄인을 신문할 때에, 의정대신 가운데서 임시로 뽑아 임명한 재판장.

거리에 있는 석우촌石隅村에서 제부諸父, 제형諸兄들과 석별하는 마음을 담아 〈석우촌에서의 이별[石隅別석우별]〉이라는 시를 지었다. 이 외에도 사평과 하담에서도 〈사평에서의 이별[沙坪別사평별]〉과 〈하담에서의 이별[荷潭別하담별]〉이라는 시를 지었는데, 이 세 개의 시를 삼별시三別詩라 한다.

〈시 16〉: 석우별石隅別

쓸쓸한 처량한 석우 마을	蕭颯石隅村소삽석우촌
가야 할 앞 길 세 갈래로 갈렸네.	前作三叉歧전작삼차기
서로 장난치며 울어대는 두 마리 말	二馬鳴相戲이마명상희
갈 곳 몰라 그러는 듯 싶어라.	似不知所之사부지소지
한 마리는 남쪽으로 가야 할 말	一馬且南征일마차남정
한 마리는 동쪽으로 달릴 말이라오.	一馬將東馳일마장동치
숙부님들 머리 수염 허옇게 세고	諸父皓須髮제부호수발
큰형님 두 눈엔 눈물이 그렁그렁.	大兄涕交頤대형체교이
젊은이들이야 서로 다시 만나겠으나	壯者且相待장자차상대
노인들의 일이야 누가 알 수 있겠나.	耆耋誰得知기질수득지
잠깐만 조금만 더 머뭇거리다	斯須復斯須사수부사수
해가 이미 서산에 기울려 하네.	白日已西敧백일이서기
가자꾸나, 다시는 돌아보지 말고	行矣勿復顧행의물부고
마지못해 다시 만날 기약을 남기면서.	黽勉留前期민면유전기

* 출처: 『다산평전』, 박석무(민음사)

두 형제는 석우촌에서 여러 부형들과 이별하고 사평沙坪에 묵었다. 사평은 한강 남쪽에 있는 마을이다. 29일 새벽에 사평에서 처자와 이별하면서 애달픈 마음을 담아 지은 시가 〈사평별沙坪別〉이다.

〈시 17〉: 사평별沙坪別

동쪽 하늘에 샛별 떠오르자	明星出東方명성출동방
하인배들 서로 부르며 떠들썩 하네.	僕夫喧相呼복부훤상호
산바람 가랑비 흩날려	山風吹小雨산풍취소우
헤여지기 섭섭하여 머뭇거리는 듯.	似欲相踟躕사욕상지주
머뭇거린들 무슨 소용 있겠는가	踟躕復何益지주부하익
끝내 이 이별 어쩔 수 없는 것을.	此別終難無차별종난무
옷자락 떨치고 길을 떠나서	拂衣前就道불의전취도
가물가물 벌판 넘고 내를 건너다.	杳杳川原踰묘묘천원유
얼굴빛이야 안 그런 체해 보지	顏色雖壯厲안색수장려
마음이 난들 어찌 다르랴.	中心寧獨殊중심영독수
고개 들어 날아가는 새를 보니	仰天視征鳥앙천시정조
오르락내리락 짝지어 날고 있네.	頡頏飛與俱힐항비여구
어미 소는 음매하며 송아지를 돌아보고	牛鳴顧其犢우명고기독
암탉도 구구구 제 새끼 부르는구나.	雞呴呼其雛계구호기추

* 출처: 『다산평전』, 박석무(민음사)

두 형제는 29일 밤을 경기도 죽산竹山(지금은 안성 지역)에서 묵고, 3월 1일은 가흥可興(충북 충주지역)에서 묵은 뒤, 2일에 충주 하담에 도착해서 부모님 산소에 성묘하였다. 부모님 선영에서 인사드리며 작별을 고하는 시가 〈하담별荷潭別〉이다.

아버님이여 아시나요 모르시나요	父兮知不知부혜지부지
어머님께선 아십니까 모르십니까.	母兮知不知모혜지부지
집안이 갑자기 무너져 내려	家門欻傾覆가문홀경복
죽고 살아남는 이 지경이 되었네요.	死生今如斯사생금여사
이 목숨 비록 부지는 했지만	殘喘雖得保잔천수득보
몸뚱이 아깝게도 이미 이지러졌습니다.	大質嗟已虧대질차이휴
아이들 낳아 부모님 기뻐하시며	兒生父母悅아생부모열
부지런히 붙잡아 기르셨지요.	育鞠勤攜持육국근휴지
하늘같은 그 은혜 꼭 갚으려 하였더니	謂當報天顯위당보천현
깎아버림 당할 줄 생각이나 했겠습니까.	豈意招芟夷기의초삼이
이 세상 사람 대부분	幾令世間人기령세간인
다시는 아들 낳았다 기뻐하지 않겠네요.	不復賀生兒불부하생아

* 출처: 『다산평전』, 박석무〔민음사〕

3월 9일에 유배지인 장기長鬐에 도착했다. 거처는 읍내 마현리에서 농사일과 군교軍校를 수행하는 성선봉成善封 집에 마련되었다. 이곳에서 황사영黃嗣永 사건이 일어난 날〔10월 20일〕, 서울로 압송되기 전까지 8개월 동안을 유배생활을 했다. 이때의 심정에 대해 다산은 「자찬묘지명」에 "나는 장기에 도착하여 마음을 고요히 가라앉히고 정신을 깨끗이 가다듬고 나서 『삼창고훈』을 고찰했다. 이후 『이아술』 6권과 『기해방례변』을 지었는데, 겨울 '황사영백서' 사건으로 옥에 갇혔을 때 분실되고, 여름에 성호가 모은 1백 마디의 속담에 운을 맞춰 지은 『백언시』를 기록하였으나 분실하고 말았다."라고 기록했다. 장기에 있는 동안 『촌병혹치』와 「수오재기」를 지었으며, 130여 수의 시를 지었다.

　　다산이 장기에서 유배 살았던 흔적은, 성선봉 집터에 장기초등학교가 들어선 관계로 남아 있지 않다. 다만 초등학교 운동장 한복판에 다산보다 120년 전에 유배생활을 했던 우암 송시열宋時烈〔1607~1689〕이 심었다는 은행나무가 있고, 운동장 가에 다산의 유적비가 송시열 유적비와 함께 사적비事蹟碑라는 이름으로 시와 함께 서있다. 다산의 유적은 박석무朴錫武 다산연구소 이사장이 1985년도에 그곳을 답사하며, 다산의 시문詩文을 통해 장기초등학교 자리가 다산이 유배생활 했던 곳임을 밝히는 글을 썼는데, 이것이 계기가 되어 다산의 유배생활 기록과 사적비를 세우게 되었다고 한다.

　　다산이 장기 유배지에 도착해서 나날을 보내던 중에 아들의 편지를 받고 기쁜 마음으로 쓴 답장 편지에 쓴 시에서 아버지로서의 애달픈 심정을 발견할 수 있다.

〈시 19〉: 아들 편지 받고 기쁘게 답함〔別家五十有八日 始得家書 志喜寄兒〕

두보는 나보다 먼저 상심함 읊었는데	杜詩先獲我두시선확아
편지가 이르니 너도 사람이 되었구나.	書到汝爲人서도여위인
세상 물정 밖의 강과 산은 고요한데	物外江山靜물외강산정
천지간에 어머니는 자식을 사랑하네.	寰中母子親환중모자친
놀라고 두려워 어찌 병을 면할까나	驚疑那免疾경의나면질
생활이 가난함을 근심하지 말거라.	生活莫憂貧생활막우빈

부지런히 힘써 채소밭 다스리고   黽勉治蔬圃민면치소포
탐욕없는 시대의 일민을 닮거라.   淸時作逸民청시작일민

* 출처: 네이버 지식백과〔심경호, 박석무, 송재소, 임형택, 성백효〕

(2) 황사영백서 사건과 전배轉配

40세〔1801년, 신유년, 순조 1〕9월 29일, 다산이 장기에서 유배생활을 하고 있던 중에, 다산의 조카사위인 황사영黃嗣永이 토굴에서 체포되면서 중국 구베아 신부에게 보내는, 이른바 백서 사건이 발생했다. 백서帛書는 비단에 쓴 글이라는 뜻이다. 이 사건은 정약종이 불안한 정세를 느끼고 본인이 가지고 있던 천주교 서적과 신부에게 보낼 '신유옥사 탄압 기록' 등을 적은 내용, 성물 등을 몰래 숨기기 위해 옮기다가 한성부 포교에 적발된 사건이다. 노론 측에서는 다산이 황사영백서 사건에 연루되었을 것으로 예단하고 10월 27일 다산 형제를 서울로 다시 압송하여 투옥시킨 다음 국청을 진행했다. 이 국청에서 다산은 "위로는 임금을 속일 수 없고, 아래로는 형을 증언할 수 없으니 나는 오늘 죽음이 있을 뿐이오."라는 군신의 도리와 형제애가 담긴 명언을 남겼다. 그리고 이 백서에 "정약용은 천주교를 배교背敎했다."는 내용이 들어있었다. "신해년 신해박해 때 그의 형제와 친구들 중에서 믿음이 온전했던 사람이 적었는데, 정약종의 형인 약전과 아우인 약용은 신해년 이후 천주교와 손을 끊었다."[25]라는 내용이다.

••••
25 박석무, 『다산에게 배운다』, 창비, 2019. 83쪽.

〈사진 6〉 황사영백서 *출처: 안미옥〔정약용 문화교육원〕 촬영

그리고 정약종의 일기 및 서찰에 "중仲〔약전〕과 계季〔약용〕가 함께 천주교를 믿지 않은 것이 한스럽다. 약용에게 알게 해서는 안 된다."는 내용이 발견되면서 다산과 천주교와 관련이 없다는 사실이 밝혀졌다. 그러나 "천 사람을 죽여도 정약용을 죽이지 않으면 아무도 죽이지 않은 것과 같소."라고 외치던 반대파 홍희운洪羲運과 신귀조申龜朝가 연명 차자箚子[26]를 올려 다산의 목숨이 경각에 달려 있게 되었다. 결국 다산과 황사영 간에 연관성이 없음이 밝혀지자, 다산 형제는 장기長鬐와 신지도薪智島에서 강진康津과 흑산도黑山島로 전배轉配되기에 이른다.

이때 교리 윤영희尹永僖가 다산의 생사를 탐지하려고 대사간 박장설朴長卨 집을 찾아갔는데, 마침 홍낙안洪樂安이 와서 윤영희는 옆방으로 피해 들어가게 되었다. 그때 홍낙안이 말하길 "천 사람을 죽여도 정 아무개

••••
26 상소문의 일종으로, 조선 시대에 일정한 격식을 갖추지 않고 사실만을 간략히 적어 올리던 글.

한 사람을 죽이지 못하면 아무도 죽이지 않은 것만 못한데, 공은 어찌 힘써 다투지 않소?'라고 말하고 돌아가자, 박장설이 윤영희에게 "답답한 사람〔홍낙안을 가리킴〕이다. 죽여서는 안 될 사람을 죽이려고 두 번이나 큰 옥사를 일으키고도 나더러 다투지 않았다고 책하니 답답한 사람이로다."라고 했다는 기록이 『사암선생연보』에 나온다.

이때 다산의 친구 이유수李儒修와 윤지눌이 건강을 걱정하며 인삼을 달여와 먹게 하였는데, 이 장면이 노론에게 목격되면서 훗날 이유수는 장세윤의 모함으로 무주로 귀양을 갔다. 결국 3형제 중에서 약종은 끝까지 배교하지 않아 중국인 주문모 신부와 함께 순교하였고, 약전과 약용 형제는 한때는 천주교인이었으나 현재는 천주교인이 아닌 점이 밝혀져 사형은 면했지만 귀양지를 옮겨, 강진과 흑산도로 전배轉配된 것이다. 이때의 상황에 대해 다산은 "한 사람은 죽고 두 사람은 귀양살이를 떠났다〔一死 二謫일사이적〕."라고 기록했다.

(3) 전남 강진康津: 1801. 11. 23 ~ 1818. 9. 2.

① 사의재四宜齋: 40세〔1801. 11. 23〕 ~ 44세〔1805. 겨울〕

11월 5일, 서대문 형무소를 출발해서 21일 나주읍에서 북쪽으로 5리 지점인 '밤남정〔栗亭율정〕'이라는 주막거리에서 두 형제가 마지막 밤을 지내고, 형제가 작별을 아쉬워하는 마음을 담아 '율정별栗亭別'이라는 시를 지었다.

〈시 20〉: 율정에서의 이별〔栗亭別〕

초가 주막 새벽 등불 푸르스름 꺼지려는데	茅店曉燈靑欲滅모점효등청욕멸
일어나 샛별 보니, 이별할 일 참담해라.	起視明星慘將別기시명성참장별
두 눈만 말똥말똥 둘이 다 할 말 잃어	脈脈嘿嘿兩無言맥맥묵묵양무언
애써 목청 다듬으나 오열이 터지네.	强欲轉喉成嗚咽강욕전후성오열
흑산도 아득한 곳 하늘뿐인데	黑山超超海連空흑산초초해연공
그대는 어찌하여 그곳으로 가시나요.	君胡爲乎入此中군호위호입차중
고래 이빨 산과도 같아	鯨鯢齒如山경예치여산
배를 삼켰다가 다시 뿜어낸다오.	吞舟還復噀탄주환부손
지네도 크기가 쥐엄나무 같고	蜈蚣之大如皂莢오공지대여조협
독사가 등나무 넝쿨처럼 엉켜 있다오.	蝮蛇之斜如藤蔓복사지두여등만
내가 장기 고을에 있을 때는	憶我在鬐邑억아재기읍
낮이나 밤이나 강진 바라보며.	日夜望康津일야망강진
날개 죽지 활짝 펴고 푸른 바다 뛰어넘어	思張六翮截靑海사장육핵절청해
바다 가운데서 저 형님 보려 했는데.	于水中央見伊人우수중앙견이인
지금 나는 높은 나무에 오른 귀양살이나	今我高遷就喬木금아고천취교목
맑은 진주 없어진 빈 독만 산 셈이네.	如脫明珠買空櫝여탈명주매공독
또 마치 바보스런 아이가	又如癡獃兒우여치애아
망령되어 무지개 붙잡으려 하는 셈이니.	妄欲捉虹蜺망욕착홍예
서쪽 언덕 바로 앞에	西陂一弓地서피일궁지
아침 무지개 분명히 보이나.	分明見朝隮분명견조제
애가 쫓아가면 무지개는 더욱 멀어져	來逐虹虹益遠아래축홍익원
또 저쪽 언덕 쫓아가도 다시 서쪽이라오.	又在西陂西復西우재서피서부서

* 출처: 『다산평전』, 박석무〔민음사〕

율정栗亭에서 두 형제가 이별하고 강진현康津縣 '사의재'에 도착한 것
은, 한양에서 출발하고 18일 후인 11월 23일쯤이다. 당시의 상황에 대해
다산은 "그곳 백성들은 유배된 사람 보기를 마치 큰 해독처럼 여겨서 가
는 곳마다 모두 문을 부수고 담장을 허물어뜨리면서 달아나 버렸다."라
고 『상례사전』 「서문」에 기록했다. 이렇게 되자 다산은 하는 수 없이 동
문 밖 매반가賣飯家로 나가서 주모酒母에게 도움을 청했고, 그 주모의 도
움으로 거처를 얻어 뒷방생활을 하게 되었다.

　　이때 다산은 "이제야 학문을 할 겨를을 얻었구나〔今得暇矣금득가의〕"
라는 긍정적인 사고思考로 경서연구에 매진하게 되는데, 이곳을 '사의재
四宜齋'라고 당호를 짓고, 상례喪禮 연구에 몰두하게 된다.

〈사진 7〉 사의재 전경

유배 온 첫해를 보내고 다음 해를 맞았다. 그러나 찾아올 손님도 없는 처지라서 이불도 늦게 개고 방문도 늦게 여는 생활을 하고 있었다. 그러던 중에 손님이 찾아왔는데 아버지 친구 윤광택尹光宅이었다. 해남윤씨로 아버지 정재원 공과 친분이 두터운 관계였으며, 아버지가 화순군수로 재직할 때, 항촌項村을 들리게 된 일이 있었는데, 이때 황소 한 마리를 잡아 대접했을 정도의 부호富豪이자 의협심이 강한 아버지의 친구였다.

다산은 그의 아들 윤서유尹書有와 친구로 지냈는데, 후일에 윤서유는 아들 윤창모尹昌模〔윤영희 개명〕를 다산에게 보내 경사經史를 배우게 하였고, 나중에 윤창모와 다산의 딸이 혼인함으로써 두 사람은 사돈지간이 되었다. 다산은 윤서유에 대해 다음과 같은 묘지명을 남겼다.

〈글 9〉 윤서유 묘지명〔司諫院正言翁山尹公墓誌銘〕

공의 이름은 서유書有이고, 자字는 개보皆甫이며, 해남윤씨이다. 〈중략〉 아버지는 윤광택尹光宅이니 또한 포의布衣로 세상을 마쳤다. 그러나 사람됨이 침착하고 의지가 강했으며 지혜와 용기가 비범하여 천만금의 재산을 모았는데, 베풀기를 좋아하고 위급한 사람들을 구제하였으며 빈객을 좋아하고 의기를 숭상하였다.

나의 선인先人 정재원丁載遠께서 화순현감和順縣監으로 있을 때에 백련동白蓮洞으로 가는 길에 강진을 경유하여 목리牧里〔윤서유가 살던 항촌〕의 별장으로 공〔윤광택〕을 방문하였다. 그때 밤새워 이야기하고 시를 남기고 이별하였으니, 이는 건륭 무술년〔1778년, 정조 2, 15세〕 때의 일이다.〈중략〉

윤서유가 학업을 하게 됨에 산 동쪽 깊은 골짜기에다 별도로 서당을 설치하고 진사 윤은서尹殷緖를 맞아 스승으로 삼았다. 윤은서는 본디 학문이 넓고 가르치기를 잘하였다. 관례冠禮를 마치고는 진산珍山으로 보내 경의經義 공부를 익히게 하였으니, 그곳은 바로 나의 외삼촌의 집이었다. 책이나 붓과 먹 이외에는 돈과 재물을 보내주지 않아, 공이 춥고 배고픔을 통해 근골筋骨을 단련시키고 거친 음식을 먹게 함으로써 뱃속을 맑게 하도록 하였으니, 그분[윤광택]이 절도 있게 자식을 가르침이 이와 같았다. 공은 부유한 집안에서 성장했으면서도 검약儉約을 숭상하고 꾸밈과 사치를 싫어하였으며, 행실을 돈독히 하고 말을 삼가며 문장과 식견이 뛰어나고 넓어서 속유俗儒가 미칠 수 있는 수준이 아니었다.

경술년[1790년, 정조 14, 29세] 무렵에 공이 북쪽으로 서울에 와서 노닐면서 소릉少陵으로 이가환李家煥 공을 찾아뵈었고 또 우리 형제들과 교분을 맺었다. 그 뒤 12년이 지난 신유년[1801년, 순조 1, 40세] 겨울에 내가 장기長鬐에서 강진康津으로 옮겨 오게 되었다. 그 당시는 나와 소릉少陵[이가환을 말함]과 사이좋게 지낸 사람이라면 모두 죄의 그물에 걸려들었기 때문에, 공 역시 도강道康[강진의 별칭]에서 감옥에 붙들려 갔으나 증거가 없어 풀려나오고 겨우 몇 개월이 된 때였다. 이 때문에 벌벌 떨며 감히 서로 안부를 물을 수도 없었다.

그 이듬해 임술년[1802년, 순조 2, 41세] 겨울에 공이 아버지[윤광택]의 명을 받아 그의 사촌동생 윤시유尹詩有를 나에게 보내어 몰래 읍邑으로 들어와 나를 만나보도록 했는데, 술과 고기를 전해주면서 위로하였다. "큰아버지[윤광택]께서 옛일을 생각하시어,

'친구의 아들이 곤궁하게 되어 우리 고을로 귀양을 왔는데, 내가 비록 숙식을 제공할 수는 없다 하더라도 단속이 두렵다는 이유로 끝내 위문하고 대접하는 일을 안 할 수야 있겠는가?'라고 하셨습니다." 이로부터 혹 밤이면 와서 좋게 지내던 옛정을 계속 잇기도 하였다. 마침 교리를 지낸 김이재金履載가 고이도皐夷島〔일명 고금도〈古今島〉〕에서 귀양와있던 참이라 나를 통하여 공의 형제와도 알고 지냈다. 대대로 지낸 교분이 무척 가깝다는 것을 자세히 말해주자, 이속吏屬들이 모두 깨닫고 마침내 왕래를 막지 않았다.

내가 다산茶山으로 옮겨와 살게 되면서는 공의 집과 더욱 가까워져 거리가 10리도 못 되었다. 공이 아들 윤창모尹昌模를 나에게 보내어 경사經史를 배우게 하더니 마침내 혼인할 것을 의논하고 공이 서울로 이사하는 문제까지 의논했다. 가경嘉慶〔청 인종仁宗의 연호〕 임신년〔1812년, 순조 12, 51세〕에 윤창모가 우리 집으로 장가들었고, 그 이듬해 계유년〔1813년, 순조 13, 52세〕에 공의 온 가족이 북쪽으로 한강을 건너 처음에는 귀어촌歸魚村에 살다가 지금은 나의 고향 마을 가까이에 산다. 이것이 두 집안이 서로 어울리게 된 본말이다.〈중략〉

신사년〔1821년, 순조 21, 60세〕 봄에 효의왕후孝懿王后〔정조의 비妃〕 김씨가 승하하자, 공이 또 빈전도감殯殿都監의 낭청郎廳으로 차출되어 공로가 있었다. 여름 6월에 병이 들어 이미 위독했는데, 사간원 정언司諫院正言에 임명되어 궐 안으로 들어오라는 소패召牌가 있었다. 이에 이불 위에 조복朝服을 얹고 패지牌旨를 받았는데 얼마 뒤에 운명하였으니, 7월 초하루였다.〈중략〉

목리牧里의 서쪽 옹중산翁仲山에 조그만 별장〔墅〕을 가지고 있어

자호를 옹산翁山이라 하였다. 그 동쪽에 용혈龍穴이 있는데 제법 경치가 아름다운 곳이다. 또 그 서쪽 농산農山에 별장이 있는데, 덕룡산德龍山의 여러 봉우리가 늘어서 있고, 집과 마주 보는 곳에 조석루朝夕樓가 있어 푸른 산기운을 즐길 수 있었다.〈중략〉

묘는 초부草阜〔경기도 광주의 지명〕의 북쪽 조곡鳥谷의 서쪽, 곤좌간향坤坐艮向의 언덕에 있다.〈중략〉

* 출처: 네이버 지식백과〔박석무, 송재소, 임형택, 성백효〕

다산은 강진으로 유배온 후 첫해에는 상례 연구에 집중했다. 연구물 중에는 상례의 잘못된 부분을 지적한『단궁잠오』, 조례弔禮에 관한 예절을 자세히 설명한「조전고弔奠考」, 사상례士喪禮와 상복례喪服禮 등을 다룬『예전상의광』 등인데, 상례喪禮에 관한 연구가 대부분 이곳에서 이루어 졌다. 또한 다산이 유배 초기에 상례 연구에 집중한 것은 본인이 '천주학쟁이' 가 아니라 공맹의 본원 유학을 연구하는 유학자임을 강조하고 싶었던 것으로 보인다. 다산은 '사의재' 생활을 시작으로 16년 10개월〔1801. 11. 23~1818. 9. 2〕 동안 강진에서 유배생활을 했다.

다산의 유배 장소가 강진으로 전배轉配된 것에 대해, 혹자는 "조정에서 해남윤씨 외가와 녹우당綠雨堂이 있는 곳으로 보내서 저술활동을 할 수 있도록 배려한 것으로 생각된다."고 말하는 사람도 있으나, 이는 맞지 않다고 본다. 다산도 「자찬묘지명」에서 "황사영과 관련된 것이 없기 때문에 태비〔정순왕후〕도 석방하라고 하면서, 호남에는 아직도 서교에 대한 우려가 있으니 나를 강진현으로 유배시켜 진정시키도록 하기 위해서였다."고 기록했음을 볼 수 있다. 그러나 또 다른 측면은 다산이 유배되기 4개월 전쯤인 7월 22일에 노론의 핵심이면서 신유옥사 때 기록관이던 이안묵李安默〔1756~1804〕이 강진현감으로 부임해 있는 상태였으니, 노론의 사전 계획에 의해 다산을 강진으로 전배한 것일 수도 있다.

다산은 강진 '사의재'에 도착하고 나서 처음에는 무료無聊한 나날을 보내고 있었다. 그도 그럴 것이 얼마 전까지 임금에게 빼어난 능력을 가진 각료로 인정받으며 생활하다가 졸지에 천주교 문제에 엮여서 유배형에 처해진 신세이다 보니 그리운 가족이 생각나고, 혹독한 고문에서 얻은 후유증으로 의욕을 잃은 채 시간을 보내고 있었던 것이다. 그런데 어느 날 주모가 "젊은 선비양반 왜 이렇게 시간을 보내시오? 내가 밥은 먹여 줄 것이니 동네 아이들 좀 가르쳐 주시오. 그럴 수 있겠소?"라고 물었다. 다산은 평소 교육에 대한 중요성을 생각하고 있던 터라 "그렇게 하겠소."라고 답했다.

41세〔1802년, 순조 3〕 4월에 큰 아들 학연이 근친覲親했다. 10월에는 친구 윤서유尹書有〔1764~1821〕의 4촌 동생 윤시유尹詩有〔1780~1833〕가 술과 고기를 가지고 찾아왔다. 그 무렵 막내아들 농장農牂이 죽었다는 기별을 듣고 슬퍼했다.

이렇게 시간을 보내고 있을 즈음 주모가 말을 걸어왔다. "선비양반 하나 물어봅시다. 아버지와 어머니의 은혜는 똑같고, 자식을 키울 때는 어머니가 더 애쓰는데, 왜 성인이라는 사람들은 교훈을 세워 아버지를 중히 여기고 어머니는 가벼이 하며, 성씨도 아버지를 따르고 부모가 세상을 떠나면 어머니를 한 단계 낮게 상복을 입게 하고, 아버지 혈통으로 집안을 이루게 하고, 어머니 혈통은 도외시하게 하고… 이건 너무 편파적이 아닌가요?'라고 물어 왔다. 그러자 다산은 "아버지는 나를 태어나게 해주신 분이라, 어머니의 은혜가 깊기는 하지만, 만물을 처음 태어나게 한 그 은혜가 더 크다고 보기 때문일 것입니다."라고 답했다. 그러자 주모는 또 "선비양반의 말은 옳지 않습니다. 내가 생각해 보니 그렇지 않습니다. 풀이나 나무에 비유하면 아버지는 종자種子이고, 어머니는 토양土壤입니다. 아무리 좋은 종자라도 토양이 나쁘면 자랄 수가 없습니다. 옛날 성인들이 교훈을 세우고 예禮를 제정한 것은 여기서 비롯된 것이라고 생각합니다."라고 했고, 이를 들은 다산은 "주모의 말이 옳소, 주모의 말을 들으니 나도 깨달은 바가 있소."라고 답했다는 이야기가 흑산도에서 유배생활을 하고 있는 약전 형께 보낸 편지〔上仲氏〕에 나온다. 다산은 약전 형에게 "저는 주모의 말을 듣고 흠칫 크게 깨달아 공경하는 마음이 일어났습니다. 천지 간에 지극히 정밀하고 오묘한 진리가 이렇게 밥 파는 주모에게서 나올 줄이야 누가 알기나 했겠습니까? 기특하고 기특한 일입니다."[27]라는 내용이다.

이러한 대화가 있을 무렵, 강진에 내려온 지 11개월 만인 1802년 10월에 제자들을 받아 서당書堂을 열었다. 이곳에서 가르친 6명의 제자가 황상黃裳, 손병조孫秉藻, 황취黃聚, 황지초黃之楚, 이청李晴, 김재정金載靖 등이다. 이들은 다산에게 글을 배우면서 물심양면으로 스승을 도왔다. 그

● ● ● ●
27 박석무 편역, 『유배지에서 보낸 편지』, 창비, 2019. 224쪽.

러면서 다산의 삶도 차츰 윤기있는 삶으로 변하고 있었다. 결과적으로 다산이 강진으로 전배된 것은 전화위복轉禍爲福의 기회였고, 다산은 이런 상황을 긍정적으로 받아들이기로 했다. 이는 "이제야 겨를을 얻었다. 드디어 흔연스레 스스로 축하하며 기뻐했다〔今得暇矣금득가의 欣然自慶흔연자경〕."라고 「자찬묘지명」에 기록한 내용에서 알 수 있다.

42세〔1803년, 순조 3〕 11월 10일, '사의재四宜齋'의 편액을 달았다. 머물던 집의 당호를 '사의재'라고 한 것은 유배생활을 순조롭고 안전하게 하기 위한 조처였다. 조정에는 다산 형제를 잡아 올려 문초를 해야 한다는 상소가 하루가 멀다고 올라왔고, 언제 사약賜藥이 내려올지 모르는 상황이 계속되고 있었다. 때문에 다산으로서는 조심하고 절제된 생활을 해야겠다는 생각을 담아 지은 당호堂號가 '사의재'이다. 다산은 주모에게 얻은 토담집 공부방을 불편하게 여기지 않고, 학문의 요람으로 여겼다. '사의四宜'는 마땅히 행해야 할 네 가지, 즉 '생각〔思〕', '용모〔貌〕', '말〔言〕', '행동〔動〕'을 뜻한다. 다산은 "사의재란 내가 강진에서 귀양 살며 거처하던 방이다. '생각〔思〕'은 마땅히 맑아야 하니 맑지 못하면 곧바로 맑게 해야 한다. '용모〔貌〕'는 마땅히 엄숙해야 하니 엄숙하지 못하면 곧바로 엄숙함이 생기도록 해야 한다. '언어〔言〕'는 마땅히 과묵해야 하니 말이 많다면 곧바로 그치게 해야 한다. '동작〔動〕'은 마땅히 중후해야 하니 중후하지 못하다면 곧바로 더디게 해야 한다. 이런 이유로 그 방의 이름을 '네 가지를 마땅하게 해야 할 방'이라는 의미로, '사의재'라고 한 것이다. 마땅함이라는 것은 의宜에 맞도록 하는 것이니 의로 규제함이다."라고 「사의재기」에 기록했다.

사의재四宜齋는 내가 강진에 유배 와서 사는 방의 이름이다. 생각은 담백해야 하니, 담백하지 않은 점이 있으면 부디 빨리 생각을 맑게 해야 한다. 용모는 엄숙해야 하니, 엄숙하지 않은 점이 있으면 부디 빨리 의젓하게 해야 한다. 말은 참아야 하니, 참지 않은 점이 있으면 부디 빨리 말을 그쳐야 한다.

행동은 진중해야 하니, 진중하지 않은 점이 있으면 부디 빨리 느긋하게 해야 한다. 이에 이 집을 '사의재'라고 이름하였다. '의宜'는 마땅함[義]이니, 마땅함으로써 스스로를 바로잡는 것이다. 빠르게 먹어 가는 나이를 생각하고 뜻과 사업이 무너진 것을 서글퍼하면서 스스로 반성하기를 바란다.

때는 가경嘉慶 8년[1803년, 순조 3, 42세] 겨울 11월 신축일[10일] 동짓날이니, 사실상 갑자년[1804년, 순조 4, 43세]이 시작되는 날이다. 나는 이날『주역』의 건괘乾卦를 읽었다.

* 출처: 네이버 지식백과[강미희, 박석무, 송재소, 임형택, 성백효]

다산은 이 해에 정순왕후의 특명으로 해배될 기회가 있었다. 그러나 서용보의 방해로 무산되었다. 강진에서 유배생활을 하면서 목격한 백성의 처참한 모습을 담아 '애절양哀絶陽'이라는 시詩를 지었다.

〈시 21〉: 애절양哀絶陽

갈밭 마을 젊은 아낙 울음소리 길기도 해	蘆田少婦哭聲長노전소부곡성장
군청의 문 향해 울다 하늘 향해 부르짖네.	哭向縣門號穹蒼곡향현문호궁창
정벌 나간 남편은 못 돌아오는 수는 있어도	夫征不復尙可有부정불복상가유
옛날 이래 사내가 남근 자른다는 건 못 들었네.	自古未聞男絶陽자고미문남절양
시아버지 상복에 갓난애 배냇물도 마르지 않았는데	舅喪已縞兒未澡구상이호아미조
조, 부, 자 삼대의 이름이 군적에 올랐네.	三代名簽在軍保삼대명첨재군보
가서 호소하고 싶지만 관청 문지기 호랑이 같고	薄言往愬虎守閽박언왕소호수혼
이정이 으르렁대며 진즉에 소 끌어 갔네.	里正咆哮牛去皁이정포효우거조

칼 갈아 방에 드니 흘린 피 자리에 홍건하고	磨刀入房血滿席마도입방혈만석
혼자 한탄하길 애낳은 죄로 군색한 액운 당했네.	自恨生兒遭窘厄자한생아조군액
누에 치던 방에서 불알까다 형벌도 억울한데	蠶室淫刑豈有辜잠실음형기유고
민閩의 거세 풍습은 참으로 비통했네.	閩囝去勢良亦慽민건거세양역척
자식 낳고 살아가는 이치, 하늘이 주시는 일	生生之理天所予생생지리천소여
천도는 아들 주고 곤도는 딸을 주지.	乾道成男坤道女건도성남곤도녀
말이나 돼지 거세도 가엽다 말하거늘	騸馬豶豕猶云悲선마분시유운비
하물며 우리 백성 자손 잇는 길임에랴.	況乃生民思繼序황내생민사계서

부호들은 일 년 내내 풍악 울려 즐기지만	豪家終歲奏管弦호가종세주관현
쌀 한 톨 비단 한 치 바치는 일 없더구나.	粒米寸帛無所捐입미촌백무소연
너나 나나 한 백성인데 어찌하여 후하고 박한 거냐	均吾赤子何厚薄균오적자하후박
나그네 방에서 거듭거듭 시구편을 외우네.	客窓重誦鳲鳩篇객창중송시구편

* 출처: 『다산평전』, 박석무(민음사)

43세〔1804년, 순조 4〕봄에 2천자문으로 된『아학편훈의』를 완성하고 흑산도 형에게 교정을 부탁하면서 "2천자를 다 읽고 나면『시경』을 가르쳐 주어도 절로 통할 것입니다."라고 자신 있게 말했을 정도로 '3호정신'에 입각해서 정성을 들여 집필한 책이『아학편훈의』이다.

44세〔1805년, 순조 5〕4월 18일 백련사〔만덕사〕에서 34세의 혜장惠藏을 만나『주역』에 관해 밤샘 대화를 나누며 사제師弟의 연을 맺었다. 9월에 23세 된 큰아들 학연이 사의재에 찾아와서 함께 지내다가 겨울에 혜장의 도움으로 보은산방〔고성사〕으로 거처를 옮겨 학연을 가르쳤다. 백련사白蓮寺와 고성사高聲寺는 대흥사大興寺의 말사末寺이다. 가을에 고금도에서 귀양살이를 하던 김이재金履載가 해배되어 귀경하던 차에 다산을 찾아와 송별하는 아쉬움을 가졌다. 이때 유배에서 풀려나는 김이재의 부채에 써준 '송별送別'이라는 시를 훗날 김이재의 형인 김이교金履喬가 임금인 순조의 장인 김조순金祖淳에게 보여줌으로써 해배의 실마리를 제공했다는 설이 전해지고 있다.

〈시 22〉: 송별送別

역사驛舍에 가을비 내리는데 이별하기 더디구나	驛亭秋雨送人遲 역정추우송인지
이 머나먼 외딴 곳에서 아껴 줄 이 다시 또 누구랴.	絶域相憐更有誰 절역상련갱유수
반자의 신선에 오름 부럽지 않으련만	班子登僊那可羨 반자등선나가선
이릉의 귀향이야 기약이 없네.	李陵歸漢邈無期 이릉귀한수무기
대유사에서 글짓던 일 잊을 수 없고	莫忘酉舍揮毫日 막망유사휘호일
경신년의 임금님 별세 그 슬픔 어찌 말하랴.	忍說庚年墜劍悲 인설경년추검비

대나무 몇 그루에 어느 날 밤 달빛 비추면	苦竹數叢他夜月고죽수총타야월
고향 향해 고개 돌려 눈물만 주룩주룩.	故園回首淚垂垂고원회수누수수

* 출처: 『다산평전』, 박석무〔민음사〕

② 보은산방〔고성사〕: 44세〔1805. 겨울〕~ 45세〔1806. 가을〕

가을부터 보은산방寶恩山房으로 거처를 옮겨 큰아들에게 밤낮으로 『주역』과 『예기』를 가르쳤다. 그래서 보은산방을 『주역』 연구의 산실이라 부르기도 한다. 또한 아들을 가르치는 동안 아들이 질문한 내용이 모두 52칙인데, 이것을 기록하여 「승암문답僧庵問答」을 엮었다.

〈사진 8〉 보은산방〔고성사〕

③ 이청〔학래〕의 집: 45세〔1806. 가을〕~ 47세〔1808. 봄〕

45세〔1806년, 순조 7〕가을에 목리牧里에 있는 제자 이청李睛〔자 鶴來, 1792~1861〕의 집으로 거처를 옮겨 1808년 봄, 다산초당으로 옮길 때까지 약 1년 반 동안 머물렀다.

〈사진 9〉 이학래가 살던 마을〔학림마을〕

이청은 아전의 아들로서 11살에 '사의재'에서 다산을 만나 공부를 시작했으며, 사의재 여섯 제자 중 막내였다. 지리학에 조예가 깊었고 경서를 많이 알아서 다산의 저술에 많은 도움을 주었다. '사의재'에서 '보은산방〔고성사〕', '다산초당' 등에서 생활할 때 많은 도움을 주면서 다산을 지킨 제자로, 해배된 이후에도 20여 년을 마재에 내왕來往했던 애제자였다. 말년까지 과거에 매달렸다는 기록이 전해지고 있다. 보은산방〔고성사〕에서 학래 집으로 옮기게 된 이유는 불교 승려의 도움을 받는 것에 대한 미안함과 글을 배우는 제자들의 편의성 등이 고려되었을 것으로 생각된다.

46세〔1807년, 순조 7〕 5월에 장손長孫 대림大林이 태어나는 경사가 있었다. 하지만 7월에 약전 형의 아들 학초學樵가 사망했다는 슬픈 소식도 들려왔다. 평소 약전형과 다산은 학초를 자신들의 학문 계승자로 생각하고 있을 정도로 영특했던 터라 그 슬픔과 아쉬움이 매우 컸다. 이러한 마음을 담아 「형자학초묘지명兄子學樵墓誌銘」을 지었다.

④ 다산초당: 47세〔1808. 봄〕 ~ 57세〔1818. 9. 2〕

47세〔1808년, 순조 8〕 되던 해는 다산이 다산초당으로 옮기면서 학문하기에 좋은 환경으로 바뀐 해이다. 장소가 넉넉해서 18명의 제자를 가르칠 수 있게 되었고, 생활이 안정되면서 자식들에게 아버지의 뜻이 담은 가계家誡[28]를 쓰기 시작했다. 다산은 마재에 있는 두 아들에게 1808년과 1810년 두 차례 가계를 써 보냈는데, 그중에 하나가 1810년도에 보낸 「하피첩霞帔帖」이다.

다산초당으로 옮기게 된 것은 3월 16일, 윤단尹慱〔1744~1821〕과 그의 아들 윤규로尹奎魯〔1769~1837〕가 다산초옥茶山草屋으로 다산을 초대한 데서 비롯됐다. 해남윤씨 문중에서 다산을 훈장訓長으로 앉히려는 심산에서였

••••

28 아버지가 자식들에게 교훈적인 내용을 편지 형식으로 보내는 글〔박석무, 다산평전 473쪽〕.

다. 서로 뜻이 모아져서 3월 말에 거처를 초옥草屋으로 옮겨 '다산초당茶山草堂'이라는 편액을 달고 10년 동안 제자를 가르치고 연구하여 다산학을 세울 수 있게 된 것이다.

다산초당 생활은 다산에게 많은 변화를 가져왔다. 윤광택, 윤서유 등 항촌파項村派의 도움과 외가 쪽 연동파蓮洞派의 도움, 그리고 8년여 동안 다산에게 배운 아전의 자제들과 지역민의 평판이 좋아지면서 생활이 많이 낳아진 것이다. 또한 무엇보다도 달라진 것은 '다산선생'이라는 호칭과 함께 '다산'이라는 아호가 생겼다는 점이다. '다산'이라는 호칭은 흑산도에 가있는 약전 형과 주고받은 편지, 그리고 혜장을 비롯한 지역민들이 '다산' 선생이라 부른 것이 시작이었다.

아호에 대해 필자도 밝히고 싶은 내용이 있다. '다산茶山'과 '사암俟菴', '열수洌水'라는 아호에 관해서다. 십여 년 전 어떤 언론사 기자의 요청으로 정약용 선생의 아호에 대해 칼럼을 쓴 일이 있다. 효학 박사학위 공부 과정에서 '정약용 선생의 효'를 연구하던 중이었던 터라 효의 관점에서 아호를 해석했던 때였다. 당시는 정약용 선생의 아호가 '열수', '다산', '사암' 등을 놓고 각자의 견해에 따라 주장이 대두될 때였다. 필자는 효의 관점, 즉 "가장 큰 효는 선인들의 뜻을 존중하는 것이다〔大孝尊親대효존친〕.", "효는 선인의 뜻을 이어서 세상이 펼치는 것이다〔繼志述事계지술사〕." 등의 의미로 볼 때 정약용 선생의 아호는 선생이 원하는 쪽이어야 한다는 생각이었다. 실제로「자찬묘지명」에 "이 무덤은 열수洌水 정약용의 묘요, 호는 사암俟菴이고, 당호는 여유당與猶堂이다."라고 했으니, 아호를 '사암'으로 불러야 한다는 생각을 하게 된 것이다. 그러나 그 후로 다산학 공부를 지속하면서 '다산'이라는 아호를 다시 생각하게 되었다. 유배라는 악조건을 딛고 오직 나라와 백성을 위해 500여 권의 책을 집필하면서 자연스럽게 불려지고 널리 알려진 '다산'이라는 아호雅號에 대해 의의를 깨닫게 된 것이다. 그래서 정약용 선생 자신이 밝힌 '사암'이라는 아호와 타인들의 입에서 자연스럽게 불려지게 된 '다산'이라는 아호를 함께 사용하는 것이 자연스런 현상으로 본 것이다. 그러나 '다산'이라는 아호가 어떻게 해서 생겨났고, '사암'이라는 아호는 어떻게 해서 생기게 되었는지를 알고 사용했으면 하는 바램이다. 특히 정약용 선생은 2012년도에 헤르만 헤세, 장자크 루소 등과 함께 세계기념인물로 선정되면서 '다산'이라는 아호가 일반화됐고, 2019년도 경기도 연구원에서 4,000명〔리·통장, 주민자치위원장〕을 대상으로 한 '경기도 역사인물 33인' 중 '경기도대표역사인물에 대한 인식'[29] 조사에서 '1위〔정약용: 27.2%〕', '2위〔정조: 21.0%〕', '3위〔율곡: 9.0%〕', '4위〔명성왕후: 6.7%〕' 등의 결과를 보면서 아호는 '다산'이든 '사암'이든 부르고 싶은 대로 부르면 된다는 생각을 가지게 되었다는 점이다.

다산은 거처를 초당으로 옮기고 나서 한 달쯤 지난 4월 20일, 둘째 아들 학유學遊가 찾아왔다. 신유옥사 당시 15살이었는데 23세에 찾아왔으니 8년 만에 갖는 상봉의 기쁨이었다. 오랜만의 부자 상봉이라 성장한 아들을 알아보기 어려울 정도였다고 다산은 회고했다. 여러 정황으로 볼 때 둘째

29 김성하, 「경기도의 정체성 및 도민의 자긍심 강화방안 모색을 위한 연구」, 경기연구원, 2019. 71쪽.

〈사진 10〉 다산초당과 정석바위

아들 편에 「하피첩」과 매조도 제작에 사용된 6폭의 혼인 예복 치마를 홍씨 부인이 보냈을 것으로 보인다. 아녀자가 시집올 때 입었던 치마를 아무에게나 부탁할 수 없었을 것이기 때문에 아들이 가장 무난했을 것이다. 〔다산은 인편에 보내왔다고 썼음〕

　다산은 아들과 제자들을 데리고 초당草堂에 대臺를 쌓아 못을 팠고 꽃나무를 열 지어 심었으며, 물을 끌어 폭포를 만들었고, 동쪽과 서쪽 각각에 암자를 지어 서적 1,000여 권을 쌓아놓고 스스로 글을 지으며 즐거워했다. 또한 '정석丁石' 두 글자를 바위벽〔石壁석벽〕에 새겼다.

　48세〔1809년, 순조 9〕 봄에 혜장惠藏이 초의草衣〔1786~1866〕를 데리고 다산초당을 찾아왔고, 초의는 후일에 제자가 되었다.

　49세〔1810년, 순조 10〕 봄에 학유를 마재로 돌려보내면서 「하피첩」을 가계家誡로 써서 보냈다. 〈※「하피첩」 내용은 제5장 3절에서 설명함〉

이를 받은 큰 아들이 9월에 아버지 해배를 탄원하기 위해 바라를 두드리는 일명 '꽹과리 상소'를 행했고, 김계락金啓洛의 보고로 정순왕후의 특별한 해배 은총이 있었으나, 홍명주洪命周의 상소와 이기경李基慶의 대계臺啓[30]로 인해 석방되지 못했다.

50세[1811년, 순조 11] 9월에 혜장[1772~1811]이 향년 40세로 입적入寂했다. 혜장은 다산과 6년 동안 학문적 동지이자 스승과 제자로 관계하면서 서로를 위하고 아끼는 사이였다. 다산은 혜장과 사제의 연을 맺은 이후로 삶에서 정신적 안정을 찾을 수 있었다고 회고했다.

51세[1812년, 순조 12] 봄에 딸이 윤창모尹昌模[후일 '영희'로 개명]에게 시집갔다. 봄에 계부季父 정재진丁載進 공의 부고를 받고 「계부가옹행장季父稼翁行狀」을 지었다. 9월 12일 이덕휘의 초청으로 월출산 남쪽 백운계곡을 윤동[본명 윤종심], 초의草衣 등과 함께 유람하며 '백운도白雲圖'와 '다산도茶山圖'를 그렸다.

52세[1813년, 순조 13] 7월에 시집간 딸에게 매조도梅鳥圖를 그려주었다. 다산은 "내가 강진康津에서 귀양살이 한지 여러 해가 지났을 때, 부인 홍씨가 헌 치마 여섯 폭을 보내왔는데, 세월이 오래되어 붉은 빛이 바랬다. 잘라서 첩帖 네 권을 만들어 두 아들에게 주고, 그 나머지로 족자를 만들어 딸에게 남긴다."라고 적었다.

----

30 조선 시대에 사헌부와 사간원의 대간臺諫들이 벼슬아치의 잘못을 적어서 임금에게 보고하던 글.

〈시 23〉: 매조도梅鳥圖 시詩

사뿐사뿐 새가 날아와　　　　　翩翩飛鳥편편비조

우리 뜨락 매화나무 가지에 앉아 쉬네.　息我庭梅식아정매

매화꽃 향내 짙게 풍기자　　　　有烈其芳유열기방

꽃향기 그리워 찾아왔네.　　　　惠然其來혜연기래

이제부터 여기에 머물러 지내며　　爰止爰棲원지원서

가정 이루고 즐겁게 살아라.　　　樂爾家室락이가실

꽃도 이제 활짝 피었으니　　　　華之旣榮화지기영

열매도 주렁주렁 맺으리.　　　　有賁其實유분기실

* 18년 계유년〔1813〕7월 14일에 열수옹洌水翁이 다산茶山이 동암東菴에서 썼다.

* 출처: 『다산평전』, 박석무〔민음사〕

가을에, 서모 잠성김씨〔1753~1813〕가 별세했다. 해배된 다음 해〔58세, 1819년, 순조 19〕「서모김씨묘지명」을 썼다.

〈글 11〉 서모 김씨 묘지명庶母 金氏 墓誌銘

　　서모庶母 김씨는 사역원정司譯院正 동지중추부사同知中樞府事를 지낸 김의택金宜澤의 따님이다. 본관은 잠성岑城으로, 지금은 금천군金川郡에 합해졌다. 나의 선고先考 통정대부通政大夫 진주목사 정재원丁載遠이 건륭乾隆 경인년〔1770, 영조 46〕에 나의 어머니 숙인淑人〔해남 윤씨尹氏〕을 잃고 그 이듬해에 금화현金化縣의 처녀 황씨黃氏를 측실로 삼았는데 얼마 되지 않아 요절하였다. 계사년〔1773, 영조 49〕에 또 서울에서 처녀 김씨를 맞아 측실로 삼았는데 그때 나이

20세였으니, 이분이 바로 서모이다. 성정이 명민明敏하고 작은 체구에 말수가 적었으며, 또 마음이 화락하고 평온하며 즐거웠다. 우리 선군先君〔아버지〕을 정성스럽고 부지런히 받들어 섬기기를 20년을 한결같이 하여 선군께서 편안하셨으니, 그 공로를 기록할 만하다.

서모가 처음 우리 집에 왔을 때 약용의 나이는 겨우 12세로, 머리에 이가 많고 부스럼이 잘 생겼다. 서모는 손수 빗질을 해 주고 그 고름과 피를 닦아 주었다. 속옷이나 바지, 적삼이나 버선도 빨고 꿰매며 바느질하는 수고로움도 서모가 도맡아 하다가 약용이 장가를 든 뒤에야 그만두었다. 그렇기 때문에 우리 형제 자매 중에서 특별히 나와는 정이 더 돈독하였다.

신유년〔1801, 순조 1, 48세〕의 화란禍亂에 내가 남쪽 지방으로 귀양을 갔는데, 서모는 내 생각이 날 때마다 눈물을 흘리고, 죽음에 임해서는 "내가 다시는 영감을 보지 못하겠구나." 하는 말과 함께 숨이 끊어졌다고 한다. 아, 슬프도다. 우리 집안은 본래 가난하였다. 병신년〔1776, 영조 52, 23세〕 봄에 선군께서 다시 벼슬길에 올라 호조좌랑이 되어 명례방明禮坊에서 임시로 집을 세내어 살았고, 정유년〔1777, 정조 1, 24세〕 가을에 외직으로 나아가 화순현감을 맡았다.

경자년〔1780, 정조 4, 27세〕 봄에 예천군수로 옮겨졌다가 겨울에 벼슬이 갈린 뒤로 7년 동안 집에서 지냈다. 정미년〔1787, 정조 11, 34세〕 여름에 다시 벼슬하여 한성 서윤漢城 庶尹이 되어 다시 명례방에 살았다. 기유년〔1789, 정조 13, 36세〕 여름에 외직으로 울산 도호부사로 나갔다가 경술년〔1790, 정조 14, 37세〕 겨울에 진주 목사로 옮겨져 임자년〔1792, 정조 16, 39세〕 여름에 임소에서 돌아가셨다. 서모가 이 모든 곳을 따라다녔으니, 그 괴로움과 즐거움, 영화와 좌절을 짐작할 만하다.

건륭 갑술년(1754, 영조 30) 7월 9일에 태어나 가경嘉慶 계유년 (1813, 순조 13) 7월 14일에 돌아가시니 향년이 60세였다. 예법으로는 마땅히 하담荷潭의 선영先塋에 선군을 따라 장사지내야 하는데, 약용이 유배지에 있었으므로 일이 다 어긋났다. 결국 용진龍津의 산골에다 장사를 지냈는데, 이제 조곡鳥谷 해방亥方(북서북쪽)을 등지고 사방(巳方, 남동남쪽)을 바라보는 언덕으로 개장改葬하려 한다.

3녀 1남을 낳았다. 큰딸은 채홍근蔡弘謹에게 시집갔으니 그는 번암樊巖 채제공의 서자이다. 둘째 딸은 이중식李重植에게 시집갔으니 그는 나주 목사를 지낸 이인섭李寅燮의 서자이다. 두 딸 모두 일찍 과부가 되었다. 막내딸은 요절하였다. 아들은 정약횡丁若鐄인데, 첫 부인은 청주한씨淸州韓氏이고, 두 번째 부인은 평창이씨平昌李氏이며, 세 번째 부인은 여흥 민씨驪興閔氏이다. 아들 하나를 낳았으나 기르지 못하였고, 세 아내도 모두 일찍 죽어 조곡鳥谷의 산비탈에 장사지냈다. 채홍근에게 시집간 큰딸에게 양자 채주영蔡柱永이 있고, 이중식에게 시집간 둘째 딸에게 양자 이 아무개(원문 빠짐)가 있다. 명銘은 다음과 같다.

서모의 평생을 셋으로 나누면	參分其一生中삼분기일생중
한때만이 즐겁고 영화로웠네.	一分其樂其榮일분기락기영
하담 선영 기슭 따라가지 못할 바에야	旣不克從于荷之麓기불극종우하지록
세 며느리 무덤 곁에 의지하심이 낫지 않으랴.	無寧來依乎三婦之塋무녕래의호삼부지영

* 출처: 네이버 지식백과(박석무, 송재소, 임형택, 성백효)

53세〔1814년, 순조 14〕3월 4일, 친구 이재의李載毅가 찾아와 영암군수인 아들〔이종영〕에게 줄 글을 부탁하여 '육렴六廉'을 써서 주었다. 4월에 장령掌令 조장한趙章漢이 사헌부에 나아가 특별히 대계를 정지시켜, 죄인 명부에서 다산 이름이 삭제되었다. 그때 의금부에서 관문關文을 발송하여 석방시키려 했으나 강준흠姜浚欽 등의 상소로 막혀 발송하지 못했다. 이재의와 편지로 학문과 사변思辨의 공功을 논했다.

54세〔1815년, 순조 15〕에『심경밀험』과『소학지언』에 대한 저술이 이루어졌다. 다산은 이 두 책에 대해 "오직『심경』과『소학』이 모든 경전 가운데서 빼어났다. 배우는 사람이 두 책에 마음을 기울이고 힘써 실천하여『심경』으로써 그 안을 다스리고『소학』으로써 그 밖을 다스린다면 아마도 현자賢者가 되는 길이 열릴 것이다. 〈중략〉 지금부터 죽을 때까지 마음 다스리는 방법에 힘을 쏟아 경전 연구를『심경』으로 끝맺으려 한다."라고 적고 있다.

55세〔1816년, 순조 16〕5월에 아들로부터 "아버지!, 아버지의 해배를 위해서 이기경李基慶과 목만중睦萬中, 홍인호洪仁浩 등에게 편지를 보내 도와달라고 부탁하시면 어떻겠습니까?"라는 내용의 편지를 받고 아들에게 "시비是非와 이해利害라는 두 가치를 기준으로 판단해야 한다."라고 기준을 제시해 주었다. "아들아. 그런 일에는 '시비是非'와 '이해利害'라는 두 가지 기준에서 네 개의 등급이 나온다. 최상의 등급은 '옳은 일을 하고 이익을 보는 것〔是利시이〕'이고, 그 다음은 '옳은 일을 하고 손해를 보는 것〔是害시해〕'이며, 그 다음은 '옳지 않은 일을 하고 이익을 보는 것〔非利비이〕'이고, 최악의 등급은 '옳지 못한 일을 하고 손해를 보는 것〔非害비해]이다. 그런데 네 생각대로 애비가 해배를 위해 저들에게 부탁하는 것은 '옳지 못한 일을 하고 손해를 보는 최악의 등급'이다."라고 일러준 것이다. 이기경과 목만중, 홍인호 등은 젊은 시절에 다산과 같은 신서파信西派로 지내던 사람들인데, 어느 시점에서부터 공서파攻西派로 돌아서서, 다산을 공격하고 있었기 때문에 그들에게 부탁하는 것은 결코 옳은 일이 되지 못한다는 점을 알려준 것이다. 6월 6일에 흑산도에서 유배생활을 하던 약전 형이 사망했다. 이 해에 학유의 처 심씨沈氏가 사망했다.

56세[1817년, 순조 17] 가을에 『상의절요』라는 상례연구서가 저술되어 마침내 『상례사전喪禮四箋』이라는 대저가 50권으로 완성되었다. 이 해에 '우리의 오래된 나라를 새롭게 개혁해 보려는 생각[新我之舊邦신아지구방]'에서 『방례초본』 집필을 시작했으나 끝내지 못했는데, 이는 훗날에 『경세유표』로 이름을 바꾸어 완성했다. 이는 다산이 죽은 뒤라도, 옛날 신하가 죽은 뒤에 올리는 국가정책건의서라는 뜻에서 '유표遺表', 즉 유언으로 올리는 건의서라는 이름을 붙인 것이다.

57세[1818년, 순조 18] 봄에 『목민심서』 48권의 저술을 시작했다. 8월에 퇴계의 후손인 이태순李泰淳[1759~1840]의 상소로 해배를 맞게 되었다. 다산이 해배된 날은 57세[1818년, 순조 18] 9월 2일이다. 이는 이태순李泰淳의 상소가 결정적이었지만, 가족들의 염원과 노력이 바탕에 깔려 있다. 고향 마재에 있는 가족들은 아내를 비롯한 온 집안의 근심이 계속되자 큰아들 학연이 1810년 꽹과리 상소를 올려 조정에서 알게 하는 일이 있은 후 8년 만에 이루어진 해배이다.

다산은 해배명령을 받은 날[9. 2] 강진초당에서 짐을 정리하고 소달구지에 책 등 필요한 물건을 싣고 다산초당을 출발했다. 강진에서 유배생활을 하는 동안 다산에게 도움을 준 이들을 정리하면 다음과 같다.

〈표 3〉: 유배생활 중 도움 준 사람들

순서	구분	기간	도와준 사람	내용
1	매반가 주모	1801. 11. 23. ~1805년겨울	주모 일가一家	• 거처 제공 • 서당 운영을 주선
2	항촌의 해남윤씨	1801년 겨울 ~1808. 3월	윤광택尹光宅과 항촌 윤씨	• 영양 음식 제공 • 찾아와서 위안 및 담소
3	사의재 제자	1802. 10. 10. ~1808. 3월	황상 등 제자 6명	• 가르치는 즐거움 • 제자 이청李睛의 거처 제공
4	혜장 등 승려	1805년 겨울 ~1818. 9	혜장 등 승려	• 보은산방 제공 • 차茶문화 전수
5	귤동의 해남윤씨	1808. 3월~ 1818. 9. 2	귤림처사橘林處士 윤단尹慱 등	• 다산초당 제공 • 학생 추천 및 입주
6	다산초당의 제자	1808. 3월~ 1818. 9. 2	윤종진 등 18명	• 사제관계 • 해배후 역할 담당
7	외가의 해남윤씨	1808. 3월~ 1818. 9. 2	윤종영, 윤종문 등	• 서적 제공 • 학생 추천 및 입주

강진 유배생활에서 다산에게 첫 번째로 도움을 준 사람은 동문 밖 매반 가賣飯家의 주모이다. 다산이 1801년 11월 23일 엄동설한嚴冬雪寒에 강진 읍에 도착했을 때, 이곳 주민들은 파문괴장破門壞墻하고 달아나며 거처를 내주려 하지 않았다. 노론계 강진 현감 이안묵李安黙의 영향 때문으로 보인다. 다산은 어쩔 수 없이 동문 밖으로 나가 술과 밥을 파는 매반가 노파에게 부탁해서 거처를 얻었고, 그곳의 이름을 '사의재四宜齋'라 짓고 4년여를 지냈다. 만일 주모의 도움이 없었다면, 당시 강진현감을 비롯한 노

론세력의 모함으로 목숨을 부지하기 어려웠을 것이다. 이런 점에서 주모에게 감사하는 마음으로 가지게 된다.

두 번째는 항촌파項村派 해남윤씨海南尹氏, 즉 강진군 도암면 목리에 사는 윤광택尹光宅 일가의 도움이다. 윤광택은 다산 아버지의 친구이고, 화순현감 재직 중일 때 그곳을 지나게 되었는데, 다산 부자父子에게 황소 한 마리를 잡아 대접했던 통 큰 부자로 알려져 있다. 강진에 유배 온 그해 겨울에 조카 윤시유尹詩有에게 음식과 고기를 보내 위로해 주기도 했다. 이 당시는 다산이 대역죄인의 신분이었기 때문에 다산과 가까이하기가 어려웠던 점을 감안하면 대단한 용기이다. 위험을 무릅쓰고 유배와 있는 친구의 아들에게 온정을 베푼 윤광택의 모습에서 아름다운 의리義理를 발견할 수 있다. 훗날 다산의 친구인 윤서유尹書有의 아들 윤창모尹昌模와 다산의 외동딸이 혼인하여 사돈관계가 되었다.

세 번째는 황상黃裳과 이청李晴 등 사의재에서 공부한 6명의 제자들의 도움이다. 이들은 아전의 자제들로, 다산을 찾아와 가르침을 요청함으로써 다산에게 가르치는 기쁨과 즐거움, 보람으로 외로움을 달랠 수 있게 해 준 사람들이다.

네 번째는 혜장을 비롯한 승려들의 도움이다. 다산이 사의재에 머물며 좁은 공간에서 제자들을 가르치고 있을 때 백련사에서 만나 스승과 제자의 연을 맺게 된 이후 보은산방寶恩山房을 제공하고, 훗날 초의가 제자로 입문하는 등 다산을 물심양면으로 도왔다.

다섯 번째, 다산초당의 주인이던 귤림처사橘林處士 윤단尹慱과 그 후손들의 도움이다. 일명 연동파蓮洞派 해남윤씨들로 강진군 도암면 만덕리의 귤동마을 윤씨들이다. 이들은 다산초당茶山草堂을 내주고, 10년 동안 다산이 초당에서 학문을 연구하며 가르치고, 제자들과 함께 생활할 수 있도록 했을 뿐 아니라 다산학단茶山學團을 출범시킬 수 있도록 도와준 사람들이다.

여섯 번째, 다산초당의 18명의 다신계茶信契 제자들의 도움이다. 10년 동안 서암西庵에서 생활하면서 다산이 500여 권의 책을 저술하는데 함께 했으며, 해배解配 후에도 사제師弟의 연을 이어가며 다산학을 발전시킨 제자들이다.

일곱 번째, 외가 쪽의 해남윤씨들이다. 유배 초기에 외가의 도움이 있었다는 기록은 보이지 않는다. 이유는 당시 천주교를 엄히 다스리는 시대적 상황도 원인이지만, 다산의 외가가 해남海南이 아닌 진산珍山에 있었기 때문이다. 다산의 어머니〔해남윤씨海南尹氏 윤소온尹小溫〕는 공재 윤두서의 손녀딸이다. 그러니 공재는 다산의 외증조이다. 다산의 외할아버지는 윤덕렬尹德烈로 공재의 둘째 아들인데, 진산에서 살면서 아들 윤경尹憬과 딸 윤소온을 낳았다. 윤경의 아들이 진산사건의 장본인인 윤지충尹持忠이다. 이렇듯 다산의 외가가 진산에 있었던 관계로 도움이 별반 없었던 듯하다. 그러나 유배 후반기인 초당시절에 외가 쪽에서 책을 제공해주는 등 도움을 주었는데, 제자 18명 중 윤종문尹鍾文과 윤종영尹鍾英은 외가 쪽 사람이다.

다산은 18년 유배생활 동안 해배될 기회가 세 차례 있었다. 첫 번째는 42세 때〔1803년〕인 유배 3년차, 정순왕후의 특명으로 석방 기회가 있었으나 서용보의 저지로 무산되었다. 두 번째는 49세 때〔1810년〕둘째 아들 학유가 「하피첩」을 지참하고 마재로 돌아오자 아버지에 대한 그리움을 견디지 못한 큰아들 학연이 순조의 능행길에 꽹과리를 치면서 부친의 억울함을 호소하였다. 이 일로 형조판서 김계락金啓洛이 임금에게 요청하여 임금의 결재가 났지만, 홍명주洪命周와 이기경李基慶 등의 반대로 실현되지 못했다. 세 번째는 53세 때〔1814년〕사헌부 장령 조장한趙章漢이 죄인 명단에서 이름을 삭제하도록 요구하여 의금부에서 다산을 석방하도록 공문을 내려 보냈으나 강준흠姜浚欽과 이기경 등이 격렬히 반대하여 무산되었다. 이 일이 있은 후 큰아들 학연은 아버지에게 "홍의호, 강준흠, 이기경 등에게 해배를 호소하는 편지를 보내 부탁해보시면 어떻겠습니까?"라고 건의했지만, 다산은 "그런 일은 그릇된 일을 하고 나서 해를 당하는 최악의 등급에 해당하는 일이니 결코 부탁해서는 안 된다." 면서 못하게 하였다.

4) 만년晩年의 삶과 학문교유學問交遊 18년: 57세〔1818. 9. 14〕~75세 〔1836. 2. 22〕

(1) 가족과 해후邂逅

다산이 해배되어 고향 마재 마을에 도착한 것은 57세 9월 14일 해질 무렵이다. 18년 전 한양에서 강진 유배지로 이동하기까지는 18일이 소요됐지만 귀향하는 데는 12일이 소요될 만큼 기간이 단축되었다. 이렇게 빠를 수 있었던 이유는 여러 요인이 있겠지만 고향에 돌아오고 싶은 마음과 배〔舟주〕를 이용했기 때문으로 보인다.

다산은 해배 다음 해인 58세〔1819년, 순조 19〕에 손자들을 가르치는 기쁨을 가지게 되었다. 당시 장손 대림大林은 13살이었고, 외손자 윤정기 尹廷琦는 6살이었다. 할아버지의 가르침을 시작으로 성장한 손자들은 훗날, 대림은 진사과에 합격하여 선릉 참봉을 지냈고 윤정기는 벼슬에 뜻이 없어 평생 학문을 하며 살았다.

이 해에 4명에 대해 묘지명〔큰형수 경주이씨, 둘째 며느리인 학유의 처 심씨, 약현 형의 아들 학수, 서모 잠성김씨〕을 지었다.

(2) 만년의 삶과 학문교유

58세〔1819년, 순조 19〕 10월 13일, '시월 열사흘 밤' 이라는 시를 지었다. 강진 유배에서 풀려나 소내로 돌아온 후 지은 시를 모은 『귀전시초歸田詩草』의 제 23제이다. 10월 13일, 정약용은 달빛이 고요한 시각에 잠을 이루지 못하고 마당을 서성이다가 쓸쓸한 소회를 이 시로 읊었다. 한 달 전에 정약용은 비변사양전사備邊司量田使로 천거되었지만 서용敍用되지 못했는데, 비변사備邊司는 조선후기 의정부의 기능을 대신하던 권력기구 이며, 양전사는 토지업무를 맡아하는 관리이다. 이때의 마음을 담았다.

〈시 24〉: 시월 십삼일 밤에〔十月十三日夜〕

산집 주위를 배회하자니 어느새 사경	山閣徘徊欲四更산각배회욕사경
마당의 물풀 모양 달그림자에 가는 무늬 생겨났군.	中庭藻荇細紋生중정조행세문생
달은 이렇게 희어도 보는 사람 없거늘	月如此白無人見월여차백무인견

여울은 무슨 원한 있어 밤새도록 울어 대나.	灘有何冤竟夜鳴탄유하원경야명
예악 문물은 이천 년 이래 어두워졌고	禮樂二千年晦昧예악이천년회매
거친 풍파는 삼만 리를 종횡하누나.	風濤三萬里縱橫풍도삼만리종횡
유유한 이 심사를 누구에게 말하랴	悠悠心事從誰說유유심사종수설
등잔 심지 자르며 짧은 등경 마주하네.	獨剪寒燈對短檠독전한등대단경

다산은 고향에 돌아와, 그동안 저술해온 책에 대해 수정 보완을 계속하면서 학자들과 교유交遊를 넓혀갔다. 귀향하고 최초로 인연을 맺은 학자는 9월에 만난 소론계의 강화학파 학자 석천石泉 신작申綽〔1760~1828〕이다. 신작은 원래 강화도 출신인데, 마재〔馬峴〕와 20여 리 떨어진 사촌沙村에 이사와 살았기 때문에 서로 내왕하면서 교유할 수 있었다. 신작은 다산이 유배지에서 이룩한 학문적 업적에 크게 놀라면서 아주 높은 평가를 내렸음이, 신작이 자신의 큰형인 신진申縉에게 보낸 편지에 나타나 있다.[31]

59세〔1820년, 순조 20〕 봄에 배를 타고 북한강을 거슬러 춘천의 청평산 등을 유람했으며 친구 윤서유의 묘지명을 지었다.

60세〔1821, 순조 21〕 9월에 약현 형의 상喪을 당해 묘지명을 지었으며, 『목민심서』를 완성했다. 11월 27일에 노론계 김매순金邁淳〔1776~1840〕을 만나 학문에 대한 토론을 벌였다. 다산이 해배 이후 두 번째로 접촉한 학자가 김매순인데, 66세〔1827년〕 1월까지 토론이 계속되었다. 김매순과는 30여 년 전 조정에서 함께 벼슬했던 추억이 있고, 또한 마재와

••••
31 박석무, 『다산평전』, 민음사, 2020. 509쪽.

멀지 않은 곳에 살았기 때문에 교유가 계속될 수 있었다. 김매순과는 유배지에서 연구된 학문에 대해 많은 토론을 했으며, 특히 『상례사전』과 『매씨서평』을 그에게 건네주어 견해를 들었다. 김매순은 『매씨서평』에 대해서 "모두 명확하고 진실합니다."라는 평가를 내렸다. 또한 김매순의 친구이자 명성 높던 학자 김기서金基敍와의 학문 논쟁에서도 김기서는 다산에 대해서 높은 평가를 내렸다.

다음은 홍석주洪奭周〔1774~1842〕와의 학문 토론이 막내아우 홍현주洪鉉周를 통해서 이루어졌다. 서로가 저술한 책을 교환하면서 학문 토론을 이어갔는데, 다산은 홍석주의 저서인 『상서보전尙書補傳』을 빌려보았고, 또한 유배지에서 집필한 『매씨상서평』이 자료가 부족했던 관계로 내용이 미비했다고 생각했었는데, 이를 보완할 수 있는 기회를 얻게 되었다. 66세〔1827년, 순조 27〕 11월 29일 다산이 보낸 편지로 인해 홍길주洪吉周〔1786~1841〕까지 동참하여 홍씨 3형제와의 학문 토론을 이어갔다. 또한 이재의李載毅〔1772~1839〕와의 교유를 들 수 있다. 이재의와의 첫 만남은 다산이 유배 중이던 53세〔1814년, 순조 14〕 때 3월 4일, 당사 43세이던 이재의가 다산초당으로 찾아와 아들 이종영李鍾英에게 주고 싶었던 글을 부탁했고 인성人性에 대한 논의가 이루어졌다. 이를 계기로 교유가 계속되었는데, 해배 후 마재에서도 만남이 계속된 것이다. 이재의는 1838년 부인 홍씨가 사망했을 때 만시輓詩를 지었던 것을 보면 1814년에서 1838년까지 교유가 이뤄졌음을 알 수 있다.

61세〔1822, 순조 22〕 회갑을 맞아 자신의 60평생을 돌아보는 「자찬묘지명自撰墓誌銘〔집중본·광중본 2종〕」을 지었고, 아호를 '사암俟菴'이라 명기明記했다. 사암俟菴이란 '百世以俟 聖人而不惑백세이사 성인이불혹', 즉 "백 년의 세월 이후 성인을 기다려도 미혹됨이 없다."는 뜻으로, 『중용』 29장에 나오는 내용이다. 훗날에 대한 기다림으로 해석할 수도 있고, 어떤 성인에게도 자기 학문은 질책 받지 않으리라는 자신감이 배어있는 표현이다. 여기서 말하는 성인은 '요순'과 '정조' 같은 훌륭한 임금을 뜻하는 것으로 보인다.

〈시 25〉: 자찬묘지명 自撰墓誌銘〔집중본〕

네가 네 선행善行을 기록하되	爾紀爾善이기이선
여러 장이 되는구나.	至於累牘지어루독
너의 감추어진 나쁜 일 기록한다면	紀爾隱慝기이은특
책에 다 적을 수 없으리.	將無罄竹장무경죽
네가 말하길	爾曰予知이왈여지
"나는 사서육경을 안다." 했으니.	四書六經사서육경
그 행할 것을 생각해 보면	考厥攸行고궐유행
어찌 부끄럽지 않으랴.	能不愧忸능불괴뉴
나야 널리널리 명예 날리려 하지만	爾則延譽이칙연예
찬양이야 할 게 없지 않은가.	而罔贊揚이망찬양
몸소 행하여 증명시켜야	盍以身證합이신증
드러나고 빛나게 된다오.	以顯以章이현이장
네 분운紛紜함을 거둬들이고	斂爾紛紜염이분운
네 창광猖狂함을 거둬들여서.	戢爾猖狂집이창광
힘써 밝게 하늘을 섬긴다면	俛焉昭事면언소사
마침내 경사慶事가 있으리라.	乃終有慶내종유경

* 출처: 『다산평전』, 박석무〔민음사〕

이 해에 『가장본여유당집』을 완성했다. 이는 자신이 저술한 책을 정리한 182책 503권이다. 이 해에 약전 형의 묘지명을 비롯한 윤지평尹持平, 윤지눌尹持訥, 이장령李掌令, 이유수李儒修, 녹암 권철신, 정헌 이가환 등의 묘지명을 지었다.

〈글 12〉 권철신 묘지명〔鹿菴權哲身墓誌銘〕

〈중략〉

성호 선생이 만년에 제자 한 사람을 얻었으니 그가 바로 녹암鹿菴이다. 공은 명민하고 지혜롭고 어질고 온화하여 재주와 덕행을 두루 갖추었으므로 선생이 매우 아꼈다. 문학은 자하子夏와 같으리라 믿었고, 학문을 널리 전파하는 것은 자공子貢과 같으리라 기대했다. 성호 선생이 돌아가신 이후로 재주 있고 뛰어난 후배들이 모두 녹암에게 의지하였다. 서교西敎〔천주교〕의 책이 나오자 녹암의 동생 권일신權日身이 맨 처음 화禍를 당해 임자년〔1792, 정조 16〕 봄에 죽었다. 온 집안이 모두 서교를 믿는다는 지목을 받았으나 녹암이 이를 막지 못하더니 녹암 역시 신유년〔1801, 순조 1, 66세〕 봄에 죽음을 당했다. 그리하여 마침내 학맥學脈이 단절되어 성호의 문하에 다시 아름다운 학맥을 이을 만한 이가 없게 되었으니, 이것이야말로 일세의 비운이자 한 집안만의 비운으로 끝날 일이 아니었다.〈중략〉

그 무렵 학문이 사변적인 논의에 빠져 이기理氣나 성정性情만을 논할 뿐 실천적인 면에 소홀하였으나, 공의 학문은 한결같이 효제충신孝弟忠信을 으뜸으로 삼았다. 집안에서는 부모에게 순종하고 뜻을 받들어 봉양하며 형제간에는 한몸처럼 우애 있게 지내는 일에 힘썼으므로, 그의 집안에 들어가면 온화한 기운이 충만하여 마치 훈훈한 향기가 몸에 스며들어 지초芝草와 난초 향기 가득한 방에 들어간 듯한 느낌을 받았다. 아들과 조카들이 앞에 나란히 모여 있으면 마치 한 품에서 자란 친형제들처럼 화합하니, 그 집에 10여 일이나 한 달 정도 머문 뒤에야 겨우 누가 누구의 아들인 줄 겨우 알 수 있을 지경이었다.

비복婢僕이나 전원田園, 또는 비축한 곡식을 형제들이 함께 사용하여 조금도 누구의 것인지 구별이 없었으며, 심지어 닭과 개, 말과 소 같은 짐승까지도 모두 길이 잘 들고 순하여 서로 싸우는 소리를 내지 않았다. 어쩌다 귀한 음식이 생기면 아무리 적은 양이라도 반드시 골고루 나누어 종들에게까지 혜택이 돌아가게 하였다. 친척과 이웃이 감화되고 고을 사람들이 사모하였으며, 먼 곳에 사는 사람들까지 우러러보니, 학문과 행실에 힘쓰는 상류 사족士族들도 모두 공을 사표師表로 삼아 자제를 문하의 제자로 보내는 경우가 많았다. 〈중략〉

이벽李檗이 처음 서교西教를 선교할 때 따르는 사람이 많아지자, 이렇게 말했다. "감호鑑湖〔권철신〕는 선비들의 존경을 받는 분이니, 감호가 따른다면 따르지 않을 사람이 없을 것이다." 이벽이 수레를 타고 감호에 이르러 10여 일을 묵은 뒤 돌아간 일이 있었다.

그때 공의 동생 권일신權日身이 열심히 이벽을 따르자 공이 「우제의」 1편을 지어 제사의 의미를 밝혔다. 신해년〔1791, 정조 15, 56세〕 겨울에 호남에서 옥사獄事가 일어나자, 목만중睦萬中과 홍낙안洪樂安이 권일신을 천주교도로 지목하여 고발하였다. 권일신이 처음에는 죽음을 무릅쓰고 자백하지 않아 제주로 귀양 보내기로 하였다. 그러다가 주상께서 타이르고 회유하자, 권일신이 옥중에서 회오문悔悟文을 지어 올렸으므로 감형하여 유배지를 예산으로 변경하였다. 그러나 권일신은 옥에서 풀려난 지 얼마 되지 않아 죽었다. 이후로 공을 찾아오는 사람들이 없었으며, 공은 슬픔에 빠져 문을 닫아걸고 10여 년 동안 집 밖을 나가지 않았다.

신유년(1801, 순조 1, 66세) 봄에 공이 체포되어 옥에 갇혔다. 공을 아무리 신문해도 증거가 나오지 않자, 어떤 자가 말했다. "을묘년(1795)에 죽은 윤유일尹有一이 본래 감호의 제자였으니, 내밀한 사정을 몰랐을 리가 없습니다." 조정에서는 이 말에 근거해 공을 처형하기로 결정하였다. 공이 고문을 당한 상처가 깊어 숨지자, 2월 25일에 사람들이 모인 곳에서 목을 베고 그 시체를 길거리에 내 걸기로 의논하였다.

아! 어질고 후덕하기는 기린麒麟과 같고, 자식을 사랑하고 어버이에게 효도함은 호랑이나 원숭이와 같았으며, 영특하고 지혜롭기는 새벽 별과 같고, 얼굴과 용모는 봄 구름과 상서로운 해와 같았다. 그런 분이 형틀에서 죽어 시체가 거리에 버려졌으니, 어찌 슬프지 않겠는가! 내 기억에, 경신년(1800) 봄 나의 계부季父께서 귀천초당歸川草堂에 계실 때였다. 계부께서 성을 내며 말씀하셨다. "권 아무개(권철신)는 갈가리 찢어 죽여도 애석할 것이 없다." 이어서 말씀하셨다. "그러나 집안에서의 행실은 훌륭했다." 나의 중형(정약전)이 말했다. "그렇게 행실이 훌륭한 분을 어떻게 갈가리 찢어 죽인단 말입니까?"

아! 어찌 나의 막내 숙부(정재진丁載進)만이 그렇게 생각했겠는

가. 공의 효우孝友와 독행篤行에 대해서는 그분을 배척하던 사람들까지도 모두 인정하였던 것이다. 공은 병진년(1736, 영조 12)에 태어나서 신유년(1801, 순조 1)에 죽었으니 향년 66세였다. 저서로는 『시칭詩稱』 2권과 『대학설大學說』 1권만이 전해지고 나머지는 모두 흩어져 남아 있지 않다.〈중략〉

약전若銓 형님은 공을 스승으로 섬겨 지난 기해년(1779, 정조 3) 겨울 천진암天眞菴 주어사走魚寺에서 강학講學할 때였다. 눈 오는 밤에 이벽李檗이 찾아오자 밤새워 불을 밝히고 경전經傳을 토론했는데 그로부터 7년 뒤에 서교西敎에 대한 비방이 생겼으니, 이른바 성대한 자리는 두 번 다시 열리기 어렵다는 것이 이 경우라 하겠다. 공이 죽고 한 달 뒤에 호남에서 유항검柳恒儉 등을 잡아 서울의 포도청으로 압송하여 온갖 고문을 가하여 다음과 같은 공초를 받아냈다. "이가환 등이 자금을 대서 서양 선박을 불러들이려 했다. 공도 홍낙민洪樂敏·이단원李端源과 더불어 그 계획을 알고 있었다." 그러자 대계臺啓에서 공을 가중 처벌할 것을 청하였다.

아! 설령 이런 계획이 있었다 해도 하필이면 봄에 죽은 네 사람이 주동했다고 할 수 있겠는가! 유항검이 죽은 사람들을 끌어들인 것은 고문을 견디지 못해 할 수 없이 거짓으로 진술하였을 것이다. 살아 있는 사람을 끌어들이면 그 사람이 변명할 것이므로 죽은 사람을 끌어들여 고문의 고통을 피하고자 한 것이다. 공이 이 계획에 참여하지 않았다는 것은 어린아이들도 다 알고 있다.〈중략〉

* 출처: 네이버 지식백과(박석무, 송재소, 임형택, 성백효)

〈사진 11〉 감호암과 감호정 터

62세[1823, 순조 23] 4월에 다신계 제자 윤종삼, 윤종진이 마재에 찾아와서 다산 초당의 안부에 대해 대화를 나누었다. 9월 28일 승지承旨로 낙점되었다는 소식이 있었으나 서용보의 방해로 취소되었다.

66세[1827, 순조 27] 10월에 순조의 아들 익종翼宗[효명세자]이 대리청정을 하며 다산을 기용하려 했는데, 윤극배尹克培가 "정약용이 아직도 천주교를 잊지 않았다."는 상소로 무산되었다.

69세[1830년, 순조 30] 5월에 조정으로부터 연락이 왔는데, "다산을 사면하고 부호군副護軍에 명한다."는 내용이었다. 당시 대리청정을 하던 효명세자孝明世子의 병이 위독하니 들어와 치료하라는 명을 받고 당도하여 효명세자를 진맥해 본 결과 가망이 없어보였다. 그러나 다산은 효명세자[익종]가 당시 조선의 희망이라고 보았던 터라 최선을 다하여 마재에 있는 필요한 약을 가져오도록 사람을 보냈다. 그 사이에 효명세자가 세상을 떠났다.

70세〔1831년, 순조 31〕 9월 12일에, 큰아들 학연學淵의 49세 생일을 맞아 아들을 위로하는 시 '구월십이일억자연, 시자유령차운九月十二日憶子淵, 示子遊令次韻'을 지었다.

73세〔1834년, 순조 34〕 11월에 조정에서 "순조의 환후가 위급하니 들어오라"는 연락을 받고 큰아들 학연과 대림을 동반하고 73세의 노구를 이끌고 홍화문弘化門에 도착했으나 이미 순조純祖가 승하했다는 소식을 접하고 예를 갖춘 후 마재로 돌아왔다. 익종翼宗과 순조 환후에 조정에서 다산을 의원醫員으로 초청한 것을 보면, 당시에 다산은 조선에서 최고의 실력을 갖춘 의원으로 인정받고 있었던 것으로 보인다.

75세〔1836년, 헌종 2〕 회혼일回婚日인 2월 22일〔양력 4월 7일〕 진시辰時〔07~09시〕에, 회혼回婚을 축하하기 위해 모인 가족과 제자들이 지켜보는 가운데 일기를 마쳤다. 사망하기 3일 전 다산이 지은 회근시回졸詩는, 천주교도라는 모함과 오명 속에서, 비록 억울한 누명과 모함으로 굴곡屈曲의 삶을 살았지만, 세상을 긍정적으로 바라보고 있음을 보게 된다.

〈시 26〉: 회근시回졸詩

육십년 세월 눈 깜빡할 사이 흘러가	六十風輪轉眼翩륙십풍륜전안편
복사꽃 활짝 핀 봄 결혼하던 그해 같네.	桃春色似新婚도춘색사신혼
살아 이별 죽어 이별이 늙음 재촉했으나	生離死別催人老생리사별최인로
슬픔 짧고 기쁨 길었으니….	戚短歡長척단환장
오늘밤 목란사木蘭詞는 소리 더욱 다정하고	此夜蘭詞聲更好차야란사성경호

　　다산은 오직 '공청병관公聽並觀', '유시시구唯是是求', '유선시사唯善是師', '위국위민爲國爲民' 정신으로 가치지향의 삶을 추구했음을 볼 수 있다. 다산이 제자들에게 가르친 "정치란 정의롭고 고르게 살도록 해주는 것이다."[32]라는 내용을 본보기로 보여준 삶이었다.

　　다산이 보여준 이러한 삶에 대하여, 다산의 정신을 현양하고자 하는 노력들이 곳곳에서 일어나고 있다.

〈사진 12〉 정약용 선생의 묘

••••
32 정약용, 「원정原政」: "政也者 正也 均吾民也."

| 3 |

다산의 형제자매 및 후손

1) 형제자매兄弟姉妹

　　다산의 형제자매는 모두 9남매[5남 4녀]이다. 아버지 재원 공은 네 명의 부인에게서 모두 5남 4녀를 두었다. 재원 공은 16세에 첫 번째 부인으로 17세의 의령 남씨宜寧 南氏[1729~1752]와 1745년에 결혼해서 큰아들 약현若鉉을 낳았지만 남씨가 24세에 작고했다. 1년 후 재원 공은 24세에 두 번째 부인으로 26세의 해남윤씨海南尹氏 윤소온尹小溫[1730~1770]를 맞아 딸[이승훈에게 시집감]과 약전若銓·약종若鍾·약용若鏞 등 3남 1녀를 두었다. 해남윤씨가 43세로 작고하자 1년 후[42세] 세 번째 부인으로 금화현의 처녀 황씨黃氏를 측실로 맞았으나 그해 일찍 사망했다. 2년 후[44세] 네 번 째 부인으로 20세 된 잠성김씨[1754~1813]를 맞아 세 딸과 아들 약횡若鐄 등 1남 3녀를 두었다. 큰 딸은 채제공의 서자인 채홍근蔡弘謹에게 시집갔고, 둘째 딸은 나주목사를 지낸 이인섭李寅燮의 서자

이중식李重植에게 시집갔으며, 셋째 딸은 요절했다. 아버지 재원 공은 한 번도 축첩蓄妾을 하지 않았음을 볼 수 있다. 기록이 남아 있는 4명의 아들에 대해서 살펴본다.

첫째, 다산의 맏형인 정약현丁若鉉〔1751~1821〕에 대해서이다. 약현 공은 45세에 진사에 합격한 이후 과거에 매달리지 않고 선비의 길을 걸었다. 처남인 이벽李檗과 사위 황사영黃嗣永, 그리고 아우들 셋이 천주교와 깊이 연관되어 있었음에도 천주교에 관심갖지 않고 마재에서 조용히 가문을 지켰으며, 제사를 섬기는 일에 정성을 쏟는 등 가업에 충실했다. 다산은 맏형에 대해 "공은 성품이 지극히 효성스러웠다. 아버지가 임소에서 돌아가시자, 공이 곡哭을 할 때마다 듣는 사람들이 감동하여 눈물을 흘리지 않는 이가 없었다. 하루는 적삼 소매에 불그스름한 것이 보여 살펴보았더니 피눈물이었다. 복服을 다 마치고도 여전히 사모하는 정이 간절하여 정자를 짓고서 '망하정望荷亭'이라는 편액을 걸었다."라고 '큰형님 진사공정약현묘지명先伯氏進士公墓誌銘'에 적고 있다.

〈글 13〉 정약현 묘지명〔先伯氏進士公墓誌銘〕

공의 이름은 약현若鉉이고, 자는 태현太玄이다. 우리 정씨의 본관은 압해押海이니, 지금은 나주羅州에 속해 있다. 고려 때에 무관武官이 연이어 나와 9대에 걸쳐 끊어지지 않았다. 시조 정윤종丁允宗은 종3품 대장군이니 당시의 부장副將이다. 본조로 들어와서는 문직文職이 9대에 연이어 끊이지 않았다. 그 중간에 은사隱士 정연丁衍이 있었는데, 우리 태조太祖〔이성계〕께서 나라를 세우던 초기에 은둔하여 벼슬하지 않았지만 위로 고려의 조상을 이어 아래로 후손을 열어 주어 우리 정씨의 복록을 든든히 하셨다.

이분 이후로 승문원 교리承文院校理를 지낸 정자급丁子伋, 부제학副提學을 지낸 정수강丁壽崗, 병조 판서를 지낸 정옥형丁玉亨, 좌찬성을 지낸 정응두丁應斗, 대사헌을 지낸 정윤복丁胤福, 강원도 관찰사를 지낸 정호선丁好善, 홍문관 교리를 지낸 정언벽丁彦璧, 병조 참의를 지낸 정시윤丁時潤, 우부승지를 지낸 정도복丁道復이 모두 옥당玉堂에 오름으로써 9대를 이은 것이다. 승지공〔정도복〕의 맏형으로 정도태丁道泰라는 분이 있는데, 음보蔭補로 통덕랑通德郎을 지냈으니 공에게 고조부이다. 증조부의 이름은 정항신丁恒愼으로 진사이고, 할아버지의 이름은 정지해丁志諧이니 음보로 통덕랑을 지냈다.

아버지의 이름은 정재원丁載遠이다. 영조 임오년〔1762, 영조 38〕 과거에 합격한 진사로서 연석筵席에 올라가 제의祭義를 강론하고는 특지特旨로 관직을 임명받았다. 벼슬살이를 오래하는 동안에 치적治績이 있었으며, 진주 목사에 이르러 임지에서 돌아가셨다. 어머니는 숙인淑人 의령남씨宜寧南氏로 처사處士 남하덕南夏德의 따님이며 개국원훈開國元勳 남재南在의 후예이다. 영조 신미년〔1751년, 영조 27〕 5월 6일에 광주廣州의 마현馬峴 집에서 공을 낳았다. 그 이듬해 10월에 어머니가 돌아가시자 유모乳母를 따라 외가에서 자란 기간이 여러 해였다.

점차 자라면서 경서經書와 사서史書를 배웠고 약관弱冠〔20세〕에 감시監試〔생원과 진사를 뽑는 과거 시험〕에 합격하였다. 계묘년〔1783년, 정조7, 33세〕 봄에 감시의 양장兩場에 합격하였으나 회시會試에는 모두 합격하지 못하였다. 을묘년〔1795년, 정조19, 45세〕 봄에 이르러서 진사시進士試에 3등 제34인으로 합격하였으니, 그때 나이 45세였다. 아, 늦었도다!

공은 담박하고 조용하였으며 어지럽고 변화무쌍한 것을 좋아하지 않았다. 책 읽기를 좋아하였는데 글 읽는 소리가 낭랑하였다. 아직도 기억이 난다. 약용이 어렸을 때였다. 공이 한창 『장자』「소요유逍遙遊」와 「제물론齊物論」을 읽고 있었는데, 약용은 공의 글 읽는 소리를 듣는 것을 좋아하여 책상 곁에 모시고 있으면서 돌아가 내 책을 읽는 것조차 잊어버린 적이 있었다.

우리 선비先妣 윤숙인尹淑人께서는 공을 자신이 낳은 아들처럼 보살피셨고 공도 어머니의 뜻을 받들어 잘 섬겼다. 지금도 기억이 난다. 약용이 어렸을 때였다. 연천현漣川縣의 관아에서 지낼 때 윤숙인께서 공과 형수 이씨를 불러 앞에 앉히고 쌍륙雙陸 놀이를 하게 했는데 그 즐거움이 화기애애하였다.

신유년(1801년, 순조 1, 51세)의 화란에 우리 형제 세 사람이 모두 혹독한 화란에 걸려들어 한 사람은 죽고 두 사람은 귀양 갔다. 그러나 공은 조용히 여론의 구설수에 말려들지 않아 우리 가문을 보전하고 집안의 제사를 이어 갔다. 이 또한 어려운 일이라고 세상 사람들이 모두 칭송하였다. 그러나 일명一命의 벼슬에도 이르지 못하고 끝내 쓸쓸히 돌아가셨다. 아, 애석하도다!

* 출처: 네이버 지식백과(박석무, 송재소, 임형택, 성백효)

약현은 효성이 지극했으며, 그런 마음으로 망하정望荷亭을 지어 두 아우와 함께 효를 실천했다. '망하望荷'는 '바랄 망望'자와 '연꽃 하荷'자가 결합된 글자로 선영이 있는 하담荷潭을 바라본다는 효심에서 나온 이름이다. 당호堂號는 '수오재守吾齋'로 지었다. 이는 '지킬 수守'와 '나 오吾'의 합자로, 나를 지켜서 정씨 가문의 정신을 지키겠다는 의미이다. 68세에 아우 다산이 해배되어 돌아오자 해후邂逅의 눈물을 흘리면서 맞이했고, 다산과 함께 하담 선영을 다니다가 당시 돌림병이던 역질疫疾에 걸려 71세에 작고했다. 저서로는 『시고詩稿』 3권이 있다.

약현은 두 명의 부인에게서 11남매〔4남 7녀〕를 두었다. 첫째 부인은 경주이씨李氏〔1750~1780〕로 이벽李檗〔1754~1785〕의 누이로 31세에 작고했다. 이 씨와의 사이에 1남 3녀를 낳았는데, 첫째 아들은 요절夭折했고, 큰딸 정명련丁命連이 황사영黃嗣永에게 시집갔다. 황사영은 백서사건으로 참형을 받았고 명련은 제주도로 유배되어 노비가 되었다. 3살 된 아들 황경한은 어머니가 제주도로 유배가면서 추자도 갯바위에 내려놓고 갔는데, 추자도의 어부 오씨吳氏에게 발견되어 그곳에서 살았다. 둘째 딸은 홍영관洪永觀에게, 셋째 딸은 홍재영洪梓榮에게 출가했다. 경주이씨가 돌림병으로 사망하자 두 번째 부인 의성김씨를 맞이하여 사이에 3남 4녀를 두었다. 47세에 첫째 아들 학수學樹〔1797~1817〕를 얻었으나 20세에 장가들고 나서 요절했다. 학수는 다산이 유배 갈 때 5살이었는데, 학구열이 높았다. 학연과 학유를 통해 다산의 책을 받아 공부한다는 소식을 들은 다산은 자신의 성품을 닮았다는 생각에 학수에 대해 기대를 많이 했다. 하지만 해배되기 1년 전인 1817년 9월 13일에 20세의 나이로 요절한 터라 다산이 해배되어 마재에 도착했을 때는 연제사練祭祀[33]를 마친지 3

일 되던 날이었다. 학수의 묘는 아버지 약현 공의 묘 10여 미터 앞에 위치해 있는데, 약현 공의 묘는 다산의 묘가 있는 유산과 인접한 능선에 있다. 학수 다음이 만수萬壽인데 요절하였고, 셋째가 학순學淳인데 생존하여 대를 이었다. 첫딸은 정협鄭浹에게, 둘째 딸은 권진權袗에게, 셋째 딸은 김성추金性秋에게, 넷째 딸은 목인표睦仁表에게 출가했다. 약현 공의 첫 번째 부인 경주이씨는 다산과 모자母子 사이처럼 지냈다. 다산보다 12살 많은 이 씨는 다산이 9살에서 12살 되던 해까지 자식처럼 보살폈다. 다산은 큰형〔약현〕과 형수〔경주이씨〕, 조카〔학수〕의 묘지명을 지었다.

〈글 14〉 맏형수 이씨 묘지명〔丘嫂恭人李氏墓誌銘〕

약용은 어린 시절에 부모님을 따라 연천현漣川縣에서 지낸 적이 있다. 지금까지도 기억나는 일이 있다. 어머니 숙인淑人과 형수님이 술 담그고 장 달이는 여가에 윷놀이를 하여 '윷이야, 술이야' 하며 그 즐거움이 대단하였다. 몇 년 뒤에 어머니가 세상을 떠나시니, 약용은 그때 겨우 9세였다. 머리에 이가 끼고 얼굴이 구질구질하여 형수가 날마다 힘들여 씻기고 빗질을 해 주었으나 약용은 몸을 빼내 달아났다. 형수는 빗과 세숫대야를 들고 도망친 곳으로 따라와서 다독이며 씻으라고 애원하였다. 달아나면 붙잡고 울고 웃으며 꾸짖고 놀리고 하여 시끌벅적 온 집안이 한바탕 웃음판이 되었다.

<hr>

33 부모보다 일찍 죽은 자식의 경우는 1년 만에 소상을 앞당겨 지내는 제사.

다들 약용을 얄미운 아이로 보았다.

형수님은 몸집과 성품이 헌걸차서 시원스럽기가 마치 장부와 같고 하찮고 자잘한 일 같은 것은 하지 않았다. 그러나 우리 어머니가 돌아가시고 아버지께서 관직에서 물러나 집에 계시자 집안 살림은 더욱 쪼들려서 제사용품과 손님 대접하는 음식물을 마련하기가 어려웠다.

형수님은 홀로 집안 살림을 꾸려가느라 팔찌와 비녀 등의 패물을 모조리 팔아 쓰고, 심지어는 솜을 넣지 않은 옷으로 겨울을 지내기까지 하였으나, 집안 식구들은 알지 못하였다. 지금은 형편이 조금 나아져 끼니 걱정은 않게 되었는데 형수님은 누리지 못하다니, 슬프다.

형수님의 성은 이씨李氏이며, 본관은 경주이다. 시조는 신라의 명신 이알평李謁平이다. 뒤에 이정형李廷馨이 있었는데 이조 참판을 역임하고 문학으로 이름을 날렸다. 그 뒤 그 5대손 이달李鐽이 있었는데, 힘이 호랑이를 때려잡을 수 있었기에 붓을 버리고 무과에 급제하여 벼슬이 전라도 병마절도사全羅道兵馬節度使에까지 이르렀다. 이분이 이부만李溥萬을 낳았는데, 그가 청주한씨淸州韓氏 한종해韓宗海의 딸에게 장가들어 건륭乾隆 경오년(1750년, 영조 26) 3월 24일에 형수를 낳았다.

형수는 겨우 15세에 우리 큰형님 정약현丁若鉉에게 시집왔다. 경자년(1780년, 정조 4)에 우리 아버지를 따라 예천군醴泉郡에 갔다가 돌림병을 앓다가 죽으니 4월 15일이었다. 충주 하담荷潭 신방辛方(서북서쪽)을 등진 언덕에 장사지내니, 이곳은 우리 조부모와 부모의 묘역이다.

명 銘은 다음과 같다.

시어머니 모시기 쉽지 않은데	事姑未易사고미이
계모 시어머니야 더욱 어렵고.	而繼母則難고이계모칙난
시아버지 모시기 쉽지 않은데	事舅未易사구미이
홀시아버지야 더욱 어렵고.	舅而無妻則難구이무처칙난
시동생 돌보기 쉽지 않은데	遇叔未易우숙미이
어머니 없는 시동생이야 더욱 어렵기 마련이라.	叔而無母則難숙이무모칙난
어려움들을 유감없이 잘 하셨으니	能於是無憾능어시무감
곧 형수님의 너그러움이었네.	是惟丘嫂之寬시유구수지관

* 출처: 네이버 지식백과〔박석무, 송재소, 임형택, 성백효〕

둘째, 둘째 형인 손암巽庵 정약전丁若銓〔1758~1816〕에 대해서이다. 약전 공은 가족 중에서 아버지 다음으로 다산에게 큰 영향을 준 사람이다. 어릴 때부터 재주가 있고 총명했으며, 작은 일에 얽매이지 않는 호탕한 성격이었다. 다산이 초시에 합격한 해〔1783년, 정조 7〕 5개월 뒤〔9월 21일〕 26세에 초시에 합격하여 진사가 되자, 이에 만족하지 않고 학문에 열중하여 33세〔1790년, 정조 14〕에 증광문과 병과로 대과에 급제하였고, 이후 병조좌랑의 관직을 역임하였다. 손암의 당호는 '매심재每心齋'로 '늘 뉘우치는 삶을 살겠다.' 는 의미이다. 이는 자신이 천주교에 발을 들여놨다가 신해사옥辛亥史獄을 보면서, 그리고 노론과 공서파들로부터 공격을 받으면서 조상님에 대해 '뉘우침' 에서 지은 당호로 보인다.

〈사진 13〉 정약전의 묘

　손암은 소년시절부터 서울에서 이윤하李潤夏·이승훈李承薰·김원성金源星 등과 깊이 사귀면서 이익李瀷의 학문에 심취하였다. 이어 권철신權哲身의 문하에서 학문을 배웠다. 또한 이벽·이승훈 등 남인계 인사들과 교유하고 특별히 친밀하게 지내면서 이들을 통해 서양의 역수학曆數學을 접하고 나아가 천주교에 마음이 끌려 신봉하기까지 하였다. 1801년〔순조 1〕에 신유옥사辛酉獄事가 일어나 많은 천주교 신도들이 박해를 입게 되자, 다산과 함께 화를 입어 신지도薪智島에 유배되었다가 흑산도黑山島로 전배되었다. 흑산도에서 복성재復性齋 서당을 열어 장창대張昌大〔1792~?〕 등 섬 아이들을 가르치고 틈틈이 저술활동을 하다가 유배 16년 되던 해에 59세로 작고했다. 저서로 『현산어보玆山魚譜』[34]를 비롯, 『논어

••••
34 박석무, 『다산평전』, 민음사, 2020. 444~445쪽. 이태원, 『현산어보를 찾아서』, 청아람 미디어, 2007. 서문.

난論語難』・『동역東易』・『송정사의松政私議』 등이 있으나, 지금은 『현산어보』만이 전해지고 있다. 『현산어보』는 그가 유배되었던 흑산도 근해의 수산생물을 실지로 조사・채집하여, 이를 어류魚類・패류貝類・조류藻類 및 해금海禽・충수류蟲獸類 등 수산동식물 155종에 대한 기록이다. 각종 어류의 명칭・분포・형태・습성 및 이용에 관한 것까지 자세히 기록하여 우리나라 최초의 수산학 관계 서적으로 분류하는 명저名著이다.

약전은 풍산김씨 사이에 1남 1녀를 낳았으나 아들 학초學樵〔1791~1807〕가 장가들고 나서 17세에 요절했고, 딸은 민사검閔思儉에게 시집갔다. 학초는 영특해서 다산이 훗날 자신의 학문을 계승・발전시키겠다고 생각했을 정도로 영특했으나 요절함으로써 다산을 애통하게 했다. 흑산도 유배지에서 아들 학소學蘇와 학매學枚를 두었는데, 다산은 두 조카를 마재로 와 살도록 해서 손암의 손孫을 있게 했다. 둘째 형과 조카 학초의 묘지명을 썼다.

손암은 다산의 형이자, 지기知己였고 스승이었다. 형제애가 지극했던 다산은 강진 유배지에서 저술한 『주역심전周易心箋』, 『예전禮箋』, 『악서

••••
  * 『현산어보』는 1814년〔순조 14〕에 정약전丁若銓이 저술한 어보魚譜로, 『자산어보』로 불려지고 있으나 흑산도의 별칭이 '현산玆山'이라는 점, 그리고 1811년에 약전若銓과 약전의 부인, 다산의 족질인 학기學箕 등이 다산과 주고받은 편지에서 '현산慈山'으로 호칭하고 있는 점을 감안하였음. 또한 '현산'은 '검은 산'이라는 '흑산黑山'의 다른 표기인데 「설문해자說文解字」나 「사원辭源」 등의 사전에 "검을 현〔玄〕자를 두 개 포개 쓴 경우, '검다'는 뜻으로 쓸 때는 '현'으로 읽어야 한다."고 나와 있음.〔정민鄭珉 교수, 조선일보, 2002. 10. 14〕 따라서 지은이의 입장을 헤아린다면 '자산'보다 '현산'으로 읽는 것이 맞다고 보여짐. 다산연구소 홈페이지 '게시판〔1069, 임형택 교수 견해〕' 참고.

고존樂書孤存』, 『매씨서평梅氏書平』 등을 손암에게 보내어 미진한 곳에 대해 자문을 구했다. 다산은 약전 형이 작고하자 "귀양을 살면서 저술한 240책을 이제는 읽어줄 사람이 없게 되었다."면서 한탄했다. 약전의 학문은 다산 못지않게 높았던 것으로 알려지고 있는데, '약전이 약용보다 학문이 높다〔兄勝於弟형승어제〕.'는 정조의 평이 이를 뒷받침하고 있다.[35]

〈글 15〉 정약전 묘지명〔先仲氏墓誌銘〕

공의 이름은 약전若銓이고 자는 천전天全이며, 누호樓號는 일성一星이고 재호齋號는 매심每心이다. 섬으로 귀양간 이후의 호는 손암〔巽菴〕인데, 손〔巽〕은 들어간다〔入〕는 뜻이다.〈중략〉

공은 어려서부터 얽매이지 않는 성격이었고, 자란 뒤에는 기개가 호걸스러웠다. 서울에서 지내며 견문을 넓히고 높은 뜻을 지녔다. 이윤하李潤夏·이승훈李承薰·김원성金源星 등과 변치 않는 굳은 친교를 맺었다. 이익李瀷 선생의 학문을 이어받아 무이武夷〔주자朱子를 가리킴〕를 따르고 수사洙泗〔공자를 가리킴〕에까지 거슬러 올라 행실을 익히고 학문을 연마하며 서로 어울려 덕을 쌓고 학업學業을 증진시켰다. 얼마 뒤에는 다시 녹암鹿菴 권철신權哲身의 문하로 들어가 가르침을 받았다.

어느 해 겨울에 주어사走魚寺에 머물면서 학문을 익혔는데, 그때 모인 사람은 김원성·권상학權相學〔권철신의 조카〕·이총억李寵億〔이기양의 큰아들〕 등 몇몇이었다. 녹암이 직접 규칙을 정해주고 새벽에 일

••••
35 정약용, 「寄二兒」: "…先大王知臣之明, 每云, 兄勝於弟."

어나서 얼음물로 세수한 다음 「숙야잠夙夜箴」을 암송하고 해가 뜨면 「경재잠敬齋箴」을 암송하였다. 정오가 되면 「사물잠四勿箴」을 암송하고 해가 지면 「서명西銘」을 암송하였다. 모두 엄숙하고 공손한 태도로 법도를 잃지 않았다.〈중략〉

계묘년(1783년, 정조 7, 26세) 가을에, 경전의 뜻을 묻는 경의과經義科에 합격하여 진사進士가 되었다. 그러나 과거 공부에 뜻이 없어 "대과大科는 나의 뜻이 아니다."라고 하였다. 일찍이 이벽李檗과 교유하여 역수曆數의 학설을 접하고는 『기하원본幾何原本』을 연구하고 심오한 이치를 분석하였다. 그러다가 마침내 서교西敎(천주교)의 교리를 듣고는 매우 기뻐하였으나 자신이 직접 믿고 따르지는 않았다.

경술년(1790, 정조 14, 33세) 여름에, 지금의 임금(순조)의 탄생을 기념하여 증광 별시增廣別試가 실시되었다. 공은 "과거에 급제하지 않으면 임금을 섬길 방법이 없다."고 하고는, 드디어 대책對策을 공부하여 과거 시험장에 들어갔다. 당시 책문策問의 제목이 '오행五行'이었는데, 공이 1등으로 뽑혔다. 회시會試에서도 대책으로 합격하였다. 급제及第가 발표된 뒤 승문원부정자承文院副正字에 임명되었다. 또 정승이 선발하여 규장각奎章閣 월과문신月課文臣에 임명되었다. 이때 약용은 이미 기유년(1789, 정조 13) 시험에 선발되어 서열이 공보다 높았다. 겨울이 되자 주상께서 "형이 아우의 밑에 있기는 불편할 것이다."라고 하시고는 공을 규장각 월과 문신에서 그만두도록 허락하셨다.

공은 일이 없어 한가할 때면 한치응韓致應·윤영희尹永僖·이유수李儒修·윤지눌尹持訥 등과 어울려 지냈다. 을묘년(1795년, 정조 19,

38세] 가을에 목만중睦萬中의 사주使嗾를 받은 박장설朴長卨이 상소를 올려 이가환李家煥을 공격하였다.〈중략〉

정사년(1797년, 정조 21, 40세) 가을에, 약용이 외직으로 나가 곡산 도호부사谷山都護府使가 되었다. 겨울에 주상께서 특별히 공의 곤궁함을 생각하시어 마침내 특별 지시를 내려 사관史官 6품 벼슬에 올려 주시고, 다시 이조에 명하여 공을 등용하라 하셨다. 공은 성균관 전적成均館典籍을 거쳐 병조 좌랑兵曹佐郎이 되었다. 주상께서 연석筵席의 신하에게 말씀하셨다.

"약전의 훤칠한 풍채가 약용의 단아한 자태보다 낫다." 주상께서 무오년(1798년, 정조 22, 41세) 겨울에 공에게 『영남인물고嶺南人物考』를 편찬하도록 명하셨으니, 공에 대한 총애가 옅지 않았던 것이다. 기미년(1799년, 정조 23, 42세) 여름에 대사간大司諫 신헌조申獻朝가 조정에서 공을 논박하려 했으나 주상의 엄명으로 파출罷黜되었다. 이때부터 공의 앞날이 얽혀서 풀리지 않았다.

다음 해(1800)에 주상께서 승하하셨고, 그 다음 해 신유년(1801, 순조 1, 44세) 봄에 화禍가 일어나 약용이 대간臺諫(사헌부와 사간원)의 계사啓辭로 인하여 하옥되었고 공도 체포되었다. 맨 먼저 대책對策과 관련된 일로 신문하고 추고하였으나 옥사가 성립되지 않았으므로 죄의 경중을 참작하여 처리하라는 태비太妃(정순왕후)의 은혜를 입었다. 그 판결문은 다음과 같다.

"정약전이 처음에는 서교에 빠졌으나 끝내 뉘우친 것은 약용과 같다. 지난 을묘년에 있었던 흉측한 일(주문모 사건)은 그가 전해 들은 데 불과할 뿐 참여한 흔적은 보이지 않는다. 또 정약종丁若鍾이 어떤 이에게 보낸 편지에 번번이 '둘째 형(정약전)과 막내(정약용)가 서학西學을 함께 배우려 하지 않아 한스럽다.'라고 하였으니, 정약전이 반성했다는 것은 의심의 여지가 없을 듯하다. 그러나 애초에 서교에 빠져 사설邪說을 널리 퍼뜨린 죄를 완전히 용서하기는 어렵다."고 판결했다. 또 판결하였다. "처음에는 비록 미혹되어 빠져들었으나 중간에 잘못을 뉘우쳤다는 자취에 대해서는 증명할 만한 문건이 분명히 있으니, 사형의 아래 형벌로 시행하라."

이에 따라 공을 신지도薪智島로, 약용을 장기현長鬐縣으로 귀양 보냈다. 이해 가을에 역적 황사영黃嗣永이 체포되어 천인공노할 흉계凶計가 담긴 황심黃沁의 백서帛書가 발견되자, 홍희운洪羲運·이기경李基慶 등이 모의하였다. "봄 옥사獄事에 비록 많은 사람을 죽였으나 정약용 한 사람을 죽이지 못했으니 우리들은 죽어 묻힐 곳이 없게 될 것이다." 그들은 직접 대계臺啓를 올리기도 하고, 요직에 있는 관리들을 겁주어 상소하고 발계發啓하게 하여, 약전과 약용을 다시 의금부로 잡아들여 국문하도록 요구하였다. 이치훈李致薰〔이승훈李承薰의 동생〕·이학규李學逵·이관기李寬基·신여권申與權도 함께 잡아들이기를 청하였는데, 그들의 의도는 약용을 죽이는 데 있었다. 그들은 이렇게 말했다. "저 여섯 사람은 역적과 가까운 친척 사이이니, 그 흉계凶計를 알지 못했을 리가 없다."

재신宰臣 정일환鄭日煥이 말했다. "저들의 이름이 역적의 공초供招에도 나오지 않았고 흉서〔帛書〕에도 나오지 않았는데, 알지 못했을 리가 없다는 말로 억지로 얽어 넣어서야 되겠는가?" 정승 심환지沈煥之도 역시 그렇다고 하였다.

봄 옥사 때 이미 죄의 경중에 따라 참작하여 처리하도록 하였는데도 이기경 등이 그 처분을 거두고 다시 잡아다가 국문하기를 청하였다. 마침내 심환지가 주상께 그들의 계사啓辭를 윤허하기를 청하여 여섯 사람을 잡아들였다. 이것이 이른바 겨울의 옥사이다. 그런데 사건을 아무리 조사해도 증거가 나오지 않아 또 옥사가 성립되지 않았다. 이때 나의 벗 윤영희尹永僖가 우리 형제의 생사를 알기 위해 대사간 박장설의 집에 가서 탐문하려 하였다. 마침 이때 홍희운이 들어와서 윤영희는 골방으로 숨어 있었는데, 이때 홍희운이 성질을 내며 주인 박장설에게 말했다. "천 사람을 죽여도 정약용을 죽이지 않는다면 무슨 소용이 있겠는가?" 박장설이 대답했다. "사람이 죽고 사는 것은 본인에게 달린 것이네. 그가 살 짓을 했으면 살고 죽을 짓을 했으면 죽는 것이니, 그가 죽을 짓을 하지 않았는데 어떻게 그를 죽인단 말인가."

홍희운이 약용을 죽일 논의를 하자고 권하였으나 박장설은 듣지 않았다. 이튿날 또 죄의 경중을 가려 참작하여 처리하라는 대비의 은혜를 입었다. 판결 건의문은 다음과 같다.

"엎드려 대비의 교지를 받드니 덕스런 뜻이 한없이 넓으시어 역적 황사영의 흉서에 관여하였는지의 여부로 살리고 죽이는 한계를 분명히 보이셨습니다. 신들은 머리를 조아려 교지를 읽고 이루 말할 수 없는 흠모와 감동을 받아 급히 교지를 받들어 따를 뿐이고 감히 재차 논란하지 않았습니다. 정약전 형제는 황사영의 흉서에 관여한 바가 없으니, 모두 사형을 면하게 해 주소서."

드디어 공을 흑산도로 유배하고, 약용을 강진현으로 유배보냈다. 우리 형제는 함께 말고삐를 나란히 하고 귀양길에 올랐다. 나주성羅州城의 북쪽 율정점栗亭店에 이르러 잡았던 손을 놓고 헤어져 각기 유배지로 향했다. 때는 신유년[1801년, 순조 1, 40세] 11월 하순이었다.

공은 서로 헤어진 지 16년 뒤인 병자년(1816, 순조 16, 59세) 6월 6일에 내흑산內黑山 우이보牛耳堡(지금의 우이도) 아래에서 돌아가셨으니, 나이가 겨우 59세였다. 아! 슬프다. 공은 섬으로 귀양을 온 뒤로 더욱 술을 많이 마시고, 남방의 고기 잡는 사람들과 친구처럼 어울렸다. 그들에게 교만하게 굴지 않아 섬사람들 또한 매우 좋아하여 다투어 공을 자기 집에 머물게 했다. 공은 우이보에서 흑산도로 들어가 있었다. 거기서 약용이 석방의 은혜를 입었으며 또 이미 대간의 계사가 정지되었다는 소식을 듣고는 우이보로 돌아가려 했다. "차마 나의 아우를 험난한 바다를 건너 나를 보러 오게 할 수 없지 않은가. 내가 응당 조금이라도 가까운 우이보에 가서 기다릴 것이다."

곧 우이보로 떠나려는데 흑산도의 거센 사람들이 들고 일어나 공을 붙들고 꼼짝 못 하게 하였다. 공은 몰래 우이보 사람에게 배를 준비시킨 뒤에 안개 낀 밤을 틈타 두 아들과 함께 배를 타고 우이보를 향해 떠났다.

다음 날 날이 밝자 흑산도 사람들이 공이 떠난 것을 알고 급히 배를 몰아 바다 가운데까지 뒤쫓아 와서 배를 빼앗아 흑산도로 돌아가니, 공도 어찌할 도리가 없었다. 한 해가 넘도록 공이 약용과의 정리情理를 들어 애걸한 덕분에 겨우 우이보로 돌아왔다. 그러나 이때 마침 강준흠姜浚欽이 상소를 올려 석방을 가로막자 의금부義禁府에서도 관문關文을 보내지 않았다. 공이 우이보에서 약용을 3년이나 기다려도 건너올 수 없었다. 끝내 아우를 만나보지 못한 한을 품고 돌아가셨다. 돌아가신 지 3년 만에야 관이 율정栗亭의 길을 거쳐 고향으로 돌아왔으니, 악인들의 불선한 짓이 이와 같았다.

내가 있던 강진康津의 다산茶山과 우이도는 바다를 사이에 두고 서로 바라보이는 곳이었다. 그 거리가 수백 리였지만 자주 편지를 보내 안부를 여쭈었다. 『역천易箋』이 완성되어 공에게 보냈더니, 공이 읽어 보시고 "세 성인의 마음속 오묘한 이치가 오늘에야 다시 찬란히 밝아졌다." 하였다. 얼마 뒤 다시 초고를 고쳐 보냈더니, 공은 "초고가 동쪽 하늘에 떠오르는 샛별이라면 이번 원고는 하늘 가운데 떠 있는 밝은 태양이다." 하였다. 『예전禮箋』이 완성되어 공에게 보냈더니, 공이 읽어 보시고 "잘 정리되고 정돈된 것이 마치 장탕張湯이 옥사獄事를 판결한 것과 같아 일마다 실정에 맞지 않는 것이 없다." 하였다. 『악서』가 완성되어 공에게 보냈더니, 공이 읽어 보시고 "2천 년 동안 긴 밤의 꿈속에 있다가 지금에서야 큰 음악의 영혼이 돌아왔다." 〈중략〉

『매씨서평梅氏書平』이 완성되자 공이 읽어 보시고 "주자朱子가 '말하는 내용을 듣고 표정을 살핀 다음, 문서를 두루 상고하고 나서 계약서를 살피면 소송하는 자가 변명을 하지 못한다.'라고 한 그것이다." 하였다. 사서설四書說은 공이 대략 훑어보시고 모두 인정을 받은 뒤에 그것을 다시 박식한 선비들의 밝은 안목을 거친 것이다.

아! 한 배에서 태어난 형제인 데다 겸하여 지기知己까지 되어 준 분으로는 세상에 오직 공 한 사람뿐이었는데, 약용 홀로 쓸쓸히 세상에 살아온 지 어느덧 7년이니, 어찌 슬프지 않겠는가.

공은 책을 편찬하거나 저술하는 데 힘쓰지 않아 저서는 많지 않다. 『논어난論語難』 2권, 『역간易柬』 1권, 『현산어보玆山魚譜』 2권,

『송정사의松政私議』 1권이 있다. 모두 귀양살이하던 바다 가운데 섬에서 지은 것이다.

아내는 풍산김씨豊山金氏로, 김서구金敍九의 따님이며, 이조 판서 김수현金壽賢의 후손이다. 아들은 정학초丁學樵인데 학문을 좋아하고 경전을 연구하였으나 장가들고 나서 곧 요절하였다. 딸은 민사검閔思儉에게 시집갔다. 공의 첩妾이 아들 둘을 낳았는데 정학소丁學蘇와 정학매丁學枚이다.

공의 유체는 나주에서 옮겨와 충주 하담에 있는 선영의 동쪽 옛 무덤 곁 자방子方(북쪽)을 등진 언덕에 장사지냈다.〈중략〉

〈일화들〉

〈중략〉

갑진년(1784년, 정조 8, 27세) 4월 15일에 큰형수의 기제忌祭를 지낸 뒤 우리 형제와 이덕조李德操(이벽의 자字)가 함께 배를 타고 물길을 따라 내려왔다. 그 배 안에서 이덕조에게 천지 조화의 시작과 육체와 정신, 삶과 죽음의 이치에 대해 들었다. 멍하고 놀랍고 의심스럽기가 마치 은하수가 끝이 없는 것 같았다. 서울로 돌아온 뒤에 또 이덕조를 찾아가 『천주실의天主實義』와 『칠극대전七克大全』 등 몇 권의 책을 보고는 비로소 기뻐하며 서교西敎에 마음이 쏠렸다.

그러나 이때는 제사를 지내지 않는다는 말은 없었다. 신해년 (1791년, 정조 15, 34세) 겨울 이후로 나라에서 서교를 금함이 더욱 엄중해지자 공은 마침내 분명히 서교와 결별하였다. 그러나 맺은 것은 칡이나 등나무처럼 얽혀 풀기가 어려운 법이어서 화禍가 다가옴을 분명히 알았지만 또한 어찌해볼 도리가 없었다. 아! 골육骨肉

을 서로 해쳐 가면서까지 자신의 몸과 명예를 보존하는 것이 어찌 그 화를 순순히 받아들여 천륜天倫에 부끄러움이 없는 것만 같겠는가. 후세에 반드시 공의 이 마음을 알아줄 사람이 있을 것이다.

* 출처: 네이버 지식백과 (박석무, 송재소, 임형택, 성백효)

셋째, 형 선암 정약종丁若鍾(1760~1801)에 대해서이다. 약종은 한국 최초의 천주교 신학자로 세례명은 '아우구스티노'이며, 초대 명도회明道會 회장을 지냈다. 일찍이 젊은 시절에는 이익李瀷의 문하에서 성리학을 공부하다가 이후 노자, 장자의 도교道敎사상 연구에 심취하였다. 형제 중 가장 늦은 27세(1786년, 정조 10)에 형 약전을 통해 천주교를 처음 접했지만 집안의 제사를 거부하는 등 천주교리를 신봉했다. 이 때문에 가족과 멀어져 강 건너 광주군의 남종면 분원리分院里에서 살면서 부친상을 당했을 때도 여막살이에 참여하지 않았다. 가톨릭 신자가 된 이후 1795년(정조 19) 이승훈李承薰과 함께 중국 청淸나라 신부 주문모周文謨를 맞아들이고, 한국 최초의 조선 천주교 회장을 지냈다.

1801년 2월 신유옥사가 일어나 형제들이 문초를 받게 되자 스스로 체포되어 서소문 밖에서 참수斬首, 순교殉敎하였다. 천성이 곧고 모든 일에 정성을 다하는 성품을 지녔으며, 천주교 책을 접하게 되자 이에 심취하여 가톨릭 교리를 연구함으로써 당대에서 가장 교리 지식이 뛰어난 인물이 되었다. 1791년 신해박해(진산사건)로 형제와 친구들이 모두 배교 또는 멀리하였음에도 불구하고 그는 끝까지 신앙을 지켰다. 주문모 신부가 입국한 뒤로는 명도회장明道會長으로 임명되어 많은 사람들에게 전교하는 데 큰 역할을 하였다. 특히 한문을 모르는 사람들에게 교리를 가르치기 위하여 한문본 교리책에서 중요한 것만을 뽑아 누구나 알기 쉽도록 우리말로『주교요지主教要旨』를 써서 전교를 도왔다.

〈사진 14〉 정약종의 묘

그 뒤 교리서를 종합, 정리하여『성교전서』라는 책을 쓰던 중 신유박해를 당하여 뜻을 이루지 못하고, 주문모 입국 사건에 연루되어 1801년 2월 26일 이승훈李承薰·최창현崔昌顯·홍낙민洪樂民 등과 함께 서소문 밖에서 순교하였다. 약종은 두 명의 부인을 두었는데, 첫째 부인 경주최씨 사이에 아들 철상哲祥을 두었지만, 아버지와 같은 장소에서 4월 2일 순교했다. 문화유씨〔유 세실리아〕사이에 1남 2녀를 두었는데, 아들이 하상夏祥이고, 딸이 정혜貞惠이다. 신유옥사辛酉獄事〔1801년〕는 모면하였으나 기해박해己亥迫害〔1839년〕때 순교하였다.

넷째, 서제庶弟 정약횡丁若鑛〔1785~1829〕에 대해서이다. 약횡은 다산보다 23살 아래로 태어났는데, 다산의 사랑을 많이 받으며 성장해서 한의원韓醫員이 되었다. 약횡의 어머니는 아버지 재원 공의 네 번째 부인〔측실〕으로 다산을 12세부터 15세까지 정성으로 돌봐준 잠성김씨이다. 김씨는 세 딸과 아들 약횡을 두었다. 큰 딸은 번암 채제공의 서자 채홍근蔡弘謹에게 시집갔고, 둘째 딸은 나주목사를 지낸 이인섭의 서자 이중식李重植에게 시집갔으며, 셋째 딸은 요절했다.

다산은 약횡이 서출이라는 신분적 제약에 묶여 있던 터라 아우에 대한 사랑과 관심이 깊고 넓었다. 이런 내용은 다산이 아우에게 보낸 편지글에 잘 나타나 있다. 천하고 불행하게 태어난 이복동생이 타고난 성품대로 일해서 복을 받으면서 살기를 원했던 것이다. 그래서 다산은 온갖 지혜를 동원하여 친절하고 자상하게 아우를 인도했다. 아우가 서출庶出이어서 당시 계급사회의 형편상 다른 일은 할 수 없었기 때문에 의원醫員이 되어 환자를 돌보는 일을 하도록 권한 것이다. 요즘과는 달리 의료기술이 미비하던 시절이어서 이름난 의원에게는 고관대작으로부터 미천한 신분의 환자들에 이르기까지 집 앞에 줄을 서서 치료받기를 원하는 경우가 많았다. 다산은 이런 관점에서, 인성이 갖추어진 의원이 되도록 지도해준 것인데, 환자중에서도 어떤 환자부터 치료해야 할 것인가 하는 점 등 박애정신의 중요성에 대해서도 설명해주었다.

<표 4>: 다산의 형제자매: 5남 4녀

순서	어머니	형제 이름	출생~사망	비고〔부인/자녀〕
1	의령남씨 〔1729~1752〕 * 정재원 16세 * 남씨 17세 ※ 1745년 혼	정약현丁若鉉	1751~1821	* 경주이씨〔이벽 누이〕: 1남 3녀 〔아들: 요절, 큰딸: 명련 / 황사영 처〕 * 의성김씨: 3남 4녀 〔학수, 만수, 학순〕
2	해남윤씨 〔1730~1770〕 * 정재원 24세 * 윤씨 26세 ※ 1753년 혼	누이		이승훈〔1756~1801〕에게 시집감.
3		정약전丁若銓	1758~1816	* 풍산김씨 사이에 1남 1녀〔학초〕 * 흑산도에서 2남〔학소, 학매〕
4		정약종丁若鍾	1760~1801	* 경주최씨 사이에 1남〔정철상〕 * 문화유씨 사이에 1남 2녀〔정하상〕
5		정약용丁若鏞	1762~1836	* 풍산홍씨 사이에 6남 3녀 〔2남 1녀만 성장〕 - 2남: 학연, 학유 - 1녀: 윤창모〔윤영의로 개명〕의 처
	처녀 황씨〔?〕, 정재원 42세, 처녀 황씨를 측실로 맞았으나 일찍 사망 ※ 1771년 혼			
6	잠성김씨 〔1754~1813〕 * 정재원 44세 * 김씨 20세 ※ 1773년 혼	누이 1		번암 채제공의 서자 채홍근에 출가
7		누이 2		나주목사 이이섭의 서자 이중석에 출가
8		누이 3		요절
9		정약횡丁若鐄	1785~1829	* 청주한씨〔1783~1844〕 * 창평이씨 * 여흥민씨 등 모두 일찍 사망

2) 자녀 및 후손

(1) 자녀

다산은 15세 되던 해[1776년] 2월 22일 한 살 위의 홍혜완[1761~1838]
과 결혼하여 6남 3녀의 자녀를 두었다. 그러나 천연두 등으로 4남 2녀[6
남매]를 잃고, 2남 1녀[3남매]만 성장시켰으니 자녀를 잃은 슬픔이 컸
다. 요절夭折한 6명의 자녀 중에서 4명에 대해 묘표墓表로 '광명壙銘',
'광지壙誌', '예명瘞銘'을 남겼다. 묘표는 무덤 앞에 세우는 푯돌이다. 자
녀의 현황과 생몰生沒일은 다음과 같다.

〈표 5〉: 다산의 자녀: 6남 3녀[36]

	구분	이름	다산 나이	출생일	사망일	비고
1	장녀	무명	20	1781. 7	1781. 7	생후 4개월 만에 요절
2	장남	정학연	22	1783. 9. 12	1859. 9. 1	* 평창이씨[이승훈 여동생]: 1남 1녀[아들: 대림]
3	2남	정학유	25	1786. 7. 29	1855. 2. 1	* 청송심씨 * 남양홍씨: 3남 2녀 [대무, 대번, 대초]
4	3남	정구장	28	1789. 12. 25	1791. 4. 2	천연두로 14개월만에 요절
5	2녀	정효순	31	1792. 2. 27	1794. 1. 1	천연두로 22개월 만에 요절
6	3녀	미상	33	1794. 3. 5	1856. 11. 26	윤창모에게 출가[아들: 윤정기]
7	4남	정삼동	35	1796. 11. 5	1798. 9. 4	천연두로 22개월 만에 요절
8	5남	무명	37	1798. 10	1798. 10	천연두로 10일 만에 요절
9	6남	정농장	38	1799. 12. 2	1802. 11. 30	홍역과 천연두로 35개월 만에 요절

••••
36 김상홍, 『아버지 다산』, 글항아리, 2012. 192쪽.

① 생존한 자녀

다산은 천연두 때문에 자식을 잃은 것에 대해 많은 생각을 하게 되었고, 다른 백성들이 자신처럼 자식을 잃는 아픔을 줄여주기 위해서 곡산부사 재직 시절〔37세〕에 『마과회통』이라는 의서醫書를 지었다. 생존한 2남 1녀에 대해서 살펴본다.

큰아들 정학연丁學淵〔1783~1859〕에 대해서이다. 학연은 다산이 22세 때 낳았다. 아명은 학가學稼이다. '배울 학學' 자와 '심을 가稼' 자의 합자로 지었으니 '농사꾼이 농토에 곡식을 심는 마음으로 배움을 몸에 심어라.'는 의미로 지은 듯하다. 훗날 관명을 '학연學淵'으로 지은 것은 '배움의 연못이 되어라'는 뜻이다. 호는 마재의 뒷산 이름을 딴 유산酉山이다. 처는 이승훈의 여동생인 평창이씨이며, 1남 1녀를 두었다. 아들이 대림大林〔1807~1895〕이고, 대림은 진사시험에 합격해서 선릉 참봉을 지냈다. 학연은 신유박해 때 폐족이 되었기 때문에 벼슬을 할 수 없었지만, 1852년 6월〔다산의 사후 16년〕, 70세 나이로 말직인 선공감繕工監 감역監役〔종9품〕이라는 벼슬을 음직으로 받았으며, 뒷날 사옹원주부主簿〔종6품〕의 위계에 올랐다. 경기도 광주시 퇴촌면 분원分院의 초등학교 교정에는 「주부정학연선정비主簿丁學淵善政碑」라는 비가 서 있다. 아버지의 기대와 가르침에 따라 계지술사繼志述事[37]의 효를 실천한 결과가 폐족에서 벗어나게 되었으니, 이는 부전자전父傳子傳의 효를 실천한 결과라 할 수 있다. 묘는 조안면

••••
37 『중용』 19장 "夫孝者 善繼人之志, 善述人之事者也."
* 무릇 효라는 것은 선인〔부모〕의 뜻을 잘 계승하여 선인의 사업을 잘 발전시키는 것이다.

조안초등학교 부근에 있다.

작은 아들 정학유丁學遊[1786~1855]에 대해서이다. 학유는 다산 25세 때 태어났다. 아명은 학포學圃였다. '배울 학學' 자와 '채마밭 포圃' 자의 합 자이니 '배움이 채마밭이 되도록 삶을 살아가라'는 의미로 지은 듯하다. 훗날 관명을 '학유學遊'로 지은 것은 '배움을 친구삼아 즐기며 살라'는 의미로 지은 것으로 보인다. 호는 운포耘逋로 『농가월령가農家月令歌』의 저자이다. 청송 심씨沈氏에게 장가를 들었으나 일찍 사별하고 남양홍씨南 陽洪氏 사이에 정대무, 정대번, 정대초와 딸 2명을 두었다. 묘는 조안면 조 안초등학교 부근에 썼으나 지금은 정확한 위치를 알 수 없다.

윤창모尹昌模에게 시집간 딸에 대해서이다. 딸 4명 중에서 유일하게 생 존했다. 다산이 33세 때 여섯 번째로 낳은 여식인데, 후일 윤창모尹昌模[후 일 윤영희로 개명]에게 시집갔다. 이 딸에게 훗날 시詩와 매화 그림을 그린 '매화병제도'를 제작해서 보내주었다. 사위 윤창모는 막역한 친구 윤서 유尹書有의 아들이자 강진에서 다산에게 수학한 제자이다. 창모는 아들 방산 윤정기尹廷琦가 있는데, 과거에 응하지 않고 일생을 학자로 살았다.

② 요절夭折한 자녀

다산은 9남매[6남 3녀]를 낳았지만 6남매[4남 2녀]를 잃었다. 잃은 자 녀 중 첫 번째가 20세[결혼 5년차]에 낳은 첫 딸로 생후 4개월 만에 요절 했다. 그리고 두 번째로 잃은 아이가 28세 때 낳은 3남 구장懼牂이다. 구 장은 14개월 만에 천연두로 요절夭折해서 마재 두척산斗尺山에 묻었다. 구 장에 대해 「유자구장광명幼子懼牂壙銘」을 남겼다.

〈글 16〉 어린 아들 구장의 광명〔幼子懼牂壙銘〕

이 아이는 기유년〔1789년, 정조 13〕 12월 25일에 태어났지만, 사실은 경술년〔1790년, 정조 14〕의 입춘立春이 지난 뒤였다. 그런데 경술년은 아버님의 회갑이었으므로, 아버님께서는 이 아이를 사랑하시어 늘 동갑同甲이라고 부르셨다. 그러나 나는 아들이 많은 것을 두려워하여 이 아이를 '구장懼牂'이라고 불렀다. 이 아이에 대한 사랑이 유달리 깊어 '구악懼岳'이라고 바꾸어 부르기도 했다. 구악도 나를 매우 따랐으므로 잠시도 곁에서 떨어지지 못하게 하였다.

신해년〔1791년, 정조 15〕 2월에 내가 아버님을 뵈러 진주晉州로 갈 때, 겨우 다른 말로 둘러대고서야 길을 나설 수 있었다. 진주에 도착한 뒤에 구악이 천연두를 앓았는데, 병중에 여러 번 아버지를 부르며 애타게 찾았다는 말을 들었다. 3월에 내가 진주에서 돌아오니, 구악이 겨우 얼굴을 알아보기는 하였으나 전혀 가까이 따르지 않았다. 며칠이 지나서 다리의 종기 때문에 기운이 다하여 죽었다. 그때가 4월 2일이었다.

지금 날짜를 돌이켜 따져보니, 구악이 한창 앓으며 고통에 시달리고 있을 때, 나는 촉석루矗石樓 아래 남강南江 물결을 따라 오르내리며 풍악을 벌여 놓고 노래하며 춤추며 지냈던 것이다. 아아! 한탄스럽도다. 마현馬峴에 있는 선영先塋에 묻었으니, 바로 우리 증조부의 산소 옆이다.

명銘은 이러하다.

가을 난초가 늘어서 나 가지고　　　　　　秋蘭兮羅生추란혜라생

무성하더니 먼저 시들었구나.   萋萋兮先萎처처혜선위
혼은 하늘로 올라가 희고 깨끗한 모습으로   魂升兮皎潔혼승혜교결
꽃 아래에서 놀고 있으리.   花下兮遊戲화하혜유희

* 출처: 네이버 지식백과[허권수, 박석무, 송재소, 임형택, 성백효]

세 번째로 잃은 아이가 31세[1794년, 정조 19]에 낳은 2녀 효순으로, 22개월 만에 죽어서 두척산斗尺山의 구장 옆에 묻었다. 22개월이면 잘 웃고 말을 할 줄 알며 재롱을 떠는 3살이다. 효순에 대해「유녀광지幼女壙誌」를 썼다.

〈글 17〉 어린 딸의 광지[幼女壙誌]

이 어린 딸은 임자년[1792년, 정조16] 2월 27일에 태어났다. 어미는 아이가 순산한 것을 효孝라 하여 처음에는 '효순孝順'이라고 불렀다. 이윽고 부모가 아이를 몹시 사랑하여 부를 때 혀가 말리는 소리가 나와서 바뀌어 '호동好童'이 되었다. 조금 자라자 머리를 감으면 검붉고 부드러운 머리카락이 이마를 덮어 늘어지니 꼭 게의 더듬이 같았다. 늘 머리를 쓰다듬으며 다시 우리말로 '게압발揭押勃'이라 불렀다.

성품이 효성스러워 부모가 다투기라도 하면 문득 옆에 와서 애교를 부리고 웃음을 지어 양쪽의 화를 모두 풀어 주었다. 부모가 때가 지나도록 밥을 먹지 않으면 번번이 애교스러운 말로 식사할 것을

권했다. 태어나 24개월이 되었을 때 천연두를 앓았다. 고름은 나지 않고 검은 점이 되었다가 터지더니 하루 만에 숨이 끊어졌다. 그때가 갑인년(1794년, 정조 18) 정월 초하룻날 밤 사경四更이었다.

용모가 단정하고 예뻤는데, 병이 들자 타서 검은 숯 같았다. 그러면서도 곧 죽게 되어 열이 오르는데도 사랑스러운 웃음과 말을 보였다. 안타깝도다!

어린 아들 구장懼牂도 세 살 때 죽어서 마현馬峴에 묻었는데, 이제 또 너를 여기에 묻는구나. 네 오빠의 무덤과 종이 한 장 사이로 곁에 둔 것은 서로 의지하며 지내도록 하려는 뜻이란다.

* 출처: 네이버 지식백과(허권수, 박석무, 송재소, 임형택, 성백효)

네 번째로 잃은 아이가 35세(1796년, 정조 20) 때 잃은 4남 삼동三童이다. 22개월 만에 천연두로 요절했다. 삼동이에 대해 「유자삼동예명幼子三童瘞銘」을 썼다.

〈글 18〉 어린 아들 삼동의 예명(幼子三童瘞銘)

을묘년(1795년, 정조19) 가을 내가 금정찰방金井察訪으로 좌천되었다가 돌아오니 해가 바뀌었다. 다음 해(병진년) 정월에 규성奎星의 운이 열려 부인이 아기를 가졌다가, 11월 5일 사내아이를 낳았다. 귀양에서 막 돌아와 임신이 된 데다 또 문명文明의 기운을 모았고, 막내가 될 것 같아 이런 세 가지 기쁨이 있어 삼동三童이라고

불렀다. 태어나면서부터 정수리에서부터 이마까지 뼈가 볼록 튀어
나와 모가 졌으므로 '복서伏犀'라고 불렀다. 이것은 나하고 비슷하
나 나보다 더욱 컸다.

　정사년(1797년, 정조 21) 가을에 가족들을 데리고 곡산부사로 나
갔다. 무오년(1798년) 8월에 천연두에 걸려 곪아서 고름이 나오
지 않고, 설사를 심하게 하고, 입이 헐고 잇몸이 붓더니 9월 4일 어린
나이에 죽었다. 슬프도다! 종 돌이를 시켜 광주廣州 초부草阜의 조
곡鳥谷에 묻게 하였다가 이듬해 봄에 두척산斗尺山 기슭에 옮겨 묻었
으니, 이곳은 증조부의 묘지 근처이다.

　다음과 같은 시를 지었다.

네 모습이 숯처럼 검게 타서	爾形焦黑如炭이형초흑여탄
귀여운 얼굴 다시 볼 수 없구나.	無復舊時嬌顔무복구시교안
너의 얼굴 어렴풋하여 기억조차 어려우니	嬌顔恍忽難記교안황홀난기
우물 밑에서 별을 보는 것과 마찬가지였네.	井底看星一般정저간성일반
너의 영혼은 눈처럼 깨끗하여	爾魂潔白如雪이혼결백여설
날고 날아서 구름 속으로 사라졌구나.	飛飛去入雲間비비거입운간
구름 속은 천 리 만 리 멀기에	雲間千里萬里운간천리만리
부모는 줄줄 눈물만 흘린다네.	父母淚落潸潸부모루락산산

* 출처: 네이버 지식백과(김창효, 박석무, 송재소, 임형택, 성백효)

　다섯 번째로 잃은 아이가 37세 때 10월에 낳은 5남(무명)으로, 생후
10일 만에 요절했다.

여섯 번째로 잃은 아이가 38세 때 12월에 낳은 6남 농장農牂으로, 35개월 만에 홍역과 천연두로 요절했다. 신유사옥辛酉史獄으로 다산이 유배지로 떠날 때 막내 농장農牂은 3살이었다. 배웅하는 가족들과 약현 형, 친지들과의 눈물겨운 이별을 해야만 할 때 철모르는 농장이 아버지에게 손을 흔드는 모습이 선한데, 그 막내아들도 유배생활 일 년 후에 죽었다는 소식을 접했다. 농장을 보낸 다산은 자신도 슬펐지만 열 달 동안 뱃속에 품었다가 세상에 나와 품안에서 자란 아들을 저 세상으로 보내고 힘들어하고 있을, 몸도 약한 아내에 대한 생각으로 더 힘들었다. 막내아들을 보내는 마음을 담아 41세〔1802년, 순조 2〕겨울에 유배지에서 「농아광지」를 썼다.

〈글 19〉 농아의 광지〔農兒壙誌〕

농아農兒는 곡산谷山에서 임신하여 기미년〔1799년, 정조 23〕12월 2일에 태어났고, 임술년〔1802년, 순조 2〕11월 30일에 죽었다. 홍역이 천연두가 되었고, 천연두가 악화되어 죽은 것이다. 나는 강진康津의 유배지에서 글을 지어 그 형에게 부쳐 보내, 농아를 묻은 곳에 곡哭하고 알리게 하였다. 그 글은 이렇다.

네가 세상에 왔다가 간 것은 겨우 3년일 뿐인데, 나와 헤어져 산 지 2년이다. 사람이 60년을 산다고 할 때, 40년 동안 아버지와 떨어져 지낸 셈이니 슬픈 일이 아니냐. 네가 태어났을 때 나의 근심이 깊어 네 이름을 농農이라고 했더니 얼마 뒤 근심하던 화禍가 집안에 미친 것이다. 너는 농사를 지으며 살았으면 하는 뜻을 붙였을 따름이다. 이렇게 사는 것이 죽는 것보다는 낫기 때문이다.

만약 내가 죽는다면 기쁜 마음으로 황령黃嶺을 넘어 열수洌水[한강]를 건너갈 수 있을 것이니, 이는 내가 죽는 것이 사는 것보다 나은 것이다. 나는 죽는 것이 사는 것보다 나은 데 살아 있고, 너는 사는 것이 죽는 것보다 나은 데 죽었으니, 이는 내가 어찌할 수 없는 것이다. 만약 내가 네 곁에 있었다 하더라도 꼭 너를 살릴 수는 없었을 것이다. 그렇지만 네 어머니 편지에 네가 "아버지 돌아오셔요. 제가 홍역에 걸렸어요. 아버지 돌아오셔요. 제가 천연두에 걸려 있어요."라고 하였다는구나.

이것은 네가 사정을 헤아리지 못해서 한 말이겠지만, 너는 내가 돌아오면 마음의 의지를 삼을 것이라 생각했을 것이다. 너의 소원을 이루지 못했으니, 정말 슬픈 일이구나. 신유년[1801년, 순조1] 겨울에 과천果川의 주막에서 네 어머니가 너를 안고 나를 전송할 적에, 네 어머니가 나를 가리키며 '저분이 너의 아버지이시란다.'라고 하자, 네가 따라서 나를 가리키며 '우리 아버지다.'라고 했으나, 너는 아버지가 아버지인 줄은 사실 몰랐을 것이다. 정말 슬픈 일이로다.

고향 쪽으로 가는 사람이 있기에 내가 소라 껍질 두 개를 너에게 주라고 보냈더니라. 네 어머니의 편지에 "애가 강진에서 사람이 올 때마다 소라 껍질을 찾다가 받지 못하면 풀이 죽고는 하였는데, 애가 죽어서야 소라 껍질이 도착했답니다."라고 했으니, 참 슬픈 일이로다. 네 모습은 깎아 놓은 듯이 빼어났는데, 코 왼쪽에 조그마한 검은 점이 있고, 웃을 적에는 양쪽 송곳니가 드러났었지. 아아! 나는 오로지 네 모습이 생각나서 이러는 것이지 되는대로 너에게

이야기하는 것은 아니다. 〈집에서 온 편지를 받아 보니 아이의 생일에 이 제문을 묻었다고 한다.〉

복암茯菴〔이기양의 아호〕 어른이 늘 "자녀 가운데 요절한 애가 있으면, 마땅히 아이의 생년월일, 이름, 용모 등과 죽은 날짜까지 갖추어 써 놓아 뒤에 확인할 수 있게 하여 아이가 세상에 태어난 흔적이라도 남도록 해야 한다."라고 했는데, 그 말씀이 매우 어질도다.

내가 경자년〔1780년, 정조 4〕 가을 예천醴泉 고을 관아에서 처음으로 애기 하나를 지웠다. 신축년〔1781〕 7월에 아내가 학질 때문에 딸을 여덟 달 만에 낳았다가 4일 만에 죽었는데 미처 이름도 짓지 못한 채 와서瓦署의 언덕에 묻었다.

그다음에는 무장武牂과 문장文牂을 낳았는데, 다행히 장성하였다. 그다음이 구장懼牂이고, 그다음이 딸아이 효순孝順인데, 순산했기 때문에 효순이라 한 것이다. 구장과 효순에게는 모두 묘지명墓誌銘이 있으나, 실제로 묘에 묻은 것이 아니라 책에만 기록해 둔 것이다. 그다음에 딸 하나를 얻었는데, 지금 열 살이 되어 이미 두 번째 홍역을 치렀으니, 아마 이제는 요절을 면한 것 같다. 그다음은 삼동三同인데, 곡산谷山에서 천연두로 요절하였다. 그때 아내는 아기를 가졌다가, 슬퍼하는 중에 아들을 낳았다. 하지만 열흘 만에 또 천연두를 앓다가 며칠 안 되어 요절하였다. 그다음이 곧 농장農牂이다.

삼동이는 병진년〔1796년, 정조 20〕 11월 5일 태어나서 무오년 9월 4일 죽었다. 그다음 아이는 이름이 없다. 구장과 효순은 두척산斗尺山 능선에 묻었고, 삼동이와 그다음 아이도 두척산 기슭에 묻었으니, 농장 역시 두척산 기슭에 묻어야 할 것이다.

나는 모두 6남 3녀를 낳았다. 이 중 살아 있는 자녀가 2남 1녀 이고 죽은 자녀가 4남 2녀이니, 죽은 자녀가 산 자녀의 두 배이다. 아아! 내가 하늘에 죄를 지어 잔혹함이 이와 같으니, 어떻게 하겠는가.

* 출처: 네이버 지식백과〔허권수, 박석무, 송재소, 임형택, 성백효〕

③ 유배생활 중에 얻은 딸〔홍임〕에 대하여

다산이 유배생활 중에 얻은 딸이 있다는 설이 전해지고 있다. 그리고 해배 이후 홍임泓任 모녀가 마재에 다산을 찾아온 일이 있으나 부인 홍씨가 돌려보냈다는 내용도 전해지고 있다. 이런 내용은 다산이 그린 매조도 2장과 「남당사」라는 문학 작품이 발견되면서 설이 구체화 되는 추세다.

매조도 2장에 대해서는, 하나는 윤창모에게 시집간 딸에게 주었고, 또 하나는 '홍임〔1813년 출생 추정, 정민 교수〕'에게 주려는 마음에서 그린 것이라는 내용이다. 또한 「남당사」라는 16수의 시가 발견되면서 여러 해석들이 나오고 있다. '홍임' 모母에 대해서도 "강진 유배지에서 '사의재' 거처를 내준 주모의 딸이다."라는 설이 있고 "다산초당에서 제자들을 가르치며 생활할 때 다산을 내조하며 제자들에게 밥을 해주던 여인이다."라는 등의 소문이 있지만 이런 내용이 아직은 다산의 작품에 기록은 발견되지 않고 있다.

이 내용에 대해서는 박석무 선생이 『다산평전』에 밝힌 내용을 통해 알아본다. 박석무 선생은 1971년에 대학원 석사논문[다산 정약용의 법사상]이 통과되자, 그 논문을 들고 그해 가을에 강진에 찾아가서 다산 유배 시절에 대해 잘 알고 있다는 윤재찬尹在讚 옹을 만나 나눈 대화인데, 홍임 모녀와 관련된 내용이 나온다.

〈글 20〉 홍임 모녀와 관련하여[38]

석사 논문이 통과된 1971년 11월의 어느 주말이었다. 광주에서 점심을 먹고 출발했는데, 저녁이 되어서야 초당의 아랫마을 귤동 마을에 도착하여 다산에 대한 이야기를 물어볼 노인이 계신 집을 찾아 갔다. 마을의 중앙에 있던 초가집이었는데, 바로 윤재찬尹在讚 옹의 댁이었다. 불쑥 인사를 올리고 찾아간 이유를 말씀드렸더니 매우 기뻐하시며 즐거운 마음으로 우리를 대해주시고 저녁밥까지 차려주셔서 맛있게 식사를 마쳤다.

식사를 마치고 내가 썼던 논문 한 부를 윤 옹께 드리고, 본격적인 다산에 대한 이야기가 진행되었다. 70세 전후의 노인이던 윤 옹은 기력이 왕성하여 전혀 지칠 줄 모르고 밤을 꼬박 세우며 본인이 알고 있던 다산에 대한 내용을 모두 말씀해 주셨다.〈중략〉

윤 옹은 어떤 분인가. 당시 귤동 마을에서는 최고의 한학자인데다, 다산에 대해서는 가장 많은 지식을 지닌 분이었고, 다산에 대한

• • • •
38 박석무, 『다산평전』, 민음사, 2020. 622~624쪽.

사모와 숭모의 마음이 철철 넘쳐흐르던 분이었다. 더구나 그분은 다산의 '다신계' 18제자 중에서도 학문이 높았던 윤종심의 현손이었다. 윤 옹의 고조할아버지 윤종심은 윤종수尹鐘洙라고도 불렸고 동▯이라고도 불렸다. 다산이 아끼고 사랑하던 제자로 여러 저술에 도움을 준 학자여서 여러 곳에 이름이 실려 있고, 또 「증언贈言」 편에 「위윤종심증언爲尹鐘心贈言」이라는 유명한 글이 실려 있기도 하다. 그분은 자가 공목公牧이고, 호는 감천紺泉으로 초당 주인이던 윤단의 둘째 아들 윤규하의 큰아들이었다. 이런 이유로 고조할아버지 손자가 바로 윤재찬 선생의 할아버지였던 관계로 많은 것을 알고 있었다.〈중략〉

저녁 무렵 그곳을 떠날 때까지 참으로 많은 이야기를 해주셨다. 그 이야기 중의 하나가 바로 다산 초당에 계실 때 다산 선생이 낳으셨다는 딸 '홍임'에 관한 이야기였다. 이런 저런 이야기 끝에 다산 선생이 그곳에 계실 때 딸 하나를 두었다는 이야기를 해주셨다. 그분이 알고 계시는 이야기는 이렇다.

그 당시 당신은 가지고 있지 않은 편지로, 예전에 다산 선생이 해배한 뒤 마재에서 자신의 고조부[윤종심]에게 보낸 편지에 "자녀들이 홍임 모녀를 잘 보살펴 주게나."라는 구절이 있는 것을 당신이 직접 읽었는데, 어떻게 된 사연인지 지금은 그 편지가 집에서 없어지고 말았다고 했다. 그래서 그분은 다산 선생의 소생 딸이 있었음을 알았고, 행여라도 강진군 일대에 다산 선생의 외손이라는 누가 생존해 있지 않을까라는 생각에서 군내 일대를 수소문해 보았지만, 다산 선생의 핏줄은 끝내 찾을 수 없었노라고 말했다. 그러면서 덧붙인 이야기는, 어린이 때 보살펴 달라고 부탁했는데, 중간에 병이라도 얻어 제대로 성장을 하지 못했을 것으로 여기고는 다시 그 문제에 대해서 확인해 보려고도 하지 않았다고 했다. '홍임 모녀'에 대해서는 그것이 전부였다. 어떤 여자와의 관계에서 태어난 아이인지, 그 아이는 그 후 어떻게 되었는지에 대하여 아는 사람은 자신의 고조할아버지나 그때 다산초당에서 글을 배운 제자들 외에는 아무도 없다는 것이 그분의 말씀이었다.

그런 이야기를 들었던 나도, 혹 그에 대한 단서가 풀릴까 수소문했지만 그 이상 더 알아낼 아무런 방법이 없이 지내온 것이 지금까지의 일이다. 그런데 뒤에 들으니 다산 연구회에서 연구했던 이우성, 임형택 교수 등도 다산 초당을 방문했을 때 윤 옹에게서 그런 이야기를 들은 적이 있다고 했다. 그러나 그분들도 그 이상의 아무런 정보를 얻지 못하였다. 그런 이후 이 이야기가 세상에 전해지면서 온갖 추측이 추측을 낳았고, 소문이 꼬리에 꼬리를 물면서 많은 이야기로 재생산되기에 이르렀다. 더구나 소설가들이 픽션으로 다산에 대한 작품을 쓰면서 상상의 날개를 달고 별별 이야기들을 양산해 냈다. 심지어는 강진에 처음 귀양을 가서 묵었던 주막집 노파의 딸이 홍임을 낳았다고도 하고, 「남당사」라는 근래에 밝혀진 문학 작품이 다산의 작품이라면서 홍임 모녀의 이야기라고 하는 등, 근거도 없고 사실일 이유도 없는 이야기들이 계속 퍼지고 있는데, 제발 그런 사실에 근거하지 않는 픽션으로 다산 선생에 대해 회화하는 작업은 그만두었으면 좋겠다.

조선시대에 첩을 두는 제도는 아무런 시비가 되지 않는 너무나 일반적인 일이었다. 퇴계 이황 선생, 율곡 이이 선생 같은 성리학자들도 모두 첩이 있었고, 첩에서 낳은 자녀도 있었다. 퇴계, 율곡을 다루면서 그들의 첩이나 첩의 소생 자녀가 문제되는 것을 덮거나 본 적이 없다. 다산이 어떤 사연으로 딸을 두었는지는 알 수 없으나 유배지에서 난 딸이 하나가 있었는데, 그 이상은 알려진 내용이 전혀 없다. 어른으로 성장했는지의 여부도 알 수 없다. 그것 이외에 다른 무슨 이야기가 필요한가. 때문에 처음으로 그 문제에 대한 전말을 기록으로 남기는 것이다. 한 인간의 프라이버시에 대해서 왈가왈부할 이유가 없다. 호사가들의 입이 조금 무거워지기를 바랄 뿐이다. 다산의 중형 정약전은 흑산도 귀양살이에서 두 아들을 얻어 그 후손이 대를 이어오고 있지만 그런 것을 문제 삼아 왈가왈부할 이유는 없을 것이다.

'홍임' 모녀와 관련된 내용 중에서 '다산은 해배 후에 홍임을 어떻게 보살폈을까?'에 대하여 궁금증을 갖는 사람들이 있다. 필자 또한 마찬가지이다. 다산학의 바탕인 효제자孝弟慈 중 '자慈'의 관점에서 보면 혈육인 '홍임'을 돌보지 않았을 리는 없을 것 같다. 어떻게 보살폈을까? 윤재찬 옹이 소유했던 편지가 발견되면 좀 더 구체적으로 알 수 있겠지만, 지금으로서는 대체로 세 가지 관점에서 돌봄이 있었을 것으로 짐작할 수 있다.

첫 번째는, 강진에 있는 18명의 다신계 제자들 중에 누군가는 보살폈을 것이라는 견해다. 강진 제자 중에는 사위인 윤창모의 본가[홍임의 배다른 언니 시댁]와 일가가 있고, 제자들에게 물려준 전답田畓이 있었기 때문에 제자 중에서 누군가는 홍임을 돌보았을 것이라는 점이다.

두 번째는, 항리에 사는 윤광택 옹의 아들[윤서유]과 조카[윤시유] 등에 의해 보살펴졌을 것이라는 점이다. 다산의 사위 윤창모는 1813년 다산의 고향 근처 귀어촌으로 이사했다. 윤광택 가家는 다산 가家와 대대로 교분이 있는 상태였고, 재산과 마음 씀씀이가 넉넉했던 집안이기 때문에 홍임 모녀를 보살폈을 것이라는 점이다.

세 번째는, 다산의 서제庶弟인 정약횡이 보살폈을 수도 있다는 점이다. 다산보다 23살 아래인 약횡은 어려서부터 다산에게 배우면서 성장했고, 다산을 많이 따랐다. 다산 또한 서모 잠성김씨에 대한 고마움을 되갚는다는 심정에서 서제를 보살폈고, 한의원韓醫院으로서의 처신에 대해서도 가르쳤다. 이처럼 보살핌을 받았던 서제 약횡이 조카 홍임을 돌보지 않을 수 없었을 것이라는 점이다.

(2) 후손: 24~31대

압해정씨押海丁氏[1세 정윤종丁允宗]의 23세손인 다산은 24세손 정학연丁學淵, 25세손 정대림…31세손 정우원丁愚源으로 승계되고 있으며, 그 현황은 다음과 같다.

<표 6> : 다산의 후손

후세[세]	이름	출생~사망	벼슬	비고
1[24]	정학연丁學淵	1783~1859	주부	70세에 선공감 감역[종9품], 사옹원 주부[종6품]
2[25]	정대림丁大林	1807~1895	진사	* 후손이 없어 양자를 들임
3[26]	정문섭丁文燮	1855~1908	문과급제	대초의 큰아들〈양자〉
4[27]	정규영丁圭英	1872~1927	탁지부 북청 재무서장	『사암연보』 작성 * 1925년 을축년 대홍수 때 여유당전서 등을 지킴 * 마재 마을에서 자상한 성품과 이웃에 대해 베푸는 노인으로 인식 〔마재 김상호씨 증언〕
5[28]	정향진丁向鎭	1905~1968	영등포구청 3급	공직생활(1930~1961, 구청 동사무장 등)
6[29]	정해경丁海經	1929~2019		회사원
7[30]	정호영丁皓榮	1958~		전) EBS 미디어 대표이사
8[31]	정우원丁愚源	1992~		박사학위 과정 수학중

　　장손 학연의 아들은 정대림이다. 대림은 진사과에 급제하여 선릉참봉을 지내고 89세의 장수를 누렸다. 그러나 대림에게는 딸만 있고, 아들이 없어 학유의 아들인 대초, 대초의 아들인 정문섭을 대림의 양자로 세웠다.

　　정문섭은 문과에 급제하여 증조할아버지 다산이 역임했던 승지에 올라 가문의 명예를 회복하였다. 문섭의 아들이 규영이다. 정규영은 다산의 현손[4세손]으로 『사암선생연보』를 쓰는 등 사료존안과 다산학茶山

學[39]을 세우고 전파하는데 크게 공헌하였다. 아버지 정문섭에게 글을 배웠고, 상수학常數學에 교리가 밝아 탁지부度支部에서 근무하였다. 또한 한말韓末에 학교를 세워 광동학교 교장으로서 독립운동에도 참여하였다. 1925년[乙丑年] 7월에서 9월 사이에 네 차례에 걸친 큰 홍수로 여유당이 소실되고 많은 책이 떠내려 갈 때 노령임에도 불구하고 사력死力을 다해 다산의 저술을 지켜냈다. 또한『사암선생연보』를 통해 다산의 「자찬묘지명」에 나와 있지 않은 61세[1822년]부터 75세[1836년]까지의 연보를 정리해서 세상에 알렸다.

정향진은 서울 영등포구청 공무원으로 임용되어 그곳에서 3급으로 정년퇴직하였다. 최근 손자[정호영]가 한문으로 된 일기장을 발견하여 번역 중에 있다.

정해경은 평생 회사원을 역임했다.

••••
39 박석무,『다산에게 배운다』, 창비, 2019. 9쪽.
 * '다산학茶山學'이라는 용어는 홍이섭洪以燮[1914~1974] 교수의 「정약용의 정치경제 사상 연구[1959]」서론에서 "정약용의 학學의 전체가 이루어졌던 다산서옥 시대에 인因하여 '다산학'이라 한다."는 데서 비롯되었음.

| 4 |
다산의 스승과 제자

다산은 오늘날 조선시대 실학을 집대성한 개혁사상가로, 세계문화기념인물〔2012년〕로, 경기도대표역사인물〔2019년〕로 평가받고 있다. 다산이 이런 인물이 되기까지에는 다산을 이끌어준 스승이 있다. 그리고 그 스승은 아버지 정재원丁載遠, 16세 때부터 사숙私淑한 성호 이익李瀷, 호학군주 정조正祖이다. 아버지 정재원 공은 가학家學을 통해 공부시킨 스승이라면, 성호는 사숙을 통해 인간에게 이로움을 주는 학문이어야 한다는 점을 깨우치게 했다. 또한 정조는 다산이 성균관에서 수학할 때 지도해준, 오늘날로 치면 대학의 지도교수 역할과 함께 격려와 칭찬으로 이끌어 주었다.

다산은 유배생활 중임에도 불구하고 제자들을 양성했다. 강진의 첫 유배지인 사의재四宜齋에서 4년 동안 6명을, 다산초당에서 10년 동안 18명의 다신계茶信契 제자를, 그리고 혜장과 초의 등 전등계傳燈契의 승려 제자가 있다.

1) 다산의 스승

(1) 아버지 정재원丁載遠

아버지 정재원丁載遠〔1730~1792〕은 자는 기백器伯이고, 아호는 하석荷石이다. 재원 공은 다산에게 학문적 스승이고 목민관의 선배이며 가정에서는 패밀리 리더십의 스승이다.

첫째, 학문적 스승으로서의 아버지 모습이다. 다산이 아버지에게 학문적 가르침을 받은 기간은 『천자문』 공부를 시작한 4세〔1765년, 영조 41〕부터 19세〔1780년, 정조 4〕, 아버지가 예천군수 직에 있을 때까지로 볼수 있다. 다산이 4세 때, 아버지는 의금부 도사都師와 내섬시봉사 직에 있었다. 그러다 5세〔1766년, 영조 42〕 12월 17일 연천현감에 부임해서 6세〔1767년, 영조 43〕 12월에 직에서 물러날 때까지 다산은 아버지의 임지를 따라다니면서 교육받았다. 아버지가 관직에서 물러난 6세 때부터 15세〔1776년, 영조 52〕 3월 4일, 호조좌랑으로 복직되기 전까지 십여 년 동안은 사서史書와 경서經書, 과예課藝 등을 집중지도 받은 기간이다.

〈사진 15〉 정재원 공의 묘〔의령남씨와 해남윤씨 합장〕

다산은 어릴 적부터 영특하기로 소문나 7세 때 지은 '오언시'는 다산이 시 짓는데 소질이 있음을 알리는 계기가 되었다. 시를 본 재원 공은 "분수分數와 소장消長, 역법曆法이나 산수算數에 능통하리라."고 예언豫言하면서 아들의 총명함에 감탄했다. 다산이 13살 때 두보의 시에 화답하는 수백 편의 시를 지어 아버지 친구들로부터 칭찬을 받았다.

둘째, 선배 목민관 및 공직자로서 스승인 아버지 모습이다. 아버지는 다산이 5세[1766년, 영조 42] 12월에 연천현감, 16세[1777년, 정조 1] 9월에 화순현감, 19세[1780년, 정조 4] 2월에 예천군수, 28세[1789년, 정조 13] 4월에 울산군수, 29세[1790년, 정조 14] 11월에 진주목사 등 목민관 직을 수행했다.

다산은 15세에 결혼한 이후에도 화순현감과 예천군수로 있는 동안은 부자가 관사에서 함께 거주했다. 아버지가 화순현감 시절인 18세[1779년, 정조 3] 2월까지 아버지와 함께 있다가 고향 마재[馬峴]로 돌아와 약전 형과 함께 과거 공부를 했다. 그 후 19세[1780년, 정조 4] 2월 22일, 아버지가 예천군수로 나갈 때 예천으로 따라가 「반학정기」, 「진주의기사기」 등을 짓는 등 예천 관사[반학정]에서 생활했다. 그러다가 어사 이시수李時秀의 모함으로 아버지와 장인이 동시에 탄핵을 받게 되면서 그해 겨울, 아버지는 고향 마제로 다시 복귀하였고 다산은 서울 집에서 과거 시험 준비에 전념했다.

다산은 아버지가 관직에서 수행하시던 모습이 자신의 목민관직을 수행할 때 많은 도움이 되었고, '1표2서' 등의 책을 저술하는데 도움이 되었다고 밝히고 있다.

셋째, 가정의 패밀리 리더로서의 아버지 모습이다. 재원 공은 장남으로서 27세 때[1756년, 영조 32]에 아버지 정지해丁志諧[1712~1756]와 사별한 탓에 장남으로서 두 남동생과 여동생을 돌보아야 했다. 그리고 자녀들에 대한 사랑과 교육이 남달랐다. 이에 관한 기록은 아버지에 대한 「선인유사先人遺事」, 『유배지에서 보낸 편지』, 다산이 지은 『압해정씨가승』 등에 나타나 있다. 또한 다산의 4대손 정규영이 저술한 『사암선생연보』에도 "공은 덕기德器가 관후寬厚하고 경학이 정미精微할 수 있었던 것은 전적으로 가정에서 아버지 정지해丁志諧[1712~1756] 공의 양육을 제대로 받았기 때문이다."라고 기록했다.

재원 공은 아버지 정지해丁志諧[1712~1756]와 풍산홍씨 사이에서 3남 3녀 중 장남으로 태어났다. 재원 공의 두 아우는 정제운丁載運과 정재진丁載進이다. 재원 공은 부모님에 대한 효심이 깊었으며 어려서부터 문학을 좋아하여 공부에 열중하면서 두 아우에게도 경사經史를 가르치는 등 형이자 스승으로서의 역할을 다했다. 이렇듯 재원 공은 자녀교육에 관심이 많았는데, 다산이 유배 중에 보여준 학연學淵, 학유學遊 두 아들에 대한 교육열은 아버지 재원 공에게서 배운 것으로 보인다. 그러나 유배생활 중에 가르쳤던 두 아들의 입장은 다소 차이가 있다. 이를테면 큰아들 학연은 아버지의 교육방식에 대해 비교적 순정적이었지만, 작은아들 학유는 그렇지 않은 면이 있었다. 즉 "공부만이 폐족을 면하는 길이다. 공부해야 한다."는 아버지의 편지를 받은 학유가 "과거도 볼 수 없는 폐족인데 공부하면 뭣합니까!"라는 반응을 보인 것이다. 그럼에도 두 아들을 성공적으로 교육시킬 수 있었던 것은 집안 내력으로 이어온 체화교육體

化教育의 전통 덕분이라 여겨진다.

다산의 어린 시절에 있었던 재원 공의 자녀교육에 대해서는 다음과 같은 일화逸話가 전해진다. 어느 날, 아버지가 귀농〔약용의 아명〕을 불러 세웠다. 아버지 재원 공은 회초리를 앞에 놓고 어린 귀농을 기다리고 있었다. "냉큼 바지를 걷어 올려라!" 아버지는 몹시 화난 듯 귀농에게 불호령을 내렸다. 귀농은 이처럼 크게 화난 아버지 얼굴을 본 적이 없어 얼른 일어나 바지를 올렸다. 아버지는 회초리로 귀농의 종아리를 힘껏 때리기 시작했다. 한참을 때린 후 아버지가 물었다. "매를 맞은 까닭을 알겠느냐?" 아무리 생각해도 그 이유를 알 수 없었던 귀농은 "아버지, 모르겠습니다."라고 답했다. 그러자 아버지는 회초리를 들고 엄한 목소리로 말했다. "어제 네가 한 못된 일을 벌써 잊어버렸단 말이냐?" 아버지의 말에 귀농은 순간 생각난 일이 있었다. 어제 친구들과 함께 호박에 말뚝 박기 내기를 했던 것이다. "네, 아버지 생각납니다. 하지만 호박에 말뚝 박는 일이 너무 재미있었습니다." 귀농의 이 말을 들은 아버지는 더욱 엄한 목소리로 말했다. "아무리 어린아이라 해도 곡식을 가지고 장난쳐서는 안 된다. 너는 재미로 하는 일이나 그걸 짓기 위해 땀을 쏟은 농부들을 생각해 보거라. 다시는 곡식을 가지고 장난하지 않겠다고 약속할 수 있겠느냐?" "잘 알겠습니다. 다시는 곡식을 가지고 장난치지 않겠습니다." 지방 목민관이었던 아버지를 따라 어려서부터 전국을 돌아다녔던 귀농은 백성들의 생활과 지방 관리의 역할과 책임을 실제로 보고 느끼게 되었다. 이 같은 아버지의 가르침이 훗날 대학자로서 민본중심의 개혁정신으로 성장하는데 영향을 주었음을 알 수 있는 대목이다.

〈글 21〉 선친의 유사〔先人遺事〕

아버님께서는 이른 나이에 집안을 맡게 되었는데, 집안일을 정리함에 있어 법도가 정연하였다. 그 이전에는 제사에 올리는 음식에 정해진 품목이 없었는데, 공이 도식圖式을 그려서 솥, 도마, 제기 등의 수를 확정했다. 아우와 누이동생도 자식처럼 보살폈는데, 은혜를 쏟고 부지런히 돌보는 것이 두루 지극하였다. 그 덕에 일찍 부모님을 잃었으나 모두 잘 성장할 수 있었다. 손님을 좋아하여 상류 쪽에 사는 친척이나 친구 중에 배를 타고 서울로 가는 사람들은, 아무리 바쁘더라도 반드시 들렀다. 손님이 오면 머물게 하여 정성스럽게 대접하였는데, 붙잡기 위해 더러는 신발을 감추기도 하였다. 서로 해학을 주고받으며 술상을 갖추어서 즐기니 만족하지 않고 떠나는 사람이 없었다.

갑오년〔1774년, 영조50〕에 공이 서울에 갔다가 상류 쪽에 사는 친지 중에 과거에 낙방하여 돌아가는 사람들을 무려 수백 인이나 만났다. 공은 그들과 동행하였는데, 뱃머리를 서로 이어 광나루에 이르렀다. 10일간이나 이어지는 장마에 배에서 술을 마시고 시를 지으며 즐겼다. 그러다가 은석사銀石寺에 올라가 시회를 열어 서로 한 구절씩 번갈아 시구를 짓기도 하였다. 10여 일이 지난 뒤에야 비로소 소내〔苕川〕에 이르렀는데 비가 더욱 심하게 내렸다. 공이 그들을 위해 마을의 여러 집에 나누어 유숙시켰다. 각각 수십 명씩 들어갔는데, 그 가운데 어른들은 날마다 공의 집에 모여들었고, 젊은 사람들은 끼리끼리 모여서 놀다가 4, 5일 후에야 갔다. 공은 두루 대접하였는데, 늘 화락하여 눈썹을 찡그리는 기색이 조금도 없었다. 공의 장례에 모여든 사람이 구름 같았는데, 눈물을 흘리며 목이 메여 흐느끼지 않는 사람이 없었다.

고을 원으로 나가 있을 때 곤궁한 친족이나 가난한 친구가 오면 매우 후하게 대접하였으며, 그가 듣지 않는 곳에서라도 모욕하거나 멸시하는 말은 한마디도 한 적이 없었다. 나에게 이런 말씀을 하신 적이 있다.

"내가 금강산에 놀러갔을 때 어떤 고을에 이르러 그곳의 군수와 이야기를 나누고 있었다. 아전이 '손님이 왔습니다.'라고 아뢰었는데, 그는 곧 군수의 가난한 친구였다. 군수가 이마와 콧날을 찌푸리고 고개를 저으며 '괴롭구나.' 하고는 문을 열었다. 이윽고 손님이 들어오자 군수는 반가운 표정으로 친절하게 맞이하면서 농담을 거리낌 없이 하였다. 마치 가을의 서리와 봄날의 햇볕이 잠깐 사이에 바뀌는 듯하였다. 나는 이런 태도를 아주 좋아하지 않는다." 그러고는 경계하셨다.

"가난한 친구를 대하는 법에 제일 좋은 것이 겉과 속 다름없이 반가워하는 것이고, 그다음이 겉과 속 모두 담담하게 하는 것이고, 제일 나쁜 것이 속으로는 싫어하면서 겉으로는 기쁜 체하는 것이다." 이어 덧붙이셨다.

"마음이 싫을 때는 그 마음을 돌이켜 자신을 책망하며 자신의 심기心氣를 화락하게 만들어 기쁜 모습을 나타내는 것이 앞의 제일 좋은 방법과 그 효과가 같을 것이다." 아아! 지극한 말씀이다. 〔그 고을은 고성군高城郡인 것 같은데, 지금 상세히 알 수가 없다.〕

때때로 서울에서 친한 벗과 모여서 이야기하며 즐기셨는데, 고금의 일을 들어 이야기할 적에는 풍채가 훤했으며, 이리저리 응수하면서 화락한 얼굴빛을 띠었다. 그러나 시골 손님이 와서 어쩌다 남의 숨겨진 사사로운 일이나 더러운 일을 들추어낸다거나 부녀자들의 흠을 평하는 데에 미치면, 어느새 공은 이미 깊이 잠들어 있었다. 평생 입으로 남의 집의 은밀한 것에 대해서는 말하지 않으셨다. 이런 말씀을 하신 적이 있다.

"나는 어떤 자리에서 누군가가 혹 다른 사람의 은밀한 부분에 대해 이야기할 경우, 나도 모르게 영 재미를 못 느껴 귀 기울여 듣지 못한다. 그래서 코를 골며 절로 잠이 든다. 내가 그런 이야기를 기억하는 것이 있으면 나도 말하지 않을 수 없겠지만, 내 마음속에는 진실로 하나도 남아 있는 것이 없다."

아아! 대단한 덕이 아니면 이럴 수 있겠는가? 정선旌善 고을의 원을 지낸 신사원申史源 공은, 평소에 자신의 언행을 잘 단속하는 것으로 알려졌다. 정조 신축년[1781년, 정조 5]에 처음으로 규장각에서 문신文臣을 뽑아 시험을 실시하였다. 바야흐로 공이 혼자 공부하고 있을 때 신공申公이 교수가 되어 의문을 제기하고 어려운 점을 물었다. 공이 도화동桃花洞에서 신공을 만났는데, 그를 책망하기를 "순형舜衡[신사원의 자]! 자네는 자칭 학자라고 하면서, 젊은 문관들을 위해서 시골 글방 선생이 하는 귀찮은 짓을 하는가?"라고 하자, 신공이 크게 부끄러워하였다.

공은 남거南居 한공韓公[한광선韓光善]과 우정이 깊었는데, 사람들이 두 사람이 뜻을 합하면 쇠도 자를 수 있을 정도로 뜻이 잘 맞는다고 하였다. 어떤 사람이 공에게 말하였다. "내가 지금부터 자네와 우애롭게 잘 지낸다면 경선景善[한공韓公의 자]처럼 될 수 있겠는가?" 공이 정색을 하며 말하였다.

"사람이 사귀는 것은 자연히 친밀해지기도 하고 소원해지기도 하는 것인데, 어찌 날을 정하고 뜻을 세워 할 수 있는 것이겠는가?"

한성서윤漢城庶尹으로 있던 시절에 윤대관輪對官으로서 대궐에 들어가 임금을 모신 적이 있는데, 아뢰고 대답하는 것이 상세하고 분명하였으며 행동이 단정하면서 침착하였다. 물러난 뒤에 임금께서 모시는 신하들에게 말씀하시기를 "어떤 사람들은 인물이 보잘것없어서 재상 반열에 오른 사람이라도 크게 쓸 수 없는데, 내가 보기에 정 아무개는 진실로 재상의 그릇이다. 성균관에서 시행하는 과거시험에 응시하게 하라. 다행히 합격하면 곧 들어 쓸 수 있을 것이다."라고 하셨다. 이에 사람들이 공에게 과거시험에 응시하라고 힘써 권했으나, 공은 웃으며 말하였다.

"나는 과거시험을 포기한 지 이미 10여 년이 되었소. 친구들은 모두 이 사실을 알고 있소. 그런데 어느 날 갑자기 허연 머리를 해가지고 과거시험장에 들어가 비록 합격을 지푸라기 줍듯이 쉽게 할 수 있다고 해도 양식 있는 사람들이 나를 두고 뭐라 하겠소? 하물며 처음 벼슬길에서 이름을 낼 때 임금에게 가볍게 보인다면 비록 갑자기 재상 지위에 오른다고 해도 어떻게 임금을 도울 수 있겠소? 나는 늙었소. 조그만 고을 하나 얻어서 입에 풀칠이나 하고, 조심조심 백성들을 돌보아서 나라에 보답하면 될 뿐이오."

여러 번 권했으나, 끝내 나가지 않으셨다. 번암樊巖 채제공 선생도 응시하라고 권했으나 듣지 않으셨다. 번암 선생이 감탄하여 말씀하기를 "그 고집하는 바가 옳다. 강권해서는 안 된다."라고 하셨다.

공이 벗으로 사귀던 하양河陽 고을 원을 지낸 정홍연鄭弘淵과 진사 이재혁李載赫은 모두 성격이 깔끔하여 소신이 있었고, 천성적으

로 인륜을 독실하게 지켰다. 만년에는 헌납獻納을 지낸 김서구金敍
九와 잘 지냈는데, 그가 강직하고 기이한 기운이 있는 것을 좋게 여
겼기 때문이다. 젊었을 때는 참판參判을 지낸 윤필병尹弼秉·권이강
權以綱과 함께 외조부外祖父 홍공洪公의 문하에서 배웠다. 윤필병과
권이강은 홍공의 사위이니, 공에게는 이모부가 된다. 그런데 세 분
모두 경술년[1730년, 영조 6] 생으로 만년까지도 우정이 변치 않았
다. 번암 선생이 번리樊里에 물러나 살고 있을 때, 그의 제자나 친
척 가운데 배반한 자가 많았으나, 공만이 홀로 자주 찾아뵈었고,
마침내 혼인까지 맺게 되었다. 번암 선생이 정승이 되었을 때 공도
서울에서 벼슬하고 있었는데, 사는 곳이 서로 가까웠다. 그러나 발
자취가 그 집 대문에 이른 적이 없었다. 오직 명절 때만 찾아가서
한 번 절할 뿐이었는데, 절하러 갈 때는 반드시 도포와 예법에 맞
는 신을 갖추어 신고 명함을 들인 다음, 휴식하는 곳에서 대기하다
가 문지기가 알려준 뒤에야 대문으로 들어갔다.

한번은 "정승의 집은 개인의 집이 아니다. 그런데 매번 보면, 누
구누구는 맨발로 명함을 가져가지 않는 것을 자랑으로 여기니 사람
들로 하여금 대신 부끄럽게 한다."라고 말씀하신 적이 있다. 참판參
判 이세석李世奭은 순박하고 신중하여 입으로 남의 옳고 그름을 말
하는 일이 없었다. 일찍이 남거南居 한공韓公을 급히 불러 왔는데,
한공이 오자 귀에 대고 말하였다. "우리 사람들이 크게 벼슬에 진
출하겠군요!"

한공이 물었다. "어째서요?" "애들 노래에서 뭐라 뭐라 했습니다."
남거南居 공이 일부러 말하였다. "그렇다고 어찌합니까? 사람이 없는
것을 어떻게 합니까?"

"영의정에는 그분〔번암〕이 있지 않소?", "좌의정은 누구입니까?", "정 아무개 같은 이는 오늘 급제하면, 내일은 광주 부윤廣州府尹이 될 것이고 또 그다음 날은 개성유수開城留守가 될 것이고, 얼마 안 가서 좌의정이 될 것이오." 이공은 대개 맑고 깨끗하여 옛날 사람 같은 인물이다. 공이 아주 높은 명망을 가지고 있었다는 사실을 여기서도 알 수 있다.

* 출처: 네이버 지식백과〔허권수, 박석무, 송재소, 임형택, 성백효〕

(2) 성호 이익星湖 李瀷

성호 이익〔1681~1763〕의 가문은 여주이씨李氏로 서울과 경기도에 기반을 둔 남인계 관료 집안이다. 그의 증조할아버지 이상의李尙毅는 의정부 좌찬성이었고, 할아버지 이지안李志安은 사헌부 지평을 역임했으며, 아버지 이하진李夏鎭은 도승지를 거쳐 사헌부 대사헌에까지 올랐다. 여러 세대에 걸친 관료 집안으로 조선 후기 정계를 주름잡던 성호의 가문이 기울기 시작한 것은 숙종 대代의 격렬한 계파 정쟁 때문이었다. 성호는 조선 문화의 전성기인 18세기 전반 영조英祖 대에 활약한 재야 지식인이다. 흔히 조선 후기 사회의 새로운 사상적 흐름을 실학實學이라고 하는데, 성호는 실학사상 형성기에 반계 유형원의 계보를 잇는 학자로 평가되고 있다.

성호는 기존에 익힌 성리학에 새로운 학문을 접목시키는데 주력했다. 시대의 변화를 읽어내지 못하고 경직되어 있던 당시의 유학을 새로운 방향에서 재해석하고, 그 속에서 실용성實用性을 접목시켜 새로운 방향을 추구하고자 했다. 그리고 재야에 머물면서, 협소한 중앙 정계에서 생존을 걸고 다투다가 시야가 좁아진 고위 정치권이 발견할 수 없는 세상의 이치와 변화, 그리고 개혁의 필요성을 객관적으로 파악하고 제시했다. 다산은 이러한 성호를 스승으로 삼아 다음과 같이 사숙私淑했음을 볼 수 있다.

첫째, 다산이 16세[1777년, 정조 1]에 성호의 저술을 처음으로 읽으면서 성호를 흠모하고 사숙하기로 결심했다는 점이다. 다산은 15세에 결혼하고 마침 아버지가 호조좌랑戸曹佐郎으로 다시 벼슬에 나가게 되자 아버지를 따라 서울로 올라와 처갓집 근처에서 살게 되었다. 이것은 지방수재에 불과했던 다산에게 세상과 학문에 대한 새로운 시야를 열어주는 계기가 되었다. 다산은 이때를 다음과 같이 회고했다. "조선의 실학에서 학문을 제대로 체계화했던 학자는 반계 유형원柳馨遠과 성호 이익李瀷이다. 나는 성호의 유저를 읽어 보고 흔연히 학문을 해야겠다고 마음먹었다. 이때 서울에는 이가환李家煥 공이 문학으로써 일세에 이름을 떨치고 있었고, 자형인 이승훈李承薰 또한 몸을 가다듬고 학문에 힘쓰고 있었는데, 모두가 성호의 학문을 이어받은 것이었다. 그래서 나도 성호 선생이 남기신 글들을 얻어 보게 되면서 흔연히 학문을 해야겠다고 마음을 먹게 되었다."라고 「자찬묘지명」에 기록했다. 『사암선생연보』에도 "나의 미래에 대한 큰 꿈의 대부분은 성호 선생을 따라 사숙했던 데서 깨달음을 얻었다."라고 했다.

둘째, 다산이 22세[1783년, 정조 7]에 성호의 옛집을 찾아 학문에 대해 고마운 마음으로 인사하며 흠모했다는 점이다. 때는 진사시험에 합격하고 하담의 선영과 안산의 선영을 참배하면서 찾아간 것이다. 다산은 이때 성호의 『성호사설』에 나오는 「충신살신忠臣殺身」을 통해 목민관으로서

〈사진 16〉 성호 박물관

백성의 마음을 헤아려야 한다는 점을 생각했을 것으로 보인다. 그리고 이는 훗날 『목민심서』를 저술하는데 기초가 되었을 것으로 생각된다.

「충신살신」에 "나라를 섬기는 데에는 정正이 주가 되고, 어버이를 섬기는 데에는 애愛가 주가 되어야 한다. 사람이 병이 나려 할 때는 반드시 생선이나 고기도 맛이 있지 않고, 나라가 망하려 할 때는 반드시 충성으로 간하는 말도 받아들이지 않는 법이며, 혼매한 지도자는 그것을 미처 보지 못한다. 이는 앞에 가던 수레가 넘어졌는데도 뒤에 가던 수레가 오히려 경계하지 않는 것과 마찬가지이다. 그러면서 가정에서 개를 기르는 것은 도둑을 방지하기 위해서이고, 개가 짖는 것은 사사로운 뜻이 있어서가 아니다. 그런데 밤중에 개 짖는 소리가 나면 주인이 나와 살펴보게 되는데, 아무런 형체나 그림자가 보이지 않으면 개를 꾸짖기만 한다. 주인은 비록 알지 못하지만 개는 보이는 것이 있기 때문에 주인이 꾸짖어도 그치지 않고 짖는다. 그러면 또 주인에게 발길질을 면치 못한다. 주인은 가만히 생각해보고 개를 따라 자세히 살펴보면 그 자취를 찾을 수 있을 것인데, 이런 사실을 전혀 깨닫지 못하는 것이다."라면서 주인의 안목을 지적하고 있다. 마찬가지로 목민관이 육전六典을 맡아 시행할 때도 백성을 섬기는 자세로 임해야 한다는 생각을 했을 것으로 보인다.

셋째, 다산이 34세〔1795년, 정조 19〕 때 금정찰방金井察訪 시절, 봉곡사鳳谷寺 학술대회를 통해 성호의 저술을 교정校正함으로써 문하門下로서의 도리를 다하는 모습이다. 다산은 봉곡사 행사를 통해 성호의 학문과 제대로 만나는 기회를 가지게 된다. 성호는 새로운 학풍을 세운 재야 실학자로서 반계 유형원柳馨遠의 뒤를 이어 조선 후기 실학의 토대를 마련한 실학의 중조中祖로 평가받는 인물이다. 다산은 자신의 스승인 성호의 학문을 세상에 제대로 알려 실학을 확산시키는 계기로 삼고자 했다.

다산은 금정찰방으로 임무를 수행하던 10월 24일 금정역을 출발, 26일에 봉곡사에 도착해서 11월 5일까지 10일 동안 목재 이삼환李森煥〔1729~1813〕을 좌장座長으로 남인계 유명한 집안의 후예 13명이 모여서 『가례질서』를 교정하는 등 유저遺著에 대해 교정했다. 스승의 저작이 좀 더 완벽한 내용이 되도록 하려는 마음이 보이는 대목이다. 이때의 학술 행사에 대한 기록은 「서암강학기」라는 제목으로 소상하게 정리해 놓았다. 목재는 봉곡사 학회 결과에 대해 "오호라, 하늘이 유학을 없어지지 않게 함이로다. 성호 선생의 학문이 뒷날 세상에 크게 밝혀진다면 오늘의 이 일이 발단이 된다고 어찌 말할 수 있지 않으리오."라면서 성호의 학문이 세상에 알려질 단서를 다산이 만들었다는 평가를 내렸다.[40]

••••
40 박석무, 『유배지에서 만나다』, 한길사, 2005. 208쪽.

〈시 27〉: 성호 선생 유저를 교정하며〔十一月一日 於西巖鳳谷寺〕

아름답게 빛나는 성호 선생님	郁郁星湖子욱욱성호자
정성스럽고 밝으심 글 속에서 뚜렷하네.	誠明著炳文성명저병문
우주에 그득할 근심 있었기에	瀰漫愁曠際미만수광제
넓고 크지만 섬세함도 보이네.	芒忽見纖分망홀견섬분
하찮은 내 인생 태어나기 뒤늦어	眇末吾生晩묘말오생만
큰 도를 터득하기 가마득 한데.	微茫大道聞미망대도문
다행스럽게도 끼쳐 주신 혜택에 젖을 수 있었지만	幸能沾膏澤행능첨고택
별과 구름 보지 못해 안타까워라.	惜未覩星雲석미도성운
보배로운 유서에 남겨진 향기 가득하니	寶藏饒遺馥보장요유복
어지신 은혜로 사라짐 막았네.	仁恩實救焚인은실구분
한 분의 노선생〔이삼환〕에 그 규범 남아	典刑餘一老전형여일로
연세나 도덕 일반에서 뛰어나셨네.	齒德逈千群치덕형천군
도 없어짐 노년의 한탄이라면	道喪窮年歎도상궁년탄
벗 찾아왔으니 늘그막 기쁨이로세.	朋來暮境欣붕래모경흔
성호 선생 책 교정하는 일 울적함 막아 주니	校書酬耿結교서수경결
책 상자 지고 온 고생 기쁘기만 하도다.	負笈喜辛勤부급희신근
어둠 밝혀주는 편안함 있는데	猶有安冥擿유유안명적
부질없이 늙어만 가랴.	徒然到白紛도연도백분
어진 벗님네들이여! 함께 힘쓰며	勖哉良友輩욱재량우배
아침저녁 이곳에서 잘 보내세.	於此送朝曛어차송조훈

* 출처: 『다산평전』, 박석무〔민음사〕

결론적으로 다산이 성호의 문하가 됨으로써 반계 유형원柳馨遠의 학문을 계승한 성호 이익李瀷의 학문이 자연스럽게 남인이라는 인맥이 다산으로 모아져서 다산학茶山學의 원류를 이룬 것[41]으로 볼 수 있다.

　남양주에 위치한 '정약용 유적지'를 방문하면, 다산의 묘소가 있다. 그리고 묘소는 외삼문外三門을 통해 들어가게 되는데, 외삼문 위의 팻말에 '실학연수實學淵藪'라고 쓰여 있는 것도 그런 연유에서라고 본다. 즉 '연수淵藪'는 '못 연淵'자와 '늪 수藪'자의 합자로 '실학이 모인 연못이자 늪'이라는 의미로, 다산을 상징하는 내용이기 때문이다.

〈사진 17〉 실학연수 현판

••••
41 박석무, 『다산에게 배운다』, 창비, 2019. 47~48쪽.

(3) 호학군주好學君主 정조正祖

다산은 자신이 정조에게 지우知遇받은 기간을 18년이라 기록했다. 22세〔1783, 정조7〕 4월 6일, 경의과 진사시험에 합격하여 성균관에서 공부하게 되었을 때부터 39세 때 6월 12일「한서선漢書選」을 받을 때까지이다. 그리고 정조에게 집중적으로 지도받은 기간은 22세 초시합격 이후 28세 대과에 합격할 때까지 성균관에서 공부한 6년 동안이다. 초시합격 후 10년 연상인 32세의 정조正祖를 배알하게 되는데, 이때 정조는 "얼굴을 들라, 나이가 몇이냐?"를 물었고, "임오생壬午生입니다."라는 답변으로 '풍운지회風雲之會'의 만남이 성군聖君과 현신賢臣의 만남이 서른아홉 살까지 이어져, 햇수로 18년 동안이다.

정조가 다산에게 준 첫 번째 과제물은 정조가 제시한 『중용』의 80여 조문條文에 대해 퇴계와 율곡의 논조 중 차이점에 대해 답하는 것이었다. 이때 성균관 학생 대부분은 퇴계의 '사단이발四端理發의 설'을 지지했으나, 다산은 율곡의 '기발氣發의 설'을 지지했다. 당시 남인에 속했던 다산으로서 퇴계의 학설을 지지할 것으로 생각했던 남인 유생들은 의외로 여겼고 다산에 대해 불만으로 이어졌다. 그러나 정조는 "약용의 견해가 명확하다."고 칭찬하며 높은 점수를 주었다. 이것이 정조가 다산을 지우知遇하게 되는 시초였다. 실제로 이벽과 함께 과제를 준비하는 과정에서 이벽은 퇴계의 이발기발설理發氣發說에 동조하는 입장을 취하고 율곡의 설을 반박했었다. 이른바 마음이 성령性靈에서 발현하는 것이 이발理發이요, 신체의 기질에서 발현하는 것이 기발氣發이라 하여 이른바 '호발설互發說'을 주장했지만 다산은 율곡의 학설, 즉 사단四端과 칠정七情이라는 감정의 양상이 모두 기질에서 발동하는 것이라는 '기발설氣發說'을 지지한 것이다. 이 내용을 들은 정조는, 다산이 남인 쪽의 퇴계의 학설을 지지하지 않고 서인 쪽의 율곡의 학설을 지지한 것은, 오직 나라와 백성을 위하는 일에는 정파를 초월하는 것이야말로 학자적 양심이라며 크게 칭찬했고, 이때 강의 내용을 정리한 것이 『중용강의』이다.

다산은 이후 성균관 우등생으로 학자군주 정조의 지우를 받으면서 발전하게 된다. 이를테면, 다산이 26세〔1787년, 정조 11〕 정월 26일 임금의 교시에 따라 표表를 지어 올렸는데, 반제에 뽑혀 『팔자백선八子百選』을 상으로 받았다. 3월 14일에도 반제에 뽑혔고 이후로도 수시로 반제에 수석으로 뽑히곤 했다. 이후로는 임금의 총애가 더욱 높아갔고 자주 이기경李基慶의 정자亭子에 나가 과거 공부에 열중했다.

이기경은 서교西敎 듣기를 즐겨하여 손수 한 권의 책을 베껴놓기까지 했다. 그러나 이듬해〔27세〕, 서교를 탄압하는 상소가 빗발쳤고 서교에 관한 책을 압수해 불사르기도 했다. 그리고 남인 내에서 공서파攻西派가 분리해나가기 시작하면서 홍낙안洪樂安 · 목만중睦萬中 · 이기경李基慶 등이 다산과 멀어지기 시작했다.

그해 11월 3일에는 제주도에서 올라오는 공물인 감귤을 두고 글짓기 시험을 보았는데, 여기서 정조가 "너는 팔자백선을 얻었는가?", "얻었습니다.", "국조보감을 얻었는가?", "얻었습니다.", "대전통편을 얻었는가?", "얻었습니다." 그랬더니, 임금은 "근래에 내각에서 인쇄한 서책은 네가 모두 얻었으니 내가 줄 책이 없구나."라면서 크게 웃은 다음에, 옆의 신하에게 "술을 가져오너라."라고 명하여 계당주桂餳酒를 하사하였다.

얼마 후 승지 홍인호洪仁浩가 소매 속에서 책 한 권을 꺼내 은밀히 건네주면서, "네가 장수의 재주도 겸비하고 있음을 알기 때문에 특별히 이 책을 내려준다. 뒷날 나쁜 도적들이 나올 때 너를 기용하여 전쟁에 나가도록 하겠다."라는 임금의 지시문을 전해 주었다. 돌아와 보니 『병학통』이라는 병서兵書였는데, 정조는 다산을 무인武人으로 삼기보다 군사전략가, 또는 병무행정가로서의 역량을 갖추게 하고 싶었고, 그런 자질을 발견했기 때문에 『병학통』을 준 것이다. 실제 다산이 무사武士 선발에 책임관으로 수행하면서 공정한 룰과 실력을 중심으로 선발했기 때문에 지방 출신의 능력 있는 무사들이 등용될 수 있었고, 장용영壯勇營의 군대를 강화시키는 효과가 있었는데, 정조正祖가 이러한 모습을 보고 책을 건네준 것이다. 이렇듯 호학군주 정조는 다산이 가진 특장特長을 알아내고 성장시킨 군주이자 스승이었음을 알 수 있다.

2) 다산의 제자

(1) 사의재四宜齋의 제자 6명

사의재四宜齋에서 기거한 기간은 다산이 40세〔1801년, 순조 1〕 11월 23일부터 부터 44세〔1805년, 순조 5〕 겨울, 보은산방으로 옮기기 전까지 햇수로 4년이다. 이 기간에 다산의 휘하에서 공부한 사람은 손병조孫秉藻, 황상黃裳, 황경黃褧, 황지초黃之楚, 김재정金載靖, 이청李晴 등 6명이다.

이 중에서 손병조가 가장 연장이었고, 황상과 황경, 황지초는 형제 또는 사촌간이다. 이청李晴〔자, 이학래〕은 경학연구와 저술활동에 많은 도움을 주었고, 황상은 시詩와 문장에 밝았다. 황상과 이청은 만년까지 고향으로 찾아와 스승인 다산과 교유를 계속했던 애제자이다.

황상에게는 다산이 내려준 '3근계三勤戒'의 가르침이 전해지고 있다. 황상이 다산을 찾아 온지 7일째 되던 날, 다산이 유배 온지 1년쯤 지난 10월 17일, 다산이 황상에게 "오늘부터 문사文史 공부를 본격적으로 시작하자."고 말하자, 황상은 쭈뼛대며 "선생님! 저에게는 세 가지 병통이 있습니다. 첫째, 너무 둔하고 둘째, 앞뒤가 꽉 막혀 융통성이 없고 셋째, 답답해서 고지식합니다. 이런데도 제가 공부할 수 있을까요?."라고 말했다. 그러자 다산은 "보통 공부하는 사람이 지닌 문제가 세 가지다. 첫째, 암송에 민첩함은 경계해야 한다〔敏於記誦忽민어기송홀〕. 머리가 좋아서 금방 암송하는 아이는 제 머리를 믿고 대충 외우고 만다. 그때는 분명히 외웠지만 돌아서면 잊고 만다. 둘째, 글 짓는데 빠른 자는 들뜨기 쉽다〔銳於述作浮예어술작부〕. 글짓기에 재질이 있어 금방 글을 잘 짓지만 차분하지 못해 글이 들뜨고 만다. 셋째, 깨달음이 빠른 자는 거칠고 조악해 질 수 있다〔倢於悟解荒첩어오해황〕. 무슨 말을 하면 말귀를 금세 알아들어 다 아는 체를 하지만 투철하게 알지 못하고 거칠게 아는 데 그쳐, 끝내 자기 것으로 만들지 못한다. 그런데 너에게는 이런 문제가 보이지 않는구나. 둔하다고 했지? 둔해도 꾸준하면 끝내는 구멍이 뻥 뚫리게 된다. 앞뒤가 꽉 막혔다고 했니? 막혔던 것이 한번 터지면 그 성대한 흐름을 걷잡을 수가 없단다. 답답하다고 했지? 답답한데도 쉬지 않고 연마하면 마침내 아주 반짝반짝 빛나게 된다."고 말해준 것이다. 이것이 '3근계三勤戒'이다.

이청李晴은 아전의 자제로서 다산을 자기 집에서 1년 반 정도 머물게 할 정도로 다산을 스승으로 섬겼으며, 다산의 저술 작업에 가장 많은 도움을 준 제자로 알려져 있다. 학식도 매우 깊었고 과거시험에 열중했는데, 추사보다 6살 아래였지만 추사 김정희가 이청李晴을 스승이라 부를 정도였다고 하니 그 우수성이 뛰어났을 것으로 보인다. 그러나 이청李晴은 70이 다 되도록 과거시험에 매달렸지만 끝내 합격하지 못한 것으로 전해진다.

(2) 다산초당의 다신계茶信契 제자 18명

다산초당에서 기거한 기간은 다산이 47세〔1808년, 순조 8〕 3월 16일부터 해배된 날인 57세〔1818년, 순조 18〕 9월 2일, 고향 마재로 출발한 날까지 10년 가까운 기간이다. 해배 명령이 당도하자, 다산은 제자들과 의논하여 다신계茶信契라는 결사를 만들었다. 이 모임의 성격은 "사람이 귀한 것은 신의가 있기 때문이다. 만일 우리가 함께 지내며 즐거워하다가 헤어진 뒤에 서로를 잊는다면 그것은 짐승이나 다를 바 없다."는 내용이 「다신계절목」에 나온다. 서로 잊지 말자고 다짐하던 그날의 풍경이 머릿속에 그려진다. 그 결사에 참여한 제자들이 18제자들인데, 이 내용은 「다신계안」에 기록되어 있다.

당시 명단은 정확하게 기록돼있지만, 생존 연대나 활약상은 잘 드러나

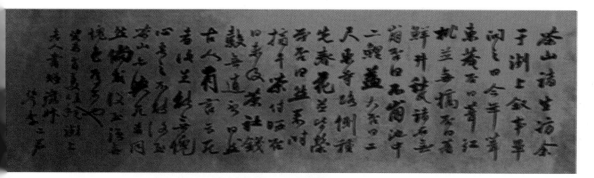

<사진 18> 제생문답諸生問答

있지 않은데, 다음의 제자들이다.[42]

계원은 이유회李維會[1784~1830] · 이강회李綱會[1789~?] 형제, 이기록
李基祿[1780~], 정학연 · 정학유 형제, 정수칠丁修七[1768~?], 윤종문尹鍾文
[1787~?], 윤종영尹鍾英[1792~?], 윤종기尹鍾箕[1786~1841] · 윤종벽尹鍾壁
[1788~1873] · 윤종삼尹鍾參[1789~1878] · 윤종진尹鍾軫[1803~1879]의 4형
제, 윤종심尹鍾心[1793~1853] · 윤종두尹鍾斗[1798~1852] 형제, 윤자동尹慈
東[1791~?] · 윤아동尹我東 형제, 이택규李宅逵[1796~?], 이덕운李德芸
[1794~?] 등 18명이다.

이렇게 맺어진 다산과 제자들과 함께 이룩한 다산학은 다산초당에서
형성된 '다산학단茶山學團'에 의해 후세로 연결되는 학문 전수의 역할을
했다. 너무나 큰 다산의 명성 때문에 그의 훌륭한 두 아들과 많은 제자들
의 명성이 제대로 세상에 전파되지 못했으나 모두가 뛰어난 학문적 업적
을 남긴 학자였음은 지금도 계속 발견되는 자료들을 통해 알 수 있다.

••••
42 박석무, 『다산 정약용 유배지에서 만나다』, 2005. 한길사. 501쪽.

여기서 윤종기 등 4형제는 초당 주인 윤단尹博〔1744~1821〕의 큰아들 윤규노尹奎魯〔1769~1837〕의 아들이고, 윤종심 형제는 윤규노의 아우 윤규하尹奎夏의 아들이다. 윤종문과 윤종영은 다산의 외가 외사촌들의 아들이다. 다산의 경학 연구에 가장 큰 도움을 준 제자는 정학연, 학유 외에 이강회와 윤종삼이었던 것으로 알려지고 있다.

18제자 외에는 다산의 사위 윤창모도 초당에서 글을 배워 뒤에 진사로서 이름이 높았으며, 윤창모의 아들 방산 윤정기는 다산의 외손자로 외할아버지 슬하에서 학문을 익혀 많은 저술을 남겼지만 벼슬에는 뜻이 없어 평생을 학자로 지냈다.

〈사진 19〉 다산초당의 동암과 서암

(3) 전등계傳燈契의 승려 제자

전등계傳燈契의 승려 제자들은 「다신계절목」에 나온다. "수룡袖龍과 철경掣鯨 등은 다산과 인연을 맺은 승려들이다. 이들과 맺은 전등계에도 전답이 있다."라는 내용이 있다.[43] 강진에서 처음 만난 승려가 혜장惠藏〔1772~1811〕이고, 혜장을 통해서 만난 승려가 초의草衣〔1786~1866〕이니, 다산의 승려 제자는 4명이 거명되지만 이보다 많은 인원이 있었을 것으로 짐작된다.

다산이 혜장을 처음 만난 것은 44세〔1805년, 순조 5〕 4월 17일 백련사에서였다. 둘은 서로 은근히 만나고 싶어 하던 차에 백련사에서 『주역』을 강의하는 혜장의 모습을 다산이 지켜보게 되었고, 이를 계기로 둘이 만나 『주역』에 대해 논하면서 급격하게 가까워졌다. 다산은 혜장에게 아암兒庵이라는 아호를 지어주는 등 교분이 두터웠다. 이처럼 두 사람이 가까워질 수 있었던 것은 혜장과 다산이 함께 존경하며 스승으로 여기던 인물, 즉 연담蓮潭 유일有一 대사와의 인연 때문이기도 했다. 연담은 혜장 선사에게는 법문을 배우며 존경했던 직계 스승이었고, 다산으로서는 17세 때 아버지를 따라 화순에서 생활할 때 동림사 근처 절인 만연사萬淵寺에서 만나 훌륭한 도승의 덕에 감복해서 존경했던 인물이라는 공통점이 있다.

다산은 혜장에게 『주역』 등 학문을 전수해 주었고, 다산은 혜장과 교유交遊하면서 차茶의 재배栽培와 제다製茶에 관해 실질적이면서 많은 경

43 박석무, 『다산 평전』, 2015. 민음사. 501 - 503쪽.

험을 얻게 되었다. 이로써 차를 본격적으로 연구하고 애용愛用하는 계기가 되었으며, 제자들에게도 오늘날로 말하면 '차茶영농조합'이라 할 수 있는 다신계茶信契를 조직했다. 그리고 차에 관하여 많은 시詩와 글을 남겼다. 이렇게 두 사람이 만나 좋은 관계로 이어지다가 만난 지 6년 후, 다산이 50세 되던 해 9월 14일 혜장은 40세의 나이로 입적入寂했다.

승려의 제자 중에 또 한 사람인 초의草衣는 해남 대흥사의 마지막 대종사大宗師이자 다선茶禪으로 칭송받는 인물이다. 그가 거처했던 일지암一枝菴이 초옥으로 복원되어 있다. 초의는 다산의 둘째 아들이자 『농가월령가』의 저자인 학유學游, 추사 김정희와도 동갑으로 절친한 사이였다.

〈사진 20〉 대흥사 일지암

다산의 큰아들 학연學淵은 그들보다 세 살 손위여서 그들은 모두 동년배 친구처럼 가까이 어울리며 학문을 논하고 시를 지었으며 차를 함께 마시며 지냈다.

조선의 후기는 유교와 불교가 만나고 학문과 예술이 합해지고 시詩와 서예書藝가 혼합하여 아름다운 문화가 꽃피던 시절이다. 다산이 69세〔1830년, 순조 30〕되던 해 섣달그믐의 제야除夜에 다산의 제자들이 다산의 집에 모였다. 이때 해남 대흥사의 초의도 모처럼 스승을 뵈러 찾아왔고, 서울의 제자 이강회李綱會도 찾아와 고희古稀를 맞는 스승과 회고의 정을 나누는 자리가 되었다.

다산은 초의에게 시에 대해 가르치기도 했다. "시라는 것은 뜻〔志〕을 말하는 것이다. 뜻이 본디 야비하고 더러우면 억지로 밝고 고상한 말을 하여도 조리가 이루어지지 않는다. 뜻이 편협하고 비루하면 억지로 달통한 말을 하여도 사정事情에 절실하지 않게 된다. 시를 배움에 있어 그 뜻을 헤아리지 않는 것은 썩은 땅에서 맑은 샘물을 걸러내는 것과 같고, 냄새나는 가죽나무에서 특이한 향기를 구하는 것과 같아 평생 노력해도 얻지 못할 것이다."[44]라는 내용이 '유배지에서 보낸 편지'에 나온다.

● ● ● ●
44 박석무 편역, 정약용 저, 『유배지에서 보낸 편지』, 2019. 창비. 342쪽.

2장 다산의 저술에서 본 목민정신牧民精神

"사람은 책을 만들고 책은 사람을 만든다〔신용호〕."고 한다. 다산께서도 그런 마음으로 저술에 매달린 듯하다. 본 장章에서는 다산의 저술에 대해 살펴보고, 여기에서 목민정신을 초서抄書해 보려고 한다. 앞서 밝혔듯이 다산은 500여 권의 저서와 2,500여 수의 시를 남겼다. 그리고 그 안에는 '경학·역사·언어·지리·예학·교육·문학·과학·건축·공학·의학·정치·경제·법률·약학·천문학·음악·리더십' 등 다양하고 광범위한 분야를 망라하고 있다. 그래서 다산을 한국의 레오나르도 다빈치라고 부르기도 한다.

다산의 저술활동은 주로 유배지에서 이루어졌다. 유배 초기에는 『주역』과 『상례』 연구에 주력해서 46세에 『상례사전』 47세에 『주역사전』을 펴냈고, 유배 후반에 『심경』과 『소학』을 연구하여 『심경밀험』, 『소학지언』, 그리고 '1표2서' 로 일컫는 『경세유표』, 『목민심서』, 『흠흠신서』를 펴냈다. 언제 사약賜藥이 내려올지도 모르는 극도로 불안한 상황에서, 그리고 복사뼈에 세 번이나 구멍이 나고, 중풍으로 입에서 침이 흐르는 등의 고통을 감내하며 이뤄낸 결과물이다. 특히 폐족을 당하고 유배된 신분임에도 자신의 처지를 비관하기보다는 "이제야 겨를을 얻었구나〔今得暇矣금득가의〕라는 생각이 들어 흔연스레 스스로 기뻐했다〔欣然自慶흔연자경〕."라는 긍정적인 생각과 위국위민爲國爲民의 정신으로 저술에 매달렸다.

공자는 "알아야 면장免墻한다."고 했다. 밤길을 걸을 때 앞에 담벽이 있는 것을 알아야 담벽에 얼굴 부딪치는 것을 면할 수 있음을 아들〔鯉리〕에게 일러준 말이다. 다산이 그토록 많은 책을 저술한 것도 지도자와 백성이 책을 많이 읽음으로써 사람다운 사람이 되고〔修己수기〕, 나라다운 나라가 되도록 사람을 다루는데〔治人치인〕 있었다. 자식과 제자들에게 "책 읽기를 좋아해야 한다〔好讀호독〕."를 끊임없이 강조한 이유도 책을 통해서 다른 사람들의 경험을 살 수 있다는 점에서였다.

다산의 저술은 수기修己 분야의 위기지학爲己之學과 치인治人 분야의 위인지학爲人之學으로 나뉜다. 다산은 "육경사서六經四書로 자기 몸을 닦게 하고, '일표이서一表二書'로 천하국가를 다스릴 수 있게 하고자 함이었으니, 이제 본本과 말末이 구비되었다고 하겠다."라면서 "『소학』과 『심경』이 여러 경전들 가운데 특출하게 빼어났다. 학문이 진실로 이 두 책에 침잠해서 힘써 행하되 『소학』으로는 그 외면을 다스리고 『심경』으로는 그 내면을 다스린다면 거의 현인이 되는 것을 얻게 될 것이다."라고 「자찬묘지명」에 기록했다.

필자는 목민정신에 기초한 리더십을 목민리더십이라 명명命名했다. 그리고 목민정신은 다산이 저술한 저작에서 찾아내어 기록했다. 다산은 "백성을 부양하는 것을 이르러 목牧이라 한다〔養民之謂牧者양민지위목자〕."고 하여 '목牧'을 백성을 보호하는 '보민保民', 백성을 성장시키는 '양민養民'으로 표현했다. 이런 점에서 목민리더십은 '목동牧童과 양떼의 관계', 즉 양떼를 기름진 풀밭으로 안내하면서 맹수들로부터 보호해주는 목동의 역할에 비유되는 한국적 리더십의 모델이다.

따라서 본장에서는 먼저 다산의 저술한 책에 대해 작성연도 순으로 살펴보고 「자찬묘지명」과 「열수전서목록」, 그리고 『정본 여유당전서』 등에 나타나 있는 저술 목록을 살펴본 다음 각종 저술에 나타나 있는 목민정신을 10가지로 압축해서 제시하였다.

| 1 |
다산의 저술

    다산의 저술은 '수기修己'와 '치인治人' 분야로 나눌 수 있다. 치인을 '안인安人'으로 보기도 한다. 먼저 '수기'는 자기 자신을 수양하고 나서 타인을 이끌어야 한다는 의미로, 불교의 '자리이타自利利他'와 유사한 개념이다. 그러므로 '수기' 분야는 자신과 관련된 '위기지학爲己之學'이고, '치인' 분야는 타인과 관련된 '위인지학爲人之學'으로 표현한다. 전자를 경학經學, 후자를 경세학經世學이라 하는데, 경학은 유교 경전을 주석하고 해석한 육경사서六經四書가 해당되고, 경세학經世學은 세상을 경륜經綸하는데 필요한 책으로 '1표2서' 등이 해당된다.

    다산의 저술 항목은 「자찬묘지명」과 「열수전서총목록」, 그리고 『여유당전서』 등에 기록돼 있다. 「자찬묘지명」에는 도합 499권으로, 후손들이 쓴 「열수전서총목록」에는 도합 503권으로, 박석무 이사장의 『다산평전』에는 도합 542권으로 제시되어 있지만 정확한 숫자는 알기 어렵다. 아직 밝혀지지 않은 저술들이 앞으로도 더 나올 것이기 때문이다. 현재로서는 500여

권이 넘는 방대한 저술과 2,500여 수 이상의 시詩를 남긴 것으로 알려져 있는데, 이는 다산이 죽음을 3일 앞두고 지은 시〔回졸詩회근시〕에서 "슬픔은 짧았고 기쁨은 길었다〔戚短歡長 척단환장〕."는 표현이 말해주듯, 세상을 긍정적으로 보고, 오직 나라와 백성을 위하는 마음에서 나온 것이다.

따라서 다산의 저술을 이해하기 위해서, 먼저 「자찬묘지명」과 「열수전서총목록」에 제시된 저술 목록을 살펴보고, 이어서 작성 연도순으로 저술 목록과 내용을 살펴본 다음, 이어서 『여유당전서〔정본〕』에 나와 있는 목록 현황에 대해 살펴보기로 한다.

1) 「자찬묘지명」과 「열수전서목록」에 제시된 저술 목록

「자찬묘지명」과 「열수전서목록」에는 다산이 저술한 책에 대해 499권과 503권으로 집계해 놓았다. 「자찬묘지명」에는 경집 232권, 문집 267권으로 도합 499권으로, 1834년에 저술한 것으로 보이는 「열수전서총목록」에는 문집 250권, 경집 253권으로 도합 503권으로 집계했다.[45] 그리고 후손들이 기록한 「열수전서총목록」에는 경집 250권, 문집 126권, 잡찬雜纂 166권으로 도합 542권으로 기술[46]하고 있는데, 「자찬묘지명」과 「열수전서목록」 내용을 중심으로 제시하면 다음과 같다.

● ● ● ●
45 남양주 시청, 「다산노트」 '다산 정약용의 저서', 2019. 서문.
EBS국사편찬위원회, 역사채널@0040 「503번의 승리〔다산 정약용의 저술〕」, 2012. 7. 6.
46 박석무, 『다산 정약용 평전』, 민음사, 2015. 594쪽.

<표 15>: 「자찬묘지명」과 「열수전서」에 나타난 저술 목록[47]

구분		자찬묘지명		열수전서		비고
		책수	권수	권수	책수	
경집	모시강의毛詩講義	12	12		4	시경강의로 개칭
	〔모시〕강의보講義補	3	3		1	
	매씨상서평梅氏尙書平 / 매씨서평梅氏書平	9	9		3	매씨서평으로 개칭
	매씨서평속梅氏書平續		5		2	
	상서고훈尙書古訓	6	21		7	
	상서지원록尙書知遠錄	7				
	상례사전喪禮四箋	50	50		17	
	상례외편喪禮外篇	12	14		5	
	사례가식 / 상의절요喪儀節要	9	6		2	
	제례고정祭禮考定		3		1	
	악서고존樂書孤存	12	12		4	
	주역심전周易心箋	24	24		12	주역사전으로 개칭
	역학서언易學緒言	12	12		4	
	춘추고징春秋考徵	12	12		4	
	논어고금주論語古今註	40	40		13	
	맹자요의孟子要義	9	9		3	
	중용자잠中庸自箴	3	3		1	
	중용강의中庸講義		6		2	
	중용강의보中庸講義보	6	3		1	
	대학공의大學公議	3	3		1	
	희정당대학강의熙政堂大學講義	1	3		1	대학강의로 개칭
	소학보전小學補箋	1				대학강의에 합편
	심경밀험心經密驗	1				대학강의에 합편
계		232	250		88	
	시율詩律 / 시집전편詩集前編	18	15		5	
	시집후편詩集後編		8		3	
	잡문雜文 전편 / 문집文集	36	34		12	
	잡문雜文 후편 / 문집속집續集	24	30		10	

47 장동우, "여유당전서 정본사업을 위한 필사본 연구〔경집을 중심으로〕", 「다산학 7호」, 2005, 255쪽.

문집					
	경세유표經世遺表	48	43	15	
	목민심서牧民心書	48	48	16	
	흠흠신서欽欽新書	30	30	10	
	아방비어고我邦備禦考	30			
	아방강역고我邦疆域考	10	12	4	
	전례고典禮考	2			상례외편 제1책 권1, 2
	대동수경大東水經	2	10	4	
	소학주관小學珠串	3	3	1	
	아언각비雅言覺非	3	3	1	
	마과회통麻科會通	12	11	7	
	의령醫零	1			
	민보의民堡議		3	1	
	풍수집의風水集議		3	1	
계		267	253	94	
총계		499	503	182	

2) 작성 시기별로 본 저술 내용

　다산은 일곱 살 때 지은 '오언시五言詩'를 시작으로 시작詩作과 저술에 소질이 매우 뛰어나다는 칭찬을 들으며 성장했다. 열 살 때까지 지은 시를 모아 놓은 종이가 키 높이만큼이나 쌓였다고 하며, 그 시들을 모아 낸 책이 『삼미집』이라고 하나 지금은 전하지 않는다.

　다산이 저술을 시작한 것은 39세〔1800년, 정조 24〕되던 해 봄이다. 세로世路가 험하다는 판단아래 고향 마재〔馬峴마현〕에 내려와 있을 때이다. 그리고 본격적인 저술활동은 유배생활을 하면서부터다. 초기에는

『상례』와『주역』연구에 집중했고, 이어『아학편』,『시경강의』,『역학서
언』,『춘추고징』등에 이어『논어고금주』,『맹자요의』,『대학공의』,『중
용자잠』등 4서四書에 대한 주석서를 편찬했다. 그리고『심경밀험』과
『소학지언』집필로 경서經書연구를 마무리했다. 특히 다산은 "『소학』과
『심경』이 여러 경전들 가운데 특출하게 빼어났다. 학문이 진실로 이 두
책에 침잠해서 힘써 행하되『소학』으로는 그 외면을 다스리고,『심경』으
로는 그 내면을 다스린다면 거의 현인이 되는 것을 얻게 될 것이다."[48]라
고 기록했다. 이어서『경세유표』와『목민심서』,『흠흠신서』등 '1표2서'
를 집필하던 중에 해배되었다. 이를 '숫자 18'과 연계하여 '수학 18년',
'정조의 지우 18년', '유배 및 저술 18년', '만년 18년' 순으로 살펴본다.

(1) 수학 18년: 4세~22세 4월 6일

<표 7>: '수학 18년' 동안의 저술 현황

나이	작성년도	책 제목	비 고
10	1771〔영조 47〕	『삼미집三眉集』	'삼미三眉'는 어려서 천연두를 앓아 눈썹 사이에 흥터가 생겨 눈썹이 세 개로 보인데서 나온 말이며, 그동안 지은 시를 모은 종이의 높이가 키만큼 높았다고 함.

----

48 『심경밀험』: "唯『小學』,『心經』爲諸經之拔英者 學苟於二書 潛心力踐『小學』以治其外『心經』以治其內 則 庶幾希賢有路."

(2) 정조의 지우知遇 18년: 22세 4월 11일 ~ 39세 6월 12일

〈표 8〉: '정조의 지우 18년' 동안의 저술 현황

나이	작성년도	책 제목	비 고
23	1784〔정조 8〕	『중용강의中庸講義』	정조가 『중용』의 80여 조문條文에 대해 퇴계退溪와 율곡栗谷이 논한 것에 대한 차이점의 설명에서, 성균관의 남인계 유생들 대부분은 퇴계의 '사단이발설四端理發說'을 지지했으나 다산은 율곡의 '기발설氣發說'을 지지했던 내용 등을 정리한 책. 정조는 도승지에게 "약용의 견해가 명확하다."고 칭찬하며 높은 점수를 주었는데, 이 강의가 정조 임금 앞에서의 첫 강의임.
28	1789〔정조 13〕	『희정당대학강의熙政堂大學講義』1권	다산이 28세에 전시殿試에 차석으로 합격하여 경의진사經義進士가 되자, 희정당熙政堂에서 초계문신抄啓文臣의로서의 강의임. 정조와 홍문관제학 서유린徐有隣, 규장각직제학 김희金憙 등이 질문을 하고 다산이 『대학』을 강의했는데, 이 내용을 정리하여 엮은 책임.
30	1791〔정조 15〕	『모시강의毛詩講義』12권	모시毛詩는 『시경詩經』의 별칭임. 40일이라는 기한과 함께 『시경』에 관한 800여 항의 사전 질문에 맞춰 준비하면서, 깊은 내용이라 기한을 20일 더 연장해서 강의한 내용을 엮은 책임.
31	1792〔정조 16〕	「기중가도설起重架圖說」	부친상을 당해 마재〔馬峴마현〕에서 여막생활을 하던 중에 정조의 하명下命에 따라 수원성〔華城화성〕의 규제規制를 지어 올리고 나자, 임금은 다시 『도서집성』과 『기기도설』을 내려주면서 인중引重과 기중起重의 법을 강구講究하라고 명하여, 「기중가도설起重架圖說」이라는 기중기 · 거중기 등 사용법을 지어 바친 내용임.
34	1795〔정조 19〕	「서암강학기西巖講學記」『가례질서家禮疾書』	• 「서암강학기」는 금정찰방 임무를 수행하면서 이익의 후손인 이삼환을 좌장으로 13명의 선비들과 함께 온양의 봉곡사鳳谷寺에 모여서 10월 27일부터 11월 5일까지 이익의 유고를 정리하고 학문을 강론한 것에 대한 기록임. • 『가례질서』는 온양 봉곡사에서 10월 26일부터 11월 5일까지 10일간 이삼환을 좌장으로 성호가 지은 관혼상제 내용 중에서 예법에 관해 가례질서를 교정한 것임. 이삼환에게 정약용이 편지로 질문하고 답변한 내용도 함께 실려 있음.

36	1797 〔정조 21〕	『마과회통 麻科會通』12권	홍역을 치료하는 여러 가지 처방을 기록한 책으로, 다산이 자녀 여럿을 홍역으로 잃은 후 『마진방』 등 우리나라의 한의학 서적들과 다른 나라의 책들을 참고하여 12권으로 완성한 의서醫書임. 이듬해 겨울에 조선 인구 741만 중에서 12만8천 명이 홍역으로 사망했는데, 『마과회통』은 이를 대비하기 위함이었음.
37	1798 〔정조 22〕	『사기찬주 史記纂註』	『사기영선』에 대한 간략한 주해서임. 『사기영선』은 정조가 사마천의 『사기』와 반고의 『한서』 내용 가운데 후세에 교훈이 될 만한 내용을 뽑아 1796년에 간행한 것임. 『어정사기영선御定史記英選』 이름으로 간행되어 먼저 신하들에게 반포하였고 태백산, 오대산, 적성산 등 3곳과 영남, 호남, 관서에도 비치한 책임.
38 〔추정〕	1799 〔정조 23〕	「원原」, 「론論」, 「설說」	원原에는 「원교原教」·「원정原政」·「원덕原德」·「원사原赦」·「원무原舞」·「원원原怨」·「원목原牧」 등 7편이 있음. 이는 본질을 규명함으로써 다산의 교육·정치·윤리 등에 관해 기초적 이론을 제시한 글임. 논論에는 「역론易論」·「직관론職官論」·「악론樂論」·「기예론技藝論」·「오학론五學論」·「서얼론庶孽論」·「환자론還上論」 등 33편이 있으며, 학술적인 문제들을 다루고 있음.
39	1800 〔정조 24〕	『문헌비고간오 文獻備考刊誤』 「여유당기 與猶堂記」	• 『문헌비고간오』는 『문헌비고』의 오류를 지적하여 정리한 책으로 『동국문헌비고』의 정정본임. 1776년에 편찬한 『동국문헌비고』는 내용이 불충분하여 1782년에 재편찬했는데, 다산이 구판 『문헌비고』를 빌려보고 수정하고 윤색한 것임. • 「여유당기」는 험난한 세로를 피해 마재로 돌아와 "조심하고 경계하면서 사방을 살피고 조심하며 살아가겠다."는 다짐을 담아 작성한 글임.

책을 읽는 자들은 오직 의리義理를 추구해야 하니, 만약 의리에 터득함이 없으면 하루에 천 권의 책을 독파하더라도 오히려 담장을 마주하고 서 있는 것과 같다. 그러나 그 글자의 훈고訓詁〔뜻풀이〕에 밝지 못하면 의리도 따라서 어두워져서 혹은 동쪽을 서쪽이라 해석하니, 이렇게 되면 의리 역시 따라서 어긋나게 된다. 이 때문에 옛 학자들이 경전을 해석할 적에 대부분 훈고를 급선무로 여겼다.

예와 지금에 문자의 쓰임이 다른 것은 중화와 오랑캐가 말을 할 때에 음이 다른 것과 같으니, 훈고란 통역이다. 통역을 하면서 그 본의를 알지 못하고서 자신의 나라로 돌아가 사람들에게 말하기를 "중화의 문물이 거룩하다."라고 한다면, 이것은 가소로운 오랑캐가 되는 것이다. 지금 책을 읽어도 의리를 제대로 알지 못하는 사람이 걸핏하면 반드시 하夏·은殷·주周 삼대三代를 칭하는 것이 이것과 무엇이 다르겠는가. 여러 경서가 다 그러하지만 그중에 『시경』이 더욱 심하다.

시詩란 음성과 용모, 얼굴빛과 말을 벗어나 낭랑하게 읊조리는데, 그 맥락이 갑자기 변하여, 한번 묻고 한번 답하는 기사문記事文처럼 문리文理와 문세文勢로 파악할 수 있는 것과는 다르다. 그러므로 한 글자의 뜻을 놓치면 한 구의 뜻이 어두워지고, 한 구를 모르면 한 장의 뜻이 어지러워지며, 한 장의 뜻을 모르면 전편의 뜻이 모두 연燕나라와 월越나라처럼 동떨어지게 된다. 그러므로 소서小序가 없으면 한마디 말도 못 하는 것은 훈고를 분명하게 알지 못하기 때문이다.

내 일찍이 생각해 보건대, 사우士友가 적은 자는 문장이 졸렬하고 원용을 많이 하는 자는 논리가 진실하니, 경서를 해석하는 자가 만일 선진先秦과 양한兩漢의 글을 널리 상고한 다음, 사우가 많고 적은 사이에서 절충한다면 거의 시의 본의가 밝게 드러날 것이다. 내가 다만 뜻만 품고 이것을 하지 못했는데, 신해년[1791, 정조 15] 가을에 성상께서 친히 『시경』의 문목問目 800여 조항을 지으시고는 나에게 조목조목 대답하게 하였다. 내가 공경히 받들고 읽어 보니, 아무리 큰 선비와 연로한 학자라도 답할 수 없는 것이었으니, 내가 어찌 대답할 수 있겠는가. 이에 구경九經과 사서四書 및 고문古文의 여러 자서子書와 역사책을 가져다가 한 마디의 말이나 반 마디의 구절이라도 『시경』을 인용하고 『시경』을 논한 것이 있으면 모두 차례로 초록하였다.

이에 이것을 원용하여 대답하니, 훈고가 분명했기에 의리는 논할 것이 없었다. 이 책을 올리자, 성상께서 어필御筆로 그 끝에 비답하시기를 "백가百家를 널리 인용하여 글을 써냄이 끝이 없으니, 평소에 지식이 깊고 해박한 자가 아니면 어떻게 이러할 수 있겠는가."라고 하셨다. 아, 내가 어찌 능히 깊고 해박하겠는가. 나는 오직 감히 사사로운 생각으로 성상의 뜻에 대답할 수가 없었을 뿐이다. 그러나 『시경』에 대하여 은연중 마음에 터득한 바가 있는 듯 하기에 별도로 서술하기를 이와 같이 한다.

* 출처: 네이버 지식백과[성창훈, 박석무, 송재소, 임형택, 성백효]

『자설』이라는 다산의 짤막한 글은 겨우 145자로 이뤄진 논문이며, 『의설』이라는 글은 겨우 132자로 구성된 참으로 짤막한 논문이다. 이 두 논문은 다산의 산문 중에서는 아마도 가장 짧은 글임에 분명한데, 이 짧은 두 편의 글에는 다산의 학문에 대한 태도나 연구 방법이 어떤 것인가를 설명하는데 충분한 내용이 담겨 있다.

글을 짓고 문장의 뜻을 이해하고 해독하려면 글자의 구성 원리를 알고 글자의 정확한 의미를 이해하는 일부터 시작해야 하기 때문에, 초급의 공부인 『소학』은 전적으로 글자 공부에서 완벽성을 얻어야만 글 짓고 문장을 이해하는 밑바탕이 된다는 내용이 담겨 있다. 그런데 다산은 당시의 학문 풍토가 그러하지를 못하고, 고문古文의 문장을 외우는 일부터 시작하는 이유로 온전한 글짓기와 문장 이해가 되지 못하다는 주장을 폈다.

『의설』은 약을 지어 환자를 치료케 하는 의원들이 약제의 본질을 파악하지 않고, 어떤 병에는 어떤 약제, 어떤 약제는 어떤 병에 좋다는 것만 알고 관례대로 약만 제조하기 때문에 각각의 질병에 해당되는 약제는 알지 못하여 제대로 치료할 수 없다며, 당시의 의원들에게 일침을 가하는 내용이 담겨 있다. 동양의 의술인 한약의 처방은 본디 그 기본이 『본초本草』에 있기 때문에, 의학은 『본초』를 전문으로 습득하여 모든 초목의 성性·기氣·독毒·변變의 원리를 강구하여 명확하게 이해하고 있어야 환자들의 각각의 질병에 해당되는 약제를 사용할 수 있게 된다고 하였다.

문장 공부에는 자학字學이라는 기초 학문이 튼튼해야 하고, 의학의 공부에는 풀과 나무인 약제의 속성을 명확히 파악하는 본초 공부에 치중해야만 온갖 질병의 다양한 증세에 정확하게 약제를 사용할 수 있다는 주장이다. 기초과학 공부에는 등한하고, 응용과학에만 몰두하여 기본이 닦여지지 않은 자연과학은 부실할 수밖에 없다. 기초의학에 소홀하여 본질적인 의술이 발전하지 못하고 응용의술에만 의존하는 요즘 세상의 세태에서 다산의 두 논문은 시사해주는 의미가 참으로 크다.

자학에 밝았기 때문에 뿌리가 튼튼하여 학자와 문장가로서 명성을 날릴 수 있었던 사람이 다산이었고, 본초학에 튼튼한 기초 공부가 되었기 때문에 다산은 당대 최고의 명의로서 임금의 환후에 처방을 내린 의원의 수준에 이를 수 있었다. 다산은 재야 의원으로서 익종翼宗의 환후와 순조純祖의 환후에 궁중으로 초청받아 치료에 임했던 사실이 있었으니, 그가 당대의 최고 의술에 이른 의학자였음은 너무나 명백한 사실이다.

대학가에는 기초과학인 수학·물리·화학·생물의 학문은 시들어가고 응용과학만이 선망의 대상이 되고 있으며 약리학이나 생리학의 학문보다는 성형의학이나 응용의술만 잘 나가는 오늘의 현실에서, 다산의 『자설』이나 『의설』은 모두에게 큰 자극을 주는 주장이 아닐 수 없다. 기초가 튼실하지 않고 어떻게 외형이 발전하는 세상이 될 수 있겠는가.

〈글 24〉 마과회통 서문〔麻科會通 序〕

옛날 범문정范文正이 말했다. "내가 책을 읽어 도道를 배우는 까닭은 나의 도를 행하여 천하 백성들의 목숨을 살리기 위해서이다. 그렇지 않은 경우에는 황제黃帝의 의서醫書를 읽어 의학의 심오한 진리를 깊이 연구한다면, 이 또한 사람을 살릴 수 있다." 옛사람들의 뜻을 세움이 이와 같이 인자하고도 넓었다.

근세에 이몽수李蒙叟라는 사람이 있었다. 이분은 뜻이 높았지만 명성을 이루지 못하고, 사람을 살리고 싶었지만 할 수가 없었다. 이에 마진痲疹〔마마와 홍역〕의 치료법에 대한 책을 얻어서 홀로 깊이 탐구하여 살린 아이들이 거의 만 명이나 되니, 나도 그중 한 사람이다. 내가 이몽수 덕분에 살아났기에 그의 은혜를 갚고 싶은 마음이 있었지만 별다른 방법이 없었다. 이에 이몽수의 책을 가져다가 그 근원을 거슬러 올라가고 그 근본을 탐구하였으며, 중국의 마진 관련 서적 수십 종을 얻어 위아래로 연구하여 조례條例를 자세히 구비하였다.

다만 이 책들은 내용이 모두 산만하고 뒤섞여서 고증하여 보기에 불편하다. 또 마진이란 병은 전염이 매우 빠르고 혹독해서 목숨이 경각에 달려 있으니 일 년이나 몇 달을 두고 치료하는 다른 병과는 다르다. 이에 잘게 나누고 종류별로 모아서 눈썹처럼 정연하고 손바닥을 보여 주듯 알기 쉽게 하여, 이 병에 든 자들이 책을 펴 보아 처방을 얻어서 번거롭게 찾을 필요가 없게 하였다. 모두 다섯 차례나 원고를 바꾼 뒤에 책이 비로소 이루어졌다. 아, 몽수가 만일 아직까지 살아 있다면 아마도 빙그레 웃으며 흡족해했을 것이다.

아, 병을 치료할 수 있는 의원이 없는 지가 오래되었다. 여러 병이 다 그렇지만 마진이 더욱 심하다. 의원들이 의술을 익히는 까닭은 이익을 위해서인데 마진은 수십 년에 한 번 발생하니, 이것을 생업으로 삼아서 어떻게 이익을 바라겠는가. 생업으로 삼아도 기대할 만한 이익이 없고, 병이 든 사람을 치료하려 해도 약을 쓰지 못하고, 지레 짐작으로 진료하여 약을 처방했다가 사람의 목숨을 앗아가는 것이 부끄러우니 아, 이 또한 잔인한 일이다.

마진을 치료하는 방법은 한밤중의 등잔대와 비올 때의 삿갓과 같다. 밤중이나 비가 내릴 때는 서둘러 호들갑스럽게 찾지만 날이 밝아 아침이 되고 비가 그쳐 쾌청해지면 까맣게 잊어버린다.

이는 우리 사람의 생각이 짧은 것이다. 만일 우리 사람이 내년에 병란兵亂이 생길 줄 안다면 틀림없이 집에서는 갑옷을 수선하고 고을에서는 축성築城을 완료할 것이다. 그러나 병란이 어찌 사람을 다 죽일 수 있겠는가. 사람의 생명을 앗아가는 마진이 어떻게 병란보다 더 심하겠는가마는 사람들이 우선 마진을 대수롭지 않게 여기고 두려워하지 않는다. 그러니 내가 이 책을 만든 것은 몽수를 저버리지 않은 것일 뿐만 아니라 참으로 범 문정에게 부끄럽지 않다.

다만 나는 평소 의술에 어두워 잘 분간하여 선택하지 못한 탓에 소 오줌이나 말똥버섯 같은 하찮은 약재藥材까지도 모두 수록함을 면치 못하였다. 궁벽한 시골 사람들이 만약에 병의 증상을 살피지 않고 함부로 이 책을 믿고는 번번이 강한 약제藥劑와 독한 성분을 투약한다면 혹시라도 낭패를 보는 경우가 있을 것이니, 이 점은 내가 또 크게 두려워하는 부분이다.

* 출처: 네이버 지식백과 [성원규, 박석무, 송재소, 임형택, 성백효]

다산은 자녀 9남매[6남3녀] 중 4남 2녀를 홍역과 천연두로 잃고 2남 1녀만을 성장시켰다. 그러면서 자녀를 잃은 부모의 심정을 누구보다도 이해하고, 더 이상은 그런 부모들이 없기를 바라는 마음으로 집필한 책이 『마과회통』이다. 그런데 이듬해 조선 전역에 역병이 유행하여 12만 8천여 명이 죽는 일이 발생했다. 다산이 목민관으로 있던 곡산도 예외가 아니었다. 당시 곡산에 얼마나 퍼졌는지 기록이 분명치 않지만 그 이듬해 1월에 청나라 사신이 올 것을 미리 알고 아전에게 준비를 지시했다는 기록으로 보면 곡산 지역은 역병을 성공적으로 막아낸 것으로 유추해 볼 수 있는데, 이는 다산이 지은 『마과회통』과 관련이 있다고 보여진다. 다산은 이 의서를 저술하면서 기존의 의서내용을 참고하고, 자신의 의술경험과 지혜를 총동원하여 『마과회통』 12권을 저술했다. 다산은 이 책의 서문에서 "홍역에 관한 책을 홀로 탐구하여 수많은 어린이들을 살려냈으니, 나도 그 가운데 한 사람이다. 내가 이미 이헌길李獻吉 때문에 살아났기 때문에 마음속으로 은혜를 갚고자 했으나 어떤 방법이 없었다. 상복을 입고 인술을 편 몽수蒙叟 이헌길의 책을 가져다가 근원을 찾고 근본을 탐구한 다음, 중국의 홍역에 관한 책 수십 가지를 얻어서 이리저리 찾아 조례를 갖추었다."고 기록했다.

(3) 유배 18년: 40세 2월 28일~57세 9월 2일

① 장기: 40세〔1801. 3. 9~10. 20〕

<표 9〉: 유배지 '장기'에서의 저술 현황

나이	작성년도	책 제목	비 고
40	1801 〔순조 1〕	『이아술爾雅述』 6권	• 『이아술』은 중국에서 가장 오랜 자서字書로 『시경』, 『서경』 등 고전의 문자를 추려 유의어類義語와 자의字義 등을 해설한 책으로, 한漢과 당唐 시대의 훈고학訓詁學이나 청淸 대의 고증학考證學에서 특히 중시되었던 유가의 '13경經' 가운데 하나임. 수많은 주석서를 낳아 '아학雅學'이라는 학문 분야를 형성하기도 하였음. 고려 국자감의 유학부儒學部에서도 『이아』를 '설문說文', '자림字林', '삼창三倉' 등과 함께 교양 과목에 넣어 교육하였음. '이〔爾〕'는 '가깝다〔近〕', '아〔雅〕'는 '바르다〔正〕'는 뜻이며, 『이아』라는 명칭은 '바른 것에 가깝다'는 뜻으로 자의字義 해석을 통해 표준어와 방언·통속어 등을 구분해 놓은 책임.
		『기해방례변 己亥邦禮辨』	• 『기해방례변』은 기해예송己亥禮訟 때 효종대왕의 상喪에 대해 대립했던 서인西人과 남인南人의 주장에 대해, 다산의 입장에서 옳고 그름을 가려 논박한 책임.
		『백언시百諺詩』	• 『백언시』는 성호 이익李瀷이 모은 백 마디의 속담에 운을 맞춰 정리한 것이나, 이 책들은 겨울 옥사 때 분실되었음.
		『소학보전小學補箋』	• 『소학보전』은 아이들에게 『소학』을 가르칠 때 사용하기 위해 집필한 것으로 선인들의 주석 가운데 미비한 것을 보충한 책임. 『소학지언』의 저본으로 보여짐.

<글 25> 『소학보전 발문小學補箋 跋文』

이 『소학보전』 한 편은 내가 지은 책이다. 신유년[1801년, 순조 1]
정월에 아이들이 『소학』을 읽었는데, 강독講讀에 응하기 위해서였
다. 선유先儒들 중에 『소학』에 주注를 낸 분은 한두 사람이 아니다.
그러나 그 전주箋注와 해석에 아직 미비한 부분이 있어서 내가 옛
날에 들은 내용을 기술하여 보완하였는데, 책이 완성되기 전에 신
유옥사辛酉獄事가 일어났다.

옥중에 있으면서 알게 된 몇 가지의 명의名義는, 옥에서 풀려나
돌아가면 보충하려 하는데, 우선 그 시기를 적어서 아이에게 부탁
해서 이 책의 끝에 기록하도록 하였다. 그리하여 내가 막연하게 일
신의 일에 대해서는 아무런 관심도 없고 경적經籍에만 몰두하여 세
상 물정에 어둡고 어리석은 사람이 되었다는 것을 드러내었으니,
자손을 위한 경계가 되기에 부족함이 없을 것이다.

* 출처: 네이버 지식백과[윤은숙, 박석무, 송재소, 임형택, 성백효]

② '사의재' : 40세~44세〔1801. 11. 23~1805. 겨울〕

<표 10> : 유배지 '사의재'에서의 저술 현황

나이	작성연도	책 제목	비 고
42	1803 〔순조 3〕	『단궁잠오 檀弓箴誤』 6권 『조전고弔奠考』 『예전상의광 禮箋喪儀匡』 17권	• 『단궁잠오』는 다산이 『예기』 「단궁」편의 상례喪禮에 관한 것 중에서 잘못되었다고 생각되는 부분에 대하여 잠箴을 붙여 논변한 책임. • 「조전고」는 23칙則으로 되어 있으며, 사람이 죽으면 조문하는 조례弔禮에 관한 예절에 대하여 자세하게 설명한 책임. • 『예전상의광』에서 '상의광喪儀匡'은 사전四箋의 하나임. 사상례士喪禮 3편과 상복喪服 1편에 주석을 명기하여 상례의 절차상 문제가 되는 것을 실제 행동화하는데 합리적 방법으로 다시 주석을 달고 해석한 책임. 다산 스스로가 유학자임을 반증하기 위해 우선한 작업으로 보여짐.
43	1804 〔순조 4〕	『아학편훈의 兒學編訓義』	아동의 한자 학습을 위해 엮은 문자 교육용 책으로, 상·하 두 권으로 각각 1,000자의 문자를 수록하여 도합 2,000자로 이루어져 있음. 기존 한자 학습서인 『천자문』이 초학자初學者를 배려한 학습의 단계성이나 난이도 등이 무시되어 있음을 지적하고, 내용과 체계상의 결점을 보완해서 저술한 책임.

③ 보은산방〔고성사〕: 44세~46세〔1805. 겨울~1807. 가을〕

〈표 11〉: 유배지 '보은산방'에서의 저술 현황

나이	작성연도	책 제목	비 고
44	1805〔순조 5〕	『정체전중변正體傳重辨』3권 『승암문답僧庵問答』	• 『정체전중변』은 기해예송 때 노론 측의 송시열宋時烈과 남인 측의 윤휴尹鑴 간에 상복喪服을 입는 기간에 대해 대립했던 주장에 대해, 다산의 입장에서 옳고 그름을 가려 논박한 책임. • 「승암문답」은 보은산방에서 장남 학연과 함께 『주역』과 『예기』에 관해 질문하면서 52칙則을 기록한 것으로 「예의문답禮疑問答」이라고도 함.
46	1807〔순조 7〕	『상례사전喪禮四箋』50권	『상례사전』은 주자가례를 대처하고, 고례古禮의 원형을 찾고자 저술한 『예기』 연구서로, 강진으로 이배移配된 뒤 10여 년에 걸쳐 50권으로 저술했음. 가문과 지방에 따라 각각 다른 상례에 대한 절차와 제도를 상의喪儀, 상구喪具, 상복喪服, 상기喪期 등 네 가지로 나누어 저술했음. 복제 논쟁에 있어서 논쟁의 주역이었던 송시열宋時烈·송준길宋浚吉과 윤휴尹鑴·허목許穆 등의 잘못을 지적해 엄정 중립의 태도를 표명하는 한편, 중국의 정현鄭玄과 공안국孔安國, 가규賈逵로 이어지는 예설禮說을 분석하고 검토하여 독자적이고 체계적인 학설을 수립했음. 비록 첩의 자식이라도 대통大統을 계승하면, 그를 위해 삼년간 복을 입어야 맞다는 주장을 폈음. 다산은 아들에게 '엉터리 학문을 공자의 참된 학문으로 돌아가게 하려는 뜻'에서 저술했다고 했음.

예禮는 하늘과 땅의 실정實情으로, 하늘을 근본으로 하고 땅을 본받아 이 사이에서 행해지는 것이다. 예는 하늘과 땅의 실정이니, 성인聖人이 다만 이것을 절문節文했을 뿐이다. 성인이 온갖 예를 절문하였는데 상례喪禮에 이르러서는 '상례는 조심해야 할 일이다. 정성을 다하지 않으면 후회하게 될 것이니, 후회하더라도 어떻게 할 수가 없다.'라고 생각하였다. 이에 자신의 정성을 다하고 최대한 신중하게 절문하였으며 이를 후세에 남겨 주었다.

후세의 성인이 이것을 전수받아 행하면서 '이것이 여전히 사람의 정을 다 드러내지 못하여 하늘과 땅의 근본에 위배되는 것이 있다.'라고 생각하였다. 그리하여 서로 함께 내용을 가감하고, 수정과 윤색을 가하여 유감이 없기를 바랐으니, 이는 바로 이른바 「사상례士喪禮」라는 것이다.

유독 이 「사상례」는 여러 성인의 손을 거쳐 성인에게서 완성되어 천지와 함께 확립되었으니, 이는 후생後生이나 말단의 생도들이 경문의 내용을 제멋대로 바꾸어 어지럽혀서, 개인의 사사로운 지혜와 어쭙잖은 지식을 뽐낼 수 있는 것이 분명 아니었다.

그런데 진秦나라 때에 서적이 불타 없어지자, 이 책이 사라져서 예 역시 폐기되었다. 한漢나라가 부흥한 지 100년이 넘도록 이를 그대로 이어받고 회복하지 못하였다. 그러다가 하루아침에 궁중의 도서관에 깊숙이 보관되었던 책과 고택에서 나온 조각나고 불에 탄 나머지의 간책簡册을 가져다가, 학문이 끊겨 계승할 수 없는 사람에게 주면서 "네가 이것을 해석하라."라고 하니, 이는 그들에겐 몸소 행해 보지 못했고 눈으로 직접 보지 못한 것이었다. 그리하여 설명한 것 중에 틀린 부분이 없을 수 없었다. 마계장馬季長과 정강성鄭康成은 또 이들보다 후대의 사람이다. 비록 정신과 생각을 집중해서 심오한 뜻을 드러내려 하더라도 충분하지 못할까 두려운데, 하물며 후당後堂에서 음주와 가무에 빠진단 말인가.

아, 한漢나라 유자儒者들은 고작 수백 년 뒤에 태어났고, 또 본디 자기 나라의 일이었음에도 선성先聖의 뜻에 다 맞지는 못하였다. 그런데 우리는 이천 년 뒤, 바다 건너 다른 나라에 태어난 자들로서 마침내 그 오류를 뒤따라 바로잡으려 하니, 이것은 자신의 역량과 덕을 헤아리지 못한 것이라고 할 만하며, 사람들 역시 이를 잘 믿으려 하지 않을 것이다. 그러나 내 마음에 옳다고 생각되는 부분은 옳다고 하지만, 마음에 옳다고 생각되지 않는 부분도 장차 억지로 따르려 하면 되겠는가. 다행히 『예기』의 여러 편이 있어 참으로 「사상례」를 이해하는 데 도움이 되고, 이밖에 여러 경서와 일체의 선진先秦의 고문古文 중에 죽음과 초상〔死喪사상〕의 일을 거론한 부분이 있으면 모두 서로 근거하여 고증하기에 충분하였다. 그렇다면 내가 비록 뒤늦게 태어났지만 근거로 삼은 것은 예전 시대에 있으니, 조금도 문제될 것이 없을뿐더러 아무 상관이 없다.

나는 이 일에 일찍부터 뜻을 두었으나 다만 직무를 맡은 데다 빈객들과 즐겁게 만나 모이느라 실행할 겨를이 없었다. 그러다가 신유년〔1801〕 겨울에 내가 영남에서 다시 묶이어 서울에 왔다가 또다시 강진으로 유배를 오니, 이곳은 옛 백제의 남쪽 변방 지역으로 지식이 얕고 고루하며 풍속이 다른 지역과 달랐다.

이때 이곳 백성들은 유배 온 사람을 마치 큰 독소처럼 보아서 가는 곳마다 모두 문을 부수고 담장을 허물고 달아났는데, 노파 한 분이 나를 딱하게 여겨 자신의 집에 머물게 해 주었다. 이윽고 나는 창문을 닫아걸고 온종일 혼자 거처하였기에 함께 말할 사람이 없었다. 이에 나는 크게 기뻐하며 스스로를 축하하여 "내가 이제 여가를 얻었다."라고 하고서는 「사상례」 세 편(『의례』, 「기석례旣夕禮」, 「사우례士虞禮」), 「상복喪服」 한 편 및 그 주석까지 아울러 취하여 정밀하게 연구하고 사색하여 잠을 자고 밥을 먹는 것조차도 잊었다.

이 가운데 마음에 맞지 않는 부분이 있으면 옛 서적을 널리 찾아보고 경서로 고증하여 성인의 뜻을 알려고 하였다. 간혹 이것과 저것을 서로 비교하여 둘 다 뜻이 드러나기도 하였다. 이는 비유하면, 마치 기이한 기물과 법도에 맞는 기물이 기아機牙(사물이 변동하는 시초)를 한번 발동하면 여러 기묘한 현상이 일제히 나타나지만 바꿀 수 없는 진실한 이치가 이 속에 내재되어 있는 것과 같으니, 참으로 즐거운 노릇이다.

이때 나의 둘째 형님 손암선생巽菴先生 역시 전라도 나주의 섬에서 귀양살이 중이었다. 책이 어느 정도 완성되자 부쳐서 보여 드렸더니, 형님께서 말씀하셨다. "너의 예론은 마치 장탕張湯이 옥사를 처리하듯이 조리 있게 정리하였고, 꼼꼼하게 따져 빠뜨린 것이 없다." 아, 형님이 이렇게 말씀하시니 아마도 크게 잘못되지는 않았을 듯하다. 이제야 감히 차례대로 편을 엮는다. 하지만 저 잘못된 것을 밝히지 않으면 이 옳은 것들이 성립되지 못한다. 이 때문에 제가諸家의 설說 가운데, 대체로 경문經文의 뜻을 어지럽힌 것과 경문의 뜻을 발명할 만한 것들을 모두 드러내서 비교해 보게 하였다. 그리하여 후세의 군자들이 '공정하게 듣고 모두를 보아서 오직 옳은 것만 구하도록 하니(공청병관公聽並觀 유시시구唯是是求)' 이 역시 나의 뜻이다.

내가 생각건대, 옛날의 예가 오늘날 행해지지 않는 까닭은 감히 옛날의 예를 하찮게 여겨서 그런 것이 아니다. 예란 하늘과 땅의 실정이니, 인정에 합치되어 부합한다. 그런데 동경東京〔후한 시대〕이후로 위서緯書가 크게 일어나서, 괴이하고 왜곡된 의논이 대중을 놀라게 하여 의심하게 하였다. 이로 인해 예가 폐기되어 저속하고 경박한 풍속이 그 틈을 타고 생겨났다.

그러한 초기에 구차하게 따르던 잘못을 바로잡지 않는다면 옛 예를 회복할 수 없다. 이 때문에 나는 이것을 강력히 배척하고 개정해서 감히 잘못된 것을 그대로 따르지 않았다. 하지만 순수하여 하자가 없는 것들은 신중히 지키고 빠뜨리지 않았으니, 끝내 옛것을 그대로 따른 것은 열에 여덟아홉 가지이고, 따르지 않은 것은 열에 한두 가지이다. 후세의 사람들은 부디 나를 이해해 주기 바란다.

「사상례」를 해석한 것을 「상의광喪儀匡」이라 하고, 이에 따라 시신에 입히는 옷과 이불과 관곽棺槨의 제도를 언급한 것을 「상구정喪具訂」이라 하며, 최관衰冠〔상주가 쓰는 관〕, 수질首絰, 요대腰帶의 제도를 논한 것을 「상복상喪服商」이라 하고, 오복五服의 기한을 논한 것을 「상기별喪期別」이라고 명명하였으니, 모두 60권이다. 이것을 『상례사전』이라고 명명하고 책상 속에 깊숙이 보관하여 후세를 기다린다.

만일 혹시라도 이것을 우리나라에서 시행하고, 국외에까지 인정을 받아서 옛 성인의 정밀한 의를 밝히는 자가 있다면, 내가 아무리 곤궁하더라도 근심이 없을 것이다.

  * 1804년 10월 28일에 열수洌水 정약용은 쓰다.

  * 출처: 네이버 지식백과〔김창효, 박석무, 송재소, 임형택, 성백효〕

④ 이청李晴 집: 46세~47세〔1807. 가을 ~ 1808. 3. 16〕

〈표 12〉: 유배지 '이청〔이학래〕의 집'에서의 저술 현황

나이	작성연도	책 제목	비 고
46	1807〔순조 7〕	『예전상구정禮箋喪具訂』 6권	『예전상구정』은 상의喪儀를 바로잡은 뒤에 상구喪具에 대해 와전되고 잘못된 것을 정정한 것임. 구具라는 것은 죽은 사람을 보낼 때 쓰는 온갖 물건, 예컨대 염습할 때 덮는 홑이불〔冒모〕, 시체의 두 손을 한데로 감싸 묶는 명주〔握手악수〕, 겉으로 입히는 두루마기〔深衣심의〕, 겨드랑이 옆으로 대는 구변鉤邊 등이 해당됨.

⑤ 다산초당: 47세~57세〔1808. 3. 16 ~ 1818. 9. 2〕

〈표 13〉: 유배지 '다산초당'에서의 저술 현황

나이	작성연도	책 제목	비 고
47	1808〔순조 8〕	『다산문답茶山問答』 『제례고정祭禮考定』 『주역사전周易四箋』 24권 「독역요지讀易要旨」 18칙 「역례비석易例比釋」	• 『다산문답』은 다산초당으로 옮기고 나서 제자들과 주역에 관한 질문과 답변 내용을 정리한 책임. • 『제례고정』은 사대부의 제사지내는 법을 경전의 예법에 맞도록 정리한 것으로, '평생 뜻이 담긴 책'으로 아들에게 강조한 책임. • 『주역사전』은 『주역심전』이라고도 하며, 주역에 대한 연구서로 학연과 이청, 학유의 보조로 이루어졌으며, 「서문」은 약전이 썼음. 다산은 아들에게 하늘의 도움으로 저술한 책이니 꼭 읽으라고 했음. • 「독역요지」는 『주역심전』을 탈고하고 나서 검토하니 오류가 많아 원고를 재정리하여 신본新本을 만들고 따로 2장을 보충하여 수록한 책임. • 「역례비석」은 주역의 깊은 뜻을 사례별로 정리하여 엮은 책임.

		『주역서언 周易緒言』12권 『시경강의보유 詩經講義補遺』3권	• 『주역서언』은 주역에 대해 여러 학자의 주설을 취합하여 조리에 맞게 논한 내용임. • 『시경강의보유』는 정조에게 시경을 강의한 것에서 밝히지 못한 내용에 대해 자신의 견해를 보충한 것으로 『모시강의〔1791〕』와 합편했음.
48	1809 〔순조 8〕	『예전상복상 禮箋喪服商』 『상례외편 喪禮外篇』12권	• 『예전상복상』은 상복의 제도가 예에 맞는지를 살펴 기록한 책임. • 『상례외편』은 상례에 관한 이론서로서 사람이 죽은 후에 장사지내는 예법에 대하여 상세히 기록하여 정리한 책임.
49	1810 〔순조 10〕	『시경강의보 詩經講義補』12권 『가례작의家禮酌儀』 『관례작의冠禮酌儀』 『소학주천小學珠串』	• 『시경강의보』는 18년 전에 정조 앞에서 800여조에 대해 시경을 강의했던 내용을 강진 유배지에서 답변을 더 보충해서 묶었음. 다산은 아들에게 '정조대왕께 가장 크게 인정받은 책'이라고 했음. • 『가례작의』는 고례古禮와 주자가례를 토대로 관례와 혼례에 관해 현실에 맞게 절차를 기술하였음. • 『관례작의』는 치관을 씌우고 청상의를 입는 절차인 '시가始加', 초립을 씌우고 청도포를 입는 절차인 '재가再加', 사모를 씌우고 조포朝胞를 입는 절차인 '삼가三加', 관자가 술을 마시는 절차인 '초례醮禮', 관자가 자字를 받는 절차인 '자관字冠' 등에 관한 내용을 기술한 책임. • 『소학주천』은 고경古經과 제자백가諸子百家의 책에서 명물名物 수목數目을 수집하고 그중에 실제 공부에 도움이 되는 것을 뽑아서 편찬한 책으로, 수업하러 온 학생들의 면학 의지를 북돋우기 위해 편찬한 일종의 '자서字書'임.
50	1811 〔순조 11〕	『아방강역고 我邦疆域考』 「예전상기별 禮箋喪期別」 『소학주관 小學珠串』 『민보의民堡議』	• 『아방강역고』는 조선의 역대 강역에 대한 연구서로, 고조선에서 발해에 이르기까지 역대 왕조들의 강역 변천 문헌을 중심으로 고증한 역사지리서임. • 「예전상기별」은 『상례사전』에서 「상기별」을 따로 두어 상기喪期에 대한 여러 의소義疏를 모아 모든 경우의 수를 망라해 총정리한 예서禮書임. • 『소학주관』은 어린아이를 위해 저술한 책으로, 어린이가 공부하며 반드시 알아야 할 300조목을 뽑아서 차례로 열거한 뒤 출전과 내용을 설명했음. • 『민보의』는 국토방위 책략에 관해 자신의 견해를 밝힌 책임. 당대 조선사회를 군사적으로 정비해야

51	1812 〔순조 12〕	『춘추고징 春秋考徵』 12권	한다는 필요성과 민란과 왜구의 침입에 대비해야 한다는 생각에서 저술했음. 요충지마다 산성을 쌓 고 그곳을 전시대피소 및 유격전의 거점으로 이용 하는 산성 중심의 농민자위체제農民自衛體制를 구 상하여 제안했음. '민보民堡'로 안보를 대비한다는 것은 당시 관군官軍의 무력함 때문이었음. •『춘추고징』은 『춘추』에 대하여 고징한 책으로, 『춘추』를 중심으로 『주례周禮』·『국어國語』·『통 전通典』 등의 사실을 예시하고, 선유先儒들의 논변 을 인용, 검토하여 예제禮制의 대강을 길례·흉례 로 나누어 체계화하였음.
		「아암탑문兒庵塔文」	•「아암탑문」은 다산이 강진에 와서 혜장을 만나게 된 사연과 『주역』 등 유교경전에 대해 혜장과의 대화 내용을 정리하여 엮은 책임.
52	1813 〔순조 14〕	『논어고금주 論語古今註』 40권	•『논어고금주』는 『논어』를 주석한 책. 다산은 이 강회, 윤동 등 제자들의 보조로 정리하여 고금의 주석을 광범하게 수집하고 이를 논평하면서 자신 의 독창적인 경학의 견해를 밝혔음. '고금주'는 공자 이후 모든 주석서를 총망라한 것을 뜻하며, 내용 중에 관존민비官尊民卑와 남존여비男尊女卑 등은 공자의 가르침을 잘못 해석해서 그런 폐단이 나온 것이라고 밝히고 있음.
53	1814 〔순조 14〕	『맹자요의 孟子要義』 9권 『대학공의 大學公議』 3권 『중용자잠 中庸自箴』 3권 『중용강의보 中庸講義補』 1권 『대동수경 大東水經』 2권	•『맹자요의』,『대학공의』,『중용자잠』은 사서에 관 한 쟁점을 정리하여 주석을 달은 책임. •『중용강의보』는 1784년 정조의 중용질문 80항에 대해 정리한 『중용강의』를 산삭刪削하고 정리한 책으로『중용』에 대한 초기의 경학적 입장과 함께 이후의 입장 변화를 살펴볼 수 있음. •『대동수경』은 한반도 북부 주요 하천의 유로 및 주요 지류의 경로를 기록하고, 하천이 통과하는 지 역의 지명 및 역사적 사실을 중국과 조선 및 일본 의 역사적 문헌의 기록을 조사·검토하고 발췌하 여 기술한 역사 지리적 관점으로 본 자연지리서임.
		『심경밀험 心經密驗』 1권	•『심경밀험』은 송나라 진덕수陳德秀의 『심경』을, 자기 스스로 마음을 체험하면서 스스로를 경계하 기 위해 지은 것으로, 『심경』으로 경서연구를 마 무리하고자 하였음. 다산은 육경六經과 사서四書 에 대한 해석을 거의 완성하고 나서 자신의 삶을

54	1815 〔순조 15〕	『소학지언 小學枝言』	다스리는 데 직접 도움이 될 책으로『소학』과『심경』을 꼽았음. "소학으로 밖을 다스리고 심경으로 안을 다스리고자 하였다."고 표현했음. • 『소학지언』은 중국 학자들이『소학』에 대해 주석한 것 중 오류를 지적하고, 의문점이 있거나 난해한 부분에 대하여 설명을 붙이는 등 구주舊註를 보완한 책임.
55	1816 〔순조 16〕	『악서고존 樂書孤存』 12권	우리나라의 음악이론·성률聲律·악기 등의 기록을 고증한 음악서로 악지樂志·성률 제작, 이동異同·연혁·오류誤謬 등에 대하여 고문헌을 인용하여 고증했고, 편종編鐘·편경編磬·금琴·슬瑟·생笙·적笛 등 악기에 대하여 자세하게 조사, 12권으로 완성한 음악 이론서임. 이는 분서갱유焚書坑儒 사건 때 불타 없어진 6경〔『시경』,『서경』,『주역』,『춘추』,『예기』,『악경』〕 중에서 '5경'을 찾아냈고, 다산이 여기에 주석을 달아 음악의 경전으로 편집함으로써 4서6경에 대한 주석을 완성한 것임.
56	1817 〔순조 17〕	『상의절요 喪儀節要』 『경세유표 經世遺表』 『사례가식 四禮家式』 9권	• 『상의절요』는 집안에서 상례를 치를 때 상례절차에서 논란이 있었거나 의심나고 불확실한 사항을 간추려서 간편하게 치르는 데 필요한 중요사항을 정리한 것으로, 풍수설에 대한 부정적 태도와 당송시대의 상례에 대해 지적하였음. • 『경세유표』는 행정 기구의 개편을 비롯하여 관제·토지제도·부세제도 등 모든 제도의 개혁 원리를 제시한 책으로, 원제명은 '방례초본'이며, 『주례』의 이념을 근거로 당시 조선의 현실에 맞도록 정치·사회·경제제도를 개혁하고 부국강병을 이루는 데 목표를 두고 집필한 책임. • 『사례가식』은 『상례사전』을 실행하기 간편하게 만들고자 『가례작의』, 『관례작의』와 『혼례작의』, 『상의절요』, 『제례고정』 등을 묶은 것임.
57	1818 〔순조 18〕	『목민심서 牧民心書』 48권 『국조전례고 國朝典禮考』 2권	• 『목민심서』는 지방행정관의 윤리지침서로, '부임' 단계에서 '해관' 단계까지 12편 72조로 엮여져 있는 윤리지침서이자 목민牧民 교과서임. • 『국조전례고』는 조선과 명나라에서 일어난 전례논쟁을 예학적으로 검토한 저술로, 이상적 가치 추구와 현실적 상황 주목에 대해 유학자들의 학문적 노력과 정치적 실천을 다룬 책임.

<글 27> 『소학주관小學珠串』「서문」

촉蜀 지방의 아이가 수천 개의 슬슬瑟瑟이라는 구슬을 얻었다. 이것을 좋아해서 가슴에 품기도 하고, 옷깃에 차기도 하며, 입에 물기도 하고, 손에 쥐기도 하였다. 동쪽에 위치한 낙양洛陽에 가서 이것을 팔려고 하였는데, 막상 길을 떠나자 피곤하여 옷을 헤치면 가슴에 품었던 구슬이 떨어지고, 물을 건너려고 몸을 숙이면 옷자락에 넣었던 구슬이 쏟아져 나왔다. 기뻐할 일이 있어 웃거나 말할 일이 있어 말을 하면 입에 물었던 구슬이 튀어나오고, 벌과 전갈, 독사 등 몸을 해치는 동물을 갑자기 맞닥뜨려 그 위험을 막으려 하면 손에 쥐었던 구슬이 쏟아져 나왔다. 그렇게 길을 절반도 못 가서 구슬이 모두 없어지고 말았다. 이에 서글픈 심정으로 돌아왔다. 그것을 사고자 했던 상인에게 이 일을 말하자, 그가 말하였다.

"아, 애석하구나! 왜 진작 내게 오지 않았느냐. 구슬을 가지고 가는 데는 방법이 있단다. 먼저 원객圜客의 실로 줄을 만들고, 돼지털로 바늘을 만든다. 푸른 구슬은 푸른 구슬대로 꿰고, 붉은 구슬은 붉은 구슬대로 꿰고, 감색과 검정색, 자주색과 노란색의 구슬을 색깔별로 구분하여 꿰어 오吳 지방에서 생산되는 무소 가죽 상자에 담는다. 이것이 바로 슬슬이라는 구슬을 가지고 다니는 방법이다. 지금 네가 비록 만 섬의 구슬을 얻었다 해도 꿰미로 꿰지 않는다면 어디를 간들 잃어버리지 않겠는가."

지금 학문하는 방법도 이와 똑같다. 온갖 경전과 구류 백가九流百家의 책에 나오는 그 물건의 이름과 수많은 목록은 비유하자면 바로 슬슬이다. 꿰미로 이것들을 꿰지 않는다면 얻는 족족 잃어버리고 말 것이다.

내가 귀양살이 하면서 일이 없으니, 아이 몇이 나를 찾아와 공부를 하였는데 기억을 잘하지 못하는 것을 걱정하였다. 나는 비유하자면 늙은 장사꾼인 셈이라 슬슬에 대한 일을 사례로 들어 깨우쳐 주었다. 이에 옛 경전에 나오는 물건의 이름과 많은 목록을 수집하여 이 중에 실학實學[실제에 응용되는 학문]에 보탬이 있는 것들을 뽑아서 모두 300조항을 얻고는, 『소학주관』이라고 이름을 붙이고 그들에게 주었다.

어떤 아이가 펄쩍 뛰며 기뻐하면서 말하였다. "선생님의 책은 근본이 있습니다. 옛날 공자孔子께서 자공子貢에게 말씀하기를 '자공아, 너는 내가 많이 배워 기억을 잘하는 사람이라고 생각하느냐. 아니다. 나는 하나의 이치로 사물을 꿰는 사람이란다.'라고 하셨지요. 선생님의 책은 근본이 있습니다." 나는 이것으로 서문을 삼는다.

* 출처: 네이버 지식백과[성원규, 박석무, 송재소, 임형택, 성백효]

〈글 28〉『악서고존樂書孤存』「서문」

예禮로 외면을 절제하고 음악[樂악]으로 내면을 조화시킨다. 절제는 행동을 규율하는 것이요 조화는 덕을 기르는 것이니, 이 두 가지는 어느 하나도 버릴 수가 없다. 그런데 덕은 내면이고 근본이니 중中과 화和, 공경과 떳떳함이 내면에 보존되어 있어야 효도와

우애, 동성과 이성 간의 화목함이 밖에서 이루어진다. 그렇다면 음악으로 사람을 가르치는 것이 먼저 힘써야 할 일이다.

진秦나라 때에 서적이 불타 없어지면서 악서樂書가 없어졌고, 오직 『주가성곡절周歌聲曲折』 7편과, 『주가요시성곡절周歌謠詩聲曲折』 75편이 한漢나라 역사책에 기재되어 있지만, 이 역시도 얼마 못 가 망실되었다.

이에 여불위呂不韋와 유안劉安이 율려律呂를 불어 오성五聲을 정한다는 설을 제창해서 억지로 육률六律을 오성五聲이라 하여 삼분손익三分損益, 취처생자取妻生子, 배괘배월配卦配月, 선궁변반旋宮變半등 온갖 잘못된 이론이 분분하게 일어났다.

그리하여 『예기』의 「예운」 편을 시조로 삼고 「월령」 편을 떠받드니, 사마천司馬遷과 반고班固 이하 경방京房 · 전낙지錢樂之 · 만보상萬寶常 · 소지파蘇祗婆 · 왕박王朴 같은 인물들이 모두 이것을 언급해서 온갖 방법으로 사람들을 속였다. 이에 세상에서 음악을 배우는 자들이 모두 주판을 잡고 붓을 잡고는 털끝만 한 작은 부분까지도 분석하면서 천지의 미묘한 이치를 모두 밝혔다고 자부하였다. 그러나 결국 이것으로 현악기 하나 타지 못하고 관악기 하나도 연주하지 못하였으니, 어디에 쓰겠는가?

유자儒者들은 진실로 옛 가르침을 돈독히 숭상해야 하는데, 음악의 경우 무릇 진秦 · 한漢 이후의 내용을 모두 빗자루로 한바탕 깨끗이 쓸어버려야 그 몽매함에서 깨어나고 그 어두움에서 벗어나서 옛 법의 비슷한 내용이나마 얻을 수 있을 것이다. 만약 일말의 잔재라도 남겨 둔다면, 이는 바로 작은 안개가 온 하늘을 뒤덮어 가리는 격이 될 것이다.

나는 오랫동안 이것들을 연마하고 깊이 탐구해서 그 거짓을 깨닫고 폐기해 버렸다. 그리하여 여러 잘못된 것들을 낱낱이 열거하여 그 간사하고 거짓된 부분을 분명하게 밝혔으며, 마침내 『시경』과 『서경』, 『맹자』 및 『의례』와 『주례』, 『국어』, 『주어』 가운데 일부 남아 있는 몇몇 구절들을 모으고 추려서 밝게 드러내고 미루어 확충하니, 모두 12권이다. 이를 『악서고존』이라고 명명하니, 고존孤存이란 쓸모없이 많아서 사라지기보다는 차라리 한 가지라도 의의가 있어 보존한다는 뜻이다.

다만 율려에 매겨진 수數는 처음에는 잘 몰라 이해하지 못해서 결정한 것이 탐탁지 못하였는데, 나의 둘째 형님 손암 선생께서 편지로 이렇게 일러 주셨다. "삼분손익의 방법은 팽개쳐 버리지 않을 수 없거니와, 전해 내려온 데에는 틀림없이 이유가 있을 것이다. 오직 하늘에서 더하여 3을 취하고, 땅에서 더하여 2를 취했다는 것은 옛 성인의 오묘한 말씀이다. 황종黃鍾 81에서 3분의 1을 줄여서 대려大呂 54를 낳고, 태주太簇 78에서 3분의 1을 줄여서 협종夾鍾 52를 낳으니, 육률六律이 모두 그러하다. 그러니 자네는 어떻게 생각하는가?"

내가 가만히 이 뜻을 연구해 보니, 참으로 옳은 이치에 부합하였다. 그러니 둘째 형님의 마음을 묵묵히 계도해 준 하늘이 아니라면 여기에 미치지 못했을 것이다. 마침내 그 의미를 따라 3기紀·6평平의 수를 정하였으니, 이에 옛 경서에서 말한 큰 종과 큰 쇠북종을 뜰에 매다는 위치가 『주례』 「고공기考工記」의 여러 글과 질서정연하고 오묘하게 맞아서 다시는 작은 오류도 없게 되었다. 그런 뒤에 옛 법이 원래부터 그랬음을 의심할 것이 없게 되었다. 이는 오직 손암 선생께서 일러주신 것으로, 이 내용까지 모두 내가 한 것으로 여겨서는 안 된다.

아, 율려의 수는 이처럼 허황되고 잘못되었다. 그런데 지금 우리나라는 이천 년이라는 오랜 시간이 흐르고 삼만 리나 멀리 떨어져 있어 혼란한 학설에 빠져 벗어날 줄을 모르니, 사람의 지혜를 어떻게 믿을 수 있겠는가? 이 책을 익숙히 읽고 정밀히 연구하면 천지天地 사이에는 아직도 계발되지 못한 미지의 세계가 많다는 것을 알게 될 것이니, 이 때문에 다시 한 번 감탄하노라.

* 무인년(1818, 순조 18) 여름에 열수洌水 정약용은 서문을 쓰다.

* 출처: 네이버 지식백과(김창효, 박석무, 송재소, 임형택, 성백효)

〈글 29〉『방례초본邦禮草本』「서문」

여기에서 논한 것은 법이다. 법인데 예라고 이름을 붙인 것은 어째서인가. 선왕先王은 예를 가지고 나라를 다스렸고, 백성을 인도하였다. 그러다가 예가 쇠락하자 법이라는 이름이 생겨났으니, 법은 나라를 다스리는 방법이 아니고 백성을 인도하는 방법이 아니다.

천리天理로 헤아려 보면 합당하고 인정人情에 적용하면 알맞은 것을 예라고 한다. 반면에 백성이 두려워하는 것으로 위협하고, 슬퍼하는 것으로 압박하여 백성들이 매우 두렵고 두려워 감히 범하지 못하게 하는 것을 법이라 이른다. 선왕은 예로 법을 만들고, 후대의 왕은 법으로 법을 삼고 있으니, 이것이 그 다른 점이다.

〈중략〉

공자가 "순임금은 하는 일 없이 다스렸다."라고 말씀하신 것은 순임금이 어질고 성스러운 신하를 22명이나 얻었으니, 또 자신이 직접 나설 필요가 있었겠느냐는 뜻이다. 말씀이 선명하고 생생하여 말 밖에서 그 풍모와 정신을 충분히 알 수 있다. 지금 사람들은 오직 이 한마디 말씀에 집착하여 "순임금은 팔짱을 끼고 말없이 단정히 앉은 채 손가락 하나 까딱하지 않고도 천하가 순순히 교화되었다."라고 말한다. 그리하여 마침내 『서경』의 「요전堯典」과 「고요모皐陶謨」는 모두 까맣게 잊어버리니, 어찌 답답하지 않겠는가.

〈중략〉

훌륭하신 우리 효종孝宗대왕은 공법貢法을 대동법大同法으로 고치고, 또한 우리 영조英祖대왕은 노비법奴婢法을 개정하였으며, 군포법軍布法을 개정하고, 한림翰林을 천거하는 법을 개정하였다. 이는 모두 천리에 부합하고 인정에 흡족하여 마치 봄·여름·가을·겨울의 네 계절이 바뀌지 않을 수 없는 것과 같았다. 그런데도 당시에 모여서 의논하는 신하들의 반론이 조정에 가득하였는데, 상기된 모습으로 강력히 간하여 심지어는 황제의 소매를 끌고 난간을 부러뜨린 옛사람의 일을 자처한 자도 있었다.

그러나 이 법을 시행한 지 수백 년이 지나자 백성들이 그 즐거움을 누리고 그 은혜를 받으니, 그런 뒤에야 민심이 다소 안정되었다. 만약 효종과 영조 두 임금이 근거 없는 의논에 현혹되어 세월만 질질 끌고 고치지 않았더라면 그 법의 이해利害와 득실得失이 결국은 천고에 명백하게 밝혀지지 못했을 것이다.

영조가 균역법均役法을 제정할 적에 이를 저지하려는 자가 있었는데, 영조께서 말씀하시기를 "나라가 비록 망하더라도 이 법은 고쳐야만 한다."라고 하셨다. 아, 이것은 대성인大聖人의 훌륭하신 말씀이니, 세속의 보통 군주가 억지로 애를 써서 할 수 있는 말이 아니다. 그러므로 법을 고치고 관제를 개혁하는 것을 『춘추』에서 중요하게 여겼다. 법을 개정하는 것을 왕안석의 사례 때문에 무조건 질타하는 것은 못난 사람이 하는 세속의 말이지, 현명한 왕이 돌아볼 바가 아니다.

그런데 지금 일을 방해하는 자들은 번번이 말하기를 "조종祖宗의 법을 함부로 비판해서는 안 된다."라고 한다. 그러나 조정의 법은 대부분 국가를 창업하던 초기에 만들어졌는데, 이때에는 천명을 미처 분명하게 알지 못하였고, 인심도 아직 크게 안정되지 못하였다. 그리고 큰 공을 세운 장수와 정승들은 대부분 거칠고 호걸스러운 무인武人이었고, 백관百官과 사졸士卒들은 대부분 두 마음을 품은 간사한 자들이라서 각자 사심私心으로 이익을 추구하다가, 조금이라도 만족스럽지 못한 부분이 있으면 반드시 떼를 지어 일어나 난을 일으켰다. 이 때문에 훌륭한 군주와 현명한 신하들이 장막 안에서 은밀히 모의하였다가도 좌우로 돌아보고 앞뒤로 구속되어 끝내 아무 일도 하지 못하고 그만두었다.

아무 일도 하지 못한다면 옛것을 그대로 따르게 되니, 옛것을 따르는 것은 원망을 줄이는 방법이다. 비록 합당하지 못한 점이 있더라도 옛날에 한 것이지 내가 만든 것이 아니다. 그러므로 대체로 창업한 초기에는 법을 고치지 못하고 말세末世의 제도를 그대로 답습하여 중요한 법으로 삼으니, 이는 예나 지금이나 공통된 병폐이다.

이 때문에 우리나라의 법은 대부분 고려조의 옛것을 그대로 따랐는데, 세종 때에 와서 다소 고친 부분이 있었다. 그러다가 한번 임진왜란을 겪은 뒤로는 온갖 법도가 파괴되고 여러 일들이 혼란스럽게 되었다. 군문軍門을 여러 번 증대하면서 국가의 재정이 고갈되고, 전제田制가 문란하여 세금을 거두는 것이 한쪽으로 치우쳤다. 재물이 나오는 근원을 힘을 다해 막아 버리고, 재물을 허비하는 구멍은 마음대로 뚫어 놓았다. 이에 오직 부서를 혁파하고 관원을 감축하는 것을 구급救急하는 방법으로 삼아 이익은 한 되〔升승〕나 한 말〔斗두〕 정도로 작고, 손해는 산더미처럼 컸다. 백관百官이 구비되지 못하고 정규 관원에게 녹봉이 없게 되자, 탐욕스런 풍속이 크게 일어나 백성들의 생활이 궁핍해졌다.

내가 곰곰이 한번 생각해 보니, 털끝만큼 작은 일까지도 병들지 않은 곳이 없으니, 지금 이것을 고치지 않는다면 틀림없이 나라를 망하게 하고야 말 것이다. 이 어찌 충신忠臣과 지사志士가 수수방관袖手傍觀할 수 있는 일이겠는가. 『주역』에 "생각이 그 지위를 벗어나지 않는다."라고 하였고, 군자가 말씀하기를 "그 지위에 있지 않으면 그 정사를 도모하지 않는다."라고 하였으니, 지금 죄를 짓고 귀양 온 신하가 어찌 감히 나라의 예를 논의하겠는가. 아, 그 말이 옳다. 그러나 반계磻溪 유형원柳馨遠은 법을 개정할 것을 논했지만 죄를 받지 않았고 그가 저술한 『반계수록』은 나라에서 간행하였다. 그의 말이 쓰이지는 않았더라도 그 말한 사람에게 죄는 묻지 않았다.

이것을 초본艸本이라고 말한 것은 어째서인가. 초艸란 수정이나 윤색이 필요한 부분이 있다는 뜻이다. 나는 지식이 얕고 지혜가 짧은 데다 경력이 적고 문견이 보잘것없다. 더구나 거처하는 곳이 후미지고 서적이 부족하니, 비록 성상께서 채택한다 하더라도 잘하는 자에게 수정하고 윤색하게 해야 하는 것이다. 이렇게 수정과 윤색이 필요한 것이 어찌 초고艸稿가 아니겠는가.

〈중략〉

대체로 이러한 것들은 참으로 과단성 있게 행하기를 바라지만 소소한 조례와 자질구레한 인원수 등 간혹 구애되어 통하기 어려운 부분이 있다면 어찌 감히 내 견해를 끝까지 고수하여 한 글자도 바꿀 수 없다고 주장하겠는가. 만일 고루한 점이 있으면 나를 용서하고, 고루하여 꽉 막히는 점이 있으면 고르게 하며, 수정하고 윤색해서 혹 수십 년 동안 시행하여 편리한가의 여부를 시험해야 할 것이다. 그런 후에 이것을 금석金石처럼 불변의 법전法典으로 만들어서 후세에 물려준다면 이 역시 지극한 바람과 즐거움이 아니겠는가.

잘 정비된 수레에 길들여진 말에다가 멍에를 메우고, 끌채를 묶고도 오히려 다시 좌우로 옹위擁衛하고 앞으로 수백 걸음을 걸어 보아 자유자재로 운용이 되는지를 시험해 보아야 한다. 그런 뒤에 말에 멍에를 메우고 그제야 수레를 모는 것이니, 왕자王者가 법을 제정하여 세상을 다스리는 것이 어찌 이와 다르겠는가. 이것이 초본이라고 명명한 이유이다. 아, 이것이 어찌 초본이 아니겠는가.

* 출처: 네이버 지식백과(성원규, 박석무, 송재소, 임형택, 성백효)

옛날 순舜임금이 요堯임금의 뒤를 이어 즉위하자 12주州의 목牧을 불러 이들에게 백성을 기르게 하였고, 문왕文王이 정사를 확립하자 마침내 사목司牧〔지방관〕을 세워서 목부牧夫로 삼았으며, 맹자孟子가 평륙平陸에 가서 풀을 먹여 소와 양을 기르는 것을 가지고 백성을 다스리는 것에 비유하셨으니, 백성을 기르는 사람을 목이라고 한 것은 성현이 전하신 뜻이다.

성현의 가르침에는 원래 두 가지 방법이 있다. 사도司徒가 백성을 가르쳐 각자 자신의 몸을 수양하도록 하는 것과, 태학太學에서 국자國子〔성균관 유생〕를 가르쳐 각자 자신의 몸을 수양하고 백성을 다스리도록 하는 것이다. 백성을 다스린다는 것은 백성을 기르는 것이다. 그렇다면 군자의 학문은 몸을 수양하는 것이 절반이며, 그 나머지 절반은 백성을 기르는 것이다.

성인이 세상에 없어진 지 오래되었고 성인의 말씀도 사라져서 그 도道가 점점 어두워지니, 지금의 사목들은 자신의 이익을 좇는 것에만 급하고 백성을 기르는 방법을 모른다. 이에 백성들이 궁핍하여 결국엔 병들고 쓰러져서 시궁창과 골짝에 굶어 죽은 시신이 가득한데도 목민관牧民官이란 자는 좋은 옷을 입고 맛있는 음식으로 자기 몸을 살찌우니, 슬프지 않겠는가.

우리 선친께서는 영조 전하의 인정을 받아 두 지역의 현감과 한 지역의 군수, 도호부사都護府使, 목사牧使를 지냈는데 모두 훌륭한 업적이 있었다. 나는 비록 불초하지만 따라다니며 배워서 목민에 대해 적이 들은 부분이 있고, 따라가 직접 보아서 적이 깨달은 부분이 있었다. 그리고 내가 지방관이 되어서는 직접 시험해 보아 그 효과를 경험한 적이 있는데, 얼마 후 남쪽으로 유배를 와서 더 이 상 써볼 수가 없게 되었다.

나는 먼 지방에서 귀양살이한 지 18년 동안 사서四書와 오경五經 을 붙들고 반복하여 연구해서 내 몸을 수양하는 학문을 익혔다. 얼 마 후 "배움은 학문의 절반이다〔學學半학학반〕."라고 말하고는 마침 내 중국의 23사史와 우리나라의 역사책과 문집 들을 가져다가 옛 날 사목이 백성을 다스린 사적을 뽑아 위아래로 연구하고, 비슷한 것들을 분류하고 모아서 차례대로 편집하였다.

남쪽 지방은 전답에서 세稅가 나오는 곳인데 아전들이 간악하고 교활하여 병폐가 어지럽게 생겨났다. 내 처지가 비루하였기에 들은 것이 매우 상세하여 또한 이것을 종류대로 기록해서 나의 얕은 소 견을 덧붙였다. 모두 12편으로 만들었으니, 1편은 「부임」, 2편은 「율기」, 3편은 「봉공」, 4편은 「애민」이고, 그다음은 「육전」 6편, 11편은 「진황」, 12편은 「해관」이다. 12편이 각각 6개 조항씩이어서 모두 72개 조항인데, 혹은 몇 가지의 조항을 합쳐 한 권으로 만들 고, 혹은 한 조항을 나누어 몇 권을 만들기도 하여 통틀어 모두 48권을 한 질帙로 만들었다. 비록 시대에 따르고 세속에 순응하느 라 위로 선왕의 헌장憲章에 모두 부합하지는 못하였지만, 백성을 다스리는 일에 있어서 조례가 자세히 구비되었다.

고려 말에 처음 다섯 가지의 일로 수령들을 고과考課〔인사 평가〕하 였는데, 우리 조선조에서 이것을 그대로 따르고 뒤에 더 보태어 일 곱 가지로 만들었으니, 말하자면 그 큰 요지만 갖추었을 뿐이다. 그러나 목민관의 직책은 모든 일을 관장하고 있으니, 여러 조항을 낱낱이 들어도 직무를 제대로 수행하지 못할까 두려운데 더군다나 스스로 고찰하여 스스로 행하기를 바랄 수 있겠는가. 이 책은 첫 번째 편과 마지막 편 2편을 제외한 나머지 10편에 나열되어 있는 조항도 60가지나 되니, 진실로 훌륭한 목민관이 자신의 책무를 다 하려고 생각한다면 이 책만으로도 모자라지는 않을 것이다.

옛날 부염傅琰은 『이현보理縣譜』를 지었고, 유이劉彝는 『법범法範』을 지었으며, 왕소王素는 『독단獨斷』을 지었고, 장영張詠은 『계민집戒民集』을 지었다. 진덕수眞德秀는 『정경政經』을 지었고, 호태초胡太初는 『서언緒言』을 지었으며, 정한봉鄭漢奉은 「환택편宦澤篇」을 지었다. 이것들은 모두 이른바 목민牧民하는 책이다.

지금 이 책들이 대부분 전하지 않고, 유독 음란한 글과 기괴한 글귀들이 온 세상에 유행하니, 내 책인들 어찌 후세에 전하겠는가. 그러나 『주역』에 "옛 성현들의 말씀과 지나간 행실을 많이 알아서 그 덕德을 쌓는다."라고 하였다. 이는 진실로 나의 덕을 쌓는 것이니, 하필 목민하는 일에만 해당하겠는가.

이 책을 심서心書라고 이름 붙인 까닭은 무엇인가. 백성을 기르려는 마음만 있고 몸소 시행할 수 없기 때문에 이와 같이 이름을 붙였다.

*신사년(1821년, 순조21) 늦봄에 열수洌水 정약용은 쓰다.

* 출처: 네이버 지식백과(성원규, 박석무, 송재소, 임형택, 성백효)

254 다산 정약용의 목민리더십(I)

(4) 만년 18년: 57세~73세 〔1818. 9. 15~1836. 2. 22〕

〈표 14〉: '만년 18년' 동안의 저술 현황

나이	작성연도	책 제목	비 고
58	1819〔순조 19〕	『흠흠신서欽欽新書』30권 『아언각비雅言覺非』3권	• 『흠흠신서』는 애민의 관점에서 저술한 형법서임. 살인사건의 조사·심리·처형 등을 다루는 과정에서 인명 존중으로 백성의 억울함이 없도록 해야 하며, 이를 위해서는 관료 사대부들이 율문律文에 밝아야 한다는 취지에서 계몽 목적으로 편찬한 책임. • 『아언각비』는 국민의 언어·문자생활을 바로잡기 위하여 잘못 쓰이고 있는 말과 글을 골라 문헌을 상세히 검토하여 그 참뜻과 어원을 밝히고, 아울러 용례를 들어 합리적으로 설명한 책임.
59	1820〔순조 20〕	『이담속찬耳談續纂』	민간에서 널리 쓰이는 속담을 모은 속담집으로, 중국 속담 170여 개조와 우리나라 속담 241조를 소개하고 출전을 밝혔으며, 1801년에 쓴 백언시百諺詩를 수정, 보완한 책임.
60	1821〔순조 21〕	「사대고례산보事大考例刪補」	중국과의 사대 관계에 따른 복잡한 의례와 절차에 있어서 중복된 것을 산삭하여 저술한 책으로, 옛 정조의 지시를 생각하며 『동문휘고』 및 『통문관지通文館志』·『대전회통大典會通』을 가져다가 줄이고 보충하여 별도의 한 권으로 만든 책임.
61	1822〔순조 22〕	「자찬묘지명自撰墓誌銘」	「자찬묘지명」은 자신의 묘지명으로, 유배에서 돌아와 4년 뒤에 회갑을 맞아 지나온 파란의 삶을 회고하여 무덤에 넣을 광중본壙中本과 문집에 실을 집중본集中本 등 두 가지로 저술하였음.
64	1825〔순조 25〕	「풍수집의風水集議」	풍수설에 대한 해독을 제거하기 위해서 저술한 풍수 관련 비판서임.
66	1827〔순조 27〕	「독상서보존獨相書補傳」1권「염씨고문소증초閻氏古文疏證鈔」4권	• 「독상서보존」은 당대의 경학자인 홍석주가 쓴 상서보전을 읽고 저술한 책임. • 「염씨고문소증초」는 청나라 학자 염약거가 쓴 상서고문소증에 대한 견해를 담은 상서 주석서임.

| 73 | 1834
〔순조34〕 | 『상서고훈尙書古訓』
과『상서지원록尙書
知遠錄』7권을 21권
으로 합편.

『매씨서평
梅氏書平』9권 | • 『상서고훈』은 『상서尙書: 書經』의 각 편을 장으로
나누고, 그 나누어진 장에 대하여 원문을 쓰고, 그
것을 주석한 제가諸家의 설로써 고정考訂·인증引
證을 한 다음, 끝에 저자의 설을 붙여 이해가 편하
도록 한 책임. 『상서지원록』은 『서경』의 난해구難
解句를 체계적으로 고증하고 그 의미를 변증한 해
설서로, 이것들을 21권으로 합편한 책임.
• 『매씨서평』은 '상서尙書'의 58편 중 동진東晉 사람
인 매색梅賾이 발견했다는 25편이 위작임을 고증
한 책임. 사용된 용어와 인용문 등을 하나하나 검증
하여 후대의 위작임을 증명하였음. 1810년에 저술
한 것을 1827년과 1834년에 수정하여 완성하였음. |

〈글 31〉『흠흠신서欽欽新書』「서문」

오직 하늘만이 사람을 살리고 사람을 죽이니, 사람의 목숨은 하늘
에 달려 있다. 지방관이 또한 이 사이에서 선량한 사람은 편히 살게
하고 죄지은 사람은 잡아다가 죽인다. 이는 하늘의 권위를 드러내어
보인 것이다. 사람이 하늘의 권위를 대신 잡고 두려워할 줄 모르면
털끝만 한 일을 낱낱이 분석하지 않고 결국엔 소홀히 하고 어두워진
다. 혹은 살려야 할 사람을 죽이며, 죽여야 할 사람을 살려 주고서도
아무렇지 않게 편안히 여긴다. 또, 어떤 경우엔 재물을 탐하여 뇌물
을 받고 여자에게 홀려서 백성들이 울부짖으며 참혹하게 고통스러워
하는 소리를 들어도 동정할 줄을 모르니, 이는 참으로 큰 죄악이다.

사람의 목숨이 달린 옥사獄事는 군현에서 항상 일어나는 일이고
지방관리가 늘 만나는 일이다. 그럼에도 조사는 항상 소홀하고 판
결은 늘 잘못된다. 옛날 우리 정조 임금 때에는 관찰사와 수령이

항상 이 때문에 폄출을 당하였으므로 그나마 경계하여 근신하였는데, 근래에는 더 이상 그런 문제를 제대로 다스리지 않아서 옥사에 억울한 일이 많아졌다.

내가 목민牧民에 관한 책을 편찬하였지만, 사람의 목숨과 관련된 부분에 대해서는 "전문적인 공부가 있어야만 한다."라고 생각하여, 마침내 별도로 엮어서 이 책을 만들었다. 책의 맨 앞에 경서의 가르침을 실어 정밀한 뜻을 밝히고, 그 다음은 역사상의 사적史蹟을 실어 사례를 드러내었으니, 이른바 『경사지요經史之要』 3권이다.

다음은 비판하고 상세히 논박하는 글을 실어 그 당시의 판례를 살폈으니, 이른바 『비상지준批詳之雋』 5권이다. 다음은 청나라 사람들이 법률에 따라 형벌을 정하여 단죄한 사례를 실어 차등을 구별하였으니, 이른바 『의율지차擬律之差』 4권이다. 다음은 이전 조정의 군현에서의 공안公案〔판결하여 다스린 판례〕을 실었는데 글의 조리가 비속한 부분은 그 뜻에 따라 다듬고, 육조의 의논과 임금의 판결을 삼가 기록하면서 간간이 나의 뜻을 덧붙여서 그 뜻을 밝혔으니, 이른바 『상형지의祥刑之議』 15권이다.

내가 지난번 황해도 고을에 있을 적에 왕명을 받들어 옥사를 다스렸고, 조정으로 들어와 형조 참의가 되었을 때에도 이 일을 관장하였다. 그리고 남쪽 지역으로 유배를 간 이후에 옥사의 실정을 자주 들었기에 또한 장난삼아 의의擬議〔어떤 사안에 대해 가부를 의논하는 일〕를 만들었는데, 그 졸렬한 글을 말미에 달았으니, 이른바 『전발지사翦跋之詞』 3권이다. 이 책이 모두 30권인데 『흠흠신서』라고 이름을 붙였다. 비록 여러 책에서 뽑아 덧붙였기 때문에 완전하게 정리되지는 못했지만, 그래도 일을 맡은 사람이 참고할 만한 점이 있을 것이다. 〈중략〉

사대부들은 어렸을 때부터 백발이 될 때까지 그저 익히는 것이라고는 시부詩賦 등 문예라서 하루아침에 목민관이 되면 어쩔 줄 몰라 손을 대지 못한다. 그리하여 차라리 간악한 아전에게 맡겨 버리고 굳이 알려고 하지 않으니, 저 재화를 중시하고 의리를 천시하는 아전들이 어떻게 옥사를 모두 도리에 맞게 처리하겠는가. 그러니 차라리 정무를 다스리는 여가에 이 책을 분명하게 펼쳐 본 후 인용하고 도움을 받아서 『세원록洗冤錄』과 『대명률大明律』의 부족한 부분을 보충한다면, 사례를 미루어 지극한 데까지 이르게 되어 아마도 심문하고 판결하는 데 도움이 될 것이다. 그러면 하늘의 권위를 잘못 집행하지는 않을 것이다. 〈중략〉

이 책을 '흠흠'이라고 지은 까닭은 어째서인가? 공경하고 공경함[欽欽흠흠]은 진실로 형벌을 다스리는 근본이기 때문이다.

*임오년壬午年(1822년, 순조 22) 봄에 열수洌水 정약용은 쓰다.

* 출처: 네이버 지식백과(성원규, 박석무, 송재소, 임형택, 성백효)

〈글 32〉『아언각비雅言覺非』「서문」

배움이란 무엇인가. 배움이란 깨달음이다. 깨달음이란 무엇인가. 깨달음이란 자기의 잘못을 깨달음이다. 잘못을 깨달으려면 어떻게 해야 하는가. 평소 하는 말에서 잘못을 깨닫는 데 있다. 쥐를 옥玉이라고 불렀다가 잠시 후에 잘못을 깨닫고는 "이것은 쥐이니, 내가

착각해서 잘못 말했다.”라고 하며, 사슴을 가리켜 말〔馬〕이라고 불렀다가 곧 잘못을 깨닫고는 “이것은 사슴이니, 내가 착각해서 잘못 말했다.”라고 한다. 저지른 잘못을 깨닫고서 부끄러워하고 후회하며 고친다면 이것을 배움이라고 한다. 자신의 몸을 수양하는 법을 배우는 자가 말하기를 “악한 일은 아무리 작아도 하지 말라.”라고 하였으니, 문장을 짓는 법을 배우는 자 또한 아주 작은 잘못이라도 하지 말아야만 배움에 진전이 있는 것이다.

먼 지방에 사는 자들은 학문이 모두 전해들은 것뿐이어서 잘못된 부분이 많다. 이 때문에 내가 이 말을 하는 것이다. 하지만 하나를 들어 세 모퉁이를 반중하고, 하나를 들으면 열을 아는 것은 배우는 자의 책임이다. 내가 끝까지 다 자세히 말할 수 없으므로 대략적으로 말하는 것이지, 잘못이 이 정도에만 그칠 뿐이 아니다.

*기묘년〔1819년, 순조19〕 겨울에 철마산초鐵馬山樵는 쓰다.

* 출처: 네이버 지식백과〔성원규, 박석무, 송재소, 임형택, 성백효〕

3) 『여유당전서』에 제시된 저술 목록

다산의 저작을 모아 엮은 책은 그동안 『여유당집』, 『열수전서』 등의 이름으로 불려오다가 신조선사본 『여유당전서』의 간행을 계기로 『여유당전서』로 통칭되고 있다. 그리고 전집의 형태로 묶어서 출간된 것은 신조선사본이 처음이다. 이 책의 출간으로 본격적이고 체계적인 다산 연구

가 시작됐고 '다산학茶山學'이라는 새로운 학문 영역이 자리 잡는 계기
가 됐다는 점에서 『여유당전서』는 그 의미가 크다.

여유당은 다산이 태어난 생가의 당호堂號이다. 『여유당전서』는 여유당 이
름으로 저술한 것들을 총 정리하여 수록한 책으로, 총 5차례 발간되었다.

첫 번째는 1938년에 신조선사新朝鮮社에서 발행한 『여유당전서』이다.
이 책은 1834년부터 5년 동안 작업되었으며 편자는 다산의 외현손 김성
진金誠鎭이고, 정인보鄭寅普와 안재홍安在鴻이 함께 교열에 참여하였다.
이전에 『목민심서』·『흠흠신서』·『경세유표』·『아언각비』·『이담속찬』·
『강역고』·『마과회통』 등이 단행본으로 출판되기도 했다. 책의 구성은
전서의 내용을 편집 순위에 따라 설명하면 모두 7집이다. 제1집은 시문
집詩文集과 잡찬집雜纂集〔25권 12책〕이고, 제2집은 경집經集〔48권 24책〕이
며, 제3집은 예집禮集〔24권 12책〕이다. 제4집은 악집樂集〔4권 2책〕, 제5집
은 정법집政法集〔39권 19책〕, 제6집은 지리집地理集〔8권 4책〕, 제7집은 의
학집醫學集〔6권 3책〕인데, 모두 합하면 154권 76책이다.

두 번째는 1960년에 문헌편찬위원회에서 발행한 『정다산전서』이다.
이 책은 신조선사판 『여유당전서』를 저본으로 4책의 영인본으로 간행되
었으며, 『민보의』와 「다산연보」가 첨가되었고 김상기金庠基의 서문과 이
가원李家源의 해제가 있다.

세 번째는 1969년에 경인문화사景仁文化社에서 발행한 『정다산전서』
이다. 이 책은 『여유당전서보유與猶堂全書補遺』 5책을 추가하여 6책으로
축쇄 영인하여 발간하였다. 이우성李佑成의 해제가 있고, 추가된 보유편
에는 김영호金泳鎬의 해제와 이을호李乙浩의 발문이 있다.

네 번째는 1985년에 여강출판사에서 신조선사판 『여유당전서』를 실물대實物大 크기로 영인影印하여 20책으로 출간한 것이다.

　다섯 번째는 2013년에 다산학술문화재단〔사암출판사刊〕에서 발행한 『정본 여유당전서』이다. 이 책은 신조선사판 『여유당전서』를 저본으로, 그동안 출간된 『여유당전서』 내용을 보완하여 37책으로 출간하였으며, 정해창丁海昌의 발간사와 송재소宋載邵의 해제解題가 있다. 해제 내용에 "그동안 신조선사본 『여유당전서』를 저본으로 해 2천 편이 넘는 학술논문과 300여 편의 석·박사 논문, 그리고 100여 권의 연구 저서가 출간됐으니 신조선사본이 기여한 공功이 실로 크다고 하겠다. 그러나 신조선사본 『여유당전서』는 학계에 지대한 공헌을 했음에도 불구하고 적지 않은 문제점을 지니고 있었는데, 식자植字 과정에서 생긴 것으로 생각되는 오·탈자가 수없이 발견됐고, 다산의 저작이 아닌 글이 잘못 수록되기도 했다. 시집詩集의 경우에는 1819년부터 1836년까지 시詩의 저작 연도가 갈피를 잡을 수 없을 만큼 착종錯綜〔이것 저것 뒤섞여 엉클어짐〕돼 있다. 이러한 문제들은 종이로 출간된 책이 지닌 숙명적인 한계라 여겨지지만, 이 밖에도 신조선사본에는 크고 작은 여러 문제들이 지적돼 학계에서는 일찍부터 『여유당전서』 정본화 사업의 필요성이 대두돼 왔다. 뿐만 아니라 신조선사본 출간 당시에 미처 수습하지 못했던 다산의 저작들이 이후 꾸준히 발견됐다. 신조선사본 『여유당전서』가 출간된 지 80년 가까운 세월이 지난 시점에서 이런저런 문제들을 한 번은 짚고 넘어가야 하겠다는 생각에서 다산학술문화재단에서는 조심스럽게 정본화 사업에 착수했다. 마침 교육부가 지원하고 한국학중앙연구원이 주관하는 한국학진흥사업단의 지원을 받을 수 있어서 2004년부터 본격적으로 정본화사업을 시작했다."[50]고 기술하고 있는데, '1책' ~ '37책' 에 수록된 책을 제시하면 〈표 16〉과 같다.

〈표16〉: 『정본 여유당전서』 저술 목록

책번호	수록된 저술 내용		책번호	수록된 저술 내용
1책	시집詩集		18책	상례사전喪禮四箋 1
2책	문집文集 1		19책	상례사전喪禮四箋 2
3책	문집文集 2		20책	상례사전喪禮四箋 3
4책	문집文集 3		21책	상례외편喪禮外編
5책	잡찬집雜纂集	문헌비고간오文獻備考刊誤	22책	상의절요喪儀節要
		아언각비雅言覺非		제례고정祭禮考定
		이담속찬耳談續纂		가례작의嘉禮酌義
		소학주관小學珠串		예의문답禮疑問答
6책	대학공의大學公議, 대학강의大學講義, 소학지언小學枝言, 심경밀험心經密驗, 중용자잠中庸自箴, 중용강의보中庸講義補		23책	풍수집의風水集議
				악서고존樂書孤存
			24책	경세유표經世遺表 1
			25책	경세유표經世遺表 2
			26책	경세유표經世遺表 3
			27책	목민심서牧民心書 1
			28책	목민심서牧民心書 2
7책	맹자요의孟子要義		29책	목민심서牧民心書 3
8책	논어고금주論語古今註 1		30책	흠흠신서欽欽新書 1
9책	논어고금주論語古今註 2		31책	흠흠신서欽欽新書 2
10책	시경詩經강의講義		32책	아방강역고我邦疆域考
11책	상서고훈尙書古訓 1			
12책	상서고훈尙書古訓 2		33책	대동수경大東水經
13책	매씨서평梅氏書平		34책	마과회통麻科會通
14책	춘추고징春秋考徵			
15책	주역사전周易四箋 1		35책	여유당전서보유與猶堂全書補遺 1
16책	주역사전周易四箋 2		36책	여유당전서보유與猶堂全書補遺 2
17책	역학서언易學緒言		37책	여유당전서보유與猶堂全書補遺 3

••••

50 송재소, 『정본 여유당전서1』, 다산학술문화재단, 2012. 8쪽.
　*『정본 여유당전서』 1권~37권의 '해제' 내용을 재편집하였으며, '네이버 지식백과' 내용을 참조하여 작성하였음.

| 2 |

다산의 저술에 나타난 목민정신

목민정신牧民精神은 목민리더십의 기반基盤이 되는 정신으로, 다산이 저술한 책들에서 뽑아내어 초서抄書한 것이다. 앞서 설명했듯이 다산은 61세 때 쓴 「자찬묘지명」에서 "육경사서六經四書로써 자기 몸을 닦게 하고 '1표2서一表二書'로써 천하 국가를 다스릴 수 있게 하고자 함이었으니 본本과 말末이 구비되었다고 하겠다."라고 하면서 『심경밀험』「서문」에 "여러 해 동안 탐구했는데, 한 가지라도 얻는 게 있으면 설명을 달고 기록하여 간직해 두었다. 이제 독실하게 실천할 방법을 찾아보니, 오직 『소학』과 『심경』이 여러 경전들 가운데 특출하게 빼어났다. 학문이 진실로 이 두 책에 침잠해서 힘써 행하되 『소학』으로는 그 외면을 다스리고, 『심경』으로 그 내면을 다스린다면 거의 현인賢人이 되는 길을 얻게 될 것이다."라고 적었다. 여기서 말하는 '1표2서'는 『경세유표』, 『목민심서』, 『흠흠신서』를 뜻한다.

다산은 '목牧'을 "백성을 부양하는 것을 가리켜 목牧이라 한다."[51]고

했다. 즉 '牧목=保民보민·養民양민' 이라는 것이다. 여기서 '保보' 는 '보호하다', '보살피다', '養양' 은 '[낳아서] 기르다, [젖을] 먹이다, 봉양하다, 맡아 관장하다' 등의 의미로 해석된다. 그러므로 '보민保民' 은 백성을 '보호하고 보살피다', '양민養民' 은 백성을 '성장시키다', '맡아 관장하다' 등으로 풀이된다. 이를 현대 리더십과 연계해 보면 '목牧' 은 '리더', '민民' 은 '팔로어' 에 해당하므로 '목' 과 '민' 의 관계는 리더와 팔로어의 상호의존적 관계로 볼 수 있다.

목민牧民의 의미는 글자 풀이를 통해서도 알 수 있다. '牧' 은 '牛[소우]' 자와 '攵[회초리로 칠 복]' 자가 결합된 글자이니 '소가 가야할 방향으로 가도록 회초리로 안내한다.' 는 뜻이다. 그러므로 '목동牧童', '목장牧場' 이라는 용어와 같은 의미로 '[가축을] 기르다.', '보호하다.', '안내하다.' 등을 뜻하며, '리더' 의 영역에 해당된다. 그리고 '民' 은 '口[입구]' 자와 '氏[성 씨]' 자가 결합된 글자이니 '성[氏씨]을 가진 많은 사람들[口구]', 곧 '백성' 을 뜻하며 '민본民本', '민심民心', '민의民意' 등에서 보듯이 '팔로어' 의 영역에 해당된다. 이는 "다산의 경학經學을 '민중적 경학民衆的經學' 으로 보았다."[52]는 위당 정인보鄭寅普의 표현, 즉 공맹의 사상과 철학을 민중民衆의 입장에서 다산경학으로 새롭게 탄생시켰다는 점이다. 그러므로 '목민리더십' 은 목동牧童이 양떼를 좋은 곳으로 안내하며 보호하고 돌보듯이, 리더가 팔로어를 웰빙의 삶으로 안내하는 리

● ● ● ●
51 『목민심서』 「서문」: "養民之謂牧者."
52 박석무, 『다산평전』, 민음사, 2020, 23쪽.

더십이라 할 수 있다. 다산은 "토호土豪의 횡포는 소민小民들에게는 시랑豺狼과 호랑이다. 그 해독을 제거하고 양 같은 백성들을 보호하는 것이야말로 참된 목민관의 역할이다."[53]라고 하여 목민관을 목동牧童에 비유하였다. 따라서 목민정신은 '목'과 '민'이 각자의 영역에서 조직이 추구하는 목표달성을 위해 본분을 다하는 정신이라 할 수 있다. 이런 맥락에서 다산의 저술에 나타난 목민정신을 정리하면 다음과 같이 10가지로 압축할 수 있다.

<표 17>: 목민정신 10가지

① 오교五教 정신	② 근본根本과 오뚝이 정신
③ 공렴公廉 정신	④ 근검勤儉 정신
⑤ 창의創意 정신	⑥ 공청병관 유시시구公聽並觀 唯是是求 정신
⑦ 위국위민爲國爲民 정신	⑧ 3호三好 정신
⑨ 상하동욕上下同欲 정신	⑩ 신아지구방新我之舊邦 정신

1) 오교五教 정신

(1) 의미와 출처

'오교五教'는 다섯 가지의 가르침을 뜻한다. 다산은 효제자孝弟慈를

53 『목민심서』 「형전6조〔禁暴〕」: "土豪武斷 小民之豺虎也 去害存羊 斯謂之牧."

'오교'라고 했다. 다시 말해서 '아버지〔父부〕', '어머니〔母모〕', '형兄', '동생〔弟제〕', '자녀〔子자〕' 등 다섯 계층에서 각각의 도리에 대한 가르침이다. 이는 『상서고훈尚書古訓』과 「원교原教」, 「원덕原德」, 『유배지에서 보낸 편지』 등에 나온다.

「원교」에서 "아버지는 의롭고〔義의〕, 어머니는 자애로우며〔慈자〕, 형은 따뜻하고〔友우〕 동생은 공손하며〔恭공〕 자식은 효도해야〔孝효〕 한다."[54]고 하면서 아버지는 너무 의롭기만 해선 안 되고 자애롭기도 해야하며, 어머니 또한 너무 자애롭기만 해선 안 되고 의로움도 있어야 한다고 했다. '오교'에 대해서는 "사랑으로 부모를 봉양하는 것을 효孝라 하고, 형제끼리 우애하는 것을 제弟라 하며, 자기 자식을 가르쳐 기르는 것을 자慈라고 한다. 이것이 바로 '오교'다."[55]라고 하면서 "맹자가 말하기를 인仁의 실상은 어버이를 섬기는 일이 바로 그것이고, 의義의 실상은 형을 따르는 것이 그것이며, 예禮의 실상은 이 두 가지를 적절히 조절하는 것이고, 락樂의 실상은 이 두 가지를 화락하게 하는 것이며, 지智의 실상은 이 두 가지를 알아서 떠나지 않는 것이 바로 그것이다."[56]라고 했다. 여기서 '인仁 · 의義 · 예禮 · 락樂 · 지智'도 ' 오교 '에서 시작된다고 하면서 "하늘이 명한 것을 성性이라 일컫고, 성을 따르는 것을 도道라 일컫고, 도를 닦는 것을 교教라고 일컫는다고 했는데, 여기서 교教는 오교

••••
54 김남기, 『정약용 선생의 선물』, 저녁바람, 2018, 31쪽.

55 정약용, 「원교」: "愛養父母謂之孝 友於兄弟謂之弟 教育其子謂之慈 此之謂五教也."

56 정약용, 「원교」: "孟子曰 仁之實 事親是也. 義之實 從兄是也. 禮之實 節文斯二者是也. 樂之實 斯二者 樂則生矣. 智之實 知斯二者弗去是也."

五教를 말한다."[57]고 했다.

따라서 「원교原教」는 교육의 본질을 규명함과 동시에 '오교五教'를 통해 교육의 기초가 제공되도록 해야 한다는 점을 이르고 있다.

그리고 「원덕」에서도 "인의예지仁義禮智의 4덕德에 대해서, 유자有子는 '효제孝弟는 인仁을 행하는 근본이다.'라고 하여 인仁이 4덕을 겸통兼統하는 것으로 보았고, 맹자도 4덕의 실實을 효제에 귀결시켰다. 그렇다면 효제 아니고는 덕이라는 명칭이 성립될 곳이 없는 것이다."[58]라고 했다.

또한 유배지에서 자식들에게 보낸 편지에서도 "형을 섬기는 것을 바탕으로 어른을 섬기고, 자식 기르는 일을 바탕으로 어린이를 사랑해야 한다. 부부란 함께 그 덕을 닦음으로써 안을 다스리는 사이이고, 친구란 함께 그 도를 강구 연마함으로써 밖에서 잘못이 일어나지 않도록 서로 돕는 사이이다. 그런데 부모의 자식사랑〔慈자〕은 가르치지 않아도 잘 할 수 있기 때문에 성인의 가르침에서 효孝와 제弟만을 강조한 것이다."라면서 "학문의 근본은 효제자孝弟慈에 있는데, 이를 줄이면 효제孝弟이고, 더 줄이면 효孝다. '효제자'에서 '자慈'를 줄여도 되는 이유는 새나 짐승들처럼 저절로 자식을 사랑할 줄 알기 때문이고, '효제'에서 '제弟'는 줄여도 되는 것은, 효를 하는 사람은 '제'를 저절로 하기 때문이다. 증자가 『효경』의 제목을 '효제경'이 아닌 『효경』으로 한 이유는 그 때문이다. 그러므로 '인仁의 근본은 효孝다."라고 밝혔다.

● ● ● ●
57 정약용, 「원교」: "天命之謂性 率性之謂道 修道之謂教 教也者 五教也."
58 정약용, 「원덕」: "仁義禮智 謂之四德 然有子曰 孝弟也者 其爲仁之本 仁爲四德之統 然 孟子又以四德之實 歸之孝弟 則是孝弟之外 德之名無所立也."

부모를 사랑하여 봉양하는 것을 효孝라 하고, 형제간에 우애하는 것을 제弟라 하고, 자식을 가르치는 것을 자慈라 하니, 이것을 오교五敎라 한다. 부모를 섬기는 도리로 어른을 어른으로 받들면 임금의 도가 확립되고, 부모를 섬기는 도리로 어진 이를 어진 이로 받들면 스승에 대한 도가 확립된다. 이것이 이른바 자신을 낳아 주고 가르쳐 주고 먹고 살게 해준 세 분, 즉 아버지와 스승, 임금을 똑같이 섬기는 것[生三事一생삼사일]이다.

형을 섬기는 도리로 어른을 어른으로 대우하고 자식을 기르는 도리로 백성들을 부린다. 부부는 함께 이러한 덕을 닦아 집안을 다스리는 것이고, 붕우는 함께 이러한 도리를 강구하여 밖의 행실을 돕는 것이다.

그러나 오직 자慈[어여삐 여기는 것]의 경우는 그리 힘쓰지 않고서도 잘할 수 있기 때문에 성인이 가르침을 세울 적에 효도와 공경만을 가르치신 것이다. 『맹자』에 이런 말이 있다. "인仁의 실제는 어버이를 섬기는 것[事親사친]이고, 의義의 실제는 형을 따르는 것[從兄종형]이다. 예禮의 실제는 효도와 공경 이 두 가지를 적절히 조절한 것이고, 악樂의 실제는 이 두 가지를 화락하게 하는 것이고, 지智의 실제는 이 두 가지를 알아서 떠나지 않는 것이다."라는 내용이다.

이것을 통해 말해 보면 『대학』의 '명덕明德을 밝히는 것[明明德명명덕]'은 효도와 공경 이 두 가지를 밝히는 것이고 『중용』의 '성誠으로 말미암아 밝아지는 것[自誠明자성명]'은 이 두 가지를 성실하게 하는 것이다.

충忠이라는 말은 이 두 가지를 다하여 자기에게 진실하게 행하는 것이고, 서恕라는 말은 이 두 가지를 미루어서 남에게 미치는 것이다. 격물格物·치지致知는 이 두 가지에 나아가 연구하여 먼저 하고 나중에 해야 할 것을 아는 것이고, 궁리窮理·진성盡性은 이 두 가지를 깊이 연구하여 자신의 본성을 다하는 것이다. 두 가지를 내 마음에 성실히 하는 것을 정심正心〔마음을 바르게 함〕이라 하고, 두 가지를 내 몸에 성실히 하는 것을 수신修身〔몸을 닦음〕이라 하며, 두 가지를 밝혀 천명을 따르는 것을 사천事天〔하늘을 섬김〕이라 한다.

『중용』에 "하늘이 모든 사물에 부여해 준 것을 성性이라 이르고, 성대로 따르는 것을 도道라 이르고, 도를 중도中道에 맞게 하나하나 조절해 놓은 것을 교敎라 이른다."라고 하였으니, 이 '교敎'라는 것은 '오교五敎'를 말한다.

＊ 출처: 네이버 지식백과〔박민희, 박석무, 송재소, 임형택, 성백효〕

(2) 정약용 가家에 나타난 '오교五敎'

다산은 자식들에게 가계家誡로 보낸 「하피첩」에서 '오교'를 생활화할 것을 강조했다. 「하피첩」은 갑甲, 을乙, 병丙, 정丁 등 4첩으로 구성돼 있지만, 이 중 3첩인 '병丙' 첩은 아직 발견되지 않은 상태이다. 제1첩에 "효제孝弟는 인仁을 실행하는 근본이다. 그러나 부모를 사랑하고 형제간에 우애하는 사람이 세상에 많아서 효제가 돈독한 행실이 되기에는 부족하다. 오직 백부와 숙부는 형제의 자식을 자기 자식처럼 여기고, 형제의 자식이 백부와 숙부를 친아버지처럼 여기며 사촌 형제를 친형제처럼 서로 사랑하여 혹 어떤 사람이 와서 열흘이 지나도록 관찰하더라도 누가 누구의 아버지이고, 누가 누구의 자식인지를 알지 못하게 할 정도가 돼야, 겨우 번창하는 가문의 기상이라고 할 수 있을 것이다."[59]라고 하여 확대된 개념의 효제 실천을 강조했다.

다산이 이처럼 '오교', 즉 '효제자'를 강조하게 된 배경에는 5대조인 정시윤丁時潤〔1646~1713, 인조 24~숙종 39〕공과 아버지 정재원丁載遠〔1730~1792, 영조 6~정조 16〕 공의 영향을 받은 것으로 보인다.

마재 입향조入鄉祖 시윤時潤 공은, 조실부모早失父母한 처지에서도 노력해서 마침내 홍문관에 오른 입지전적 성공 인물이다. 이는 조상의 뜻을 이어 실천하는 '계지술사繼志述事의 효' 실천의 결과이다. 시윤 공은 1699년도에 경기도 광주 마재〔馬峴〕 마을에 정착한 다산의 5대조이다. 공은 일찍이 일곱 살 때 부친을 여의었고, 어머니가 하종下從한 탓에 조실부모의 설움을 겪어야 했다. 그러자 공은 '유회有懷'라는 글씨를 대접에 써서 벽에 걸어놓고 아침저녁으로 부모를 그리워하며 열심히 공부한 끝에 홍문관弘文館에 올랐다. 이 또한 효심에서 비롯된 것이며, 다산이 훗날 「열부론」에서 '하종'에 대하여 비판적 시각을 갖도록 하는데 영향을 미친 것

••••
59 정약용, 「하피첩」: "孝弟爲行仁之本. 然愛其父母 友其昆弟者 世多有之 不足爲敦行. 唯伯叔父視昆弟之子猶己子 昆弟之子視伯叔父猶親父 從父昆弟相愛如同胞 使他人來館者閱日踰旬 終不知孰爲孰父孰爲孰子 方纔是拂家氣象."

으로 보인다.

아버지 재원 공의 효는 가족사랑과 가정윤리를 몸소 실천한데서 찾을 수 있다. 재원 공은 27세에 부친을 여의고 맏아들로서 동생들을 정성껏 보살펴 성장시켰으며, 스스로 공부하여 음직으로 진주목사에까지 오른 훌륭한 목민관으로, 계지술사繼志述事의 효를 실천한 표상이다. 이러한 재원 공의 인품은 진사시험에서 영조英祖임금도 인정한바 있음이『압해 정씨가승』에 다음과 같은 내용이 나온다. 재원 공이 1762년〔영조 38〕 진사시험에 응했을 때, 영조英祖가 살펴본 진사시험 답안 중에서, 재원 공이 작성한『예기』「제의」편의 내용이 가장 잘 작성된 답안으로 보았다. 영조가 정재원에게 "그대가 작성한 답안에서 '의義' 는 무엇을 의미하는 가?"라고 물었고, 재원 공은 '숙연肅然' 과 '용성容聲' 으로 답했는데, 영조는 이 과정에서 재원 공의 효성을 높게 평가한 것이다.

이렇듯 다산은 5대조 시윤 공과 아버지 재원 공의 영향을 받아 여러 면에서 효를 실천하고 계승했음을 알 수 있다. 이는 조상들이 이룬 '8대 옥당' 가문을 이어감으로써 '계지술사繼志述事' 의 효를 실천했고, 31살 때 아버지 재원 공이 임지에서 별세하자 약현, 약전, 약용 3형제가 마재에서 여막생활을 했던 내용을 기록한「망하루기望荷樓記」,「수오재기守吾齋記」,「매심재기每心齋記」,「여유당기與猶堂記」등에 잘 나타나 있다.

다산은 아홉 살 때 모친을 여의고 큰 형수〔약현의 처〕와 서모庶母 잠성 김씨의 보살핌으로 성장하면서도 효성이 깊었다. 이런 내용은 큰 형수의 묘지명「구수공인이씨묘지명丘嫂恭人李氏墓誌銘」과 서모 잠성김씨의 묘지명「서모김씨묘지명庶母金氏墓誌銘」에 잘 나타나 있다. 그리고 요절夭

折한 자녀들에 대해서도 광명壙銘과 광지壙誌, 예명瘞銘이란 이름으로 4
편의 묘표墓表를 남기는 등 자식사랑의 정을 보여주고 있다.[60] 3남 구장
懼牂의 죽음에 대해 참회와 자책하는 마음으로 「유자구장광명幼子懼牂壙
銘」, 차녀 효순의 죽음에 대하여 「유녀광지幼女壙誌」, 4남 삼동三童에 대
해 「유자삼동예명幼子三童瘞銘」, 6남 농장農牂에 대해 「농아광지農兒壙
誌」 등이 그것이다. 또한 자부子婦 심 씨에 대해 「효부심씨묘지명孝婦沈
氏墓誌銘」, 약현 형에 대해 「선백씨정약현묘지명先伯氏丁若鉉墓誌銘」, 약
전 형에 대해 「선중씨정약전묘지명先仲氏丁若銓墓誌銘」, 조카 학초學樵에
대해 「형자학초묘지명兄子學樵墓誌銘」, 조카 학수學樹에 대해 「형자학수
묘지명兄子學樹墓誌銘」을 남겼는데, 이는 다산가家의 가족애와 형제애를
나타내주는 '효제자' 관련 사례이다.

(3) 발전적 교훈 및 리더십의 적용

'오교五敎' 정신은 한국적 리더십의 기본이 되는 정신이다. 왜냐하면
'오교' 는 인간관계에서 기본으로 작용하는 '부·모·형·제·자' 에 관
한 사항이고, 여기서부터 인간관계가 시작되기 때문이다. 가족 간의 관
계는 이웃과 사회, 국가 및 자연과의 관계로 확대된다는 점에서 '오교'

••••
60 다산은 9남매[6남 3녀]를 낳아 6명[4남 2녀]의 자녀를 잃었는데, 생후 4일 만에 잃은
첫딸과 생후 10일 만에 잃은 다섯째 아들을 제외한 네 명의 자녀에 대해 아버지로서
애틋한 사랑을 담아 광명壙銘·광지壙誌·예명瘞銘 등의 이름으로 묘표를 남겼음[『정
본여유당전서3』「문집2」 324~326쪽].

는 관계의 기본이다. 특히 현대 사회에서 성공의 90%, 행복의 90%가 '관계'에서 비롯된다고 하는 데서도 알 수 있듯이 대인 간의 관계가 나쁘면 성공하기 어렵고, 행복할 수도 없다. 그런데 이러한 인간관계가 '오교'에서부터 시작된다는 점이다.

'오교'는 '친친애인親親愛人'[61]과 '동심원同心圓의 원리'[62]의 작용과도 관계된다. '친친애인'은 가까운 사람과 관계를 바탕으로 타인을 사랑해야 한다는 의미이고, '동심원의 원리'는 호수에 돌을 던지면 물결파문이 퍼져나가듯이 가정에서 가족관계를 잘하는 사람이 이웃과 사회, 국가, 자연과의 관계도 잘하게 된다는 뜻이다. 이런 점에서 '오교'는 리더십과도 밀접하게 관련된다.

리더십이, 리더가 의도하는 방향으로 구성원의 마음을 움직이게 하는 역량이자 영향력이라면, '효제자孝弟慈' 또한 가족 구성원의 관계를 시작으로 이웃과 사회, 국가와 자연으로 확대해 가는 보편적 가치라는 점에서다. 즉 리더십은 사람의 마음을 움직이는 기술인데, 마음을 움직일 수 있는 것은 좋은 '관계'에서 비롯되고, 그 관계는 '오교五敎', 즉 효제자에서 출발한다는 점이다. 실제로 가정에서 관계가 좋은 사람이 타인과의

••••
61 『맹자』 「진심상편」: "親親而仁民 仁民而愛物.", 『논어집주』 「학이편」: "所謂 親親而仁民也. 故爲仁以孝弟爲本."에 나오며, "가까운 사람끼리 잘 지내는 사람이 타인과 이웃, 사회와 국가, 자연에 이르기까지 잘 지낸다."는 의미임.

62 버제스〔Burgess〕가 제시한 이론. 도시에는 각각 특정적인 성격을 갖는 동심원적인 5개의 지대에 따라 도시의 지역구조가 형성된다는 이론임. 즉, 중심업무지구를 핵심으로 도시는 방사선적으로 확대된다는 고전적인 이론으로, 이는 호수 가운데에 돌을 던지면 물결파문이 동심원적으로 확산하는 현상이 나타나는 것처럼, 효의 원리도 이와 같은 이치에 따라 확산되어진다는 의미임.

관계가 원만하기 마련이고, 이런 것은 집단이나 조직을 이끌어 가는 리더가 갖추어야 할 소양이다. 그래서 『대학』에서는 '수신제가치국평천하修身齊家治國平天下'라고 했고, 다산도 "이 세상에는 깊은 은혜와 두터운 의리는 부모형제보다 더한 것이 없는데, 부모형제를 가볍게 여기는 사람이 벗들과는 어떤 관계를 하게 될 것인가 하는 점은 쉽게 알 수 있는 것이다."라고 했다. 이런 이유에서 『효경』을 비롯한 여러 경전에서도 효는 리더십의 바탕이 됨을 다음의 내용에서 알 수 있다.

〈표 18〉: 효와 리더십의 관계를 나타낸 문장

① 〔리더가 효를 적용하면〕 가르침이 엄숙하지 않아도 이루어지고 그 정치가 엄하지 않아도 다스려진다, 리더〔선왕〕는 그것을 가르침으로써 백성을 교화시킬 수 있다고 보았다.[63]

② 〔리더가〕 사랑과 공경함을 다하여 부모님 섬긴 연후에 도덕적 교화가 백성들에게 전해져 온 나라에 본보기가 될 수 있다.[64]

③ 리더〔선왕〕가 먼저 박애를 실천함으로써 성원들이 부모님을 버리지 않게 되고 덕과 의로써 베풀어 성원들이 자발적으로 〔그것을〕 실천하였다. 리더가 앞에서 공경하고 겸양하니 구성원들이 다투지 않고, 예악으로 이끄니 백성들이 화목하게 되고, 리더가 호오好惡로써 보여주자 구성원들 스스로가 하지 않아야 할 것을 알게 되었다.[65]

④ 〔리더가 효를 행하면〕그 성원들은 〔리더를〕 경외하면서 사랑하고, 법도로 삼으면서 본받는 것이다. 그러므로 〔리더는〕 도덕교육을 룰

----

63 『효경』 「삼재장」: "其敎不肅而成 其政不嚴而治 先王見敎之可以化民也."

64 『효경』 「천자장」: "愛敬 盡於事親 然後 德敎加於百姓 刑於四海."

65 『효경』 「삼재장」: "先之以博愛 而民莫遺其親 陳之以德義 而民興行. 先之以敬讓 而民不爭 導之以禮樂 而民和睦 示之以好惡 而民知禁."

수 있고, 그 정치적 명령을 실시할 수 있다.[66]

⑤ 리더〔군자〕는 근본을 세우는데 힘써야 하며 근본이 서면 길과 방법이 저절로 생긴다. 효孝와 우애弟는 인仁을 이루는 근본이다.[67]

⑥ 리더〔군자〕가 부모에게 독실하면 백성들 사이에 인仁이 진작振作되고 옛 친구를 버리지 않으면 백성들이 박절하지 않게 된다.[68]

⑦ 자기 집 노인을 공경하여서 그 마음이 다른 집 노인을 공경하는데까지 미치게 하고 자기 집 어린이를 사랑하여서 그 마음이 다른 집 어린이를 사랑하는 데까지 미치게 한다. 이렇게 마음을 쓴다면 천하를 쉽게 다스릴 수 있다.[69]

⑧ 〔리더가〕 사랑의 도를 천하에 세우려면, 먼저 스스로 그 어버이를 사랑하는 것에서 시작한다. 이것이 백성들에게 자목慈睦의 도를 가르치는 방도이다. 경敬의 도를 천하에 세우려면 먼저 스스로 그 형장兄長을 공경하는데서 시작한다. 이것이 백성에게 유순柔順의 도를 가르치는 방도이다. 자목의 도를 가르쳐서 백성이 어버이 있음을 귀하게 여기게 되고, 유순의 도를 가르쳐서 백성이 위의 명령을 들음을 귀하게 여기게 된다. 이리하여 백성이 모두 자목의 도로써 그 어버이를 섬기고, 유순의 도로써 위의 명령을 청종하면, 천하는 반드시 치평治平된다. 그러므로 이 두 가지 도로 천하에 실시하면 모든 일이 잘 행해진다.[70]

⑨ 나의 아내에게 모범이 됨으로 해서 형제에 이르고, 집안과 나라를 거느린다.[71]

....

66 『효경』「효우열장」: "其民畏而愛之 則而象之 故로 能成其德教 而行其政令."

67 『논어』「학이편」: "君子務本 本立而道生 孝弟也者 其爲仁之本與."

68 『논어』「태백편」: "君子篤於親 則民興於仁 故舊 不遺 則民不偸."

69 『맹자』「양혜왕 상」: "老吾老以及人之老 幼吾幼以及人之幼 天下可運於掌."

70 『예기』「제의편」: "子曰 立愛自親始教民睦也 立敬自長始教民順也 教以慈睦 而民貴有親 教以敬長 而民貴用命 孝以事親 順以聽命 錯諸天下 無所不行."

71 『시경』「대아」: "刑于寡妻 至于兄弟 以御于家邦."

이렇듯이 효와 리더십은 불가분의 관계임을 알 수 있다. 그러나 오늘날 효에 대한 인식이 과거 조선시대의 충효이데올로기와 연계하여 생각하는 관계로 '고루하다'는 등의 이유를 들어 교육에서 외면하고 있는 것이 현실이다. 이런 점에서 효에 대한 올바른 인식과 함께 리더십에서의 적용이 요구되는데, 다음과 같은 이유에서다.

첫째, 효에 대한 인식전환과 현대적 의미부여가 필요하다. 효는 좁은 의미로 '가족사랑'과 '가정윤리'로 해석하고, 넓은 의미로는 '세대공감'·'이웃사랑'·'자연사랑' 등으로 확대하여 해석한다. 이는 여러 경전에서 밝히고 있듯이 가정에서의 체득된 사랑이 이웃과 사회, 국가와 자연으로까지 확대되어 '친친애인親親愛人'과 '동심원同心圓의 원리'로 작용하게 된다는 점에서다. 따라서 효는 '혈연중심의 가족윤리'에서 '공간중심의 세대공감 문화'로 확대하는 인식전환이 요구된다.

둘째, '효'와 '효도'는 의미상으로 구별되어야 한다. 그 이유는, '효'와 '효도'는 의미가 다르기 때문에 그 대상과 방향이 다르다는 점이다. '효'는 가족사랑, 가정윤리임에서 보듯이 부모형제간에 쌍방향성이지만 '효도'는 자식이 부모에게 향하는 사랑과 정성이므로 일방향적이고 수직적이다. 영문표기에 있어서도 효는 태권도(taekwondo)나 김치(kimchi)처럼 'Harmony of the Young & Old'의 약자로, 효(HYO)로 표기하여 '하모니(H)를 추구하는 자녀(Y)와 부모(O)의 조화적 노력', '하모니(H)를 추구하는 젊은 세대(Y)와 노년세대(O)의 조화적 노력' 등으로 해석한다. 이런 이유에서 효孝(HYO)와 효도孝道(filial piety)는 의미상으로 구별되어야 하는 것이다. 다산은 "자식에게 바라는 대로 부모를 섬겨야 한다."[72]고 함으로써 효를 쌍무적 관계로 보았다. 그리고 효제자孝弟慈에 대하여 다산이 밝힌 대표적 글이 곡산부사시절에 작성한 「유곡산향교권효문諭谷山鄕校勸孝文」이다. 이 글에서 다산은 "허벅지 살을 베어서 부모에게 요리해드린 일이나, 부모의 똥 맛을 보아 약을 지어드린 일, 그리고 병들어 죽은 남편을 따라 죽은 아내를 '열녀烈女'라 칭하고 '정려문旌閭門'을 세운 일, 호랑이가 등에 타라고 땅을 긁는 일, 얼음 속에서 잉어가 튀어 나오고 겨울에 죽순이 솟아나는 일 등, 효를 신령함으로 표현한 것은 옳지 않은 일이다."라면서 잘못 인식된 효를 지적했다. 또한 여러 문헌에 제시되어 있는 효를 종합하면 '진정한 효는 부모가 원하는 바를 따르는 것', 즉 공경恭敬하라는 것이다. 사람은 누구나 누군가의 자식이면서 누군가의 부모이다. 그리고 부모 위에는 또 다른 부모, 즉 조상이 존재한다. 그렇기 때문에 '자식을 사랑하고 형제가 우애로 지내는 것은 곧 부모를 공경하는 효'인 것이다. 그러나 우리는 그동안 효교육을 함에 있어서 '우리가 할 수 없는 효'를 '자식 세대들은 할 수 있는 효'로 잘못 인식하고 가르친 면이 있다. 특히 다산은 「원원原怨」에서 "부모가 잘못하는 일이 있으면 부모를 원망해서 잘못을 막아야 한다. 부모가 실수를 해서 욕을 먹게 되면, 부모가 덕을 잃게 되고 자녀 또한 피해를 보게 되기 때문이다."라고 하여 간쟁諫爭의 효를 강조했다. 따라서 '효도'와 '효'는 의미를 구분해야 하는 것이다.

셋째, 효의 기본 원리[73]에 기초한 리더십이 요구된다는 점이다. 효는 다

••••
72 『맹자요의』 「이루상」: "所求乎子以事父."

73 김종두, 『효 패러다임의 현대적 해석』, 명문당, 2016. 161~178쪽.

음과 같은 원리로 작용한다는 점에서다.

하나, 효는 '경천敬天의 원리'로 작용한다. 경천敬天은 '하늘을 우러러 경배한다.'는 뜻으로, 공경恭敬과 경외敬畏를 포함한다. 공경은 '공손히 받드는 마음'이고, 경외는 '공경하면서도 두려워하는 마음'이니, 사람은 누구나 하늘의 이치에 따라 공경과 경외하는 마음을 가지게 되는 것이다. 우리가 부모자식의 관계를 '천륜天倫'으로 표현하는 이유는 하늘이 맺어준 관계라는 점에서다. 그런데 '천天'을 어떻게 인식하느냐에 따라 다를 수 있다. 다산은 '천天'을 막연하게 '하늘'로 보기보다는 인간의 '도덕적 주재자主宰者' 역할을 하는 '상제上帝'으로 보았다. 즉 성리학性理學의 '천리天理' 개념보다는 공맹의 원시유교元始儒敎의 근본정신 회복에 두고 경전을 새롭게 해석한 것이다. 사람의 성품에 있어서도 하늘의 이치에 따라 정해지는 '성즉리性卽理' 개념이 아닌, 사람이 좋아하는 쪽으로 발전해간다는 '성기호性嗜好' 개념으로 보았다. 이런 관점에서 다산은, 효는 인간의 기본에서 벗어나서는 안 된다는 점을 「유곡산향교권효문」에서 제시한 것이다. 즉 향득向得이라는 소녀가 자신의 허벅지 살을 베어서 아버지께 요리해 드린 일로 신라 경덕왕景德王에게 큰 상을 받아 잘 살았다는 『삼국사기』의 '향득사지向得舍知', 손순孫順이라는 사내가 어머니의 밥을 아들이 빼앗아 먹는다는 이유로 자기 아들을 땅에 묻어 죽이려고 땅을 팔 때, 하늘이 감동해서 석종石鐘을 내렸고, 이를 흥덕왕興德王이 알아 큰 상을 내렸다는 『삼국유사』의 '손순매아孫順埋兒' 사례, 병들어 죽은 남편을 따라 죽은 아내를 '열녀烈女'라 칭하며 정려문旌閭門을 세워준 일 등은 경천敬天의 원리에 벗어난, 패륜 사례인 것이다.

그러면서 "자식에게 원하는 바대로 부모를 섬겨야 한다所求好子以事父", 즉 "네가 자식에게 원치 않는 것으로 부모를 섬겨선 안 된다."고 했다.

둘, 효는 '사랑과 공경의 원리'로 작용한다. 사전적으로 봤을 때 사랑은 '상대의 존재를 헤아려 몹시 아끼고 귀하게 여기는 마음'이다. 혹자는 사랑을 사량思量, 즉 '깊이 생각하여 헤아린다.'는 의미로 해석하기도 하는데, 사랑을 설명할 때는 흔히 그리스어로 조건 없는 사랑인 '아가페〔agape〕', 혈육 간 사랑인 '스토르게〔storge〕', 우정을 나누는 '필리아〔philia〕', 부부간의 '에로스〔eros〕' 사랑으로, 또는 『성경』「고린도전서 13장」에 나오는 "사랑은 오래 참고 온유하며, 시기하지 아니하며, 자랑하지 아니하며, 교만하지 아니하며, 무례히 행치 아니하며, 자기의 유익을 구하지 아니하며, 성내지 아니하며, 악한 것을 생각지 아니하며, 불의를 기뻐하지 아니하며, 진리와 함께 기뻐하며, 모든 것을 참으며, 모든 것을 믿으며, 모든 것을 바라며, 모든 것을 견디는 것"으로 해석하는데, 이는 모두 효와 연관된다. 효는 좁은 의미로 '가족사랑·가정윤리'로 해석하지만, 넓은 의미로는 '이웃사랑·인류봉사·세대공감·나라사랑·자연사랑 등'으로 해석한다는 점에서다. "부모를 사랑하는 사람은 다른 사람을 미워하지 않고, 부모를 공경하는 사람은 다른 사람을 업신여기지 않는다."[74]는 내용은 이를 뒷받침한다. 다산이 강조하는 애민愛民과 애국愛國의 정신은, 효가 사랑과 공경의 원리로 작용하기 때문으로 보고 있는 것이다.

----

74 『효경』「천자장」: "愛親者 不敢惡於人 敬親者 不敢慢於人".

셋, 효는 '관계 및 조화의 원리'로 작용한다. 효는 부자자효父慈子孝, 부자유친父子有親, 부위자강父爲子綱 등에서 보듯이 부모는 자식을 위하고 자식은 부모를 위하며, 형제자매가 서로를 위하는 조화調和의 이치에서 시작되는 하모니[harmony] 정신이다. 때문에 효는 가정에서 부부夫婦를 시작으로 부자父子, 형제자매로 확대되고, 이를 기초로 타인과 이웃, 사회와 국가, 인류와 자연으로 확대하는 친친애인親親愛人과 동심원同心圓의 원리로 작용하는 덕목이자 가치이다. "부모를 섬기는 사람은 윗자리에 있어도 거만하지 않고, 아랫자리에 있어도 질서를 어지럽히지 않으며, 같은 무리와 함께 있어도 서로 다투지 않는다."[75], "효성스럽고 우애있는 사람이 윗사람을 함부로 대하는 경우는 드물다."[76]는 내용은 이를 뒷받침한다.

넷, 효는 '덕성과 의로움의 원리'로 작용한다. 효는 인간이 덕德스럽고 의로운 삶을 향하도록 가치 지향적 삶을 유도해 준다. 효는 보편성普遍性과 이타성利他性을 기초로 타인과 이웃, 사회와 국가, 인류와 자연을 사랑하는 가치이자 덕목이다. 그리고 부모와 자식이 잘못했을 때는 서로에게 간諫하여 잘못을 바로잡도록 하는 의로운 마음으로 작용한다. "효는 덕의 근본이요 모든 가르침이 그로 말미암아 생겨난다."[77], "사람이 성공함에는 의로움이 있어야 하는데, 효가 그 근본이다."[78], "효는 의를 따르

••••
75 『효경』「기효행장」: "事親者 居上不驕 爲下不亂 在醜不爭."
76 『논어』「학이편」: "其爲人也孝弟而好犯上者鮮矣."
77 『효경』「개종명의장」: "孝德之本也 教之所由生也."
78 『명심보감』「입교장」: "立身有義 而孝爲本."

는 것이지 부모를 따르는 것이 아니다."[79]라는 내용 등은 이를 뒷받침한다. 다산은 덕을 '행오지직심行吾之直心', 즉 '나의 바른 마음을 행함으로 옮길 때 덕이 될 수 있다.'고 했고, 의에 대해서는 '나를 착하게 하는 것〔義者善我也의자선아야〕', '선을 행하고 악을 버리는 것〔爲善去惡曰義위선거악왈의〕', '나에게 잘하는 것〔善我曰義선아왈의〕' 등으로 표현했는데, 이는 '오교'와 연관되는 것이다.

다섯, 효는 '자기성실과 책임의 원리'로 작용한다. 효는 자기성실에서 출발한다. 부모와 자식은 서로가 성실한 삶을 통해 걱정보다 기쁨을 주는 삶이어야 하기 때문이다. 사람은 누구나 부모님의 기대에 부응하고 싶고, 자기에게 성실함으로써 성공하고자 하는 욕구가 있다. 그리고 부모는 부모로서, 자식은 자식으로서 책임을 다하는 자세를 견지해야 한다. 성실誠實이란 '도덕을 기초로 최선을 다하는 것'이고, 책임責任은 '자기 자신의 삶과 관련되는 것에 대해서 가지는 의무감'이다. 이는 "효의 시작은 부모를 섬기는데 있고, 중간 단계는 나랏일에 충실 하는데 있으며, 효의 마지막은 이름을 드러내는 것이다. 몸을 세워 도를 행함으로써 후대에 이름을 날려 부모의 이름을 드러나게 하는 것이 효의 마지막이다."[80]라는 내용이 이를 뒷받침한다. 다산이 '8대 옥당'의 후손임을 자랑으로 여기면서, 8대 옥당의 마지막이던 정시윤丁時潤〔1646~1713〕 공에 이어 100여 년 만에 옥당 반열에 올랐는데, 이는 자기성실과 책임의식으

----

79 『순자』 「자도편」: "孝子從義不從父."

80 『효경』 「개종명의장」: "孝始於事親 中於事君 終於立身 立身行道 揚名於後世 以顯父母 孝之終也."

로 열심히 실천한 결과라고 할 수 있다.

2) 근본[本立]과 오뚝이 정신

(1) 의미와 출처

'근본根本'과 '오뚝이' 정신은 다산이 보여준 근본을 중요시하는 삶, 그리고 어려움이 닥쳤을 때 오뚝이처럼 일어날 수 있게 했던 용기勇氣 있는 삶을 말한다. '오뚝이'가 넘어져도 곧바로 일어설 수 있는 것은 무게중심이 밑부분에 있기 때문이다. 마찬가지로 인간도 근본이 확립되어 있으면 어려움에 처해도 스스로 극복할 수 있는 힘이 나온다는 뜻이다. 다산이 오늘날 실학을 집대성한 최고 학자라는 명성과 2012년도 유네스코에서의 세계기념인물 선정, 그리고 2019년도 경기도대표역사인물 1위에 선정된 것 등은 근본을 중시했던 삶과 '오뚝이' 정신으로 어려움을 극복한 삶의 결과라 할 수 있다. 특히 신유옥사辛酉獄事로 폐족을 당하고 18년 동안 유배를 살아야 했던 다산이 명예를 회복할 수 있었던 것은 근본을 중시하면서 불굴의 '오뚝이' 정신으로 저술활동에 매진한 결과로 볼 수 있다.

다산이 근본을 중요시했던 삶은 다음의 내용에서 확인할 수 있다. 첫째, 효제자孝弟慈를 학문의 근본으로 삼았다는 점이다. 다산은 자식에게 가계家誡로 보낸 「하피첩霞帔帖」에서 "학문의 근본은 효제자에 있다. 이를 줄이면 효제孝弟이고, 이를 더 줄이면 효孝다."라고 하면서 "인仁의 근본은 효孝에 있다."고 했다. 또한 『중용』의 '수도지위교修道之謂教'에서 '교教'는 '오교五教'를 말하는 것이며, '오교는 곧 효'라고 했다. 「원덕」에서도 "인의예지仁義禮智의 4덕德에서, 유자有子는 '효제는 인을 행하는 근본이다.'라고 하여 인仁이 4덕을 겸통兼統하는 것으로 보았고, 맹자도 4덕의 실實을 효제에 귀결시켰다. 그렇다면 효제 아니고는 덕이라는 명칭이 성립될 곳이 없는 것이다."[81]라고 함으로써 효제자를 학문의 근본으로 삼았음을 볼 수 있다.

둘째, 예禮는 법法의 근본이라는 점이다. 『시경』 「하서편」에 "백성이 나라의 근본이니, 근본이 튼튼해야 나라가 편안하다〔民惟邦本민유방본 本固邦寧본고방녕〕."고 했다. 근본의 중요성을 이른 말이다. 다산은 『방례초본〔경세유표〕』에서 "선왕先王은 예를 가지고 나라를 다스렸고, 백성을 인도하였다. 그러다가 예가 쇠락하자 법이라는 이름이 생겨났으니, 법은 나라를 다스리는 방법이 아니고, 백성을 인도하는 방법도 아니다." 면서 백성을 인도하는 것은 예를 근본으로 삼아야 한다고 했다. 『흠흠신서』에서 "사목자司牧者의 형정은 천권天權을 대행하는 것이므로, 단옥斷獄의 근본정신은 경서經書에서 찾아야 한다."고 한 것도 같은 맥락이다.

셋째, 리더십〔지도력〕의 근본은 '수기修己'에서 출발한다는 점이다. 다산은 "아전을 단속하는 근본은 자기 몸을 다스리는데 있다. 그 몸이 바르면 비록 명령하지 않아도 행하여 질 것이고, 그 몸이 바르지 못하면 비록 명령한다 해도 행해지지 않을 것이다. 예로써 정제하고 은혜로써 대

----

81 정약용, 「원덕」: "仁義禮智 謂之四德 然有子曰 孝弟也者 其爲仁之本 仁爲四德之統 然 孟子又以四德之實 歸之孝弟 則是孝弟之外 德之名無所立也."

한 뒤에 법으로써 단속해야 한다."[82] "몸을 닦는 일〔修身수신〕은 효도〔孝효〕와 우애〔友友우우〕를 근본으로 삼아야 한다."고 했다.

이 외에도 『목민심서』에서 "청송의 근본은 성의誠意에 있고, 성의의 근본은 신독愼獨에 있다.", "삼정문란三政紊亂을 치유할 근본은 『경세유표』와 『목민심서』, 『흠흠신서』 등 '1표2서'에 있다.", "천택川澤은 농리의 근본이 되는 것이니 천택의 정치를 옛날의 어진 임금은 소중히 여겼다."는 등의 표현에서 근본을 중시했음을 알 수 있다.

(2) 다산의 삶에서 본 '근본'과 '오뚝이 정신'

다산이 보여준 오뚝이 정신은 '자신이 살아온 삶', 그리고 '자식에게 보낸 편지'에서 찾아볼 수 있다. 다산은 강진 유배지에 도착했을 때 좌절挫折하지 않고, 오히려 학문을 할 수 있는 절호의 기회로 삼았다는 점이다. 다산은 "이제야 〔학문을 할 수 있는〕 겨를을 얻었구나〔今得暇矣금득가의〕."라면서 절망 속에서도 용기를 잃지 않았고, 자신의 아픔을 민중의 아픔으로 승화시키는 백절불굴百折不屈의 의지를 보여주었다.

자식에게 보낸 편지에서 "내가 왜 이렇게 책을 쓰는지를 아느냐?, 내가 이렇게 힘든 삶 속에서도 책을 쓰는 이유는 첫째는 나의 허물을 벗고자 함이요, 둘째는 가문을 지키고 폐족을 면하기 위해서이고, 셋째는 나의 목숨을 구하기 위해서다."라고 했다. "내가 저술에 마음을 두고 있는 것은 당장의 근심을 잊기 위함이 아니라 저술이라도 남겨서 귀양살이하

<hr>

82 『목민심서』 「이전6조〔속리〕」: "束吏之本 在於律己 其身正 不令而行 其身不正 雖令不行. 齋之以禮 接之有恩 然後 束之以法."

는 나의 허물을 벗고자 함이니, 나의 깊은 뜻을 너희가 알아야 한다. 그리고 우리 가문을 지키고 너희가 폐족을 면하는 길은 독서밖에는 없는데, 너희는 이 마음을 알아야 한다. 또한 조趙나라의 불효자 조괄趙括은 아버지의 책을 읽었기 때문에 나중에 어진 아들이 되었듯이 너희가 나의 책을 독서하는 것은 내 목숨을 살리는 일이다."라고 했는데, 여기서도 근본이 강조되고 있음을 볼 수 있다.

다산은 화禍를 면하고 복福을 얻는 방법에 대해서도 설명했다. 자식이 불행을 막기 위한 방편에 대해서, 아버지로서 마음을 전한 내용이다. 49세〔1810년〕 때 두 아들에게 가계로 준 「하피첩」에서 "오직 착한 행동이 복을 받을 수 있는 길이다.", "효孝나 충忠을 안다고 해서 복福이 찾아오는 것이 아니다. 정직하고 성실해야 찾아온다.", "근면과 검소는 논밭〔田畓전답〕보다 낫다.", "경敬으로 마음을 바로잡고 의義로 일을 바르게 해야 한다〔敬直義方경직의방〕.", "쓰러진 나무에서 싹이 난다〔顚木有蘗전목유얼〕.", "마지막 열매는 먹히지 않는다〔碩果不食석과불식〕.", "부지런함으로써 재물을 생산하고 검소함으로 가난을 구제한다〔勤以生貲근이생자 儉以救貧검이구빈〕."라는 내용을 「하피첩霞帔帖」에 담았는데, 이는 '오뚝이' 정신과 관련되는 내용이다.

'즐거움과 괴로움의 관계'에 대해서도 말하고 있다. 52세〔1813년〕 때 쓴 도강병마道康兵馬 우후虞侯 이중협증별시첩李重協贈別詩帖에서 "즐거움은 괴로움에서 나오니, 괴로움은 즐거움의 뿌리다, 괴로움은 즐거움에서 나오니, 즐거움은 괴로움의 씨앗이다."[83]라고 했다. 그리고 55세

----

83 「이중협 증별시첩」: "樂生於苦 苦者樂之根也. 苦生於樂 樂者苦之種也."

〔1816년〕때 큰아들 학연의 편지에 답하면서 '시비是非'와 '이해利害'의 두 기준을 설명한 것도 '근본과 오뚝이 정신'과 연관되는 내용이다.

(3) 발전적 교훈 및 리더십의 적용

다산은 자식들에게 근본을 잃고 행동해서는 안 되고, 절대로 포기해서도 안 된다는 점을 강조했다. 자신 또한 아버지로서 긍정적인 자세로, 근본을 중시하는 가치 지향적 삶을 통해 '오뚝이'처럼 살아가는 강한 의지를 보여주었다. 다산의 이러한 삶을 통해 발전적 교훈과 리더십의 적용 방안을 생각해 본다.

첫째, 절대로 넘어지지 않겠다는 강한 신념과 근본을 잃지 않는 자세를 보여준 점이다. 다산은 줄기차게 개혁을 주장하면서도 유배자라는 신분 때문에 어찌할 도리가 없었다. 이러한 내용은 그가 남긴 작품들을 통해서 파악할 수 있다. 그중의 하나가 "국가차원에서 개혁해야 할 내용을 책에 담아 죽은 후에라도 임금님께 표로써 올린다."는 의미로 쓴 『경세유표經世遺表』, 그리고 "목민할 마음은 있으나 〔유배 중이라〕 실행할 수 없어 '심서'라 이름으로 목민관의 윤리지침서를 내놓는다."는 의미로 쓴 『목민심서牧民心書』이다. 또한 "백년을 기다려서 요순이나 정조 임금과 같은 성인이 나타나 나를 평가한다 해도 미혹함이 없는 삶을 살았다는 평가를 받겠다."는 뜻으로 지은 '사암俟菴'이라는 '아호雅號'에도 들어있다. 이렇듯 '유표遺表', '심서心書', '사암俟菴' 등의 의미에서 다산의 '오뚝이' 정신을 엿볼 수 있다. 그리고 다산은 근본의 중요성을 강조했는데, "독서는 무엇보다도 먼저 근본을 세워야 한다. 근본은 효제孝弟일 뿐이다."라고 하면서 학문하는 것은 세상을 바르게 살기 위해서이고, 바르게 사는 길은 가정에서, 가족끼리의 관계에서 출발하므로 가족사랑과 가정윤리로 작용하는 효를 근본으로 본 것이다. 이런 내용은 "군자는 근본을 세우는데 힘써야 하며, 근본이 서면 길과 방법이 저절로 생긴다〔君子務本군자무본 本立而道生본립이도생〕."[84]는 내용에 근거한다. 그리고 그 앞 구절에 있는 "부모에게 효도하고 순종하며, 형제간 우애를 하는 사람이 윗사람에게 대들기를 좋아하는 경우는 드물다. 윗사람에게 범하는 것을 좋아하지 않으면서 난을 일으키기를 좋아하는 것 또한 아직 보지 못했다."[85]는 내용도 있다. 다산은 효제를 하는 사람은 근본이 선 사람이라는 생각에서, 두 아들에게도 효孝와 제弟를 통해 근본을 잃지 않도록 강조한 것이고, 이것이 '오뚝이' 정신으로 이어져야 한다고 보았다.

둘째, 고난苦難의 의미를 가치 있게 받아들이고, 그 고난을 지렛대로 삼아 난관을 극복해나가라는 당부이다. 다산은 『심경밀험』에서 "고난이 가져다주는 삶의 의미를 알아야 한다."고 하면서, 고난苦難에도 의미가 있음을 알고, 고난을 지렛대로 삼으라고 했다. 그러면서 "가난, 고난, 근심, 걱정은 그대를 옥玉처럼 완성한다."는 『근사록』, 그리고 "역경과 곤궁困窮은 호걸豪傑을 단련하는 도가니와 망치이다."라는 『채근담』, "하늘이 장차 그 사람에게 큰 사명을 내리려 할 때는 먼저 그의 심지心智를 괴롭게 하고 뼈와 힘줄을 힘들게 하며, 육체를 굶주리게 하고 그에게 아

----

84 『논어』「학이편」: "君子務本 本立而道生 孝弟也者 其爲仁之本與."
85 『논어』「학이편」: "其爲人也 孝弟 而好犯上者鮮矣 不好犯上 而好作亂者 未之有也."

무엇도 없게 하여 그가 행하고자 하는 바와 어긋나게 한다. 마음을 격동시켜 성질을 참도록 함으로써 그가 할 수 없었던 일을 더 많이 할 수 있게 하기 위함이다."[86]라는 『맹자』의 내용을 들어 강조하고 있다. 가문이 폐족을 당한 입장에서, 또한 가장이면서 원인 제공자라는 점에서, 부인과 자식들에게 미안함은 말할 수 없이 컸지만, 그럼에도 가문을 일으켜 세워야 한다는 일념一念으로 자식에게 강조한 것이다. 결국 두 아들은 성공적으로 성장했고, 다산의 서세逝世 16년에 폐족에서 벗어났다. 큰아들 학연은 나이 70에, 선공감 역繕工監役[종9품]에 음직으로 나가 사용원주부主簿[종6품]의 벼슬에까지 올랐고, 작은아들 학유는 초의, 김정희 등과 어깨를 나란히 할 정도의 큰 학자로 성장해서 『농가월령가』를 남겼다. 이는 포기하지 않고 아버지의 가르침을 실천한 것으로, 효제孝弟에 근본 한 '오뚝이' 정신에서 나온 것이다.

셋째, 시련의 세월을 긍정적 사고로 극복하는 자세이다. 다산은 정조 임금을 보필해서 조선 후기 개혁을 이끌었던 인물이다. 그러나 정조의 급작스런 붕어崩御와 함께 유배형과 폐족으로 온 집안이 몰락했다. 그러나 유배생활에 임하면서 "세속의 길에서 벗어나 이제야 진정한 학문을 할 수 있는 기회를 얻었다[今得暇矣금득가의]."라는 긍정적인 생각으로 임했고, 죽기 3일 전에 작성한 「회근시回졸詩」에서도 "슬픔은 짧았고 기쁨은 길었다[戚短歡長척단환장]."는 표현에서 긍정적 사고를 발견할 수 있다. 자신에게 닥친 시련의 세월에 대해 절망하기보다는 긍정적인 의미

••••
86 『맹자』「고자장구 하」"天將降大任于斯人也 必先勞其心志 苦其筋骨 餓其肤 窮乏其身行 拂亂其所不能 是故 動心忍性 增益其所不能."

를 부여하며, 지혜롭게 대처해 왔음을 볼 수 있다. 사람은 누구나 고난을 만나고 고난을 통해서 많은 경험을 배우면서, 그 경험을 바탕으로 오뚝이처럼 일어나게 된다. 어떤 이는 고난을 통해 놀라운 일을 해내지만, 어떤 사람은 고난에 치어 무너지기도 하는 것이다. 때문에 고난을 어떤 마음가짐과 태도로 맞이하느냐가 중요하며, "뜻이 있으면 마침내 그 일이 이루어진다〔有志者事竟成유지자사경성, 『후한서』〕", "시작이 있으면 반드시 끝이 있다〔有始者必有終유시자필유종, 『설원』〕."는 표현처럼 '오뚝이' 정신은 세상을 극복하는데 힘이 되는 것이다.

넷째, 학문을 함에 있어서는 근본을 잃지 않는 학자가 될 것을 강조한 점이다. 다산은 "백성이 오직 나라의 근본〔民惟邦本민유방본〕이니, 근본이 확고해야 나라가 편안하다〔本固邦寧본고방녕〕.", "근본이 서면 길과 방법이 저절로 생긴다〔本立而道生본립이도생〕."는 생각으로 두 아들과 제자들에게 끊임없이 근본에 충실하는 학문을 주문했다. 그리고 그 근본은 효제孝弟에 있다고 하면서 독서를 통한 근본을 잃지 않는 자세를 강조했는데, 「변방사동부승지소辨謗辭同副承旨疏」에서 "신臣이 서양 사설邪說에 어느 정도나 미혹 되었는지 또 얼마나 빠르게 개과천선했는지는 논할 것이 못됩니다. 우리 전하께서는 도학의 본원本原을 드러내 밝히시고 교화의 근본을 숭상하시니〈중략〉, 무너진 풍속을 크게 변화시키면 맹단盟壇에 올라 소의 귀를 잡으실 것입니다."라면서 유학자로서의 근본을 지키는데 충실했음을 밝히고 있다.

3) 공렴公廉 정신

(1) 의미와 출처

'공렴公廉'은 '공정公正'과 '청렴淸廉'이 합해진 글자이다. 백성을 보호하고 이끌어갈 목민관이 견지堅持해야 할 으뜸 정신이다. 공정公正은 사전적으로 '공평하고 올바른 상태'이고, 청렴淸廉은 '성품과 행실이 높고 맑으며, 탐욕이 없는 상태'이다.

다산의 공렴정신은 28세에 대과에 급제하고 나서 각오와 다짐을 담아 지은 시詩에 담겨 있다. "둔하고 졸렬해 임무 수행이 어렵겠지만 '공정'과 '청렴'으로 정성을 바치길 원합니다〔鈍拙難充使둔졸난충사 公廉願效誠공렴원효성〕."라는 내용이다. 벼슬을 시작하면서 시를 통해 자신에게 다짐한 것이다. 이는 오직 공정公正과 청렴淸廉으로 정성을 다해 백성을 위하는 정치를 하겠다는 '자기사명선언自己使命宣言'인 셈이다.

(2) 다산의 저술에 나타난 '공렴公廉'

다산의 저술과 공직생활에 나타난 공렴정신은 '공정'과 '청렴'으로 구분해서 살펴볼 수 있다. 먼저 '공정'에 관해서는 첫째, 「서얼론」에서 '서얼 차별의 부당함'을 주장하는 내용이다. 비록 서얼庶孼로 태어났다 하더라도 자기 부모를 부모라 부르는 것이 당연하며, 올바른 것이다. 그렇기 때문에 서얼에게도 과거에 응시할 수 있도록 기회를 부여하는 공정한 사회를 만들어야 한다는 것이 다산의 주장이다.

둘째, 「통색의」에서 신분과 지역의 차별을 폐지해야 한다는 내용이다. 신분에 의해서가 아니라 능력에 의해 평가 받는 조선사회를 만들어서 모든 백성에게 기회가 균등하게 돌아가도록 해야 하며, 교육의 기회를 공정하게 부여함으로써 신분상의 차이가 없도록 해야 한다는 주장이다.

셋째, 「신포의」에 담은 내용이다. 다산은 "뽕나무 위에 있는 뻐꾹새가 일곱 마리의 새끼에게 주는 모습이 한결 같네."라는 『시경』을 인용하면서 군포제도軍布制度의 개혁과 그 필요성을 주문하고 있다. 즉 나이 16세에서 60세까지의 사람들에게 징수하도록 되어 있는 세금이 '백골징포白骨徵布', '황구첨정黃口簽丁' 등의 폐단으로 이어지고 있는 불공정 세정稅政을 시정해야 한다는 점을 주문한 것이다.

넷째, 목민관 업무의 공정성을 강조한 내용이다. "사람을 등용할 때 공평하게 하라.〔이전6조 - 用人〕", "관내에서 일어나는 일을 빠짐없이 알도록 살펴야 한다.〔이전6조 - 察物〕", "아전들의 공적을 올바르게 고과하라.〔이전6조 - 考功〕", "토지제도에 대해 합리적으로 관리하라.〔호전6조 - 田政〕", "세법을 공정하게 적용하라.〔호전6조 - 稅法〕", "호적을 올바르게 작성하라.〔호전6조 - 戶籍〕", "계급이나 신분에 알맞게 대우하라.〔예전6조 - 辨等〕", "장정을 선발할 때 공정을 기하라.〔병전6조 - 簽丁〕", "옥사에서 판정할 때 공정하게 하라.〔형전6조 - 斷獄〕"는 등의 내용과 다산이 곡산부사 시절 이계심 사건을 처리하는 과정에도 잘 나타나 있다.

다음 '청렴'에 관해서는 『목민심서』의 「부임6조」 '치장' 조에 "백성을 사랑하는 근본은 예산을 아껴 쓰는데 있고, 아껴 씀의 근본은 검소한 삶에 있다. 검소함 이후에 청렴할 수 있고, 청렴한 이후에 백성을 사랑할 수 있다. 검소함은 목민관의 가장 큰 책무이다."[87]라는 내용이다. 즉 청렴한 마음에서 백성을 사랑하는 마음이 나온다는 것이다. 또한 「율기6조」'청심' 조에 "청렴은 목민관의 본무요, 모든 선의 원천이며, 모든 덕의 근본이다. 청렴하지 않고 유능한 목민관은 아직 없었다. 청렴은 큰 장사이다."[88], "목민관이 청렴하지 않으면 백성들이 도둑으로 지목하여 마을을 지날 때에 더러운 욕설이 비등할 것이므로 이 또한 부끄러운 일이다."[89]라고 하여 청렴을 강조하고 있다.

(3) 발전적 교훈 및 리더십의 적용

리더가 공정하고 청렴한 자세로 리더십을 발휘해야 하는 것은 너무도 당연하다. 그러함에도 리더에게 지속적으로 공정과 청렴이 강조되는 이유는, 리더는 뿌리치기 어려운 어떤 유혹도 넘어야 하기 때문이다. 다산은 "청렴하지 않으면서 유능한 목민관은 아직 없었다." 면서 공직자의 '청렴' 에 대해 강조하고 있다. 또한 "청렴은 큰 장사다〔廉者大賈也렴자대고야〕."라고 하여 물건 파는 '장사' 에 비유했고, "목민관이 청렴하지 않으면 백성들이 도둑으로 지목한다〔牧之不淸목지불청 民指爲盜민지위

----

87 『목민심서』「부임6조〔치장〕」: "愛民之本 在於節用 節用之本 在於儉. 儉而後 能廉 廉而後能慈 儉者 牧民之首務也."

88 『목민심서』「율기6조〔청심〕」: "廉者 牧之本務 萬善之源 諸德之根 不廉而能牧者 未之有也. 廉者天下之大賈也."

89 『목민심서』「율기6조〔청심〕」: "牧之不淸 民指爲盜 閭里所遇 醜罵以騰 亦足羞也."

도].”고 해서 도둑에 비유하고 있다.

다산이 살았던 조선시대 공직자를 대상으로 수여한 청백리상淸白吏賞 수상자는 조선왕조 519년 동안 총 218명이다. 이를 임진왜란[1592]과 병자호란[1636년] 전후로 비교해 보면, 양란 전 200년 동안은 162명 [74.3%]인데 비해, 양란 이후 300여 년 동안은 고작 56명[25.7%]에 불과하다. 이는 임진왜란과 병자호란 이후 공직사회의 부패가 심해져서 탐관오리가 더 많아졌다는 점을 보여준 것이다.[90] 이런 내용은 다산이 저술한 '1표2서'와 시詩 등에도 들어 있다. 그리고 다산은 「위영암군수이종영증언爲靈巖郡守李鍾英贈言」에서 '육렴'을 제시했는데, 이 글은 다산이 강진에서 유배생활 중이던 53세[1814년, 순조 13] 때 3월 4일, 영암靈巖 군수 이종영李鍾英의 아버지인 문산文山 이재의李載毅가 다산초당에 찾아와 '아들이 공직업무를 수행하면서 마음에 새길 글'을 써달라는 부탁을 받고 써준 내용이다. 따라서 다음과 같은 점에서 공정과 청렴은 리더십에 적용되어야 한다.

첫째, 공직자는 재물에 청렴해야 하기 때문이다. 즉 일체의 뇌물을 받지 말고 청백리가 되어야 한다는 점이다. 공직자는 인허가 문제를 비롯한 공사 수주 및 입찰 등에서 뇌물을 받아서는 안 된다.

둘째, 공직자는 이성異性에 청렴해야 하기 때문이다. 공직자에게만 해당하는 내용은 아니지만, 공직자는 특히 자기 부인, 자기 남편 아니고는 다른 사람을 넘보지 말아야 한다는 점이다. 우리는 지금도 고위 공직자

• • • •
90 목포MBC 방송국, '다산 탄생 250주년 특집 다큐멘터리 '조선 혁명가 사암', 2011.

들 중에 이성異性 문제로 패가망신하는 경우를 여럿 보게 되는데, 공직자는 이성문제에서 청렴해야 한다.

셋째, 공직자는 직위職位에 청렴해야 하기 때문이다. 조선시대에 있었던 '매관매직賣官賣職'은 지금도 예외가 아니다. 지자체장이나 국회의원 등이 당선에 도움을 준 사람들에게 '자리'를 챙겨주는 것은 일종의 매관매직이자 '거래적 리더십'이다. 어떤 경우라도 부정한 방법으로 '자리'에 오르려고 하거나, 자리를 내주어서는 안 된다.

넷째, 청렴해야 투명透明하게 공직생활을 할 수 있기 때문이다. 다산이 28세에 문과에 급제하고 나서 "공정하고 청렴한 마음가짐으로 정성을 다하겠습니다."라고 '공렴원효성公廉願效誠'을 다짐한 일이나, "윗물이 흐리면 아랫물이 맑을 수 없다."는 '상탁하부정上濁下不淨' 등을 강조한 것은 청렴의 중요성 때문이다.

다섯째, 청렴해야 위엄威嚴을 유지할 수 있기 때문이다. 위엄을 유지한다는 것은 존경할 만한 위세가 있어 점잖고 엄숙한 사람으로 보이게 하는 것이다. 그리고 이런 모습은 청렴을 유지했을 때 가능하다. 그래서 다산은 "사람을 통솔하는 방법에는 오직 위엄威嚴과 신의信義가 있을 따름이며, 위엄은 청렴에서 오는 것이다."라고 했다.

여섯째, 청렴해야 강직剛直함을 유지할 수 있기 때문이다. 강직하다는 것은 마음이 꼿꼿하고 곧은 상태를 말한다. 공직자로서 마음이 꼿꼿하다는 것은 내적으로 부끄럼이 없이 깨끗하다는 것이니, 이는 청렴함에서 나오는 것이다.

따라서 공직자가 '공렴公廉'에 기초해서 리더십을 발휘해야 하는 이유는 다산이 제시한 것처럼, 청렴하지 않고는 리더십 발휘 자체가 어렵기 때문이다. 공직자들이 매사에 공정하고 청렴한 모습으로 비쳐질 때, 그 공직자를 바라보는 국민들의 마음도 편안해져서 신뢰하게 되고, 공직자 입장에서도 위엄과 신의에 기반基盤한 리더십을 발휘할 수 있는 것이다.

4) 근검勤儉 정신

(1) 의미와 출처

근검勤儉정신은 부지런함과 검소함에 바탕을 두고 생활하는 정신이다. 다산은 근勤과 검儉을 좌우명으로 삼아 '렴廉'을 실천했고 자식과 제자들에게도 실천할 것을 요구했다. 이는 다산이 유배생활을 하면서 자식들에게 보낸 '가계家誡'와 제자들에게 보낸 편지, 그리고 『목민심서』에 잘 나타나 있다. 자식에게 보낸 가계는 「하피첩」이 대표적이다. 「하피첩」은 다산의 후손들이 소유하고 있다가 한국전쟁 당시 잃어버려 행방이 묘연했던 것이 2006년 KBS TV '진품명품眞品名品' 프로그램을 통해 세상에 나오게 되었다. 그리고 서울 옥션 경매에서 국립민속박물관이 7억 5000만 원에 낙찰받아 보존하고 있다.

(2) 다산이 밝힌 '근검勤儉'

다산이 자식에게 준 '가계家誠'는 유배형에 처해 귀양살이를 하고 있는 아버지로서 자녀교육을 위한, 절실함에서 보낸 '경계해야 할 일'들이다. 경북 장기長鬐와 전남 강진康津에서 햇수로 18년을 유배생활로 보내면서 폐족廢族이 된 두 아들에게 미안한 마음과 안쓰러운 마음, 그리고 용기를 복돋아 주고싶은 마음에서 보낸 것이다. 아들이 혹시라도 좌절하거나 절망하여 탈선하지나 않을까 염려되는 마음에서, 끊임없이 편지를 보내 대화하고 위로하며, 때로는 다그치는 내용이 나온다. 그중에 하나가 「하피첩」이며, 여기에는 다음과 같은 '근검' 내용이 담겨져 있다.

〈글 34〉 근면勤勉과 검소儉素

나는 벼슬이 없으니 농장을 너희에게 물려주지 못한다. 오직 두 글자는 신령神靈한 부적符籍이 되어 삶을 넉넉히 하고 가난을 구제할 수 있기에, 지금 너희에게 남기니 너희들은 박하다고 여기지 말거라. 하나는 근면勤勉이요, 다른 하나는 검소儉素다. 이 두 가지는 좋은 전답田畓보다도 나아서 한평생 쓰고도 남는다.

근면勤勉에 대하여 말한다. 오늘 할 일을 내일로 미루지 말고 아침에 할 일을 오후로 미루지 말며, 맑은 날의 일을 비가 올 때까지 지체하지 말고 비 오는 날의 일을 갤 때까지 끌지 말며, 늙은이는 앉아서 감독할 바가 있고 어린이는 다니며 도울 일이 있으며, 건장한 사람은 힘쓸 일을 맡고 아픈 사람은 지킬 일을 맡으며, 부인은 사경四更이 되기 전에는 잠을 자지 않는다. 요컨대 집안의 남녀노소 중에 놀고먹는 식구가 한 명도 없고 한순간도 무료하게 보내는 시간이 없는 상태, 이것을 '근勤'이라 한다.

검소儉素에 대해서 말한다. 의복은 몸을 가리면 된다. 고운 베로 만든 옷은 해지고 나면 만고에 처량한 티가 나지만, 거친 베로 만든 옷은 해져도 별로 티가 나지 않는다. 옷 한 벌을 만들 때마다 모름지기 이후에도 고운 옷을 계속 지어 입을 수 있는 지 없는 지를 생각해야 한다. 만약 고운 옷을 계속 입을 수 없다면, 고운 옷을 해진 채로 입어야 할 것이다.

생각이 여기에 이르면 고운 옷을 버리고 거친 옷을 취하지 않을 사람이 없을 것이다. 음식은 생명을 연장하면 된다. 무릇 산해진미라도 입안에 들어가면 바로 더러운 것이 되어버리므로, 목구멍으로 넘어가기도 전에 남들이 침을 뱉는다. 사람이 세상에 태어나 귀하게 여기는 바는 성실이니, 속일 수 있는 것은 전혀 없다. 하늘을 속이는 것이 가장 나쁘고, 임금을 속이고 어버이를 속이는 것으로부터 농부가 상대를 속이고 상인이 동무를 속이는 데 이르기까지 모두 죄가 된다. 그런데 속일 수 있는 물건이 오직 하나 있으니, 다름 아닌 자기 입이다. 보잘 것 없는 음식물이라도 속여서 잠시나마 지나치면 이것이 좋은 방법이다.

* 출처: 『하피첩』, 국립민속박물관

〈글 35〉 재물財物을 베풀어라

세상의 의복과 음식, 그리고 재물은 모두 부질없고 가치가 없는 것들이다. 옷이란 입으면 해지고 음식은 먹으면 썩고 재산은 자손에게 물려주면 흩어지고 없어지기 마련이다. 오직 가난한 친척이나 친구에게 나누어 주는 것만이 영구히 불멸하게 하는 방법이다.

의돈猗頓〔노나라 대부호〕의 창고는 자취도 없으나 소부疏傅〔한나라 대신〕가 하사받은 황금을 친구들과 함께 누린 일은 아직도 뭇사람의 입에 오르내리며, 금곡金谷〔진나라 대부호〕의 화려한 장막은 티끌로 변해버렸지만 범가范家〔송나라 때 재상〕의 보리 실은 배는 여전히 떠들썩하게 이야기되고 있다. 무엇 때문인가? 형체가 있는 것은 허물어지기 쉽고 형체가 없는 것은 사라지기 어렵다. 재물을 자신을 위해 쓰는 사람은 형체로써 쓰는 것이고, 재물을 남에게 베푸는 사람은 정신으로써 쓰는 것이다.

형체로써 누리는 것은 형체가 있기 때문에 결국 해지거나 허물어지고, 정신으로 누리는 것은 형체가 없기 때문에 변하거나 없어지지 않는다. 무릇 재물을 저장해두는 것은 남에게 베풀어 주는 것만 못하다. 도둑에게 털리는 것을 걱정하지 않고, 불에 타는 것을 걱정하지 않고, 소나 말로 운반하는 수고도 없이 사후에까지 갈 수 있고 아름다운 명예가 천년토록 전해진다. 천하에 이렇게 큰 이익이 있겠느냐? 단단히 잡으려 할수록 더욱더 미끄럽게 빠져나가니, 재물이란 메기와 같은 것이다.

*출처: 『하피첩』, 국립민속박물관

(3) 발전적 교훈 및 리더십의 적용

『탈무드』에 "자기 아이에게 육체적 노동을 가르치지 않는 것은 약탈과 강도를 가르치는 것과 마찬가지이다.", "아이에게 물고기를 잡아주면 아이가 하루를 배부를 수 있지만, 아이에게 고기 잡는 법을 가르쳐 주면 평생을 배부르게 살 수 있다."고 했다. 체험의 소중함과 부지런함, 검소함에 관한 내용이다.

목민관으로서 '근검' 해야 할 이유와 방법에 대해서는 『목민심서』에 제시되어 있다. 목민관은 부임하는 단계에서 가장 먼저 '근검'을 마음에 두어야 한다는 것이다. "백성을 사랑하는 근본은 예산을 아껴 쓰는데 있고, 아껴 씀의 근본은 검소한 삶에 있다. 검소함 이후에 청렴할 수 있고, 청렴한 이후에 백성을 사랑할 수 있다. 검소함은 목민관의 가장 큰 책무이다."[91], "한 가지 이익이 생기게 하는 것은 한 가지 해독을 제거해 줌만 못하고, 한 가지 일을 내는 것은 한 가지 일을 감하는 것만 같지 못하다. 위엄은 청렴한 데에서 생기고 정치는 부지런한 데에서 이루어진다. 백성 보기를 병든 사람 보듯 하라."[92]는 내용이다.

다산은 햇수로 11년간 벼슬을 했다. 28세에 대과에 급제하여 38세에 형조참의[현 법무부 차관보]를 하다가 노론과 공서파의 거듭된 비방을 참기 어려워 임금에게 사직서를 제출하고 물러나기까지의 기간이다. 그

●●●●
91 『목민심서』「부임6조〔치장〕」: "愛民之本 在於節用 節用之本 在於儉. 儉而後 能廉 廉而後能慈 儉者 牧民之首務也."

92 『목민심서』「봉공6조〔공납〕」: "興一利 不若除一害 生一事 不若減一事 威生於廉 政成於勤 視民如傷."

러나 다산은 벼슬하는 동안 공렴公廉하고 청빈淸貧했던 탓에 자식에게
물려줄 재산이 많지 않았다. 그래서 고심 끝에 결심한 것이 자식에게 가
계家誡로 '근검'을 당부한 것이다.

유배 8년차인 47세[1808년, 순조 8] 4월 20일, 둘째 아들 학유가 다산
초당으로 아버지를 찾아왔다. 먼저 다녀간 큰 아들에게 "네 동생 학유를
이곳으로 보내 공부하게 하거라."라는 분부分付를 두 아들이 따른 것이
지만, 신유옥사辛酉獄事로 생이별한지 7년만의 부자상봉이었다. 그리고
그 편에 결혼식 때 예복으로 입었던 빛바랜 다홍치마를 보내왔다. 다산
은 부인이 보낸 치마를 정성껏 자르고 다리미질해서 서첩書帖을 만들었
고, 2년 후 봄[49세, 1810년], 학유가 마재로 돌아갈 때, 두 아들[학연, 학
유]에게 가계家誡로 써 주었는데, 그것이 「하피첩」이다. 여기에 "근면함
으로써 재화를 생산하고[勤以生貲근이생자], 검소함으로써 가난을 구제
하라[儉以救貧검이구빈]."고 당부하고 있다.

'근검'이야 말로 리더가 갖춰야 할 자질이자 역량인 동시에 리더십을
통해 가르쳐야 할 요건要件이다. 근래 재벌의 자제들이 부모의 재산을 상
속받는 과정에서 형제간에 송사訟事를 벌이는 경우를 본다. 부모의 재산
을 더 많이 상속받겠다는 것 자체를 나쁘다고만 할 순 없지만, 콩 한 쪽도
나누어야 할 형제간에 그 많은 재산을 놓고 법정다툼을 하는 모습은, 보
여줘서는 안 될 것들이다. 이 또한 그 부모의 자녀교육, 그리고 부모의
리더십 결핍에서 온 것들이다. 세상에는 자신에게 할당된 재산을, 부모
를 모시거나 농사일을 하는 형제에게 양보하는 사람들도 많다. 부모의
도움보다 자신의 노력으로 살아가라는 다산의 '근이생자 검이구빈勤以

生賓 儉以救貧'의 가르침이 리더의 리더십으로 이어지도록 해야 한다.

5) 창의創意 정신

(1) 의미와 출처

창의創意 정신은 기존의 지식이나 경험을 바탕으로 상황에 맞게 새롭고 가치 있는 결과물을 만들어내는 정신을 말한다. 사람은 생활 속에서 아주 많은 것을 보고 듣고 경험하면서 살아가지만, 늘 보는 것들이라 새롭게 보이거나 느끼지 못하는 경우가 많다. 그리고 보고 느끼는 것들도 사람에 따라 다르고, 또한 어떤 목적의식에서의 창의적이냐에 따라 방향성과 결과물이 다르게 나타난다.

다산의 창의적 사고는 어릴 적부터 영특하기로 소문나면서부터 예정된 것이었다. 다산이 7살 때 지은 '산山'이라는 '오언시'가 그 출발이다. "작은 산이 큰 산을 가렸네, 멀고 가까움의 차이이지〔小山蔽大山소산폐대산 遠近地不同원근지부동〕."라는 시를 본 아버지는 "분수分數와 소장消長에 역법曆法이나 산수算數에 능통하리라."면서 아들의 총명함에 감탄했다. 훗날 다산이 성장해서 과거급제 이후에 이룬 업적들, 예컨대 배다리 설치, 수원화성 설계, 『경세유표』에 제시한 '이용감利用監'과 그 산하에 '산학서算學署' 신설 등을 주장한 것들, 그리고 경전에 대한 새로운 해석 등은 다산의 창의적 사고에서 비롯된 것들이다.

(2) 다산의 삶에 나타난 '창의정신'

다산의 창의정신은 여러 곳에 나타나 있다. 대표적으로 배다리[舟橋주교] 설치와 수원화성 설계, 각종 기기발명과 제작, 자녀와 제자에게 가르쳐준 과학적인 영농기법, 창의적인 경전해석 등을 들 수 있다.

첫째, 배다리 설치 과정에 나타난 창의성이다. 정조는 아버지 사도세자의 정통성 확립의 일환으로 이장移葬을 추진했고, 여기에 필요한 배다리 설치를 다산에게 지시했다. 그리고 다산은 이를 성공적으로 해냄으로써 정조의 신임이 더욱 두터워지는 계기가 되었다. 정조의 평생소원 중에는, 뒤주에 갇혀 돌아가신 아버지[사도세자]의 명예를 회복해 드리는 것이있었다. 그리고 그러한 정조의 한恨을 풀어준 신하가 다산이다. 다산이 28세[1789년, 정조 13] 때 대과에 급제하고 나서 처음으로 임금에게 부여받은 과제가 수원행차의 편리성 제고를 위한 배다리 설치였는데, 그것은 두 가지 이유에서였다. 하나는 뗏목에 상여를 싣고 폭이 넓은 한강을 건너는 것이 불안했던 것이고, 또 하나는 음력 시월의 찬바람에 강 중앙이 결빙됨으로써 배가 움직이기 어렵다는 점이었다. 정조는 그해 12월에 배다리를 관리할 관청인 주교사舟橋司를 설치했고, 사도세자의 묘소인 현륭원을 수원에 조성한 이후 매년 한 차례 이상 이곳을 방문하기 위해 한강을 건너야 했다. 배다리를 설치할 장소는 노량진으로 정하고, 배다리에 쓰일 배는 한강을 운항하는 상선 80척을 이용했다. 배다리 몸체를 만드는 데 36척이 쓰였고, 나머지 44척은 좌우에서 배를 고정시키거나 호위하는 용도로 사용했다. 큰 배를 중앙에 두고 작은 배를 강가 쪽에 두어서 중앙을 높게 했으며, 배 위는 판자를 깔고 흙과 잔디로 연결하는 방식으로, 지금으로 보면 내진 설계와 비슷하다. 배다리의 백미白眉는 선창다리였다. 노량진 부근에는 서해의 밀물이 들어와 강의 높이가 오르내렸으므로 배다리를 움직이지 않게 고정시키면 부러질 염려가 있었다. 다산은 이를 강물의 높이에 따라 움직이게 하는 선창다리를 만들어 이 문제를 해결했다. 먼저 강의 양안에 잡석과 석회를 섞어 선창을 만들고, 다음으로 선창과 배다리 사이를 선창다리로 연결해서 해결한 것이다. 배다리에 장식도 추가했는데, 3개의 홍살문을 중앙에 하나, 강江의 양안에 하나씩 설치했고, 중앙의 홍살문 양 끝에는 두 개의 큰 깃발을 세웠다. 하나는 황색으로 중심을 표시했고, 다른 하나는 흑색으로 수덕水德을 상징하게 했다. 36척의 배에도 깃발이 있었는데, 뱃머리의 깃발에는 배의 소속을 표시했고 꼬리의 깃발에는 새매나 물새 그림을 그렸으며, 바람의 세기와 방향을 살필 수 있는 풍향기를 세우는 등 안전하면서도 화려한 무지개 모양의 배다리를 완성시켰다. 배다리를 설치한 장소가 용산과 노량진을 잇는 지점이었는데, 지금의 한강철교가 설치된 지점이라는 점에서 장소 선정에서도 창의성이 발휘되었음을 볼 수 있다.

둘째, 수원화성건설 설계 과정에서 보여준 창의적 발상이다. 화성건설은 오늘날 신도시 사업과 비슷했다. 이런 내용은 「자찬묘지명」에 "임금께서 말씀하셨다. '기유년〔1789〕 겨울에 배다리를 놓을 적에 정약용이 규제規制〔설계안〕를 올려 그 일을 이루었으니, 그에게 화성의 성곽 제도에 대해 조목별로 지어 올리게 하라.'는 말씀에, 여러 자료를 참고로 이치를 밝혀 올렸다."라고 기록하고 있다.

다산이 부친상父親喪을 당하고 마재〔馬峴마현〕에서 여막살이를 하고 있던 31세〔1792년, 정조 16〕 때 겨울, 정조로부터 화성건설의 규제를 만들라는 지침이 내려졌다. 이에 따라 다산은 국내외의 자료를 검토하여 성설城設〔성곽 설계 구상〕을 작성해 올렸고, 이를 본 정조가 추가 지시를 내렸다. 옹성甕城·포루鋪樓·현안懸眼 같은 성의 주요 시설 축조계획과 무거운 물건을 들 수 있는 방안을 마련하라는 지시와 함께 서양의 역학 기술 소개서인 「기기도설」을 보내왔다. 이를 기초로 다산은 새로운 공법을 적용할 수 있도록 수원화성 설계도를 작성했고, 이를 기초로 좌의정 채제공蔡濟恭의 지휘하에 수원화성공사가 진행되었다. 33세〔1794년, 정조 18〕 1월에 성 쌓기를 시작하여 35세〔1796년, 정조 20〕 9월에 완공함으로써 10년을 목표로 했던 공사기간을 2년 9개월로 단축됐고, 예산도 4만 냥이라는 거액을 절약했다. 이는 효율적인 건축 시스템의 적용과 거중기 등을 투입하는 등의 창의성에서 나온 결과물이다.

셋째, 아들과 제자들에게 가르친 창의적 학문 자세와 영농기법에 관해서이다. 다산은 1804년 '사의재'에서 『천자문』에 대한 문제점을 지적하는 「천문평天文評」을 쓰고, 이를 해결하기 위해 2천 자로 된 『아학편훈의』을 집필하여 교육의 내용과 방법을 개선했다. 그리고 아들에게 보낸 편지에서 다산은 벼농사와 보리농사 외에 과일, 채소, 약초 재배 등을 통해 소득을 올리도록 가르쳤으며, 양반 선비 출신답게 비용을 절약하고 농사에 힘쓰도록 했다. 특히 사대부로서 세상을 살아가는 도리를 알려주면서 양반 계층에서도 놀지 말고 함께 일해야 한다는 점을 강조했다. 또한 양계養鷄를 하더라도 닭이 더 살찌고 계란을 많이 낳을 수 있는 방법을 강구할 것이며, 경험한 내용을 바탕으로 '닭 기르는 법에 관한 이론을 뽑아내 『계경鷄經』 같은 책을 만들라고 지시했다. 또한 학연에게 보낸 가계〔示學淵家誡시학연가계〕에, 선비로서 명성을 잃지 않고 큰돈을 벌 수 있는 방법으로 뽕나무를 심어 키우고 잠상蠶床을 설치하기, 제자 윤종문尹鍾文과 윤종억에게는 '선비다운 농업방식과 농업 경영방법' 등을 가르쳤다.

넷째, 경전經典에 대한 올바른 해석에 나타난 창의성이다. 조선왕조시대 교과서로 불리는 사서육경四書六經에 대한 해석은 역자譯者마다 분분해서 난해한 점이 있었다. "경전의 뜻이 밝혀진 뒤라야 도의 실체가 드러나고, 그 도를 얻은 뒤라야 비로소 심술心術이 바르게 되고, 심술이 바르게 된 뒤에야 덕을 이룰 수 있다. 그러므로 경학에 힘쓰지 않으면 안 된다.〔정수칠에게 주는 글〕"라고 말하며, 유배 18년 동안 경전 연구 232권이라는 방대한 저술을 남겼다. 그러면서 공자의 본뜻을 제대로 해석해내고 경학을 체계화했다. 그중에서 두 곳에 대한 창의적 해석이 눈에 띈다. 하나는 『논어』「태백편」에 "민民은 이치에 따르게 할 수는 있어도 그 원리를 알게 할 수는 없는 것이다〔民可使由之민가사유지 不可使知之불가사지지〕."라는 내용이다. 많은 경학자들은 백성은 부려먹을 수는 있어도 이치의 소이연所以然까지를 알게 해줄 수는 없다고 해석함으로써, 백성과 치자治者가 확연하게 구분되는 것으로 이해하게 만들었다. 그러나 다산은 공자가 말한 민民〔백성〕은 모든 백성이 아니라 사士·농農·공工·상商의 4민民 중에서 '사士'를 제외한 전문직에 종사하는 사람들을 지칭한 것이다. 즉 농·공·상을 하는 백성에게 국가의 통치원리까지를 모두 알게 할 필요가 없다는 뜻으로 해석한 것이다. 즉 민과 통치자가 계급으로 구별된다고 했던 말이 아니라는 것이다. 또한 "오직 여자와 소인만은 양육하기 어렵나니, 가까이하면 불손하고 멀리하면 원망한다."[93]라는 문장에서, 여자를 무시하는 나쁜 표현으로 쓴 것이 아니라고 했다. 여기서 양養은 '기를 휵畜'으로 해석해서 '길러준다'는 뜻이고, 여자나 소인은 일반 여성이나 벼슬 못하는 소인으로 여기지 않고, 『주역』 돈遯 괘를 인용하여 '휵신첩길畜臣妾吉〔『논어고금주』〕'처럼 공자가 말한 여자와 소인은 신첩, 즉 남왈신여왈첩男日臣 女日妾의 뜻을 원용하여 해석했다.[94] 공자가 말한 여자와 소인은 통상의 여자나 소인이 아니라, 하천의 노예와 같은 교양 없고 인격이 얕은 사람을 뜻하는 것으로 풀이한 것이다. 이처럼 경전을 해석함에 있어서도 창의성이 뒷받침된 해석이었음을 알 수 있다.

(3) 발전적 교훈 및 리더십의 적용

다산의 창의적創意的 사고는 남들이 생각하지 못한 것에 대해 새롭고 가치 있는 것으로 만들어 보려는 마음에서 출발했다. 여기에는 오직 나라와 백성을 위하는 '유시시구唯是是求'와 '유선시사唯善是師' 정신이 깃들어 있음도 알 수 있다. 따라서 리더가 창의정신을 리더십에 적용하기 위해서는 다음과 같은 내용이 요구된다.

첫째, 공직자로서의 전문성專門性을 갖추는 일이다. 전문성은 해당 분

----

93 『논어』 「양화편」: "唯女子與小人 爲難養也 近之則不孫 遠之則怨."

94 박석무, 「풀어쓰는 다산이야기〔1130회〕」, "여자女子를 새롭게 해석한 다산", http://www.edasan.org〔2020. 9. 21〕

야에 상당한 지식과 경험을 가지고 그 분야를 맡아 해낼 수 있는 역량이다. 이런 면에서 리더의 전문성은 일반인의 전문성과 차이가 있다. 특히 국가기관이나 공공단체에서 일을 맡아보는 공직자는 국민의 재산과 생명을 보호하는 분야에 대한 전문성을 필요로 한다. 다산은 대과급제 이후 정조를 보필하는 동안, 그리고 곡산부사谷山府使로 목민관직을 수행하는 동안, 심지어 유배생활을 하는 기간에도 찰물察物에 기초한 창의성을 잃지 않았다. 그중에서도 수원화성 건축 과정에서 공사기법에 적용한 창의정신이 돋보인다. 돌의 크기에 등급을 매겨 18만 개를 미리 제작했고, 여러 기기들을 활용해서 공사기간을 단축했는데, 그 이면에는 백성을 사랑하는 정신이 배어있었다. 이때 공사에 사용했던 기기 중에서 '녹로〔일종의 지금의 크레인〕', '유형거〔지금의 수레〕' 등은 ' 당시에 사용하였던 여러 기기들 가운데서 가장 돋보였다. 특히 거중기는 한두 사람의 힘으로 인간의 600배 이상의 무게를 들어 올려 당시 사람들을 놀라게 했는데, 이처럼 다산의 창의성이 과학적인 공사기법으로 이어지면서 공사기간 단축과 예산을 절약하는 성과를 낳았으며, 1997년에는 유네스코 세계문화유산으로 등재된 바 있다.

둘째, 창의적 사고능력을 개발한 일이다. 다산의 창의적 사고는 여러 분야에 나타나고 있다. 경서와 경세서 등 500여 권을 저술했는데, 저술 자체가 창의적이었다. 『악경』을 복원하고 고악古樂을 회복시킨 『악서고존』, 아동용 교재인 『천자문』을 개선한 『아학편훈의』, 당시 유행하던 홍역을 치료하기 위해 집필한 『마과회통』 등의 저술이다. 다산을 '한국의 레오나르도 다빈치'라고 부르는 이유도 그만큼 창의적 천재라는 인식이 밑바탕에 깔려 있다. 레오나르도〔1452~1519〕는 이탈리아 르네상스를 대표하는 '미술'·'과학기술'·'건축'·'천문'·'지리'·'해부'·'식물'·'음악' 등에 이르기까지 다양한 분야에 걸쳐 천재적인 재능을 발휘했던 인물이다. 다산 또한 그에 못지않게 천재적 재능과 위국위민爲國爲民을 발휘했던 인물로 평가 받고 있다. 그리고 다산이 『경세유표』에 제시한 '이용감' 산하에 '산학서算學署'를 두어 수학교육을 전담하게 해야 한다는 주장도 창의적 사고에서 나온 것이다. 과학기술의 발전을 위해서는 수학數學이 학문의 중심에 있어야 한다는 판단에서 수학교육을 전담할 기관이 필요하다고 본 것인데, 기술개발과 과학문명의 발전을 위해서는 수학, 물리, 화학, 생물 등 기초과학이 중요하다는 생각에서였다.

셋째, 동기유발 역량을 부여하는 일이다. 창의적 사고를 발휘하기 위해서는 국민 각자의 내면에서 나오는, 문제 해결을 위한 내적인 열정을 불러 일으켜야 한다. 이를 위해 다산은 「원목」, 「탕론」, 「통색의」, 「서얼론」 등에서 신분 귀천을 타파할 것을 주장했다. 「원목」에서 "백성이 수령을 위해 생겨난 것이 아니다. 수령은 백성이 있기 때문에 생겨난 것이고, 백성을 위해 임명된 자리이므로 수령은 백성을 섬기는 마음자세를 가져야 한다."고 했고, 「탕론」에서도 "이장里長, 제후諸侯, 천자天子 등은 여러 사람이 추대해서 이루어지는 것이니 권한을 함부로 행사해서는 안 된다."고 했다. 또한 「통색의」에서는 "신분에 의해서가 아니라 능력에 의해 평가 받는 조선사회, 백성에게 모든 기회가 균등하게 주어지는 사회, 교육의 기회가 주어질 뿐 신분상의 차이가 없는 조선사회가 되어야 한다."고 했고, 「서얼론」에서도 "서얼은 자기 부모를 부모라 부르지 못하는 이유가 무엇 때문인가?, 이는 예에 맞지 않는 말이다. 아버지를 아버지라 부르고 어머니를 어머니라 부르는 것은 자식이면 누구나 다 같이 일컫는 호칭이다."라고 주장한 것은 백성들로 하여금 동기가 유발되도록 하기 위함이었다.

따라서 리더는, 다산의 삶에서 볼 수 있었듯이, 현실에 안주하기보다는 변화와 혁신적 사고와 '유시시구唯是是求', '유선시사唯善是師' 적 사고를 바탕으로 조직 구성원의 보다 나은 삶을 만들어가도록 창의적 사고를 견지해야 하는 것이다.

6) 3호三好 정신

(1) 의미와 출처

3호三好 정신은 '석 삼三' 자와 '좋아할 호好' 자가 결합된 글자이니 '좋아하는 세 가지'의 정신을 말한다. 이는 다산연구소의 박석무 이사장이 정리해서 밝힌 내용이다. "50년 가까이 다산의 책을 계속해서 읽고, 다산에 대한 관심을 놓지 않고 지내면서 다산이 가장 좋아했던 것이 무엇이었을까를 생각해보다가 떠오른 것이 바로 '3호三好'였다. '3호'는 '호고好古'·'호독好讀'·'호아好我' 이다."[95]라고 했다.

----

95 박석무, 「풀어쓰는 다산이야기〔1098회〕」, "호아好我, 내 것 우리 것을 좋아 해야〔1〕", http://www.edasan.org〔2020. 2. 3〕

첫째, '호고好古'이다. 이는 우리의 역사와 옛것을 소중히 여겨야 한다는 '법고창신法古創新', 즉 "옛 법을 바탕으로 새로운 것을 창안해 낸다."는 의미로, 옛것의 소중함과 아울러 새것의 필요성을 동시에 표현한 말이다. 여기서 '고古'는 옛것, 즉 오래 전에 나온 책을 의미하는 '고전古典', 공자·맹자와 같이 오래 전에 나온 인물을 의미하는 '고인古人' 등을 떠올리게 하는 용어이다. 고古는 사서육경四書六經 등 고전古典일 수도 있고 공자와 맹자, 퇴계나 율곡 등 옛 현자들이 추구했던 정신〔古道고도〕일 수도 있다. 고궁을 관람할 때도 오래된 건축물 양식이 권위가 있어 보이고, 골동품도 오래된 것일수록 값이 많이 나가며, 오래 전에 담근 술을 귀하게 여기는 것처럼 옛것을 귀하게 여기는 정신이다. 즉 역사와 고경古經을 좋아하는 정신이다.

둘째, '호독好讀'이다. 이는 독서와 학문을 좋아한다는 뜻이다. '독讀'은 '읽다', '이해하다'는 뜻이므로 '독서讀書'와 '학문學問'을 좋아한다는 의미이다. 필자가 다산을 알고 공부하게 된 것은 대대장 시절, 사단장께서 『목민심서』를 생일선물로 주신 것이 시작이었다. 『목민심서』를 읽다 보니 다산이 저술한 여러 책을 찾아보게 됐고, 연대장을 마치고 국방대학교에서 "다산의 공직자 리더십"을 강의할 때 『목민심서』를 기본서로 삼았다. 이런 점에 누군가에게 책을 선물하는 것은 '호독好讀'에 큰 도움이 된다는 점을 이 기회를 빌어 밝히고 싶다.

셋째, '호아好我'이다. 이는 "우리의 문화와 전통을 좋아한다는 뜻이다."라는 내용이다. 이러한 내용은 「자찬묘지명」을 비롯한 여러 문헌에 나온다. 이는 역사의식을 바탕으로 학문을 익혀야 한다는 뜻을 담고 있다.

(2) 다산의 삶에 나타난 '3호三好' 정신

'3호' 정신은 다산의 삶, 그리고 다산이 남긴 각종 저술을 통해서 알 수 있다. 첫째, '호고好古'로 본 다산의 삶이다. 다산은 500여 권이 넘는 저술과 2,500여 수의 시를 썼는데, 여기에는 역사의식이 배어 있다. 다산은 올바른 길을 찾아가기 위해서 고도古道나 고전古典에서 지혜를 얻어야 한다고 했다. 이 점에 대해 박석무는 「역사의식과 지식인상」의 글에서 "유배지에서 이룩된 방대한 다산의 저서들은 크게 나누면 '현실 고발'과 '백성 살리는 논리'라는 두 축으로 볼 수 있다. 『경세유표』를 비롯한 수백 권의 연구서적들은 백성 살리는 논리의 구축이요, 수많은 시詩를 포함한 여러 종류의 잡문들은 모두 생생한 백성 압제 현장의 고발장인 셈이다. 이러한 작업을 통하여 봉건왕조를 새롭게 개혁[新我之舊邦신아지구방]하려는 철저한 의지가 모든 저서에 나타나 있다. 이는 민중民衆을 떠난 문학이 문학일 수 없고, 역사의식歷史意識에서 벗어난 작품은 작품일 수 없다는 민중문학의 선언이 아닐 수 없다. 올바른 방향으로 연구를 시작하여 시대적 변동성과 사회의 운동성을 명확하게 인식한 다산은 눈물겨운 역경을 딛고 일어나 민족 최대의 학자로, 탁월한 시인으로 추앙받는 위치에 올랐다. 민중民衆과 역사歷史를 떠나 민중의 아픔에 동참하지 못하고 역사적 삶에 구체성을 지니지 못한 지식인들의 행각은, 예나 지금이나 참으로 단명하지 않을 수 없음을 이 점에서 알 수 있다."[96]라는 표현에서 다산의 역사인식을 알 수 있다.

----

96 박석무, 『다산기행』, 한길사, 1996. 205~206쪽.

둘째, '호독好讀'에 나타난 다산의 삶이다. 다산은 '호독好讀'을 '호학好學'과 같은 개념이라고 했다. 다산은 독서를 해야 하는 이유에 대해서 "공부는 개와 닭처럼 여겨야 한다. 사람들은 개나 닭을 잃어버리면 하루 종일 찾아 나서면서도 공부를 잃어버리고서는 잃은 것도 모르는데, 그래서는 안 된다."고 했다. 다산은 「자찬묘지명」에서 '유이영오 장이호학幼而穎悟 長而好學', 즉 "어려서는 영특하였고, 어른이 되어서는 학문을 좋아했다."고 했는데, 여기서 '호학好學'은 '호독好讀'과 같은 의미로 쓴 것이다. 다산은 4살 때 『천자문』 공부를 시작했고 6세 때부터 경전經典을 읽었으며, 특히 7세 때 지은 「산山」이라는 '5언시', 즉 "작은 산이 큰 산을 가렸네, 멀고 가까운 지세의 차이 때문이지."라는 시를 본 아버지도 '분수에 밝으니 자라면 역법曆法과 산수算數에 능통할 것이다.'라고 칭찬했다. 또한 10세 때까지 경전과 역사서를 모방하여 지은 글이 자신의 키 높이만큼 쌓였는데, 그 이전까지 지은 시를 모아 '삼미집三眉集'이라는 문집을 만들었으나 현재는 전하지 않는다. 다산은 포항 근처 장기長鬐와 전남 강진康津에서 유배생활을 하는 동안에도 '나는 해변가로 귀양을 가게 되자 어린 시절에 학문에 뜻을 두었지만 20년 동안 속세와 벼슬길에 빠져 옛날 어진 임금들이 나라를 다스렸던 대도大道를 알지 못했는데, '이제야 겨를을 얻었구나〔今得暇矣금득가의〕.'라는 생각이 들어 그때야 혼연스럽게 스스로 기뻐하였다."라고 「자찬묘지명」에 기록했다. 이렇듯이 다산은 '호독'하는 삶을 통해 500여 권이 넘는 책을 저술할 수 있었음을 알 수 있다.

셋째, '호아好我'에 나타난 다산의 삶이다. 여기서 '아我'는 우리의 문화文化, 우리의 전통 등 '우리'를 의미한다. 다산은 평소 "가장 한국적인 것이 가장 세계적이다. 가장 조선적인 것이 가장 보편적인 것이다."[97]라는 인식과 함께 공맹의 유학을 공부함에 있어 성리학 관점이 아닌 우리식의 해석이 필요하다는 점을 강조했다. 다산은 "우리나라 사람들은 걸 핏하면 중국의 고사故事를 인용하는데, 이것 또한 볼품없는 짓이다. 마땅히 『삼국사기』, 『고려사』. 『국조보감』, 『동국여지승람』, 『징비록』, 『연려실기술』과 기타 우리나라의 다른 글 속에서 그 사실을 뽑아내고, 그 지방을 고찰하여 시에 인용한 뒤라야 세상에서 명성을 얻을 수 있고 후세에 전할 작품을 지을 수 있다."면서 우리의 시, 우리의 문학을 창작해야 한다고 했다. 이렇듯 '우리의 학문', '우리의 역사' 등을 좋아해야 한다는 것인데, 시를 쓸 때에도 "나는 조선사람이니 즐거이 조선시를 짓겠노라〔我是朝鮮人아시조선인 甘作朝鮮詩감작조선시〕."라면서 중국식 표현보다는 우리의 정서가 담긴 시어詩語를 사용했다. 예컨대 '보릿고개'를 '맥령麥嶺'으로, '높새바람'을 '고조풍高鳥風'으로 표현한 것 등이다. 그리고 중국에서 편집한 『천자문』이 우리의 정서에 맞지 않는다면서 2천 자로 된 『아학편』을 집필했고, 또한 사서四書에 대해서도 『논어고금주』, 『맹자요의』, 『대학공의』, 『중용자잠』 등 '3호'의 시각에서 주석서를 펴냈다. 또한 '수원화성 건축물'이 1997년도에 유네스코 과학건축물로 선정된 것도 '호아'와 연관성이 있다.

97 박석무, 『다산에게 배운다.』, 창비, 2019. 38쪽.

(3) 발전적 교훈 및 리더십의 적용

'3호'를 리더십과 연계하는 데는 대체로 세 가지 관점에서 고려해 볼 수 있다. 한국적 리더십의 필요성과 인성교육의 기본정신, 생활문화계승 측면이다.

첫째, 한국적 리더십의 필요성과 기본정신 측면이다. 21세기를 문화의 시대라고 하듯이 리더십은 문화가 뒷받침되어야 한다. 그리고 문화는 교육에 의해 진화하므로 교육에도 반영되어야 한다. 필자는 이런 점에 대해서, 직업군인이 겪는 리더십의 현장 경험과 대대장을 마치고 육군대학에서 3년간 리더십 교관 경험, 연대장을 마치고 국방대학교에서 6년간 리더십 교수 경험, 그리고 군생활을 마치고 10년 여 동안 대학 강단에서 리더십을 강의하면서 겪은 경험을 기초로 생각해보면, 한국적 리더십이 절실하다는 생각을 하게 된다. 그것은 보다 한국적韓國的이어야 하고, 공공公共의 이익을 추구하는 리더십이어야 한다는 점에서다. 그러나 우리는 그동안 공공분야 리더십에 대한 연구와 교육이 부족했던 것이 사실이다. 이런 생각은, 한국의 리더십과 서양의 리더십은 그 원리는 같아도 적용은 달라야 하고, 공직에서의 리더십은 기업경영리더십과는 목적이 다르므로 차별화되어야 한다는 주장을 멈추지 않고 해왔다.

필자가 이렇게 생각하기까지는, 두 차례에 걸친 깨우침이 계기가 되었다. 하나는 『리더십의 한국학』과 『리더십의 철학적 기초』라는 책을 읽으면서 느낀 점이다. 먼저 『리더십의 한국학』을 읽고 받은 깨우침이다. 필자가 육군대학에서 리더십 교관으로 재직하던 중〔1997년〕에 『리더십의 한국학』을 읽고 깨달은 점이다. 저자인 이규태는 이 책에서 "강남의 귤나무를 강북에 옮겨 심으면 귤이 아니라 탱자가 열린다.”는 『회남자淮南子』의 ‘남귤북지南橘北枳’를 인용하면서, 미국인의 의식구조를 기반으로 이윤창출에 초점을 둔 기업경영의 리더십 이론을 한국인에게 여과 없이 교육하게 되면 “미국의 귤나무를 한국에 심어놓고 미국에서와 같은 맛이 담긴 귤이 열리기를 바라는 것과 같다. 한국인의 정신 풍토, 한국인의 의식구조에 맞는 리더십이 무엇인가를 연구하여 한국적 리더십을 유형화하고 체계화해야 한다.”[98]고 했다. 그리고 『리더십의 철학적 기초』를 접하면서 받은 깨우침이다. 필자가 전방에서 연대장을 마치고 국방대학교 리더십 교수로 보직되어〔2003년〕 ‘정약용의 공직자 리더십〔일명 목민리더십〕’ 강의와 국방리더십 센터장 보직을 맡으면서 『리더십의 철학적 기초〔Philosophical Foundations of Leadership, 데이비드 코돈 지음, 제정관 옮김, 2006〕』를 읽고 나서 받은 깨침이다. 저자는 이 책에서 “무엇이 리더십과 리더를 구성하는가?”라는 질문과 함께 “리더십의 본질과 리더를 만드는 자질이 무엇인지를 연구해야 한다.”, “인간은 똑같이 태어나지 않았으며 인간에게는 서로 다른 본질적인 차이가 있다.”면서 ‘플라톤’, ‘칼 마르크스’ 등의 수많은 리더십 사례를 제시하고 있다. 두 권의 책에서 느낀 점은 “송충이는 솔잎을 먹어야 살 수 있다.”는 말이 리더십에도 해당된다는 점이다. 이렇게 생각한 이유는 리더십에서 ‘환경’의 중요성 때문이다. 환경은 문화의 영향을 받게 되고, 문화는 리더와 팔로어 모두에게 영향을 미친다. 이는 “인간은 문화가 다르기 때문에 가치도 약간 다

....
98 이규태, 『리더십의 한국학』, 신태양사, 1987. 서문.

르다. 사람들은 다른 목적을 추구하고 다른 충동을 가지며, 다른 형태의 행복을 그리워한다〔말리노프스키〕.", "앎의 기저에는 문화적 체계가 있다〔미셀 푸코〕.", "문화는 조직 활동의 근본 패턴으로 작용하는 기본적인 가정들과 신념들이다〔샤인〕."라는 표현에 잘 나타나 있다.

둘째, '3호'는 인성교육의 기본정신과 밀접하게 연관되어 있다는 점이다. 이는 인성교육의 인식에 대한 것으로 다음의 두 가지 관점에서 생각해 볼 수 있다.

첫 번째는 인성교육은 인성을 교육하는 부모〔가정〕, 교사〔학교〕, 어른 세대〔사회〕, 지도층 인사〔국가〕 등이 발휘하는 리더십에 영향을 받는다는 점이다. 가정의 경우 경제적으로 부유하고 유복하게 태어났다고 해도 부모의 리더십 역량〔Be(인성)·Know(지식)·Do(행동)〕이 부족하거나 태도가 바르지 않은 가정에서는 자녀들이 반듯하게 성장하기가 어렵다. "자녀는 부모의 등을 보면서 자란다."는 말이 리더십의 명언인 이유다. 학교의 경우도 마찬가지다. 교사의 언행이 제자의 본이 되지 못하면 제자들의 인성을 함양시키는 데는 한계가 있게 된다. 사회적으로 어른들이 지하철 등에서 보여주는 일탈행위〔예컨대 고성 및 욕설 등〕와 청소년 유해 환경조성 행위, 국가지도층 인사들이 국가나 국민의 입장보다는 당리당략에 치우쳐 매사를 아전인수我田引水격으로 해석하는 등의 모습은 국민들의 인성함양에 이롭지 못하다. 때문에 인성교육에 있어서도 한국적인 문화와 상황 교육에 도움되는 쪽으로 작용해야 한다. 일례로, 얼마 전 대학교수 출신의 모 국회의원이 "인성교육진흥법 8대 핵심가치 중에서 '효'는 배제해야 한다."는 내용으로 '인성교육진흥법 법률개정안'을 제출한 일이 있다. 또 모 대학의 군 출신 교수가 '군인성교육정책방향 모색' 세미나 기조강연과 발표된 논문에서 "군대 인성교육에서 '예'와 '효'는 배제해야 한다."고 발표한 내용이, 현재 군 인성교육에 영향을 미치고 있음을 볼 때, 이는 '3호 정신'과 배치되는 것이다.

두 번째는 인성함양에서 가정교육이 차지하는 비중과 그 중요성이다. 상식적으로 인성교육은 가정교육·학교교육·사회교육이 통합적이고 전생애적으로 이루어지는 교육이며, 그중에서도 가정교육이 중요하다. 그리고 그 가정을 이끌어가는 보편적 가치가 효孝와 예禮이다. 이런 점에서 앞서 두 교수의 시각은 '호아好我'와 '호고好古'가 결여된 데서 나온 것으로 보인다. 또한 현재 인성교육 관련 서적書籍에서 '효' 가치를 긴요하게 다루는 책은 보기 어렵다. 효는 다산이 강조했듯이 가정을 건강하게 하고, 가정교육을 살릴 수 있는 보편적 가치임에도 '효는 고리타분하다.', '전제국가에서 있었던 충효이데올로기의 잔재다.' 등의 이유를 내세워 외면하는 것은 옳지 못하다. 다산이 「원교」와 「원덕」 등에서 '효제자'와 '인仁'의 관계를 밝혔음에서 볼 수 있듯이, 가정과 학교 등에서 실시하는 인성교육에서는 효가 바탕이 되어야 하는 것이다. 그러나 인성함양은 "부모가 자녀를 교육의 대상으로 삼을 것이 아니라 사랑의 대상으로 삼는데서 시작된다."는 점을 간과하면 안 된다. 왜냐하면 가정에서 자녀에 대한 부모의 사랑이 뒷받침될 때 자녀의 인성도 절로 함양되기 때문이다.

셋째, '3호'에 기초한 생활문화의 계승발전 노력이다. '3호'는 한국인의 삶에서 기초가 되는 정신이다. 그리고 문화의 계승은 인간의 삶이 아름답고 편리하며 풍요롭게 만들어가고자 사회구성원에 의해 습득되고 공유되며 전달되어지는 과정이다. 이러한 과정에서 이룩해 낸 물질적, 정신적 소산所産이 생활문화이다. 인간은 대체로 생활공간을 통해서 생활문화를 배운다. 생활공간은 가정과 학교, 종교생활과 군대생활, 동호회 및 봉사활동 등 다양하다. '3호'가 생활문화의 정상화와 연계되어야 하는 이유는 우리가 지켜온 전통예절을 비롯한 소중한 정신적 문화유산 때문이다. 이웃사촌이라는 말이 있듯이, 이웃과의 공동체로 살아가는 생활문화는 중요하다. 그래서 이웃에 사는 사람끼리 인사도 나누고, 정보도 나누고 정을 나누어서 삶을 윤택하게 만들어야 한다. 필자가 어린 시절에 자라면서 겪었던 생활문화, 예컨대 이웃 어른께 인사하기, 애경사에 함께 참여하기, 떡 돌리기 등은 그대로 이어갈 수는 없지만 최소한 이웃끼리의 인사하고 지내기, 기쁨과 슬픔을 함께하기 등은 지켜져야 한다. 층간 소음 문제로 다툼이 계속되는 현재의 모습도, 서로 인사를 나누고 기쁨과 슬픔을 함께 나누다 보면 대부분 해소될 일이다. 인사하는 문제는 어른부터 해야지 아이들에게만 요구할 일은 아니다. 어린이집이나 유치원에서 자녀를 데리고 등교한 부모가 자녀의 머리를 누르면서 '선생님께 인사드려라'라고 말하면서 정작 부모 자신은 어린이집 교사에게 인사를 하지 않는 경우가 많은 것이 현실인데, 이때 "엄마는 인사 안하면서 왜 저에게만 하라고 하세요? 엄마부터 인사해 보세요?"라는 자녀의 지적을 받는 부모들이 있다고 한다. 자녀는 부모의 등을 보고 배우는 관계로 말보다는 행동으로 보여주는 것이 필요하다. 그리고 사회생활에서 인사는 중요한데, 인사는 소통을 시작하는 첫 단추이며 호감을 얻는 최선의 방법이기 때문이다. 대기업 신입사원 교육에서 맨 먼저 하는 교육이 '인사법'인 이유도 그 때문이다. 그래서 아파트 승강기 안에서부터 인사 나누는 것을 습관화해야 한다. 그래야 이웃사촌이 될 수 있다. 인간은 '문화적 존재', '사이〔間〕의 존재'이다. 이런 점에서 다산에게 배우는 '3호' 정신은 생활문화를 회복하는 일이고, 이는 우리의 삶을 풍요롭게 가꿔 나가는 지름길인 것이다.

7) 위국위민爲國爲民 정신

(1) 의미와 출처

'위국위민爲國爲民' 정신은 나라를 위하고 백성을 위하는 정신이다. 다산의 이 정신은 500여 권의 저술과 2,500여 수의 시詩에서 찾아볼 수 있는데, 두 분야로 압축할 수 있다. 하나는 "어떻게 하면 지도자다운 모습을 찾아갈 것인가?"에 주안을 둔 '수기修己'이고, 또 하나는 "어떻게 하면 백성들로 하여금 인간다운 모습으로 살아가게 할 수 있을 것인가?"에 주안을 둔 '치인治人·안인安人' 분야이다. '수기修己'를 위해 저술한 책을 경서經書, '치인治人·안인安人'을 위해 저술한 책을 경세서經世書로 분류하는데, 다산이 61세 때 자서전自敍傳 격으로 쓴 「자찬묘지명」에는 경서經書를 232권, 경세서經世書 260권으로 집계集計했다. 61세까지가 도합 492권인데, 그 후에도 저술 작업이 계속되었기 때문에 이를 합하면

500여 권이 훨씬 넘는 것으로 보고 있다.

다산의 '위국위민' 정신은 '유시시구唯是是求'와 '유선시사唯善是師'에 바탕을 두고 있다는 점에서 의의를 찾을 수 있다. 앞서도 언급했듯이 저술활동이 본격적으로 이루어진 것은 18년간의 유배생활이었다는 점이다. 조선시대에 유배형에 처해진 경우는 사약賜藥이 언제 내려올지 모르는 처지이고, 나라와 백성을 위하는 충심이 깊었던 인물일수록 절망감이나 상실감, 억울함이 컸을 터인데, 그러한 상황에서 나라와 백성을 위해 그렇게 많은 책을 저술했다는 것 자체가, 성인聖人과 같은 모습이라는 것이 필자의 생각이다. 필자가 기억하기로 유배생활 중 억울하게 사약을 받은 인물이 많은데, 그중에서도 단종端宗과 조광조趙光祖, 송시열宋時烈 등을 떠올리게 된다. 단종은 삼촌인 세조世祖로부터 사약을 받고 시종侍從에 의탁해 생生을 마감했고, 조광조는 유배생활 내내 충심衷心으로 섬겼던 중종中宗이 사면해 줄 것으로 고대하다가 사약을 받았다. 또한 송시열도 그러한 기다림 끝에 숙종肅宗으로부터 사약을 받았다. 이렇듯 오매불망寤寐不忘 임금님의 사면이 있을 것으로 기대하다가 사약을 받는 모습을 떠올릴 수 있는데, 다산은 그런 상황 속에서 500여 권의 저술을 남긴 것은 '위국위민'의 정신 말고는 설명이 안 된다. 그리고 경기도 북부 지역 암행어사와 황해도 곡산도호부사 등 정조의 지우知遇를 받으면서 공직자로서 임무를 수행, 해배 이후 만년晩年을 보내면서 당파를 초월한 학술적 교류 활동 등도 '위국위민'의 결과였다.

이러한 공로가 인정되어 서세逝世 74년〔1910년, 순종 4〕을 맞아 조정에서 문도공文度公 시호가 내려졌고, 서세 176년〔2012년〕·탄신 250주년에는 유네스코에서 세계기념인물로 선정한 바 있으며, 서세 183년〔2019년〕에는 경기도에서 경기도민의 정체성과 자긍심 제고를 위해 선정한 경기도대표역사인물 1위에 오르기도 했다. 특히 경기도대표역사인물 선정은 2012년도에 선정했던 33의 위인을 대상으로 이〔통〕장 및 주민자치위원 4,000명을 대상으로 조사한 결과 1위에 정약용〔27.2%〕, 2위에 정조〔21.0%〕, 3위에 율곡〔9.0%〕 등이 선정[99]된 바 있다. 이는 다산의 '위국위민' 정신을 실천한 삶에 대한 평가라고 본다.

(2) 다산의 삶에 나타난 '위국위민' 정신

다산의 '위국위민' 정신은 관직에 있을 때는 물론이고, 유배생활 중에서도 잘 드러난다. 그가 유배를 가게 된 것은 유교와 천주교의 종교적 갈등, 그리고 문화충돌에서 비롯된 것이지만, 다산의 유배생활은 참으로 억울한 기간이었을 것이다. 이는 다음의 내용에서 찾아볼 수 있다.

첫째, 유교국가 조선의 충신으로서 조정의 지침에 따라 천주교와 절의絕義했으며, 억울하게 누명을 쓴 상태에서도 '위국위민'을 실천했다는 점이다. 다산이 천주교를 믿은 기간은 75년 생애 중에서 햇수로 8년에 지나지 않는다. 다산은 천주교를 종교적 신앙보다 평등사상과 박애博愛정신, 과학사상 등을 학문적으로 받아들이려는 마음이 더 컸던 것으로 보인다. 그리고 다산이 천주교를 믿기 시작할 무렵은 제사祭祀 등 애경사

99 김성하 외, 「경기도의 정체성 및 도민의 자긍심 강화방안 모색을 위한 연구」, 경기연구원, 2019. 71쪽.

문제에 있어서 천주교 교리와 마찰 요인이 없었다. 그러다가 천주교에서 조상제사를 금지하면서, 천주교 신자들도 그에 따라 조상제사를 거부하게 되고 부모의 위패를 불태우는 등의 행위를 보고 나서, '오교〔효제자〕' 와 함께 조상을 섬기는 정신이 투철했던 다산으로서는 천주교와 절의할 수밖에 없었다. 이런 결심을 하게 된 계기가 진산珍山사건이다. 다산이 30세〔1791년, 정조 15〕되던 신해년辛亥年에 윤지충尹持忠과 권상연權尙然이 부모 제사를 거부하고 위패를 불태우는 등의 행위는, 당시 국교인 유교 입장에서 볼 때는 대역죄에 해당되는 사건이었다. 그리고 윤지충은 다산의 외사촌이면서 다산 형제에게서 천주교를 전수받은 경우라 다산은 심리적 충격과 책임이 컸다. 결과적으로 이 사건을 계기로 신해옥사辛亥獄事가 발생했고, 다산은 이를 계기로 천주교와 절의絶義했다. 그러함에도 노론벽파와 공서파 등에서는 다산을 천주교와 연관 지음으로써 결국 폐족을 당하고 유배형에 처해진 것인데, 다산은 그런 아픔 가운데서도 '위국위민' 을 실천했다는 점에서, 대단한 애국자였음을 알게 된다.

둘째, 유배 중임에도 '위국위민' 의 입장에서 실학實學을 집대성하는 저술을 지속했다는 점이다. 다산의 유배생활은 매우 힘들었던 것으로 나타나 있다. 48세〔1809년, 순조 9〕 때 다산초당에서 친구 김이재에게 보낸 편지에 "중풍이 점점 심해지고 온갖 병이 생겨 언제 죽을지도 모르는 처지다. 기꺼이 귀양지의 강물에 뼈를 버리더라도 애석할 것이 없으나 오직 우국지성을 발산할 길이 없어 점점 응어리가 됐다.", "살아서 고향으로 돌아가느냐의 여부는 오직 나 한 사람의 기쁨과 슬픔일 뿐이지만,

지금 만백성이 다 죽게 되었으니 이를 어찌하면 좋은가."라고 통탄하면서, "어느 것 하나라도 병들지 않은 것이 없어서 이를 고치지 않으면 반드시 나라가 망할 것인데, 어찌 충신과 지사가 팔짱 끼고 방관할 수 있겠는가."라는 내용이 나온다. 이런 과정에서 500여 권의 저술을 통해 "학문은 백성의 삶에 이로움을 주어야 한다."는 신념으로 실학을 집대성한 위국위민 정신을 볼 수 있다.

셋째, '1표2서' 등의 저술을 통해 백성을 위하고 나라를 위하는 삶을 살았다는 점이다. 다산이 저술한 책이 500여 권을 상회하지만, 그중에서 나라와 백성을 위해 심혈을 기울여서 쓴 책이 유배 말기 쯤에 저술한 '1표2서'로 불리는 『경세유표』, 『목민심서』, 『흠흠신서』이다. 그중 『경세유표』는 "내가 곰곰이 한번 생각해 보니, 조선은 털끝만큼 작은 일까지도 병들지 않은 것이 없으니, 지금 이것을 고치지 않는다면 틀림없이 나라를 망하게 하고야 말 것이다. 이 어찌 충신忠臣과 지사志士가 수수방관袖手傍觀할 수 있는 일이겠는가?"라면서 "오래된 나의 조선을 새롭게 개혁하자."는 의미로 '신아지구방新我之舊邦'을 주장한 책이다. 『목민심서』는 지방행정관의 윤리지침서로, '부임' 단계에서 '해관' 단계까지 12편 72조로 구성돼 있다. 다산은 집필 이유에 대하여 "남쪽 지방은 전답田畓에서 세稅가 나오는 곳인데 아전들이 간악하고 교활하여 병폐가 어지럽게 생겨났다. 내 처지가 비루하였기에 들은 것이 매우 상세하여, 또한 이것을 종류대로 기록해서 나의 얕은 소견을 덧붙였다."고 하면서 "비록 시대에 따르고 세속에 순응하느라 위로 선왕의 헌장憲章에 모두 부합하지는 못하였지만, 백성을 다스리는 일에 있어서 조례가 자세히 구비되었다."고 기록했다. 『흠흠신서』는 애민의 관점에서 저술한 형법서刑法書이다. 목민관은 살인사건의 조사·심리·처형 과정 등을 다루는 과정에서 백성의 억울함이 없도록 해야 하며, 이를 위해서는 관료 사대부들이 율문律文에 밝아야 한다는 취지에서 집필한 것이다. 다산은 편찬 이유에 대하여 "사람의 목숨이 달린 옥사獄事는 군현에서 항상 일어나는 일이고 지방관리가 늘 만나는 일이다. 그럼에도 조사는 항상 소홀하고 판결은 늘 잘못된다. 옛날 우리 정조 임금 때에는 관찰사와 수령이 항상 이 때문에 폄출貶黜〔벼슬을 박탈하고 물리침〕을 당하였으므로 그나마 경계하여 근신하였는데, 근래에는 더 이상 그런 문제를 제대로 다스리지 않아서 옥사에 억울한 일이 많아졌다. 내가 목민牧民에 관한 책을 편찬하였지만, 사람의 목숨과 관련된 부분에 대해서는 '전문적인 공부가 있어야만 한다.' 라고 생각하여, 마침내 별도로 엮어서 이 책을 만들었다."고 기술했다. 이렇듯 목민관이나 아전들로 하여금 백성을 편안하게 지도하고 보살피도록 하기 위해 '1표2서' 를 저술한 것이다.

(3) 발전적 교훈 및 리더십의 적용

어느 조직과 집단을 막론하고 리더가 갖는 사명감과 책임감은 조직의 성패에 결정적으로 영향을 준다. 이런 점에서 리더의 위국위민爲國爲民 정신은 중요하다. 그러나 일부 지도층 인사들의 모습을 보면 '나라를 위하고 국민을 위한다.' 는 말은 쉽게 하면서도, '위국위민' 을 실천한 인물로 평가받는 경우는 많지 않아 보인다. 비근한 예로, 어느 대통령이든 취

임식에서 '사랑하는 국민여러분', '존경하는 국민여러분' 하면서 위국위민을 약속하지만 임무를 마칠 쯤 돼서 보면, 국민에게 했던 약속을 지키지 않아서 불명예를 안고 퇴진하는 경우를 본다. 이런 점에서 다산이 보여준 '위국위민'의 실천적 삶은 가치 있는 삶, 본보기적 삶이었다고 할 수 있다.

다산은 노론老論과 남인南人간 당쟁黨爭에서도 오직 나라와 백성을 위하는 마음으로 매사를 위국위민의 관점에서 취사선택取捨選擇했다. 언제나 다산이 택한 것은 당리당략보다는 나라와 백성이 우선이었다는 점이다. 이는 "공정한 마음으로 듣고 모두를 보아서 나라와 백성을 위해 오직이 옳은 것을 추구한다."는 '공청병관公聽並觀'과 '유시시구唯是是求'에 기초한 위국위민 정신의 실천 결과였다. 따라서 다산의 이러한 정신을 국가의 3요소〔영토, 주권, 국민〕에 맞추어서 발전적 교훈과 리더십의 적용에 대해 생각해 본다.

첫째, 〔영토〕영토嶺土를 사랑한 정신이다. 다산은 조국강산을 아름답게 가꾸고, 지켜야 한다는 생각으로 50세〔1811년, 순조 11〕에 『아방강역고』, 51세〔1812년, 순조 12〕에 『민보의』, 53세〔1814년, 순조 14〕에 『대동수경』 등을 저술했다. 『아방강역고』는 한국의 역대 강역에 대한 연구서로, 고조선에서 발해에 이르기까지 한국의 역대 왕조들의 강역 변천을 문헌 중심으로 살피고 고증한 역사지리서이다. 『대동수경』은 우리나라 주요 하천의 연혁을 집중 연구한 역저로 『아방강역고』와 함께 우리나라 역사 및 지리 연구의 대표작으로 손꼽히는 저서로 알려져 있다. 그리고 『민보의』는 국토방위 책략에 관해 견해를 밝힌 책으로, 당대 조선사회를 군사적으로 정비해야 한다는 필요성과 민란 및 왜구침입에 대비하기 위해 쓴 책이다. 요충지마다 산성을 쌓고 그곳을 전시 대피소 및 유격전의 거점으로 이용하는 산성 중심의 농민자위체제農民自衛體制를 구상한 내용으로 저술했다. 또한 이 책은 한반도 북부 주요 하천의 유로 및 주요 지류의 경로를 기록하고, 하천이 통과하는 지역의 지명과 역사적 사실을 중국과 일본 등의 문헌 기록을 기초로 역사지리적 관점에서 기술했다.

둘째, 〔주권〕 '주권재민主權在民'과 '민유방본民惟邦本'의 민본民本 정신이다. 다산의 저술 내용에는 안민安民, 여민與民, 의민依民, 위민爲民, 애민愛民 등 '목牧'보다 '민民'에 방점을 두는 내용이 많다. 다산은 『탕론』에서, 천자〔황제〕는 하늘에서 떨어지거나 땅에서 솟아난 것이 아니라 백성들이 상향식으로 추대하는 것이라고 했다. 추대하지 않으면 물러나야 하는 것이고, 물러나지 않으면 구후九侯와 팔백八伯이 의논해 천자를 바꾸어야 한다는 것이다. 이는 "주권이 백성에 있고, 백성은 나라의 근본이다."라는 의미로, 백성을 위하는 정치, 위민주의爲民主義를 강조한 것이다. 다산은 「원목」에서 '목민관은 국민을 위해 있는 것〔牧爲民有也목위민유야〕'이라고 하면서 '다른 벼슬은 구해도 좋으나 목민관을 하겠다고 구하는 것은 옳지 않다.'고도 했다. 임금과 수령은 업무가 많고 적음의 차이가 있을 뿐 통치 행위는 같기 때문에 아무나 수령을 하겠다고 하는 것은 옳지 않다는 것이다. 이는 목민관이 잘못하면 백성에게 그 어려움이 고스란히 전가轉嫁된다는 점에서다. 그러면서 '백성들은 땅으로 농토를 삼는데 관리들은 백성들로 논밭을 삼는다〔民以土爲田 吏以民爲田민이토위전 리이민위전〕.'고 하여 탐관오리의 만행을 규탄했다.

셋째, 〔국민〕 백성을 사랑하는 애민愛民정신이다. 다산은 목민관은 백성을 사랑해야 한다는 점을 강조하면서도, 특히 4궁窮에 대한 관심과 사랑을 강조했다. 여기서 4궁은 '환과고독鰥寡孤獨', 즉 '홀아비', '과부', '고아', '자식 없는 노인'을 말한다. 그리고 공정한 사회 구현을 위해 법치주의 실현과 정실주의 배격을 주장했는데, 이는 백성의 어려움을 덜어주어야 한다는 일념에서였다. 다산이 암행어사로 나가 고발한 사람 중에는 임금의 주치의主治醫였던 강명길康命吉〔전 삭령군수〕, 사도세자의 능陵을 이장할 때 지관이었던 김양직金養直〔전 연천현감〕 등 정조의 최측근이면서 전형적인 탐관오리 행세를 한 사람들이었다. 그러나 정조는 다산의 '암행결과 보고서'를 확인하고 나서도, 그간의 공로와 정情을 감안해 이들을 용서하려 했다. 그렇지만 다산은 "무릇 용법用法은 마땅히 임금의 가까운 신하로부터 시작해야 하는 만큼 이 두 사람을 엄히 처벌해 백성을 소중히 여기고 국법을 높여야 합니다."라고 재차 상소함으로써 죗값을 치르도록 했다. 이 또한 백성을 사랑하는 정신에서 비롯된 것이다. 이렇듯 다산은 백성을 두루 잘 살게 하는 방법에 대해 고민했는데, 균민주의均民主義가 그것이다. 다산은 「원정原政」에서 '정치란 바르게 하는 것〔政也者 正也정야자 정야〕'이고, '우리 백성을 고루 살게 하는 것〔均吾民也균오민야〕'이라고 했다. "어찌 토지의 이익을 겸병하여 부자를 더 부자가 되게 하고, 토지의 혜택을 받지 못하게 해서 가난한 사람을 더욱 가난하게 하는가. 토지와 백성을 계산해서 공평하게 분배해야 한다. 바르게 하는 것이 정치이니 정치란 백성을 고루 살게 하는 것이다."라는 주장은 곧 백성을 사랑하는 정신에 기반基盤한 것이다.

8) 공청병관 유시시구公聽並觀 唯是是求 정신

(1) 의미와 출처

이는 "공정한 마음으로 듣고 모두 보아서〔公聽並觀공청병관〕오직 나라와 백성을 위해 이 옳은 것을 추구한다.〔唯是是求유시시구〕"[100]는 『상례사전』「서문」에 밝힌 내용이다. 필자의 견해로, '유시시구'야말로 다산의 정신을 가장 잘 나타내주는 '4자성어'라고 생각한다. 혹자는 "다산은 오직 나라와 백성을 위해 착하고 옳은 것을 스승으로 삼는 가치 지향적 삶을 살았다."고 하여 '유선시사唯善是師'[101]적 삶으로 표현하기도 한다. 여기서 '유시시구'와 '유선시사'는 사물을 바라보고 판단할 때에 옳고 그름을 구분하는 잣대로 작용한다는 점에서 중요하다. 그리고 그 내면에는 정의正義와 긍정적 사고가 작용하고 있음을 볼 수 있다.

다산은 옳고 옳음을 추구하면서도 긍정적 사고로 일관하고 있음을 여러 장면에서 볼 수 있다. 그중에 하나가 곡산부사로 부임하면서 이계심 사건을 처리하는 과정에서의 '유시시구'적 처사이다. 당시 이계심 사건을 보는 시각은, 좌의정 채제공을 비롯한 중앙관료들은 이계심이 폭동을 일으키고 민중을 선동한 대역죄인으로 보았던 반면, 다산은 이계심이야말로 나라와 백성을 위해 용기 있는 행동을 한 의인義人으로 평가하고 있었다.

••••
100 『상례사전』「서문」: "公聽並觀而 唯是是求."
101 『소학집주』「입교」: "博學無常 唯善是師 遜友是志 唯善是取."

다산의 긍정적 사고는, 억울한 누명으로 유배생활을 하고 있는 처지에서도 "이제야 학문을 할 겨를을 얻었구나〔今得暇矣금득가의〕."라는 생각과 함께 500여 권이 넘는 방대한 저술을 남겼으며, 죽음을 3일 앞두고 지은 회근시回졸詩에서도 "슬픔은 짧았고 기쁨은 길었다〔戚短歡長 척단환장〕."라는 표현에서 긍정적 삶의 모습을 볼 수 있다.

(2) 다산의 '유시시구唯是是求' 적 삶

다산이 살아온 길은 '유시시구' 에 기초한 가치價値value 지향적 삶이었다. 다산은 자신에게 닥친 고난을 스스로 극복하는 놀라운 정신력을 발휘했는데, 이는 오직 '나라' 와 '백성' , 그리고 폐족을 당해 실의失意에 차있는 '가족' 을 위하는 가치 추구의 삶에 있었다. 그리고 그 원동력은 철저하게 '옳은 것' 에 기준을 두는 '유시시구' 에 기초한 용기勇氣 있는 삶의 결과였다.

다산에게 가치기준의 잣대가 처음으로 나타난 것은 초시 합격 후 성균관에 입학하여 정조 앞에서 『중용강의』를 할 때였다. 즉 23세〔1784년, 정조 8〕 여름에 "『중용』의 80여 조문條文에 대해 퇴계와 율곡의 견해와 그 차이점을 제시하라."는 과제에 대한 강의에서, 다산은 남인南人이면서도 퇴계를 지지한 것이 아니라 율곡의 기발설氣發說을 지지함으로써 '유시시구' 적의 면모를 보여준 것이다. 정파를 뛰어 넘어 오직 나라와 백성을 위하는 자세를 보여줬다는 점인데, 특히 이기론理氣論과 사칠론四七論에 대한 답변에서 대부분 남인계 유생들은 퇴계의 이기론을 지지

했으나, 다산은 율곡의 주장을 지지한 것이다. 이로써 남인계 학자들로부터 항의를 받긴 했지만, '유시시구' 에 기준한 소신 있는 답변으로 정조임금의 신임을 받는 계기가 되었다.

다산은 유배지에서 아들에게 보낸 편지에서도 '유시시구' 를 강조했다. 큰아들[학연]이 "아버지!, 아버지의 해배를 위해서 이기경과 목만중, 홍인호 등에게 편지를 보내 도와달라고 부탁하시면 어떻겠습니까?"라는 내용의 편지를 받고 "시비是非와 이해利害라는 두 가치를 기준으로 판단해야 한다."는 기준을 아들에게 제시한 것이다. 또 하나는 가계「하피첩」을 통해 '당파심을 없애라' 고 당부한 내용이다. "우리 가문은 선대부터 붕당朋黨에 관여하지 않았다. 더구나 우리가 곤경에 처하여, 오래 사귄 벗들이 연못에 밀어 넣고, 그 위에 돌까지 던지는 짓까지 괴롭게 당했다. 너희들은 명심하고 당파적 사심을 철저히 씻어라."는 내용인데, 이 또한 당리당략보다 백성을 위하는 일에 기준을 둔 것으로, '유시시구' 적 판단이다.

(3) 발전적 교훈 및 리더십의 적용

"리더십의 출발점은 사람의 마음을 움직이는 데 있다. 그리고 그것이 모든 문제의 핵심임을 확신하는데 있다[몽고메리]."는 표현은 리더십에서 '유시시구' 의 중요성을 말해주고 있다. 조직을 대표하는 리더의 판단과 행동은 조직이 추구하는 목표달성에 중요하게 작용하기 때문이다. 요즈음 회자되는 말 중에 '내로남불' 이라는 용어가 있다. 내가 하면 괜찮고 남이 하는 것은 잘못이라는 식의 판단 기준을 뜻하는데, 리더의 '유시시구' 적 기준이 중요한 이유이다.

필자가 목민리더십을 연구하게 된 계기 중의 하나도 다산의 '유시시구' 적 가치기준 때문이었다. 오늘날 한국을 이끌어가는 분야별 리더는 정치인, 기업인, 교육인, 문화인, 체육인, 군인, 종교인 등 다양하지만, 무엇보다도 공공조직을 이끄는 공조직의 리더십이 바로 서야 기타 분야를 바르게 이끌 수 있고, '유시시구'가 기준으로 작용할 수 있다는 것인데, 다음과 같은 이유에서다.

첫째, 리더의 수기修己와 '유시시구唯是是求'의 관계이다. 다산은 "군자는 수신修身이 반이고, 목민牧民이 반이다. 그런데 수령들은 이익을 추구하는 데만 급급하고 어떻게 목민해야 할 것인가는 알지 못하고 있다."[102]고 지적하면서, "아전을 단속하는 근본은 자기 몸을 다스리는데 있다. 그 몸이 바르면 비록 명령하지 않아도 행하여질 것이고, 그 몸이 바르지 못하면 비록 명령하더라도 행해지지 않을 것이다. 예로써 정제하고 은혜로써 대한 뒤에 법으로써 단속해야 한다."[103]고 했다. 이처럼 리더에게는 '유시시구'에 기준基準한 수기修己가 중요한 것임을 알 수 있다.

둘째, 업무추진 과정에서 청렴에 기초한 '유시시구'의 적용이다. 다산은 "이로움에 유혹되지 아니하고 위세에 굽히지 않는 것이 법을 지키는

••••
102 『목민심서』「서문」: "君子之學 修身爲半 其半牧民也. 今之司牧者 唯征利是急 而不知所以牧之."
103 『목민심서』「이전6조〔속리〕」: "束吏之本 在於律己 其身正 不令而行 其身不正 雖令不行. 齋之以禮 接之有恩 然後 束之以法."

길이다. 비록 상사가 독촉하더라도 받아들이지 않아야 한다." [104], "상사의 명령이 공법에 어긋나고 민생을 해치는 것이라면 마땅히 꿋꿋하게 굴하지 말아야 하며 확연히 스스로 지켜야 한다." [105]고 했다. 리더라면 당연히 사익私益을 버리고 공익公益에 우선하는 리더십을 구사해야 한다. 또한 "청렴은 목민관의 본무요 모든 선의 원천이며, 모든 덕의 근본이다. 청렴하지 않고 유능한 목민관은 아직 없었다. 청렴은 큰 장사다, 목민관이 청렴하지 않으면 백성들이 도둑으로 지목하여 마을을 지날 때에 더러운 욕설이 비등할 것이므로 이 또한 부끄러운 일이다." [106], "백성을 사랑하는 근본은 예산을 아껴 쓰는데 있고, 아껴 씀의 근본은 검소한 삶에 있다. 검소함 이후에 청렴할 수 있고, 청렴한 이후에 백성을 사랑할 수 있다. 검소함은 목민관의 가장 큰 책무이다." [107]라고 강조했다. 이처럼 청렴에 기반한 '유시시구'는 중요한 것이다.

셋째, 리더의 판단과 행동에는 '유시시구'적 가치價値value가 뒷받침되어야 한다는 점이다. '리더는 어항 속의 금붕어'라는 말이 있다. 팔로어들이 뒤에서 매사每事를 지켜보기 때문이다. 다산은 "목민관의 직분은 백

----

104 『목민심서』「봉공6조〔수법〕」: "不爲利誘 不爲危屈 守之道也 雖上司督之 有所不受."

105 『목민심서』「봉공6조〔예제〕」: "唯上司所令 違於公法 害於民生 當毅然不屈 確然自守."

106 『목민심서』「율기6조〔청심〕」: "廉者 牧之本務 萬善之源 諸德之根 不廉而能牧者 未之有也. 廉者天下之大賈也. 牧之不淸 民指爲盜 閭里所遇 醜罵以騰 亦足羞也."

107 『목민심서』「부임6조〔치장〕」: "愛民之本 在於節用 節用之本 在於儉. 儉而後 能廉 廉而後能慈 儉者 牧民之首務也."

성을 가르치는데 있을 따름이다. 부역을 바르게 하는 것도, 관직을 마련하고 목민관을 두는 것도 장차 가르치기 위함이다. 죄를 밝히고 법을 신칙하는 것도 장차 가르치기 위함이다. 모든 정치가 제대로 행하여지지 않아서 교육을 일으킬 겨를이 없다면 백세에도 선치가 있을 수 없는 것이다."[108], "변등辨等이라는 것은 백성을 편안케 하고, 뜻을 정하는 일은 중요하다. 등급이나 위엄이 밝지 못하다면 지위나 계급이 어지러워져서 백성이 흩어지고 기강이 무너지게 될 것이다."[109]라고 하여 정파나 신분을 초월한, 오직 나라와 백성을 위하는 것이 리더가 해야 할 일임을 강조했다.

따라서 '유시시구'에 기초한 리더십은 공직 계통의 리더뿐 아니라 가정과 학교, 사회의 리더 계층에서 "〔오직 조직과 구성원의 행복을 위해서〕옳고 옳은 것에 기준해야 하는 것이다."

9) 상하동욕上下同欲 정신

(1) 의미와 출처

'상하동욕上下同欲'은 '리더〔牧목〕'와 '팔로어〔民민〕'가 하고자 하는

----

108 『목민심서』 「예전6조〔교민〕」: "牧民之職 敎民而已平其賦役 將以敎也 設官置牧 將以敎也. 牧民之職 敎民而已平其賦役 將以敎也 設官置牧 將以敎也. 明罰飭法 將以敎也 諸政不修 未遑興敎 此百世之所以 無善治也."

109 『목민심서』 「봉공6조〔변등〕」: "辨等者 安民定志之要義也. 等威不明 位級以亂則民 散而無紀矣."

마음이 같아지고자 하려는 정신이다. 이 내용은 "전쟁에서 승리하는 쪽을 미리 알 수 있는 다섯 가지 요소가 있는데〈중략〉, 그중에 하나는 상관과 부하가 하고자 하는 마음이 같은 쪽이 승리한다."[110]는 『손자병법』「모공편」에 나오는 내용이다. 리더십에서 주어진 목표를 성공적으로 달성하기 위해서는 리더와 팔로어가 하고자 하는 마음이 같도록 노력하는 것〔同欲동욕〕'이 필요하다. 이는 리더와 팔로어의 마음이 한 방향으로 모아지도록 하는 것〔aligning〕이기 때문이다. 그러자면 리더 위치에 있는 부모, 스승, 상급자 등이 '상하동욕'을 위해 솔선수범해야 한다.

이 점에 대해 다산은 목민관〔리더〕과 백성〔팔로어〕이 '하고자 하는 마음이 같아지기 위해서는 리더의 수기修己가 전제된 수범垂範이 중요하며, 이를 통해 '수기안민修己安民'과 '수기여민修己與民'이 되도록 해야 한다고 했다. 여기에서 '수기修己'는 「자찬묘지명」에, '안민安民'은 『목민심서』「율기」, 「예전」, 「형전」 등 여러 곳에 나온다. 그리고 여민與民은 "인仁이라는 것은 두 사람이며, 두 사람은 서로 더불어 함이다. 목민관과 백성은 더불어 함께하는 두 사람이다."[111]라고 했다. 다산이 『경세유표』

• • • •
110 『손자병법』「모공〔謀攻〕편」: "故知勝有五 知可以戰與不可以戰者勝 識衆寡之用者勝 上下同欲者勝 以虞待不虞者勝 將能而君不御者勝."
  * 그러므로 전쟁에서 승리할 수 있는 요건 다섯 가지가 있다. 그것은 싸울 때와 싸우지 말아야 할 때를 아는 것. 나의 병력이 많을 때와 적을 때의 전투 방법을 아는 것. 윗사람과 아랫사람이 한 마음이 되면 이긴다는 것. 미리 경계하고 있으면서 경계와 대비가 없는 적을 만나면 승리한다는 것. 장수가 유능하고 임금이 장수의 지휘에 대하여 간섭하지 않으면 이길 수 있다는 것이다.
111 『논어고금주』「학이」: "仁者二人也 二人相與者也 牧與民二人也."

와 『목민심서』, 『흠흠신서』 등에서 강조하고 있는 내용도 '상하동욕'을 목표로 하고 있음을 볼 수 있다.

(2) 다산의 삶에 나타난 '상하동욕' 정신

다산의 생애와 삶은 '상하동욕'을 위한 노력의 연속이었다. 벼슬직에 있을 때는 목민관과 백성의 '상하동욕'을 위해 노력했고, 유배생활 중에는 고향〔마재〕에 있는 자식들과 '상하동욕'이 되도록 편지〔26회〕와 가계家誡〔9회〕를 활용했다. 다산은 두 아들에게 큰아버지〔정약현〕를 아버지처럼 모실 것을 자식들에게 당부했고, 두 아들은 아버지의 가르침에 따라 큰아버지를 아버지처럼 섬김으로써 '상하동욕'하는 모습을 보여주었다. 또한 다산이 저술한 '1표2서' 등은 지도자와 백성이 하고자 하는 마음이 같아지기 위해서 지도자〔리더〕의 역할을 강조하는 내용을 담고 있다.

다산의 스승 성호星湖도 '상하동욕'과 관련된 글을 남겼다. 성호는 「충신살신忠臣殺身」[112]에서 주인과 개〔犬〕의 '상하동욕'에 대해 논했다. 성호는 "나라 일에는 정正이 주가 되고, 어버이를 섬기는 데는 애愛가 주가 돼야 한다."면서 '도둑을 지키는 개와 주인의 관계'에 대해 설명했는데, "주인이 개를 기르는 것은 도둑을 방지하기 위해서이고, 밤중에 개가 짖는 데는 이유가 있어서인데, 주인의 눈에 보이는 것이 없다고 해서 짖고 있는 개를 꾸짖으면 안 된다. 주인은 비록 보지 못하지만, 개에게는

••••
112 최석기 譯, 이익 著, 『성호사설』, 한길사, 2004. 219쪽.

보이는 것이 있기 때문에 주인이 꾸짖어도 발길질을 당하면서까지 그치지 않고 짖는 것이다."라고 했다. 여기서 충견忠犬과 주인의 '상하동욕'을 위해서는 리더의 역할이 부족해서는 안된다는 점을 지적한 것이다.

다산은 『목민심서』와 「탕론」, 「통색의」, 「서얼론」 등에서 목민관과 백성의 관계, 그리고 본처에서 태어난 자식과 첩에서 태어난 자식에 대해서는 차별이 없는 세상을 만들어야 한다는 점을 강조했다. 그래야 '동욕同欲'의 세상이 될 수 있다는 점에서다.

(3) 발전적 교훈 및 리더십의 적용

오늘날 한국사회에서는 '정의正義'와 '공정公正'이 화두가 되고 있다. 이는 얼마 전 마이클 샌델이 지은 『정의란 무엇인가』라는 책을 통해서도 관심이 제고된 바 있다. 한국사회가 지금처럼 정의와 공정성에 대해 관심을 가지는 것은 어쩌면 필연이다. 1960년대 재건의 기치아래 조국 근대화를 시작으로 21세기에 들어서면서 세계 10위권 경제 대국으로 성장했는데, 그러나 우리는 그동안 정의와 공정이 아닌 이해관계를 우선시하고, '정신'보다는 '물질'을 중시해온 면이 있었다. 이런 과정에서 우리는 세계에서 유래가 없을 정도로 초고속 성장을 이뤘다는 자부심은 있지만, 또 한편으로는 정의롭지 못하고 공정치 못한 사회에 살고 있다는 자괴감도 없지 않다. 이런 맥락에서 정의와 공정사회의 화두는 바람직하지만, 진정한 의미에서 '상하동욕'이 되기 위해서는 리더 계층이 '공청병관公聽並觀'과 '유시시구唯是是求', '유선시사唯善是師'적 자세를 견지해야 한다.

따라서 다산이 삶에서 보여준 '상하동욕'의 모습을 통해 발전적 교훈과 리더십의 적용 방안에 대해 생각해 본다.

첫째, 부모로서 자녀들과 '상하동욕上下同欲'을 추구했던 삶이다. 다산이 유배를 떠날 때 큰아들 학연은 18살, 둘째 아들 학유는 15살, 딸은 8살이었다. 자식교육이 중요했던 시기에 유배형에 처해졌던 다산은 편지로 자녀들과 소통했고, 자녀들과의 동욕을 위해 노력했다. 결과적으로 두 아들은 추사 김정희秋史 金正喜, 초의草衣 등과 어깨를 나란히 할 정도의 대학자로 성장했으며, 큰아들 학연은 말년에 선공감역〔종9품〕을 거쳐 사옹원주부主簿〔종6품〕 벼슬에 올라 폐족을 면했고, 둘째 아들 학유는 『농가월령가農家月令歌』를 남겼다. 이는 비록 가장으로서 천리타향에서 유배생활을 해야 했지만 아버지의 노력에 두 아들이 부응하는 '상하동욕'의 결과로 볼 수 있다.

둘째, 스승으로서 제자들과 '상하동욕上下同欲'을 추구했던 삶이다. 다산에게는 사의재四宜齋에 있을 때 6명의 제자와 다산초당에 있을 때 18명의 제자, 그리고 전등계의 승려 여러 명의 제자를 두었다. 사의재에서 함께 했던 황상黃裳을 비롯한 이청李晴 등은 다산이 고향에서 만년을 보내는 기간에도 교류했고, 다산초당의 다신계茶信契 제자들과 초의草衣도 마재를 내왕하며 사제師弟관계를 지속했던 내용이 「제생문답諸生問答」에 나온다. 이는 스승과 제자들이 보여주었던 '상하동욕'의 모습이다.

셋째, 목민관으로서 백성들과 '상하동욕上下同欲'을 추구했던 삶이다. 다산이 목민관으로 봉직한 것은 황해도 곡산부사谷山府使가 대표적이다. 부임하는 과정에서 있었던 이계심 사건에서 보듯이, 백성들의 요구와 주장이 옳은 경우면 가차 없이 백성들의 편에서 업무를 처리하는 리더십을 보여줬고, 이를 통해 '상하동욕'의 결과를 가져왔다. 다산은 "리더가 자신을 수양〔修己수기〕해서 백성을 편안〔安民안민〕하게 해야 한다."면서 수기안민修己安民을 실천했는데, 수기修己는 '인仁'을 통해서, 안민安民은 '렴廉'을 통해서 가능하다고 보았다. 또한 인仁은 효제자孝弟慈, 즉 '오교五敎'에 의해서, 렴廉은 재물과 직위, 이성에 대한 청렴에서 나온다고 했다. 그러면서 "리더는 수신修身이 반이고 목민牧民이 반이다", "리더가 청렴해야 업무를 투명하게 처리할 수 있고, 아랫사람에게 위엄을 보일 수 있으며 윗사람이 함부로 대하지 못하게 된다.", "청렴은 공직자의 본무요, 모든 선의 원천이자 모든 덕의 근본이다. 청렴하지 않고 백성을 이끌 공직자는 아직 보지 못했다.", "청렴하지 않은 공직자는 국민들이 도적으로 지목한다."고 했는데, 이것들은 모두 '상하동욕上下同欲'을 위해 강조한 것들이다.

10) 신아지구방新我之舊邦 정신

(1) 의미와 출처

'신아지구방新我之舊邦'은 "오래된 나의 조선을 새롭게 개혁해야 한다."는 뜻이다. 이는 다산이 『경세유표』를 저술하게 된 이유를 설명하는 대목에 나온다. 다산은 「자찬묘지명」에서 "『경세유표』는 관제官制·군

현제郡縣制・전제田制・부역賦役・공시貢市・창저倉儲・군제軍制・과제
科制・해세海稅・상세商稅・마정馬政・선법船法 등 나라를 경영하는 제
반 제도에 대해 현재의 실행 가능 여부에 구애받지 않고 경經을 세우고
기紀를 나열하여 '우리의 오래된 나라를 새롭게 개혁해 보려는 생각에서
저술'한 것이다."[113]라고 밝히고 있다.

『경세유표』는 56세〔1817년, 순조 17〕에 집필을 시작한 '1표2서' 중
첫 번째 책이다. 시작할 때의 책명은 『방례초본邦禮草本』이었다. '방례邦
禮'는 '나라'를 뜻하는 '방邦'자와 '제도', '법식' 등을 뜻하는 '예禮'자
의 합자로 '나라의 제도'를 말한다. 그리고 초본草本은 '초를 잡은 원
고', 즉 '수정과 윤색을 필요로 하는 책'임을 뜻한다. '방례'에서 '예禮'
자를 사용한 이유에 대해서도 밝혔는데, "옛날 성왕聖王들은 예로써 나
라를 다스리고 예로써 백성을 인도하였지만, 지금은 예禮가 쇠퇴해지면
서 법法이라는 명칭이 생겨났다. 법은 나라를 다스리는 것도 아니고 백
성을 인도하는 것도 아니다. 헤아려보건대, 온갖 천리天理의 법칙에 합당
하고 모든 인정人情에 화합하는 것을 예라고 하며, 두렵고 비참한 것으로
협박하여 백성들로 하여금 벌벌 떨며 감히 죄를 범하지 못하게 하는 것
이 법이라고 한다."고 밝히고 있다.

본디 '예禮'는 제도를 총칭하는 말로 해석한다. 예컨대 주나라의 총
제도를 '주례周禮', 은나라의 총 제도를 '은례殷禮'라고 하는 것과 같은

----

113 정약용, 「자찬묘지명」: "經世者何也 官制郡縣之制 田制賦役 貢市倉儲 軍制 科制 海
稅 商稅 馬政 船法 營國之制 不拘時用 立經陳紀 思以新我之舊邦也."

맥락이다. 그리고 '방례邦禮' 라고 하면 잘 모르니까 '세상을 경륜한다.' 는 의미로 '경세經世' 라고 쓴 것이고, '유표遺表' 는 "지금은 임금님께 올려드릴 수 없으니 내가 죽은 후에 표를 올리려 한다.", 즉 '죽은 후에 임금에게 올리는 정책건의서' 를 유언遺言의 성격을 빌려 남긴 결과물이다.

(2) 『경세유표』에 나타난 '신아지구방新我之舊邦'

다산이 『경세유표』를 쓰게 된 이유에 대해서 밝힌 바와 같이 부란腐爛에 처한 조선을 개혁하지 않고는 희망이 없다는 생각을 일관되게 하고 있었다. 그리고 개혁의 방향은 백성의 삶의 질을 향상시키는데 있었고, 이를 위해서는 사유思惟체계의 변화, 제도의 개혁, 기술 개발 등이 필요하다고 보았다. 이런 내용은 『경세유표』에 잘 드러나 있다.

다산은 『경세유표』 「서문」에서 "조선이라는 나라는 인간의 신체로 비교하면 모발毛髮 하나인들 병들지 않은 곳이 없다. 지금 당장 개혁하지 않는다면 나라는 반드시 망하고 말 것이다."[114]라면서 개혁의 불가피성을 강조했다. 그러면서 당시의 법과 제도를 그대로 둔다면 나라가 반드시 망할 것이기 때문에 법제를 비롯한 개혁과제에 대해서 낱낱이 나열했다. 실제로 조선은 다산이 타계하고 74년 후에 일본에게 나라를 빼앗기고 말았다.

『경세유표』에는 남인南人계 실학자들이 공통적으로 주장하던 토지개

----

114 『경세유표』 「서문」: "蓋一毛一髮 無非病耳 及今不改 其必亡國而後已."

혁뿐 아니라 기술과 상공업 등 중농학파重農學派의 주장까지도 폭넓게 수용했음을 볼 수 있다. 이런 점에서 『경세유표』는 사회경제적 이념뿐 아니라 조선 후기 실학자들이 궁극적으로 지향했던 이상사회 건설이라는 염원이 깔려 있는 책이다. 그리고 『경세유표』는 자신이 정조의 지우를 받으면서 국정업무를 수행했던 내용과 암행어사, 금정찰방, 곡산부사 등 관직을 수행하면서 목격하고 경험했던 내용을 기초로 '신아지구방新我之舊邦'을 제안했다는 점에 의의가 있는 책이다.

(3) 발전적 교훈 및 리더십의 적용

『경세유표』는 앞서 제시했듯이, 다산이 살아서는 밝히지 못하고 죽어서야 올릴 수 있는 정책건의서 성격의 책이다. 국가개혁을 목표로 작성했지만, 자신의 처지가 유배자 신분이었기 때문에 정책반영을 제안하는 데는 한계가 있었다. 그러함에도 쇠퇴하고 부패한 나라를 개혁하지 않고는 희망이 없다는 판단에서, 근본제도부터 뜯어 고쳐서 새로운 나라를 만들어야 한다는 절박한 심정에서 저술했다는 점에 의의가 있다.

다산은 이 책을 200년 전에 저술했다. 때문에 이 내용을 21세기를 살아가는 우리들로서는 어떻게 리더십에 적용할 것인가 하는, 시대적 상황이 고려되어야 하는데, 이는 스티븐 코비가 제시한 '리더십의 4가지 역할[4roles model]'에 비추어 볼 수 있다. 4가지 역할은 ①목표 및 방향을 어떻게 제시할 것인가[pathfinding] ②국가를 이끌어가는 통치자와 국민의 생각을 일치시킬 수 방안은 무엇인가?[aligning] ③국민 각 개인으

로 하여금 내적 동기부여를 할 수 있는 방안은 무엇인가?〔empowering〕
④국가지도자와 목민관 등이 어떻게 하면 본보기를 보일 수 있을 것인
가?〔modeling〕 등인데, 이 내용은 제Ⅱ권의 '제3장〔현대리더십의 흐름
과 목민리더십〕'의 '제2절〔목민리더십의 개념과 필요성〕'에서 '신아지
구방新我之舊邦'과 연계하여 설명하기로 한다.

『정본定本
여유당전서與猶堂全書』저술 목록

　여유당전서는 다산 정약용의 저술을 정리한 문집이다. 활자본 154권 76책으로 되어 있다. 다산의 대표적 저술인 『경세유표』, 『목민심서』, 『흠흠신서』 등 이른바 '1표2서一表二書'에서 시문詩文에 이르기까지 방대한 저술을 총망라한 문집이다. 외현손 김성진金誠鎭이 편집하고 정인보鄭寅普・안재홍安在鴻이 교열에 참가하여 1934~1938년에 신조선사新朝鮮社에서 간행하였다. 그 후 신조선사판 『여유당전서』를 저본으로 해서 2종의 영인본이 더 간행되었는데, 1962년 문헌편찬위원회가 다산연보를 첨가해 『정다산전서』라는 책명으로 영인본影印本을 냈고, 1970년에는 경인문화사가 『여유당전서보유』 5책을 추가해 영인본을 출간했다. 전서의 체제는 내용에 따라 7집으로 분류되어 있는데, 여기서는 『정본 여유당전서』 제1책에서 37책까지 수록된 작품들을 요약해서 설명하고, 제목을 나열하는 형태로 제시한다.

1. 제1책: 시집詩集

「시집」에 실린 시詩는 2,500여 수를 넘을 정도로 방대해서 다산의 일기日記와도 같은 성격을 지닌다. 다산의 시는 7세 때 지은 오언시五言詩를 비롯, 어린 시절 고향 수종사를 벗 삼아 공부할 때, 초시에 합격하고 나서 정조의 지우知遇를 받을 때, 문과에 급제하고 관직생활을 할 때, 신유사옥辛酉史獄으로 유배 길에 오를 때, 해배 후 고향에서 만년을 보낼 때 등 시기별로 지은 시가 수록돼 있다.

주요 시詩를 살펴보면, 14세〔1775년, 영조 51〕 때 금강산을 생각하며 지은 「회동악懷東嶽」, 운길산에 있는 수종사를 배경으로 지은 「유수종사遊水鍾寺」가 있다. 그리고 21세 때 공맹孔孟에 충실하고 관념적인 주자학朱子學에서 벗어나겠다는 의지를 담아 지은 「술지2수述志二首」, 22세〔1783년, 정조 7〕 때 초시에 합격하고 고향 마재에 돌아와서 수종사에 올라 미래의 꿈을 구상하면서 지은 「숙수종사宿水鍾寺」 등이 있다.

28세〔1789년, 정조 13〕 때 문과급제 후 "둔하고 졸렬해 임무 수행이 어렵겠지만 공정과 청렴으로 정성을 바치길 원한다〔鈍拙難充使둔졸난충사 公廉願效誠공렴원효성〕."면서 공렴公廉을 다짐하며 지은 「정월 27일, 사제희정당상알 퇴이유작〔正月27日, 賜第熙政堂上謁 退而有作〕」, 29세〔1790년, 정조 14〕 때 한림학사 임명을 노론이 문제 삼은 것과 연관되어 해미로 정배되던 날의 마음을 담아 지은 「해미적중잡시海美謫中雜詩」, 34세〔1795년, 정조 19〕 때 백성들이 배고파하는 모습을 보고 지은 「기민시飢民詩」, 36세〔1797년, 정조 21〕 때 곡산부사 부임을 앞두고 목민관으로서의 마음자세를 담은 「장부곡산 사전일창연유작將赴谷山 辭殿日悵然有作」, 39세〔1800년, 정조 24〕 때 봄에 고향 소내〔苕川초천〕에서 선친의 기제사를 지내고, 다시 충주 하담荷潭의 선영으로 참배하러 가기 위해 이른 아침에 소내를 출발하면서 지은 「초천조발苕川早發」 등이 있다.

40세〔1801년, 순조 1〕 초봄에 경북 장기長鬐로 유배가는 길에 충주 하담의 선영에서 지은 「하담별荷潭別」, 그 해 겨울에 전남 강진康津으로 유배지를 옮기면서 나주 율정에서 약전 형과의 이별을 슬퍼하며 지은 「율정별栗亭別」, 42세〔1803년, 순조 3〕 때 강진 유배시절에 목격한 삼정문란 등 피폐한 세태를 고발하는 「애절양哀絶陽」과 「탐진촌요耽津村謠」·「탐진농가耽津農歌」·「탐진어가耽津漁歌」 등이 있다.

75세〔1836년, 헌종 2〕 생을 마감하기 3일 전에 지은 「회근시回졸詩」 등 다산이 쓴 시작詩作에는 다산의 굴곡진 삶의 모습이 생생하게 담겨 있다. 이렇듯 다산의 시詩 속에는 현실 비판의 시詩 정신이 날카롭게 빛나고 있어 사실성寫實性을 높이 평가받고 있다. 특히 지인들과 정파政派에 개의치 않고 교유交遊하면서 학문을 토론한 것은 유시시구唯是是求와 수기안민修己安民의 정신에 입각한 인간관계의 진면목이라 할 수 있다.

2. 제2~4책: 문집文集 1~3

「문집」1~3은 신조선사본 『여유당전서』에 수록된 시문집詩文集 부분〔권1~25〕을 시집詩集, 산문집散文集, 잡찬집雜纂集으로 구분하고, 그 가운데 산문집 부분〔권8~22〕의 표점標點, 교감校勘 내용을 수록한 것이다.

「문집」1에는 신조선사본의 권8~12, 「문집」2에는 신조선사본의 권 13~17, 「문집」3에는 신조선사본 권18~22에 해당하는 내용들이 실려 있다.

1) 문집文集(Ⅰ)

(1) 대책對策

「지리책地理策」·「십삼경책十三經策」·「문체책文體策」·「인재책人材策: 부록」·「논어책論語策」·「맹자책孟子策」·「중용책中庸策」·「맹자책孟子策: 부록」·「문체책文體策」·「인재책人材策」 등 10편이 수록돼 있다.

(2) 책문策問

「문동서남북問東西南北」·「염책鹽策」·「폐책弊策」·「전선책戰船策」·「조 운책漕運策」·「황정책荒政策」·「농책農策」·「문율도량형問律度量衡」·「문 전폐問錢幣」·「문유問儒」·「문죽問竹」 등 11편이 수록돼 있다.

(3) 의議

「호적의戶籍議」·「신포의身布議」·「환향의還餉議」·「도량형의度量衡議」· 「전폐의錢幣議」·「공복의公服議」·「서인복의庶人服議」·「통색의通塞議」· 「고적의考績議」·「수인산축성의修因山築城議」 등 10편이 수록되어 있다.

(4) 소疏

「사한림소辭翰林疏」・「사한림재소辭翰林再疏」・「사한림3소辭翰林三疏」・「사정언겸진과폐소辭正言兼陳科弊疏」・「사지평겸진과폐소辭持平兼陳科弊疏」・「사부교리소辭副校理疏」・「성균관직강시논조흘강소成均館直講時論照訖講疏」・「사교리겸진소회소辭校理兼陳所懷疏」・「경기어사복명후논사京圻御史復命後論事」・「인염사동부승지소引嫌辭同副承旨疏」・「변방사동부승지소辨謗辭同副承旨疏」・「사형조참의소辭刑曹參議疏」・「응지논농정소應旨論農政疏」・「옥당진고과조례차자玉堂進考課條例箚子」・「옥당우동뢰진계차자玉堂遇冬雷陳戒箚子」・「옥당청알성방방물이무동사신은차자玉堂請謁聖放榜勿以舞童賜新恩箚子」・「의엄금호남제읍전부수조지속차자擬嚴禁湖南諸邑佃夫輸租之俗箚子」 등 17편이 수록되어 있다.

(5) 원原

「원교原教」・「원정原政」・「원덕原德」・「원사原赦」・「원무原舞」・「원원原怨」・「원목原牧」 등 7편이 수록되었다.

(6) 설說

「성자설誠字說」・「애체출화도설靉靆出火圖說」・「칠실관화도설漆室觀火圖說」・「완부청설碗浮靑說」・「외단활차설桅端滑車說」・「관계추설觀鷄雛說」・「용인이재설用人理財說」・「지구도설地毬圖說」・「자설字說」・「의설醫說」・「종두설種痘說」・「거관사설居官四說」・「성설城說」・「옹성도설甕城圖說」・「포루도설砲樓圖說」・「현안도설懸眼圖說」・「누조도설漏槽圖說」・「기중도설起重圖說」·「총설總說」 등 19편이 수록되어 있다.

(7) 계啓

「경기암행어사수령장부계京畿暗行御史守令臧否啓」·「진사기선찬주계
進史記選纂注啓」·「논초도둔우사계論椒島屯牛事啓」·「논지자근부사계論支
勅勘簿事啓」·「논함봉련옥사계論咸奉連獄事啓」·「신덕왕후강씨곡산본궁
형지계神德王后康氏谷山本宮形止啓」 등 7편이 수록되었다.

(8) 장狀

왕에게 민정을 아뢰는 글로서 「논문성진아병사장論文城鎭牙兵事狀」·
「논각양가포이전상납사장論各樣價布以錢上納事狀」·「착호장리포수등부
득착상장捉虎將吏砲手等不得捉上狀」·「청문성진아병취점퇴정사장請文城
鎭牙兵聚點退定事狀」·「재령군소언시연군부득기송사장載寧郡疏堰時鉛軍不
得起送事狀」·「이인화인번등위보정절론보장李仁華仁蕃等僞譜情節論報
狀」·「이인화등취초장李仁華等取招狀」·「관서소미부득작전사장關西小米
不得作錢事狀」 등 8편이 수록돼 있다.

(9) 론論

「역론易論」·「역론2易論二」·「전론田論」·「전론2田論二」·「전론3田論
三」·「전론4田論四」·「전론5田論五」·「전론6田論六」·「전론7田論七」·「직
관론職官論」·「직관론2職官論二」·「악론樂論」·「악론2樂論二」·「군기론軍
器論」·「군기론2軍器論二」·「기예론技藝論」·「기예론2技藝論二」·「기예론3

技藝論三」·「맥론脈論」·「맥론2脈論二」·「맥론3脈論三」·「상론相論」·「입후론立後論」·「입후론2立後論二」·「입후론3立後論三」·「향리론鄕吏論」·「향리론2鄕吏論二」·「향리론3鄕吏論三」·「오학론五學論」·「오학론2五學論二」·「오학론3五學論三」·「오학론4五學論四」·「오학론5五學論五」·「탕론蕩論」·「신라론新羅論」·「해조론海潮論」·「해조론2海潮論二」·「해조론3海潮論三」·「해조론4海潮論四」·「해조론5海潮論五」·「온성론穩城論」·「갑을론甲乙論」·「갑을론2甲乙論二」·「풍수론風水論」·「풍수론2風水論二」·「풍수론3風水論三」·「풍수론4風水論四」·「풍수론5風水論五」·「효자론孝子論」·「열부론烈婦論」·「충신론忠臣論」·「신라론新羅論」·「고구려론高句麗論」·「백제론百濟論」·「요동론遼東論」·「일본론日本論」·「일본론2日本論二」·「폐사군론廢四郡論」·「급암론汲黯論」·「척발위론拓跋魏論」·「동호론東胡論」·「속유론俗儒論」·「서얼론庶蘖論」·「환자론還上論」·「간리론奸吏論」·「감사론監司論」등 65편에 걸쳐 철학·정치·음악·윤리·역사·과학 등 학술적인 문제들을 다루고 있다.

(10) 변辨

「고요집고수변皐陶執瞽瞍辨」을 비롯해 「경흥송제로변慶興宋帝爐辨」·「계림옥적변鷄林玉笛辨」·「송광사고발변松廣寺古鉢辨」·「종동천변론宗動天辨論」·「동해무호변東海無潮辨」·「영석변靈石辨」·「금백곡독서변金柏谷讀書辨」·「이발기발변理發氣發辨」·「이발기발변2理發氣發辨二」·「치양지변致良知辨」·「부협산자변剖脇産子辨」·「철마변鐵馬辨」·「중동변重瞳辨」·「압해정승묘변押海政丞墓辨」·「석갑산정씨육총변石岬山丁氏六塚辨」·「기해방례변己亥邦禮辨」·「신사복제변辛巳服制辨」·「팔대군변八大君辨」·「우천변雨泉辨」·「전결변田結辨」 등 21편이 수록되어 있다.

(11) 잠箴

「화기재잠和己齋箴」·「경기재잠敬己齋箴」·「태잠怠箴」·「사잠奢箴」·「목친잠睦親箴」·「원세잠遠勢箴」·「극기잠克己箴」·「한사잠閑邪箴」·「돈세잠遯世箴」·「사괘잠四卦箴」 등 10편이 수록되어 있다.

(12) 명銘

「불율명不律銘」·「침명枕銘」·「약로명藥鑪銘」·「승불명蠅拂銘」·「고명觚銘」·「연대명煙袋銘」·「사명笥銘」·「등경명燈檠銘」·「소갑명梳匣銘」·「접첩선摺疊扇銘」·「이충무귀도명李忠武鬼刀銘」·「홍절도칠성검명洪節度七星劍銘」·「이우후전통명李虞候箭筒銘」·「약사명藥篩銘」·「회근안수준명回졸宴壽樽銘」 등 15편이 수록되어 있다.

(13) 송頌

「의성획린송宜城獲麟頌」·「탁라공귤송乇羅貢橘頌」 등 2편이 있다.

(14) 찬贊

「고영의정오리이공화상찬故領議政梧里李公畫像贊」·「고영의정한음이공화상찬故領議政漢陰李公畫像贊」·「고좌의정약포정공화상찬故左議政藥圃鄭公畫像贊」·「고우의정미수허공화상찬故右議政眉叟許公畫像贊」·「번옹화상찬樊翁畫像贊」·「성옹화상찬星翁畫像贊」·「보조국사화상찬普照國師畫像贊」·「고평안도관찰사연릉군이공화상찬故平安道觀察使延陵君李公畫像贊」·「적중육부자화상찬謫中六夫子畫像贊」·「상수적객굴선생湘水謫客屈先生」·「장사적객고선생長沙謫客賈先生」·「야랑적객이선생夜郎謫客李先生」·「조주적객한선생潮州謫客韓先生」·「경주적객소선생瓊州謫客蘇先生」·「도주적객채선생道州謫客蔡先生」·「봉화주문공역오찬奉和朱文公易五贊」·「원상原象」·「술지述志」·「명서明筮」·「계류稽類」·「경학警學」 등 21편이 수록되어 있다.

(15) 서序

「상례사전서喪禮四箋序」·「악서고존서樂書孤存序」·「춘추고징서春秋考徵序」·「소학주관서小學珠串序」·「아언각비서雅言覺非序」·「방례초본서邦禮草本序」·「목민심서서牧民心書序」·「흠흠신서서欽欽新書序」·「나씨가례집어서羅氏家禮輯語序」·「증별이우후시첩서贈別李虞侯詩帖序」·「송부영도호이부임서送富寧都護李赴任序」·「강고향사례서江皐鄉射禮序」 등 12편이 수록되어 있다.

2) 문집文集 (II)

(1) 서序

「정곡계정연유시서鼎谷溪亭讌遊詩序」·「촉석루연유시서矗石樓讌遊詩

序」·「쾌빈루연유서快賓樓讌遊序」·「송동간화시서宋洞看花詩序」·「봉곡사술지시서鳳谷寺述志詩序」·「죽란시사첩서竹欄詩社帖序」·「국영시서菊影詩序」·「시경강의서詩經講義序」·「팔자백선서八子百選序」·「금성방략서金城方略序」·「압해가승서押海家乘序」·「동원유고서東園遺稿序」·「영남인물고서嶺南人物攷序」·「남하창수집서南荷唱酬集序」·「범재집서泛齋集序」·「중서사약서中書社約序」·「사림제명록서詞林題名錄序」·「촌병혹치서村病惑治序」·「하담금송첩서荷潭禁松帖序」·「마과회통서麻科會通序」·「우송집서友松集序」·「송이참판사연경서送李參判使燕京序」·「송한교리사연서送韓校理使燕序」·「송박교리사연서送朴校理使燕序」·「송심교리이한림유금강산서送沈校理李翰林遊金剛山序」·「병조참판오공칠십일수서兵曹參判吳公七十一壽序」·「병조판서엽서권공칠십일수서兵曹判書葉西權公七十一壽序」·「우부승지경오한공칠십일수서右副承旨庚塢韓公七十一壽序」·「형조판서홍문관제학정공칠십일수서刑曹判書弘文館提學丁公七十一壽序」·「첨지중추부사한공칠십사수서僉知中樞副使韓公七十四壽序」·「지중추부사신공백세수서知中樞副使申公百歲壽序」·「족증왕모박숙부인구십오수서族曾王母朴淑夫人九十五壽序」·「윤계연형수신유인육십일수서尹季淵兄嫂申孺人六十一壽序」·「송진택신공유백두산서送震澤申公遊白頭山序」·「송윤무구출수상원서送尹无咎出守祥原序」·「송영천이감찰환산서送榮川李監察還産序」·「송정한부결성서送鄭瀚赴結城序」·「송부도해일유영남서送浮屠海鎰遊嶺南序」·「증김생서贈金生序」·「반산정씨세고서盤山丁氏世稿序」·「몽학의휘서蒙學義彙序」·「운담시집서雲潭詩集序」·「백연사관홍엽시서白蓮社觀紅葉詩序」·「송경지서松京志序」 등 56편이 실려 있다.

(2) 기記

「사촌서실기沙村書室記」·「조석루기朝夕樓記」·「부암기浮菴記」·「취몽
재기醉夢齋記」·「일발암기一鉢菴記」·「중수만일암기重修挽日菴記」·「해남
정사당기海南政事堂記」·「소요원기逍遙園記」·「어사재기於斯齋記」·「유물
염정기遊勿染亭記」·「유서석산기遊瑞石山記」·「동림사독서기東林寺讀書
記」·「반학정기伴鶴亭記」·「선몽대기仙夢臺記」·「진주의기사기晉州義妓祠
記」·「유수종사기游水鍾寺記」·「월파정야유기月波亭夜遊記」·「만어정기晩
漁亭記」·「추수정기秋水亭記」·「매선당기每善堂記」·「무호암기無號菴記」·
「매심재기每心齋記」·「유지당기有志堂記」·「득월당기得月堂記」·「망하루
기望河樓記」·「여유당기與猶堂記」·「품석정기品石亭記」·「수오재기守吾齋
記」·「사의재기四宜齋記」·「남호범주기南湖汎舟記」·「해미남상국사당기海
美南相國祠堂記」·「단양산수기丹陽山水記」·「각궁기洪節度御賜角弓記」·「재
유촉석루기再遊矗石樓記」·「유세검정기遊洗劍亭記」·「북영벌사기北營罰射
記」·「기원기寄園記」·「우화정기羽化亭記」·「부용정시연기芙蓉亭侍宴記」·
「오죽헌기梧竹軒記」·「영보정유연기永保亭遊宴記」·「조용대기釣龍臺記」·
「유오루산기遊烏樓山記」·「청시야초당기清時野草堂記」·「규영부교서기奎
瀛府校書記」·「유천진암기遊天眞菴記」·「죽란화목기竹欄花木記」·「곡산정
당신건기谷山政堂新建記」·「서향묵미각기書香墨味閣記」·「부용당기芙蓉堂
記」·「자하담범주기紫霞潭汎舟記」·「고달굴기高達窟記」·「황주월파루기黃
州月波樓記」·「창옥동기蒼玉洞記」·「관적사기觀寂寺記」·「유석림기遊石林
記」·「임청정기臨清亭記」·「초상연파수지가기苕上煙波曳之家記」·「어사부
용선기御賜芙蓉扇記」·「오객기五客記」·「화성오성지기華城五星池記」·「곡

산북방산수기谷山北坊山水記」등 62편이 수록돼 있다.

⑶ 발跋

「발신종황제묵죽도장자跋神宗皇帝墨竹圖障子」・「발신종황제묵죽도장자跋神宗皇帝墨竹圖障子」・「발기자정전도跋箕子井田圖」・「발삼부첩跋三釜帖」・「발수운정첩跋水雲亭帖」・「발십세유묵跋十世遺墨」・「발평백제탑跋平百濟塔」・「발죽남간독跋竹南簡牘」・「발야취첩跋夜醉帖」・「발취우첩跋翠羽帖」・「발공재조선도장자跋恭齋朝鮮圖障子」・「발조선지도첩跋朝鮮地圖帖」・「발황산대첩비跋荒山大捷碑」・「발신덕기적비첩跋神德紀蹟碑帖」・「발용씨묘갈명跋龍氏墓碣銘〕」・「발기기도첩跋奇器圖帖」・「발조주비跋潮州碑」・「발동정이사록跋東征二士錄」・「발만수전跋曼殊傳」・「발옥음문답跋玉音問答」・「발태재순논어고훈외전跋太宰純論語古訓外傳」・「발고정임생원론跋顧亭林生員論」・「발전수기의跋戰守機宜」・「발이만경봉사초跋李萬頃封事草」・「발동산자화식전주跋東山子貨殖傳注」・「발해차문견록跋海槎聞見錄」・「발택리지跋擇里志」・「발기년아람跋紀年兒覽」・「발해동악부跋海東樂府」・「발광국지경록跋光國志慶錄」・「발광효록跋光孝錄」・「발화앵첩跋畵櫻帖」・「발식목년표跋植木年表」・「발풍아유병跋風雅遺秉」・「발을묘책보첩跋乙卯册寶帖」・「발어사번암시첩跋御賜樊巖詩帖」・「발상형고초본跋祥刑攷艸本」・「발갱재첩跋賡載帖」・「발병학통跋兵學通」・「발오창팔진도해跋梧牕八陣圖解」・「발방어사박공가소장진강유격부패跋防禦使朴公家所藏鎭江遊擊府牌」・「발유예재명跋遊藝齋銘〕」・「발죽란물명고跋竹欄物名攷」・「심경질서발心經疾書跋」・「발소학보전跋小學補箋」・「발석양정

죽보발石陽正竹譜」·「발황명종실익왕소각정무본란정진적跋皇明宗室益王所刻定武本蘭亭眞蹟」·「발김생서跋金生書」·「발안평대군서跋安平大君書」·「발자하첩跋慈嘏帖」·「발현친첩跋賢親帖」·「발정암척독跋晶菴尺牘」·「발동남소사跋東南小史」·「발삼천첩跋三遷帖」·「발탐진농가跋耽津農家」 등 54편이 실려 있다.

(4) 제題

「제단궁잠오題檀弓箴誤」·「제강역고권단題疆域考券耑」·「제세서첩題洗書帖」·「제한서선題漢書選」·「제반곡정공난중일기題盤谷丁公亂中日記」·「제진평세가서정題陳平世家書頂」·「제장씨제병후題張氏祭屛後」·「제가승촬요題家乘撮要」·「제하피첩題霞帔帖」·「제천책국사시권題天頙國師詩卷」·「제독역요지후題讀易要旨後」·「제산인지장자題山人紙障子」·「제모대가자모역괘도설題毛大可子模易卦圖說」·「제장상인병풍題藏上人屛風」·「제강릉최군시권題江陵崔君詩卷」·「제탐라기만덕소득진신대부증별시권題耽羅妓萬德所得搢紳大夫贈別詩卷」·「제겸제원절목후題兼濟院節目後」·「제강표암도화원도題姜豹菴桃花源圖」·「제가장태극도설고정본題家藏太極圖說考正本」·「제가승초략題家乘抄略」·「제모기령상례오설편題毛奇齡喪禮吾說篇」·「제서건학상기표題徐乾學喪期表」·「제황상유인첩題黃裳幽人帖」·「제가장화첩題家藏畵帖」·「제이금초시권題李琴招詩卷」 등 25편이 있다.

(5) 서敍

「사대고례제서事大考例題敍」·「발범發凡」·「봉전고서封典考敍」·「애

레고서哀禮考敍」·「하신고서賀新考敍」·「하정고서賀正考敍」·「잡하고서
雜賀考敍」·「문상고서聞喪考敍」·「진진고서陳奏考敍」·「군무고서軍務考
敍」·「왜정고서倭情考敍」·「역일고서曆日考敍」·「강계고서疆界考敍」·
「해방고서海防考敍」·「교무서交貿考敍」·「징사고서徵賜考敍」·「예물고
서禮物考敍」·「사개고서使价考敍」·「표자고서表咨考敍」·「잡례고서雜禮
考敍」·「대청세계략大淸世系略」 등 21편이 실려 있다.

(6) 묘지명墓誌銘

「정헌묘지명貞軒墓誌銘」·「복암이묘지명茯菴李墓誌銘」·「녹암권묘지
명鹿菴權墓誌銘」·「매장오묘지명梅丈吳墓誌銘」·「선중씨묘지명先仲氏墓
誌銘」·「자찬묘지명自撰墓誌銘〔광중본〕」·「자찬묘지명自撰墓誌銘〔집중
본〕」·「오한선생창원도호부사손공묘지명聱漢先生昌原都護府使孫公墓誌
銘」·「남고윤참의묘지명南皐尹參議墓誌銘」·「사헌부지평윤묘지명司憲府
持平尹墓誌銘」·「사헌부장령금리이묘지명司憲府掌令錦里李墓誌銘」·「사
간원정언옹산윤공묘지명司諫院正言翁山尹公墓誌銘」·「계부가옹묘지명季
父稼翁墓誌銘」·「선백씨진사공묘지명先伯氏進士公墓誌銘」·「서모김씨묘
지명庶母金氏墓誌銘」·「형자학초묘지명兄子學樵墓誌銘」·「형자학수묘지
명兄子學樹墓誌銘」·「효부심씨묘지명孝婦沈氏墓誌銘」·「승문원부정자
윤공묘지명承文院副正字尹公墓誌銘」·「상곡최처사묘지명上谷崔處士墓誌
銘」·「태학생정공묘지명太學生鄭公墓誌銘」·「윤계진묘지명尹季軫墓誌
銘」·「구수공인이씨묘지명丘嫂恭人李氏墓誌銘」·「절부최씨묘지명節婦崔
氏墓誌銘」 등 24편이 수록되었다.

(7) 묘갈명墓碣銘

홍화보洪和輔의 「함경북도병마절도사홍공묘갈비咸鏡北道兵馬節度使洪公墓碣碑」 1편이 실려 있다.

(8) 묘표墓表

「조태서묘표曺台瑞墓表」·「유자구상광명幼子懼祥壙銘」·「유녀광지幼女壙誌」·「유자삼동예명幼子三童瘞銘」·「농아광지農兒壙誌」 등 5편이 있다.

(9) 비명碑銘

「화악선사비명華嶽禪師碑銘」과 「아암혜장탑명兒菴惠藏塔銘」이 있는데, 두 사람 모두 불가佛家의 선사禪師이다.

(10) 제문祭文

「제첨지중추부사남거한공문祭僉知中樞府事南居韓公文」·「제채상국번암선생문祭菜相國樊巖先生文」·「제김홍점문祭金鴻漸文」·「제소암이공문祭蘇巖李公文」·「곡산여제단위제문谷山厲祭壇慰祭文」·「제족부직산공문祭族父稷山公文」·「제춘보문祭春甫文」·「제숙보문祭菽甫文」·「제족부형조판서문祭族父刑曹判書文」·「제윤공윤문祭尹公潤文」·「제정씨고문祭丁氏姑文」·「제시강원필선김공문祭侍講院弼善金公文」·「제이중추시승문祭李中樞時升文」·「제아암혜장문祭兒庵惠藏文」·「문文」 등 14편이 수록되어 있다.

(11) 뢰誄

「윤면채뢰尹冕采誄」1편이 수록되어 있다.

(12) 유사遺事

「가승유사家乘遺事」·「선인유사先人遺事」·「방친유사旁親遺事」·「해좌공유사海左公遺事」·「번옹유사樊翁遺事」·「병조참판유공유사兵曹參判柳公遺事」등 6편이 수록되었다. 그의 집안 및 채제공蔡濟恭에 관한 것이다.

(13) 행장行狀

「계부가옹행장季父稼翁行狀」·「현파윤진사행장玄坡尹進士行狀」등 2편이 있다.

(14) 찬贊

「백운처사이공유허고적찬白雲處士李公遺墟古跡贊」·「윤씨삼세충효전찬尹氏三世忠孝傳贊」등 2편이 있다.

(15) 전傳

「죽대선생전竹帶先生傳」·「장천용전張天慵傳」·「조신선전曺神仙傳」·「정효자전鄭孝子傳」·「몽수전蒙叟傳」등 5편이 있다.

(16) 기사紀事

「기조성삼진사유배사紀趙聖三進士流配事」・「기이대장우자객사紀李大將遇刺客事」・「기고금도장씨여자사紀古今島張氏女子事」 등 3편이 있다.

(17) 게偈

「수용당게袖龍堂偈」와 「기어당게騎魚堂偈」 등 2편이 있다.

(18) 유喩

「폐추유송미감敝帚喩送美鑒」이 수록되어 있다.

(19) 증언贈言

「위영암군수이증언爲靈巖郡守李贈言」・「위반산정수칠증언爲盤山丁修七贈言」・「우위정수칠증언又爲丁修七贈言」・「위윤종심증언爲尹鍾心贈言」・「위윤종문종직종민증언爲尹鍾文鍾直鍾敏贈言」・「우위삼윤증언又爲三尹贈言」・「위초의승의순증언爲草衣僧意洵贈言」・「위기어승자홍증언爲騎魚僧慈弘贈言」・「위이인영증언爲李仁榮贈言」・「위양덕인변지의증언爲陽德人邊知意贈言」・「위사제횡증언爲舍第鑛贈言」・「우위사제횡증언又爲舍第鑛贈言」・「위이익위증언爲李翊衛贈言」・「위사문근학증언爲沙門謹學贈言」 등 14편이 수록되어 있다.

3) 문집文集 (Ⅲ)

(1) 증언贈言

「위윤혜관증언爲尹惠冠贈言」·「우위윤혜관증언又爲尹惠冠贈言」·「위윤륜경증언爲尹輪卿贈言」·「위다산제생증언爲茶山諸生贈言」 등 4편이 수록되어 있다.

(2) 가계家誡

「시학연가계示學淵家誡」·「시이자가계示二子家誡」·「우시이자가계又示二子家誡」·「시이아가계示二兒家誡」·「시이자가계示二子家誡」·「우시이자가계又示二子家誡」·「시이자가계示二子家誡」·「신학유가계贐學遊家誡」·「시학연가계示學淵家誡」 등 학연學淵과 학유學游 두 아들에게 주는 권학勸學의 가계 등 9편이 수록되어 있다.

(3) 서書

서한문 195통과 두 아들에게 보내는 편지 26통이 수록되어 있다. 서한문은 채제공蔡濟恭·정범조丁範祖·권엄權儼·이가환李家煥·이정운李鼎運·윤필병尹弼秉·이익운李益運·최헌중崔獻重·김한동金翰東·이정덕李鼎德·이시수李時秀·유형柳炯·유의柳誼·심환지沈煥之·이의준李義駿·이조원李祖源·이수하李秀夏·홍인호洪仁浩·성정진成鼎鎭·이익진李翼晋·홍시보洪時溥·한치응韓致應·채홍원蔡弘遠·이유수李儒修·

심규로沈奎魯·윤지조尹持調·이중련李重蓮·신성모申星謨·이기경李基慶·박제가朴齊家·윤지범尹持範·엄원弇園·심유沈浟·이삼환李森煥·이인섭李寅燮·방도명方道溟·윤취협尹就協·이문달李文達·권기權夔·채홍규蔡弘逵·채서공蔡敍恭·강이원姜履元·조익현曺翊鉉·만계蔓溪·이필연李必淵·윤지익尹持翼·한재렴韓在濂·권상학權相學·김이재金履載·이민수李民秀·정수칠丁修七·윤영휘尹永輝·김정희金正喜·홍약여洪躍如·여동식呂東植·김기서金基敍·이재의李載毅·신작申綽·정약전丁若銓·김매순金邁淳 등이다. 「서암강학기西巖講學記」는 1795년〔정조19〕7월에 충청도 금정찰방金井察訪으로 좌천된 뒤 온양·서암西巖의 봉곡사鳳谷寺에서 이삼환을 중심으로 하여 근읍 제생들이 모여 이삼환의 종조인 이익李瀷의 질서학疾書學을 강론한 기록이다. 다산이 사숙한 이익의 유고를 정리한 글이라고 할 수 있다. 「도산사숙록陶山私淑錄」도 금정찰방으로 있던 1795년 겨울에 이웃에서 얻어온 『퇴계집』에 실린 서간을 가지고 공부한 기록이다.

(4) 잡문雜文

「유곡산향교권효문諭谷山鄕校勸孝文」·「전라도창의통문全羅道倡義通文」·「조승문弔蠅文」 등 10편의 이색적인 글이 실려 있다.

(5) 여문儷文

「상산정사당象山政事堂」 등 상량문 4편과 「금강산헐성루중수서金剛山歇惺樓重修序」 등 서문 2편이 수록되어 있다.

⑥ 잡평雜評

「천문평千文評」·「유영재필기평柳泠齋筆記評」 등 10편의 서평이 수록되어 있다.

⑦ 「산수심원기汕水尋源記」

산수汕水의 근원을 밝혔다. 「산수일기」에서 소양정昭陽亭에 올라 청평폭포를 바라본 것을 기록한 점으로 미루어보아, 산수는 지금의 춘천 소양강을 말한다. 「산수일기」에서는 이와 관련된 많은 이야기와 시구를 기록해 놓고 있다.

⑧ 「산행일기汕行日記」

다산이 1823년 4월 15일부터 25일까지 11일 동안 북한강을 왕복한 기록이다. 날짜별 날씨와 묵었던 장소를 일기 형식으로 기록하였으며, 여정별로 행적과 관찰 내용, 감상을 상세히 기록하고 풍광을 노래한 시詩를 수록하였다.

3. 제5책: 잡찬집雜纂集

「잡찬집雜纂集」은 신조선사본 『여유당전서與猶堂全書』에 수록된 시문집 부분〔권1~25〕 가운데 잡찬집에 해당하는 부분〔권23~25〕의 표점標點,

교감校勘 내용을 수록한 것으로『문헌비고담오文獻備考刊誤』·『아언각비
雅言覺非』·『이담속찬耳談續纂』·『소학주관小學珠串』이 수록되어 있다.

1)『문헌비고담오文獻備考刊誤』

「상위고象緯考」·「예고禮考」·「낙고樂考」·「병고兵考」·「형고刑考」·
「전부고田賦考」·「재용고財用考」·「호구고戶口考」·「시적고市糴考」·
「選擧考선거고」·「學校考학교고」·「직관고職官考」로 구분하여 수록하고
있으며, 1800년〔정조 24〕에 내놓은『동국문헌비고』의 정정본이다. 1776
년, 영조 52〕에 홍봉한洪鳳漢 등이 왕명에 의해 편찬한『동국문헌비고』
는 내용이 불충분하여 1782년 이만운李萬運에게 명해 재편찬하도록 하
였다. 이 무렵에 구판『문헌비고』를 빌려 본 저자는 이를 나름대로 수정,
윤색하여 이 책을 만든 것이다. 지금의『문헌비고』는 그 뒤 100여 년 만
인 1908년에 간행되었다.

2)『아언각비雅言覺非』

다산이 58세〔1819년〕의 저작으로 각종 용어 379개를 93항에 걸쳐 그
그릇됨을 고치고 뜻을 바로잡아 놓은 것이다. 그 내용은 자연 31, 풍속
17, 인사 25, 제도 25, 관직 18, 식물 48, 동물 22, 의관 24, 음식 21, 주거
33, 도구 13, 식기 17, 자의字義 74, 음운 11가지 등이다.

3) 『이담속찬耳談續纂』

다산이 59세〔1820년〕에 쓴 저작으로 392항에 걸친 속담을 모은 책으로, 신작申綽과 중형 약전若銓의 도움과 이익李瀷의 『백언百諺』 등을 참고하여 편저한 것이다.

4) 『소학주관小學珠串』

50세〔1811년, 순조 12〕 강진의 다산초당 동암東菴에서 저술한 것이다. 서수序數의 차례로 명물名物을 정리하고 그에 따른 출전出典과 내용을 설명하고 있다. 1에서 28까지 모두 300조목으로 그 출전의 범위는 구경九經·구류九流·백가百家의 전적典籍에 두루 걸쳐 있다.

4. 제6책: 『대학공의大學公議』·『대학강의大學講義』·『소학지언小學枝言』·『심경밀험心經密驗』·『중용자잠中庸自箴』·『중용강의보中庸講義補』

1) 『대학공의大學公議』

53세〔1814년, 순조 14〕 강진에서 유배 중에 지은 것이다. 대학은 태학太學으로서 주자朱子의 학이요, 명덕明德은 효孝·제弟·자慈의 세 덕德이라고 밝혔다. 격물格物의 물은 물유본말物有本末의 물이요, 치지致知의

지는 지소선후知所先後의 지라고 하였다. 또 친親·신身·명命을 신新·심心·만慢으로 고칠 것을 주장한 주자의 주해에 반대하고 왕수인王守仁의 설에 동조하였다.

2) 『대학강의大學講義』

28세〔1789년, 정조 13〕에 희정당熙政堂에서 있었던 강의를 초록한 것이다. 여기에는 초계문신으로서 서유린徐有隣·김희金憙·김이교金履喬 등이 참여하고 있다.

3) 『소학지언小學枝言』

「대학공의」의 저술을 끝낸 그 이듬해인 54세〔1815년, 순조 16〕에 같은 장소인 강진 동암東庵에서 저술하였다. 다산은 육경六經과 사서四書에 대한 해석을 거의 완성하고 나서 자신의 삶을 다스리는 데 직접 도움이 될 책으로 꼽았다. "『소학』으로 밖을 다스리고 『심경』으로 안을 다스리고자 하였다."는 표현에 나타나 있다. 본래 『소학』은 송나라 주희朱熹가 지은 것인데, 「소학지언」은 구주舊註를 보완하여 지은 것이다.

4) 『심경밀험心經密驗』

54세〔1815년, 순조 16〕에, 즉 「대학공의」의 저술을 끝낸 그 이듬해에 같은 장소인 강진 동암東庵에서 저술하였다. 본래 『심경』은 송나라 진덕수眞德秀가 지은 것인데, 다산은 "행동은 『소학』으로, 마음은 『심경』으로 다스린다."고 말할 정도로 두 저서에 대해 마음을 두고 있음을 볼 수 있다. 다산의 「심경밀험」은 자신의 경험에 비추어 스스로 경계하기 위하여 지은 것이라고 적고 있다.

5) 『중용자잠中庸自箴』

53세〔1814년, 순조 15〕에 『중용』의 경문 전체를 59개의 절로 나누어 체계적인 주석을 달고 있다. 권1에는 『중용』의 작자와 연원을 경학사적으로 탐색하는 부분과 『중용』의 경문에 해당하는 14개의 절이 포함되어 있는데, 『중용장구』의 체제로는 1~9장에 해당하고, 권2는 22개 절로 『중용장구』의 10~21장에, 권3은 23개의 절로 『중용장구』의 22~33장에 해당하는 내용에 대한 다산의 논의가 개진되고 있다.

6) 『중용강의보中庸講義補』

53세〔1814년, 순조 15〕에 '『중용강의보』 권1'의 제목으로 저술 경위를 기술한 서문 격의 짧은 글을 실은 뒤 『중용』의 경문 전체를 55개 절로 나누어 자신의 입장에서 서술하고 있다. 『중용강의보中庸講義補』는 원래 『중용강의』를 저본으로 수정, 보완한 것인데, '어문왈御問曰'과 '신대왈臣對曰'로 이루어진 『중용강의』를 중심으로 1814년에 보완한 내용을 '금안今按'의 형식으로 첨가하였다. 이렇게 증보하면서 『중용강의』의 원형을 그대로 남겨둠으로써 『중용』에 대한 초기의 경학적 입장과 함께 이후의 입장 변화를 추적해 볼 수 있다.

5. 제7책: 『맹자요의孟子要義』

『맹자요의』도 『대학강의』·『중용강의』와 함께 53세[1814년, 순조 15]에 저술되었다. 『맹자』에 있어서의 성性을 형이상학적인 이理나 기氣로 이해하지 않고 기호嗜好로 설명하였다. 기호에는 형구形軀의 기호와 영지靈知의 기호가 있다는 것이며, 기氣도 배의여도配義與道함으로써 양생양기養生養氣할 수 있는 생기生氣에 불과하다는 것이다.

6. 제8~9책: 『논어고금주論語古今註』1. 2

다년간 수집한 자료를 가지고 이강회李綱會·윤동尹峒 등 제자들과 함께 정리하여 52세[1813년, 순조 14]에 완성하였다. 『논어』 521장 중 3분의 1에 해당하는 175조의 이의異義를 총괄하여 총괄편으로 써놓았다. 전체적으로 보아 그는 고주古注건 신주新注건 어느 편에도 치우치지 않고, 오로지 실천윤리로서의 수사학적 고의洙泗學的古義를 천명하는 데 전념하였다. 말미에는 1791년에 지은 「논어대책論語對策」과 아울러 「춘추성언수春秋聖言蒐」가 실려 있다. 후자는 춘추삼전春秋三傳과 『국어國語』에 실린 공자의 언행 63장을 모아놓은 자료이다. 이는 『논어』 이외에 수록된 공자의 또 다른 면모로 『논어』의 보유편이라고 할 수 있다.

7. 제10책: 『시경강의詩經講義』

『시경강의』는 본래 다산이 30세〔1791년, 정조 15〕에 시사부중試射不中의 벌로 정조가 40일 기한으로 문제를 냈던 시경조문詩經條問 800여 조에 대한 대답 형식으로 저술된 강의이다. 여기에 20일을 연장하여 2개월 만에 완결을 짓고, 48세〔1809년, 정조 10〕에 다시 정리하였다. 이듬해 이를 보완하는 뜻에서 『시경강의보유詩經講義補遺』를 저작하였다. 이때 그는 풍비風痺로 고생하고 있어서 이청李晴으로 하여금 구술을 받아쓰게 하였다. 그의 『시경』관은 한마디로 말해서 풍간風諫 · 풍자風刺 · 풍유風喩하는 그의 사실성寫實性과 윤리성에 근거한다고 할 수 있다.

8. 제11~12책: 『상서고훈尙書古訓』 1.2

'상서尙書'는 '서경書經'과 같은 말이다. 『상서고훈』은 『상서지원록尙書知遠錄』의 자매편 격으로, 『상서』에 대한 고증학적 저술이라고 할 수 있다. 다산은 "금고문今古文 57편이 뒤섞여 있는 『상서』중에서 28편만이 남아 있을 따름이다."라면서 그 밖의 것은 모두가 매색梅賾의 위작僞作이라고 역설하였다. 다산은 이 점을 밝히기 위해 따로 「매씨서평梅氏書平」을 저술하였다. 이들 저술은 이미 49세〔1810년, 정조 11〕 강진에서 유배 중에 이루어졌지만, 마재로 귀향한 뒤인 73세〔1834년, 순조 35〕에 다시 손질하여 완성한 것이다. 이러한 『상서』관은 청조淸朝의 일부 고증학자들의 견해와 일치하는 점이 많다. 또한, 그는 송유宋儒들의 해석이 경지經旨에 어긋나는 예로 선기옥형璿璣玉衡과 홍범구주洪範九疇 등을 들고 있다. 전자는 상천象天의 의기儀器가 아니라 자〔尺척〕와 저울〔秤칭〕임을 밝히고, 홍범구주도 고대의 정전법井田法에서 연유한 도형圖形에 불과하다고 주장하였다.

9. 제13책: 『매씨서평梅氏書平』

『매씨상서梅氏尚書』의 진위眞僞를 고증해 밝힌 책으로, 다산이 73세〔1834년, 순조 35〕에 저술하였다. 다산은 "31세〔1792년, 정조 16〕때 희정당熙政堂에서 「우공편禹貢篇」을 시강〔侍講〕할 때 임금께서 금문今文과 고古文에 대해 수백 조의 질문을 하셨으나 제대로 답변을 하지 못했는데, 이제〔1834년〕『매씨상서』에 대한 여러 사람들의 말을 모아 책을 저술하고 보니 임금〔정조〕이 안 계신 지금 한스러운 마음이 든다."고 소회를 밝혔다. 『서경書經』은 진시황秦始皇의 분서갱유焚書坑儒로 인해 인몰된 후에 한대漢代에 이르러 복생伏生의 구전에 의해 이루어졌으며, 이것을 '금문상서今文尚書' 라 한다. 이와는 별도로 공자의 옛집을 헐 때 벽 속에서 나왔다는 『서경』이 있었으나 고문자인 과두문자蝌蚪文字로 되어 있어 해독하지 못하다가 한나라 무제武帝 때 공자의 후손인 공안국孔安國이 이를 금문으로 번역해 읽어 이것을 '고문상서古文尚書' 라 하였다. 그러나 이 『고문상서』는 어떠한 이유에서인지 쓰이지 않아 차차로 없어졌고, 동진

시대東晉時代 매색梅賾이 공안국의 『고문상서』를 얻어 저술한 『위고문상서僞古文尙書』가 전해지는데, 이 책의 진위 문제가 학자들 사이에 논란이 되어왔다. 다산은 이를 밝히기 위해 공영달孔穎達의 『상서정의尙書正義』, 채침蔡沈의 『서집전書集傳』, 모기령毛奇齡의 『원사冤詞』 및 선유의 제설을 인용, 『금문상서』와 『고문상서』의 내용을 일일이 고증적으로 비교, 검토하고, 매색의 『위고문상서』가 위작僞作임을 밝히고 있다.

10. 제14책: 『춘추고징春秋考徵』

이 책은 다산이 51세〔1812년, 순조 13〕에 다산초당에서 만든 저작이다. 이른바 『춘추삼전』에 대한 비판으로 엮어졌다. 『춘추삼전』은 한결같이 천착부회穿鑿附會함으로써 한 자 한 구에 마치 깊은 뜻이 들어 있는 것처럼 여기고, 거기에 '주誅'니 '폄貶'이니 '상賞'이니 '포褒'니 하면서 흔한 일들이나 관례를 가져다가 억지로 뜯어 맞추려 했다는 것이다. 저자는 여기서 길吉 · 흉凶 두 예禮만을 가지고 그 대강을 나누어 귀추를 바로잡아 놓고, 빈賓 · 군軍 · 가嘉의 삼례는 언급하지 않아 후인을 기다리는 태도를 취하고 있다는 것이다. 여기서도 술수術數를 배격하고 실증實證을 존중하는 태도를 취하고 있으며, 체제禘를 실재론적 오제설五帝說로 풀이한 것도 한 예이다.

11. 제15~16책: 『주역사전周易四箋』 1. 2

『주역사전』은 다산이 43세〔1804년, 순조 5〕에 시작하여 47세〔1808년〕에 탈고했는데, 그동안 적어도 4회에 걸쳐 개고改稿한 역저이다. 다산은 역리를 이해함에 있어서 크게 두 측면으로 나누었다. 하나는 복서가卜筮家的 측면이요, 다른 하나는 경학적經學的 측면이다. 역리에 있어서도 고의古義를 발명한 것이 적지 않다. 그의 역리사법易理四法은 한대漢代나 송대宋代에 그 일부가 있었다 하더라도 이를 체계적으로 정리한 데 의의가 있다. 추이推移·효변爻變·호체互體·물상物象이 곧 그것이다. 또 효변의 뜻을 밝힘으로써 구륙九六의 수리를 분명히 하였다. 태극의 옥극설屋極說도 그의 특이한 고의의 발명이다. 천지수화天地水火의 사정괘설四正卦說을 확립한 것도 그의 공적의 하나라 함직하다. 이러한 역리 이해의 과정에서 다산은 음양설만을 취하고 오행설은 부정하였다.

12. 제17책: 『역학서언易學緖言』

이 책은 다산이 47세〔1808, 순조 9〕에 저술한 것이다. 다산은 이정조李鼎祚·정현鄭玄·반고班固·마융馬融·왕숙王肅·왕보사王輔嗣·한백韓伯·공영달孔穎達·주희朱熹·소옹邵雍·정형程逈·오유청吳幼淸·내지덕來知德·이광지李光地·육덕명陸德明·곽경郭京·왕응린王應麟·채원정蔡元定·호방평胡方平 등 한위漢魏 이래 명청明淸에 이르는 제유諸儒

들의 역론을 낱낱이 비판하고 있다. 말미에 「복서통의卜筮通義」·「답객난答客難」·「현산역간玆山易柬」·「다산문답茶山問答」 등을 지어 그의 역리론易理論을 마지막으로 정리해 놓았다.

13. 제18~20책:『상례사전喪禮四箋』1. 2. 3

『상례사전』은 다산이 40세〔1801년, 순조 2〕 강진으로 귀양 온 이듬해부터 시작하여 43세〔1804년〕에 완성하였으며, 유배 초기에 역점을 두고 저술한 책이다. 본래 뒤섞여 있는 상례喪禮의 기록을 간추려서 정리한 것이다. 지금까지 하나의 철안鐵案으로 믿어왔던 정현鄭玄의 주해에도 비판을 가한 셈이다. 특히 상례에 역점을 둔 것은 당시 서교도西敎徒들에 의해 상제례喪祭禮가 경시되는 풍조에 대한 다산의 생각이 반영된 것이다.

14. 제21책:『상례외편喪禮外編』

『상례외편』은『상례사전』이 너무 방대하여 실용에는 번거로움이 있다는 점을 깨닫고, 다시 이를 요약하여 54세〔1815년, 순조 16〕에『상례적요』를 지어 실행하기 간편하도록 배려한 것이다. 부모의 치상致喪에 후회함이 없도록 하는 주정설적主情說的 예론에 근거하고 있다.

15. 제22책: 『상의절요喪儀節要』·『제례고정祭禮考定』·『가례작의嘉禮 酌儀』·『예의문답禮疑問答』·『풍수집의風水集議』

1) 『상의절요喪儀節要』

다산이 54세~56세〔1815~1817년, 순조 16~18〕때에 상례喪禮를 간편하게 치르는 데 필요한 중요사항을 엮은 책이다. 다산이 이미 오래 전에 공무집행중이거나 사가에 있을 때 상례절차에서 논란이 있었거나 의심나고 불확실한 사항을 간추려서 『전석상례箋釋喪禮』열권을 갑·을·병·정의 순으로 편저한 바 있다. 그러나 그 내용이 너무 광범위하고 요약되지 않아서 보는 사람들이 힘들어하였다. 그래서 절요를 만들어 줄 것을 바랐으나 쉽게 손대지 못했다. 사람들이 귀천과 빈부와 고금이 다르고, 지역과 성격과 취미가 달라 그것을 종합해서 요약하기가 어려웠기 때문이다. 그러나 이제·대략 감을 잡았기 때문에 이 책을 편찬한다고 피력하고 있다. 다산은 사례 중에서 상례에 가장 밝았다는데 이 책은 『가례』보다는 고례를 많이 인용하고 있다. 이 책의 특징은 편자가 시 속에서 행해지는 속례 중에서도 인정할 것은 솔직하게 시인하였으나, 잘못되었다고 생각한 것은 완곡하게 부정한 것이다. 가령, 당시에 성행하여 누구나 신봉하지 않으면 사회의 빈축을 샀던 풍수설에 대하여 부정적 태도를 취하면서 강회와의 일문일답을 통해 자기의 의사를 분명히 밝혔다든가, 장사의 방위와 장일의 시각에 대해서도 견해의 차이를 보이고 있다. 또한, 속례를 중시하여 해설하면서 습에 심의深衣를 쓰는 것이 고제古制가 아니라든가, 당송시대 망자의 수염을 깎아버리는 풍습이 있었는데 그것은 잘못된 일이라고 주장하고 있다. 또 복의復衣는 일정한 격식이 있을 수 없고 상중에 머리를 푸는 것은 없앨 것을 강조하고 있다. 책의 편집에서 특색인 것은 본문 아래 한자 낮추어서 그에 대한 해석을 썼으며, 본문 밑에는 본문의 출처를 부호로 표기하고 있다는 점이다.

2)『제례고정祭禮考定』

47세〔1808년, 순조 9〕에 우리나라 사대부들의 제사 지내는 법이 자못 경례經禮를 잃었다고 생각하고, 이에 고증하여 정하였다.

3)『가례작의嘉禮酌儀』

49세〔1810년, 순조 11〕에 혼례에 대하여 기술하였다.『의례』와『가례』를 기본으로 하고, 여기에 우리 고유의 풍습을 참작해 자신의 의견을 덧붙여 쓴『가례작의嘉禮酌儀』에서 납채·문명·납길·납징·청기·친영의 절차를 기록한 혼례를 기술하였다.

4)『예의문답禮疑問答』

다산이 44세〔1805년, 순조 5〕 10월 9일에 큰아들 학연을 데리고 고성사의 보은산방寶恩山房으로 올라갔다. 거처를 옮기기는 4년 만에 처음이었다. 고성사에는 9명의 승려가 살고 있었는데, 이곳의 뒷방 하나를 얻어, 그날부터 부자는 밤낮 없이 예학과 역학 공부에 돌입했다. 밀도 높은 집중 학습이었다. "공부는 의문에서 시작된다. 모르는 것을 물어라. 내가 대답해주마. 그리고 그 질문과 대답을 남김없이 기록으로 남겨라." 그 결과 부자간에 오간 문답이 묶여 '여유당전서'의 '예의문답禮疑問答' 중 '승암예문僧菴禮問' 속에 모두 52개의 질문으로 남았다. 그런데 '여유당전서' 속에는 질문만 들어있고 다산의 대답은 빠지고 없다. 초당 제자 윤종진의 6대손인 귤동 윤관석 집안 소장의 필사본 속에서 '여유당전서'에서 빠진 다산의 대답을 찾아볼 수가 있다. 아들의 질문은 한 줄로 짧은데, 아버지의 대답은 매번 너댓 줄 넘게 길게 이어졌다. 〔이 내용은 정민 교수의 "모르는 것을 물어라, 질문과 대답을 기록하라" 다산 '문답교육'에서 발췌한 것임.〕

5) 『풍수집의風水集議』

유교적 장례葬禮의 대안으로 제시한 책이다. 조선 후기에 성행하던 풍수지리설을 신랄하게 비판하고 그로부터 비롯된 산송의 폐해를 바로잡아 합리적인 유교적 장례의 대안을 제시하기 위해 편술하였다. 조선 후기로 갈수록 풍수지리설에 대한 신봉은 도를 넘어서고 있었다. 매장 문화 전면에 유교적 가치를 외면한 채 기복적 욕망을 추구하는 풍속이 만연해졌고, 이는 사회적인 문제로까지 비화되기 일쑤였다. 이에 다산은 당나라부터 청나라에 이르기까지 역대 선유들의 풍수론 28가지를 모으고, 거기에 자신의 설명을 각각 '안' 형식으로 덧붙인 뒤, 자신만의 풍수론인 「사암풍수론」을 합쳐 이 책을 완성했다. 이른바 역대 중국의 유교적 풍수비판론을 집대성하고, 독창적 시각의 풍수론을 제시한 노작이라고 할 수 있다.

16. 제23책:『악서고존樂書孤存』

악집樂集으로『악서고존』4편이 있다.『악서』는 본래 육경六經 중의 하나였으나, 진시황의 분서焚書 때 없어진 뒤 다시 부흥되지 못한 단 하나의 경서이다. 이를 다시 완성하기 위해 여러 경서 중에 흩어져 있는 글들을 모아 이 책을 엮은 것이다. 이 저술은 고향으로 돌아오기 2년 전인 55세〔1816년, 순조 17〕에 지은 것이다. 그는 여기서 오성육률五聲六律에 관한 이론을 재정립하고, 추연鄒衍·여불위呂不韋·유안劉安 등의 취율정성吹律定聲에 대한 잘못을 비판하고 있다.

17. 제24~26책:『경세유표經世遺表』1. 2. 3

『경세유표』는 56세〔1817년, 순조 18〕에 시작한 것으로, 처음에는『방례초본邦禮艸本』이라 하였다. 이는 본시 주공周公의『주례周禮』를 본뜬 국가제도론이다.『주례』의 형식 중에서 천관天官·지관地官·춘관春官·하관夏官은 갖추어져 있으나, 추관秋官과 동관冬官은 빠져 있다. 형식은『주례』를 따르고 있지만, 내용은 방례邦禮라 한 것처럼 현실적인 개혁 의도가 담겨 있다.『주례』의 원칙은 바꿀 수 없더라도 시대에 따라 수윤修潤되어야 한다는 것이 그의 주장이다. 그는 불가역不可易의 항목으로 15조를 제시하는 반면 많은 개혁 이론을 곁들여 놓고 있다. 역주본은 민족문화추진회에서 1977년에 간행되었다.

18. 제27~29책: 『목민심서牧民心書』1. 2. 3

　『목민심서』는 57세〔1818년, 순조 19〕에 시작했으며, 60세에 마쳤다. 다산이 가장 역점을 둔 저술의 하나이며, 목민牧民의 도리를 12편으로 나누되, 율기律己·봉공奉公·애민愛民을 삼기三紀로 삼고, 이吏·호戶·예禮·병兵·형刑·공工 등을 6전六典으로 삼았으며, 진황賑荒을 한 단으로 싣고, 부임赴任과 해관解官을 앞뒤에 놓아 마무리 지었다. 각 편마다 6항으로 구성되어, 모두 72항으로 나누어져 있다. 목민정신에 입각해서 기술했으며, 수기안민修己安民하는 목자牧者로서의 인간상이 뚜렷이 드러난다.

19. 제30~31책: 『흠흠신서欽欽新書』1. 2

　『흠흠신서』는 58세〔1819년, 순조 20〕에 지은 것으로, 형정刑政은 목민관의 중요한 임무이므로, 이를 따로 저술한 것이다. 사목자司牧者의 형정은 천권天權을 대행하는 것으로, 단옥斷獄의 근본정신은 경서에서 찾아야 하므로 먼저 「경사요의經史要義」편을 저술하였다. 여기서 그는 생호흠휼지의眚怙欽恤之義 외 12항과 무복신리誣服伸理 등의 사례 114조를 열거하였다. 다음으로는 「비상준초批詳儁抄」편을 저술하여 사례 76조를 들었다. 의율차례擬律差例·수종지별首從之別 등 24항이 서술되었다. 「상형추의詳刑追議」편에서는 수종지별 21조, 자타지분自他之分 23조, 상병지

변상病之辨 13조, 고오지벽故誤之劈 7조, 풍광지유瘋狂之宥 2조, 도뢰지무
圖賴之誣 4조, 별인지위別人之諉 6조, 이물지탁異物之託 2조, 호강지학豪强
之虐 6조, 위핍지액威逼之阨 3조, 복설지원復雪之原 5조, 정리지서情理之恕
8조, 의기지사義氣之赦 2조, 공사지판公私之判 4조, 이륜지잔彛倫之殘 6조,
항려지장伉儷之狀 12조, 노주지제奴主之際 3조, 도적지어盜賊之禦 3조, 포
태지상胞胎之傷 5조, 효려지시殽臚之屍 2조, 경구지검經久之檢 5조, 희이지
안稀異之案 2조 등 도합 144조의 판례를 제시하고 있다. 마지막으로 과거
의 경험 사례로서 전발무사剪跋無詞 16조를 들고 있다. 이러한 사례에 그
의 경학적 법 이론이 종횡으로 담겨 있다.

20. 제32책: 『아방강역고我邦疆域考』

『아방강역고我邦疆域考』는 50세〔1811년, 순조 12〕에 저술하였다. 「강
역고」에는 조선·한사군·낙랑·현도·임둔·진번·대방·삼한·마
한·진한·변한·옥저·예맥·말갈·발해·졸본·국내國內·환도丸
都·위례·한성 등의 고考가 항을 달리하여 서술되어 있다. 이어서 팔도
연혁총서八道沿革總敍와 패수변浿水辨·백산변白山辨·발해·북로연혁
北路沿革·서북연혁 등의 속고續考가 실려 있다. 한국 고대사의 소중한
자료들로 평가받고 있다.

21. 제33책: 『대동수경大東水經』

　『대동수경』은 다산의 현손玄孫인 정규영丁圭英이 편찬한 「사암선생연보俟菴先生年譜」에 의하면, 다산이 53세〔1814년, 순조 14〕에 유배생활을 하던 강진에서 완성한 것으로 기록되어 있으나 책의 내용 중에는 1814년 이후의 역사적 사실을 반영하는 내용이 기록되어 있는 것으로 미루어 보아, 일차로 1814년에 완성이 되었고 그 이후에도 계속 수정·보완된 것으로 보인다. 수정한 시기는 후대의 문헌 속에 '금상今上'이라는 표현으로 보아 1822년 이후 순조 말년인 1834년 사이에 이루어진 것으로 보이며, 제자인 이청李晴이 함께 참여한 것으로 보인다. 녹수涤水·독로수禿魯水·염난수鹽難水·동수潼水·애하수靉河水·고진수古津水·만수滿水·살수薩水·정수淀水·패수浿水·강선수降仙水·능수·저수瀦水·대수帶水 등의 수로 주변의 지리가 자세히 서술되어 있는 지리서이다. 대수〔임진강〕 이남의 수경水經은 빠져 있고 오로지 북한을 중심으로 되어 있으나, 그 이유에 대해서는 아무런 설명도 없다.

22. 제34책: 『마과회통麻科會通』

　『마과회통』은 마진麻疹에 관한 저술로서 37세〔1798년, 정조 22〕 곡산부사 시절에 지은 것이다. "무릇 일곱 번 원고를 바꾸었다〔七易稿〕."라고 한 것을 보면, 활인活人의 집념이 뭉친 저술이라고 할 수 있다. 본시 이몽수李蒙曳의 『마진서麻疹書』를 근본으로 하여 저술에 착수했으나 그가 인용한 서목만 보더라도, 장중경張仲景의 『상한론傷寒論』을 비롯하여 50여 권에 이른 것으로 나타나 있다. 이 의서의 저술을 위해 얼마나 정성을 쏟았는가를 짐작하게 한다. 여기에는 6남 3녀를 낳아 2남 1녀만이 생존하고 4남 2녀를 잃었는데, 그 원인이 천연두에 있었기 때문이다. 본론은 원중原證 17조, 인증因證 16조, 변사辨似 12조, 자이資異 16조, 아속我俗 9조, 오견吾見 10조, 합제合劑 20조 등 7편 100조항으로 나누어 체계를 세워놓았다. 또한 「의령」을 부록으로 추가해 놓았는데, 여기에는 육기론六氣論 · 외감론外感論 · 잡설 · 집고集古 · 속집 등 4, 5편을 말미에 붙여 놓아 의가醫家에 공헌하고 있다.

23. 제35~37책: 『여유당전서보유與猶堂全書補遺』 1. 2. 3

1) 『여유당전서보유與猶堂全書補遺 1』

「다암시첩茶盦詩帖」 · 「죽란유세집竹欄遺蛻集」 · 「진주선眞珠船」 · 「동원수초桐園手鈔」 · 「열수문황洌水文簧1」 등 5편이 수록되었다.

2) 『여유당전서보유與猶堂全書補遺 2』

「열수문황洌水文簧 2」가 수록되어 있다.

3) 『여유당전서보유與猶堂全書補遺 3』

일기·잡저·교육·불교·역사 등으로 나누어져 있는데, 일기는 「금정金井」·「죽란竹欄」·「규영奎瀛」·「사주舍珠」 등 4편, 잡저는 「다산만필茶山漫筆」·「아언지하雅言指瑕」·「혼돈록餛飩錄」·「제아언각비후題雅言覺非後」·「연천첨시淵泉籤示」·「여유당잡고與猶堂雜考」·「독상서보전讀尙書補傳」·「방교기문方橋記聞」·「영우록 권지일永祐錄 卷之一」·「사고역의四庫易議」·「교치설敎穉說」·「아학편 상兒學編 上」·「아학편 하兒學編 下」·「대동선교고大東禪敎考」·「발跋」·「제만일암지題挽日庵志」·「압해정씨가승押海丁氏家乘」·「산재냉화山齋冷話」·「민보의民堡議」·「비어찰요備禦撮要」·「일본고日本考」·「상서지원록尙書知遠錄」·「독례통고전주讀禮通考箋註」 등이다.

ㅂ

ㅇ

인문학적 지혜의 샘[泉]

다산 정약용의 목민리더십(I)

초판 인쇄 ‖ 2021년 6월 18일
초판 발행 ‖ 2021년 6월 25일

지은이 ‖ 김종두
발행자 ‖ 김동구
디자인 ‖ 이명숙·양철민
발행처 ‖ 명문당(1923. 10. 1 창립)
주 소 ‖ 서울시 종로구 윤보선길 61(안국동)
         우체국 010579-01-000682
전 화 ‖ 02)733-3039, 734-4798, 733-4748(영)
팩 스 ‖ 02)734-9209
Homepage ‖ www.myungmundang.net
E—mail ‖ mmdbook1@hanmail.net
등 록 ‖ 1977. 11. 19. 제1~148호

ISBN 979-11-91757-09-5 (94190)
ISBN 979-11-91757-08-8 (세트)
정가 ‖ 24,000원